Hendrik Steinkühler

Technologiezentren und Erfolg von
Unternehmensgründungen

Betriebswirtschaftslehre für Technologie und Innovation
Band 9

Herausgegeben von Professor Dr. S. Albers, Professor
Dr. A. Drexl, Professor Dr. J. Hauschildt, Professor Dr.
R.A.E. Müller, Professor Dr. R. Schmidt, Professor Dr. R.
Wolfrum.

Geschäftsführender Herausgeber: Professor Dr. Klaus
Brockhoff, Institut für Betriebswirtschaftliche Innovationsforschung, Christian-Albrechts-Universität Kiel

In der Schriftenreihe

Betriebswirtschaftslehre für Technologie und Innovation

werden Ergebnisse von Forschungsarbeiten veröffentlicht, die sich in herausragender Weise mit Fragen des
Managements neuer Technologien, der industriellen Forschung und Entwicklung und von Innovationen aus be-
trieblicher Perspektive beschäftigen. Die Reihe richtet
sich an Leser in Wissenschaft und Praxis, die Anregungen für die eigene Arbeit und Problemlösungen suchen.
Sie ist nicht auf Veröffentlichungen aus den Instituten der
Herausgeber beschränkt.

Ralf-Hendrik Steinkühler

Technologiezentren und Erfolg von Unternehmensgründungen

DUV Springer Fachmedien
Wiesbaden GmbH

CIP-Titelaufnahme der Deutschen Bibliothek

Steinkühler, Ralf-Hendrik:
Technologiezentren und Erfolg von Unternehmensgründungen /
Ralf-Hendrik Steinkühler. — Wiesbaden : DUV, Dt. Univ.-
Verl., 1994
(Betriebswirtschaftslehre für Technologie und Innovation ; Bd. 9)
Zugl.: Kiel, Univ., Diss., 1993
ISBN 978-3-8244-0229-8
NE: GT

ISBN 978-3-8244-0229-8   ISBN 978-3-663-12400-9 (eBook)
DOI 10.1007/978-3-663-12400-9

Vorwort

Mein besonderer Dank für das Gelingen der vorliegenden Arbeit gilt meinem Doktorvater, Herrn Professor Dr. Jürgen Hauschildt, ohne dessen Unterstützung und Ermutigung diese Studie heute nicht in dieser Form vorläge. Seine wertvollen Anregungen haben entscheidende Verbesserungen ermöglicht.

Herzlich danken möchte ich auch meinen Kollegen am Lehrstuhl für Organisation sowie den Mitgliedern des Graduiertenkollegs für Technologie und Innovation für ihre in langen Diskussionen über Aspekte der Durchführung bewiesene Geduld und die zahlreichen Impulse, die sich daraus ergeben haben.

Schließlich dürfen die zahlreichen Unternehmensgründer nicht unerwähnt bleiben, deren Bereitschaft zur Mitwirkung in Voruntersuchung und Fragebogenaktion ich die empirischen Resultate verdanke. Neben der Hektik des Tagesgeschäfts noch Zeit und Verständnis für die Beantwortung eines umfangreichen Fragekatalogs aufzubringen, ist keineswegs selbstverständlich.

Ralf H. Steinkühler

Inhalt

X

Tabellenverzeichnis

Abbildungsverzeichnis

Tabellen und Abbildungen im Anhang

Abkürzungsverzeichnis

A.	Auflage
a.a.O.	an anderem Ort
Abb.	Abbildung
ADT	Arbeitsgemeinschaft deutscher Technologiezentren e.V.
Aufl.	Auflage
b.g.	bestätigt, gerichtete Hypothese
b.u.	bestätigt, ungerichtete Hypothese
bzw.	beziehungsweise
d.h.	das heißt
dt.	deutsch
et al.	et alii
etc.	et cetera
evtl.	eventuell
f.	folgende
FAZ	Frankfurter Allgemeine Zeitung
ff.	fortlaufend folgende
FuE	Forschung und Entwicklung
ggf.	gegebenenfalls
Hrsg.	Herausgeber
HZ	Zusammenhangshypothese
i.allg.	im allgemeinen
i.d.R.	in der Regel
Jg.	Jahrgang
kfm.	kaufmännisch
Korr.	Korrelation
MA	Mitarbeiter
m.a.W.	mit anderen Worten
Mio.	Millionen
n=	absolute Häufigkeit/Fallzahl
n.b.	nicht bestätigt
No.	Nummer
Nr.	Nummer
n.s.	nicht signifikant

o.J.	ohne Jahr
o.V.	ohne Verfasser
p =	Probability = Wahrscheinlichkeit
p.a.	pro Jahr
r	Korrelationskoeffizient
S.	Seite
sign.	signifikant
s.o.	siehe oben
sog.	sogenannt
Sp.	Spalte
TDM	tausend DM
techn.	technisch
TGZ	Technologie- und Gründerzentrum
u.a.	unter anderem / und andere
u.E.	unseres Erachtens
Ums.	Umsatz
u.U.	unter Umständen
vgl.	vergleiche
vH	Prozent
Vol.	Volume = Jahrgang
vs.	versus
z.B.	zum Beispiel
ZfB	Zeitschrift für Betriebswirtschaft
ZfbF	Zeitschrift für betriebswirtschaftliche Forschung
z.T.	zum Teil
ϕ	Durchschnitt

1. Einführung

Seit dem Jahre 1983 gibt es in der Bundesrepublik Deutschland sogenannte Technologie- und Gründerzentren.[1] Die Träger dieser Einrichtungen verfolgen damit das Ziel, ein Umfeld zu schaffen, das die Ansiedlung bzw. Gründung von zumeist innovativen Unternehmungen fördert. Sie verbinden damit die Absicht, zur Verbesserung der regionalen Wirtschaftsstruktur beizutragen, insbesondere zukunftssichere Arbeitsplätze zu schaffen. In den acht seither vergangenen Jahren erfreuten sich diese Einrichtungen einer ungeheuren Beliebtheit v.a. bei den Kommunen, weshalb mit z.T. erheblichen öffentlichen Mitteln inzwischen etwa 100 solcher Zentren entstanden sind.[2]

Dem Enthusiasmus, mit dem die kommunalen Entscheidungsträger die Technologiezentren als "Wunderwaffe" gegen Strukturprobleme und Arbeitslosigkeit anpriesen, standen und stehen auf der Seite außenstehender Beobachter aus Wissenschaft und Verbänden allerdings Skepsis und teilweise sogar Ablehnung gegenüber. Weder die eine noch die andere Haltung konnte bis heute als richtig bestätigt werden.

Woran liegt diese anhaltende Unsicherheit über die Wirksamkeit von Technologiezentren, nachdem doch immerhin bis zum Zeitpunkt unserer Befragung schon acht Jahre lang Erfahrungen gesammelt werden konnten?

Es hat zwar selbstverständlich nicht an wissenschaftlichen Untersuchungen zu dem Thema gefehlt. Vielfach hat man Konzeptionen der einzelnen Zentren untersucht, die Zufriedenheit und die Probleme der dort angesiedelten Unternehmungen ermittelt.

Für eine qualifizierte Erfolgsbeurteilung müssen die Zentren aber vor allem an den von den Trägern selbstgesteckten Zielen gemessen werden. Diese Ziele richten sich in erster Linie auf die Förderung von Unternehmensgründungen,[3] auch wenn in vielen Technologiezentren auch etablierte Unternehmen angesiedelt sind:

- Steigerung der Zahl der technologieorientierten Gründungen:[4] Diese Frage ist empirisch sehr schwer zu untersuchen, da viele unkontrollierbare Faktoren zusammenwirken und außerdem Probleme bei der zahlenmäßigen Erfassung der entsprechenden Gründungen in einer Region auftreten.

- Steigerung des Erfolgs der Gründungen[5], damit Verbesserung der regionalen Wirtschaftsstruktur und Schaffung von zusätzlichen Arbeitsplätzen.

Um hierzu eine eindeutige Aussage machen zu können, muß folgender Punkt berücksichtigt werden: Die Hoffnungen auf die Verbesserung der regionalen Wirtschaftsstruktur können, darin sind sich alle Beobachter und Beteiligten einig, sich nicht *innerhalb* des Technologiezentrums erfüllen: Die Zahl der dort zu schaffenden

---

1) Im folgenden kurz: Technologiezentren oder TGZ, auch "Zentren". Eröffnung des Berliner Innovations- und Gründerzentrums am 30.11.1983 (z.B. Sternberg 1988:129).

2) Zum Zeitpunkt der Erhebung 1991/92, vgl. Fiedler (ADT-Handbuch 1992/93). 27.

3) Sternberg (1990:105f.).

4) Vgl. z.B. Monck et al. (1988:221).

5) Vgl. Diskussion in 1.1.1.

Arbeitsplätze ist viel zu gering. Eine positive Wirkung ist erst dann zu konstatieren, wenn gezeigt werden kann, daß die dort angesiedelten Firmen einen nachhaltigen Anschub für ihre Entwicklung erhalten haben und nach Verlassen des Zentrums weiter expandieren.[1] Dies könnte gelingen, wenn die Aussage zutrifft, daß junge Unternehmen eine kritische Wachstumsschwelle zu überwinden haben und danach weniger gefährdet sind.[2] Für den Zeitraum bis zum Überschreiten dieses kritischen Punktes könnte das TGZ die nötige Unterstützung bereithalten.[3]

Eben diese nachhaltige Wirkung konnte aber aufgrund des noch zu geringen Alters der meisten Firmen bisher noch nicht untersucht werden.

Hier setzt die Arbeit an, deren zentrale Frage wie folgt lautet:

Gelingt es den Technologiezentren, die geförderten technologieorientierten Unternehmen so zu beeinflussen, daß diese auch nach dem Auszug noch nachweisbar erfolgreicher arbeiten als vergleichbare andere Betriebe? Kann dieser Einfluß generell bestätigt werden oder ist er an bestimmte Eigenschaften des Technologiezentrums gebunden? Dies ist die Frage nach den Mechanismen, die die Wirkung des TGZ ausmachen. Eine Beantwortung kann nur durch Erhebung des Erfolgs bei den Gründern, speziell nach deren Auszug aus dem TGZ, und durch Vergleich mit einer Referenzgruppe gelingen.

Die Beantwortung dieser Fragestellungen ermöglicht eine erste Beurteilung, ob die in die Zentren investierten Hoffnungen und öffentlichen Mittel gerechtfertigt waren und darüberhinaus Empfehlungen, wie die Gestaltung solcher Einrichtungen vorgenommen werden sollte.[4]

Zunächst jedoch ist im folgenden Abschnitt eine Klärung der Kernbegriffe der Themenstellung erforderlich.

Anschließend werden wir dann die Probleme neugegründeter Unternehmungen und die sich daraus ableitenden Anforderungen an - und Einflußmöglichkeiten von - Technologiezentren beschreiben. So wird das Untersuchungsziel am Ende dieses ersten Kapitels noch einmal genau umrissen. Außerdem geben wir eine Vorschau auf die wichtigsten Resultate der vorliegenden Studie.

Im zweiten Teil werden die bisherigen Erkenntnisse zum Untersuchungsfeld sowie theoretische Grundlagen präsentiert, bevor darauf aufbauend im dritten Teil der dieser Studie zugrundeliegende theoretische Bezugsrahmen im einzelnen abgeleitet und operationalisiert wird. Die sich daraus ergebenden Hypothesen sind anschließend Objekt der empirischen Überprüfung, die Methoden werden im Kapitel 4, Befunde in Teil 5 wiedergegeben. Einer Bewertung der Befunde folgen abschließend im 6.Teil die Schlußfolgerungen, die hinsichtlich der hier aufgeworfenen Fragestellungen zu ziehen sind.

---

1) Vgl. z.B. Sternberg (1988:221).

2) Hierzu z.B. Albach (1976:688).

3) In diesem Sinne argumentiert z.B. Abetti (1992:131).

4) Eine Voraussetzung für die Gewährung öffentlicher Förderung für Gründungen sollte deren Tragfähigkeit sein (Zarth 1989:94).

1.1 Definitionen

1.1.1 Der Begriff des Technologie- und Gründerzentrums

Um das Untersuchungsfeld dieser Studie abzugrenzen, ist zunächst einmal eine Klärung des Begriffs "Technologie- und Gründerzentrum"[1] vorzunehmen. Da neben diesem Begriff diverse andere existieren, deren Bedeutungen sich teilweise überschneiden, z.b. Technologiepark, Gründerzentrum, Gründerpark oder Innovationszentrum, ist eine Abgrenzung von diesen erforderlich.

Ein Blick in die Literatur zeigt Definitionen, die sich *graduell* unterscheiden, aber einen gemeinsamen Kern aufweisen: Nach Sternberg handelt es sich bei einem Technologie- und Gründerzentrum um **"eine Standortgemeinschaft von relativ jungen und zumeist neu gegründeten Stammunternehmen ... deren betriebliche Tätigkeit vorwiegend in der Entwicklung, Produktion und Vermarktung technologisch neuer Produkte, Verfahren und Dienstleistungen liegt und die im TGZ auf ein mehr oder weniger umfangreiches Angebot an Gemeinschaftseinrichtungen und Beratungsdienstleistungen zurückgreifen können"[2]**

Konkreter wird Hisrich bei der Beschreibung des (amerikanischen) "Incubator Concept", das dem deutschen Technologie- und Gründerzentrum sehr ähnlich ist:[3] Die Ziele seien, "...link talent, technology, capital, and know-how to leverage entrepreneurial talent, accelerate the development of new companies, and thus speed up the commercialization of technology." Dabei zeichnet sich ein solcher "Incubator" nach seiner Definition durch folgende Leistungsmerkmale aus:[4]

- "secretarial support"
- "administrative assistance"
- "facilities support"
- "business expertise" für die Bereiche "management", "marketing", "accounting" und "finance".

Zusätzlich soll der Incubator zur
- Erweiterung der "networking capabilities" der Unternehmer und zur
- Herstellung von "credibility" für die im Incubator ansässigen Unternehmungen und damit zu deren schneller Etablierung beitragen.

Allen und Rahman fügen hinzu, daß die angebotenen Leistungen auf die Ausfüllung der Defizite bei den Gründern abzielen und daß ein weiterer Aspekt die Senkung der "early-stage operational cost" der angesiedelten Unternehmungen sei.[5] Allen ergänzt, daß auch

---

1) In nachfolgenden Kapiteln auch kurz: TGZ, Technologiezentrum, Zentrum.

2) Sternberg (1988:86f.).

3) Hisrich (1988:229).

4) Ebenda, 229, identisch auch bei Smilor (1987b:146)!

5) Allen/Rahman (1985:13).

die Kooperation der Mieter untereinander einen gewollten und tatsächlich existenten Bestandteil der Inkubatorkonzeption ausmacht.[1]
Eine ähnliche Definition liefert die National Business Incubation Association (1985) der USA:[2] "...business incubation is an organized effort to bring together new and emerging businesses in a controlled environment. The main objective of an incubator is to facilitate development of conditions and support systems that will ensure successful business operations."
Mit den deutschen Technologie- und Gründerzentren in den Leistungsmerkmalen weitgehend identisch, unterscheiden sich die Business Incubators von ihnen bestenfalls durch die weniger starke Betonung der Technologieorientierung und des Technologietransfer-Gedankens.
Technologie- und Gründerzentren bzw. Business Incubators können von der eingangs erwähnten Vielzahl verwandter Standortgemeinschaften abgegrenzt werden, indem z.B. Definitionen aus EG-Ausschreibungen herangezogen werden[3]:
Danach gibt es zunächst einmal
- Wissenschaftsparks
- Forschungsparks
- Gewerbegebiete.
Die ersten beiden Einrichtungen sind von den hier zu untersuchenden Technologiezentren dadurch zu unterscheiden, daß ihre Schwerpunkte mehr im Bereich der anwendungsferneren Forschung liegen und nicht in der Entwicklung zur Marktreife und kommerziellen Verwertung von Produkten.
Der dritte Begriff bezeichnet unspezifisch räumliche Agglomerationen von Betrieben, die sich in keiner Weise durch bestimmte besondere Merkmale, z.B. Technologieorientierung, auszeichnen müssen. Für alle drei Formen gilt, daß die Ansiedlung etablierter Unternehmungen oder bestimmter ausgegliederter Unternehmensbereiche nicht ausgeschlossen ist.
Für die in Deutschland vorzufindenden Realmodelle und damit für die hier vorliegende Arbeit eher zutreffende Begriffe sind dagegen:
- Technologiepark (Produktion möglich):
"Ansiedlung von Unternehmen, die sich mit der kommerziellen Anwendung von Hochtechnologie befassen..., jedoch ist die für Produktionszwecke angebotene Fläche kleiner als die Fläche, die nicht für Produktion bestimmt ist."[4]
- Innovationszentrum:
"Einrichtung, die die Anforderungen von vorwiegend neugegründeten Unternehmen erfüllt, die sich mit der Entwicklung und Vermarktung neuartiger technologischer Produkte befassen." Dafür ist "ein Dienstleistungs- und Beratungsangebot erforderlich" sowie "das Vorhandensein eines regionalen Netzes von Forschungs-, Beratungs- und

---

1) Allen (1984:51): 32,1 vH der Mieter unterhalten untereinander "Service"-Beziehungen.
2) Zitiert nach Lumpkin/Ireland (1988:60).
3) Amtsblatt der Europäischen Gemeinschaften, Nr. C186/27.07.90, S.51f.
4) Ebenda.

Finanzierungsinstitutionen...Zu den angebotenen Dienstleistungen gehören die Beratung auf den Gebieten Finanzierung, Marketing und Technologie sowie verschiedene technische Dienstleistungen."

- Gründerzentrum:

"Der Gründerpark soll die Wachstumschancen und die Überlebenswahrscheinlichkeit solcher [neugegründeter, d.Verf.] Firmen verbessern, indem er ihnen ein modular aufgebautes Gebäude mit Gemeinschaftseinrichtungen (Telefax, Computer, Versorgungseinrichtungen...) zur Verfügung stellt und Unterstützung beim Management und sonstige Dienstleistungen bietet."

Die drei letzten Definitionen treffen mehr oder weniger als Beschreibung auf die in Deutschland anzutreffenden "Technologiezentren" zu, die sich einer Arbeitsgemeinschaft zusammengeschlossen haben[1] und die Grundlage für diese Studie bilden. Die von der EG vorgenommene Unterteilung nach Ausmaß der Produktionsaktivitäten und dem Beratungsangebot (Technologiepark vs. Innovationszentrum) sowie nach der Technologieorientierung und dem Alter der Unternehmungen (Gründerzentrum vs. Innovationszentrum) ist mehr von theoretischem Wert. In der Praxis verwischen die Grenzen, einzelne Zentren unterscheiden sich unter diesen Aspekten graduell. Es treten Mischformen auf.

Was ist aus den genannten Definitionen und der Darstellung der unterschiedlichen Formen von Standortgemeinschaften nun für die Festlegung der Bedeutung des in der vorliegenden Untersuchung verwendeten Begriffs **"Technologiezentrum"** festzuhalten?

1) Ziele von Technologiezentren:[2]
- Anregung von technologieorientierten Gründungen
- Steigerung des Erfolgs technologieorientierter Gründungen

  Dieser Aspekt scheint realistischer als der erste, da sich laut Allen 92 Prozent der befragten Gründer auch ohne Zentrum selbständig gemacht hätten.[3] Damit wird das Feld auf die Zentren eingeengt, die die Aufnahme neugegründeter Firmen nicht ausschließen.

2) Ausgestaltung von Technologiezentren:

Letzlich lassen sich Technologie- und Gründerzentren sowie andere Standortgemeinschaften durch verschiedene Ausprägungen auf zwei Dimensionen definieren und kategorisieren:

a) Die Zielgruppe

Werden *nur* junge oder neugegründete Unternehmungen aufgenommen? Oder Etablierte?

---

1) Arbeitsgemeinschaft deutscher Technologiezentren (ADT) e.V., Berlin.

2) Vgl. z.B. Kirchhoff (1991:457).

3) Allen (1984:55).

Werden bestimmte Branchen oder Produkte bevorzugt?

Werden forschungsorientierte oder produzierende Betriebe bevorzugt?

Die Aufzählung von Merkmalen ließe sich beliebig fortführen.

b) Der Umfang der angebotenen Leistungen

Werden Räumlichkeiten unter der ortsüblichen Miete vergeben?

Welche Serviceleistungen und zentrale Gemeinschaftseinrichtungen werden geboten?

Welche Beratungsangebote können genutzt werden?

Wie stark ist die Unterstützung durch das Management in anderen Bereichen, besonders bei der Kontaktvermittlung?

Ist es nun erforderlich und zweckmäßig, sich in dieser Studie auf bestimmte Merkmalsausprägungen festzulegen, um dann nur Betriebe aus bestimmten, diesen Anforderungen genügenden Zentren zu befragen?

Wir verneinen diese Frage und schlagen stattdessen folgenden Weg ein:

In dieser Untersuchung werden Unternehmungen aus solchen Zentren befragt, die in einer früheren Studie des Verfassers[1] angegeben hatten, das Kriterium "Technologieorientierung" bei der Aufnahme von Mietern zugrundezulegen.

Es handelt sich ausschließlich um Zentren, die mit der *kommerziellen Anwendung* neuer Technologien befaßte Unternehmungen betreuen, d.h. Wissenschaftsparks und Forschungsparks, die in Deutschland ohnehin nicht in reiner Form zu finden sind, werden aus der Betrachtung ausgeschlossen. Dies ist auch darin begründet, daß die in letztgenannten Einrichtungen ansässigen Unternehmungen einen gänzlich anderen Charakter als die in den übrigen Zentren angesiedelten haben und damit Probleme hinsichtlich der Homogenität der Untersuchungsgruppe aufwerfen würden.[2]

Nach dem Merkmal, ob es sich bei dem Zentrum um ein reines Gründerzentrum handelt oder auch junge oder bereits länger bestehende Unternehmungen aufgenommen werden, wird nicht unterschieden, wohl aber wird dies in der Auswertung als möglicher Erklärungsfaktor für den unterschiedlichen Erfolg der in verschiedenen Zentren ansässigen Unternehmungen herangezogen.

Gleiches gilt auch für den Umfang und die Kosten der angebotenen Leistungen, angefangen von technischen Dienstleistungen über Beratung bis hin zur Kontaktherstellung. Bisherige Untersuchungen zeigen, daß die existierenden Zentren sich in ihren Merkmalen *graduell* unterscheiden und eine Typenbildung aufgrund der angebotenen (nicht-operationalen) Definitionen wenig sinnvoll ist. Kein Zentrum gleicht genau dem anderen, weder in bezug auf die Zielgruppe noch in seinem Leistungsangebot.

Deswegen wird auch der Grad der Innovativität der Unternehmungen hier nicht von vornherein - durch Auswahl von Firmen aus bestimmten Technologiezentren - festgesetzt, sondern in der Erhebung jeweils mitgemessen und als Erklärungsfaktor für den

---

1) Steinkühler (1989).

2) Mieter in Wissenschafts- und Forschungsparks sind nicht nur bezüglich des Innovationsgrads, sondern auch hinsichtlich Alter und wirtschaftlichen Zielsetzungen mit Unternehmensgründungen in Technologiezentren nicht zu vergleichen.

unterschiedlichen Erfolg herangezogen. Die bewußt zugelassene Heterogenität bezüglich der TGZ-Merkmale erlaubt Aufschluß über die unterschiedliche Wirksamkeit verschiedener TGZ-Konzeptionen.

Die Zentren, aus denen die hier zu befragenden Unternehmungen stammen, sind also keinesfalls identisch in ihren Merkmalen. Sie weisen jedoch als gemeinsamen Nenner die folgenden Eigenschaften auf:

- Es handelt sich um Standortgemeinschaften, in denen (auch) technologieorientierte neugegründete Unternehmungen angesiedelt sind. Abgesehen von ordnungspolitischen Überlegungen zur Vorteilhaftigkeit der Förderung von Gründungen ist dies notwendige Voraussetzung für unsere Untersuchung, nämlich den Einfluß von TGZ auf neugegründete Unternehmen zu ermitteln.

- Es werden Räume auf Mietbasis angeboten und bestimmte Beratungs- und Serviceleistungen. Dies ist die Voraussetzung, um das TGZ von herkömmlichen Ansiedlungsformen unabhängiger Gründungen zu unterscheiden.

- Auszüge der neugegründeten Unternehmungen aus dem TGZ nach bestimmter Zeit sind vorgesehen und haben bereits real stattgefunden. Dies Kriterium ist ebenfalls für unsere Fragestellung unerläßlich. Wir werden an anderer Stelle zeigen, daß erst nach dem Auszug der Gründer aus dem TGZ nennenswerte Beschäftigungseffekte zu erwarten sind.

Außerdem handelt es sich zumeist um Einrichtungen, bei denen die Firmen auf verhältnismäßig engem Raum in einem oder mehreren nebeneinanderliegenden Gebäuden zusammengefaßt sind. Diese Form der Ansiedlung ist vor allem in Deutschland typisch geworden. Deshalb verwenden wir zur Bezeichnung den Begriff "Technologie*zentrum*"statt "-park", da von parkähnlichen Anlagen, wie sie z.B. in den USA anzutreffen sind, hier in der Regel nicht die Rede sein kann.[1]

Auch wenn eine enge Auslegung des Begriffs nicht sinnvoll und notwendig ist, so soll doch ein für die gesamte Untersuchung zentraler Punkt bereits klar beschrieben werden: Wir wenden uns bei der Evaluation der Zentren ausschließlich der Beurteilung ihres Einflusses auf *Unternehmungsgründungen* im Sinne von Szyperski und Nathusius zu.[2] Derivative und unselbständige Formen der Gründung bleiben damit ebenso unbeachtet wie etablierte Unternehmungen oder deren FuE-Abteilungen, die auch oft als Mieter in einem TGZ anzutreffen sind. Warum nun diese Einschränkung, zumal in den bis 1987 gegründeten Zentren die etablierten Unternehmungen immerhin 44 Prozent der Mieter ausmachen?[3] Es gibt zwei entscheidende Gründe für dieses Vorgehen:

- Die Aufnahme etablierter Firmen ist ein Maßnahme, die in der Diskussion zu TGZ als Aspekt für die Schaffung eines günstigen Technologietransfer-Klimas, für die Belebung des Austausches angeführt wird. Zentraler Ansatzpunkt für die Konzepte und die Argumentation ist aber immer die Anregung und Förderung von Unternehmungsgrün-

---

1) In den weiteren Kapiteln wird auch die gebräuchliche Abkürzung "TGZ" für: Technologie- und Gründerzentrum verwendet.

2) Szyperski/Nathusius (1977b:27). Der Begriff "Unternehmung" wird im Original verwendet. Wir werden ihn im folgenden synonym mit "Unternehmen" verwenden.

3) Fiedler (ADT-Handbuch 1992/93:22f.), eigene Berechnungen.

dungen.[1] Ihnen gilt in erster Linie die Errichtung der Zentren, durch sie soll die kommunale Wirtschaftsstruktur nachhaltig verbessert werden. Das Konzept TGZ muß also auf dem Prüfstand zunächst seine Eignung für (originäre) Existenzgründungen nachweisen. Im Gegensatz zu großen etablierten Unternehmungen gibt es in der Literatur sogar Tendenzen, die mögliche Subventionierung solcher Gründungen und jungen innovativen Unternehmungen als Korrekturmaßnahme für Marktversagen zu befürworten.[2]

- Die Berücksichtigung bestehender Firmen als Mieter ist ordnungspolitisch umstritten. In Konzepten, wie sie den deutschen TGZ zugrundeliegen, mit i.d.R. subventionierten Leistungen, Räumen auf Mietbasis und häufig begrenzter Mietdauer, muß vermutet werden, daß Mitnahmeeffekte auftreten und sich die im Zentrum angesiedelten Firmen gegenüber externen Konkurrenten ungerechtfertigte Wettbewerbsvorteile verschaffen. Es besteht zudem der Verdacht, daß die Aufnahme etablierter Unternehmungen mitunter eine konzeptwidrige Kompensationsmaßnahme für nicht mit Gründern auslastbare Flächen darstellt.[3] Das oft angeführte Argument, daß von dem Know-how der größeren Betriebe bzw. FuE-Abteilungen auch die im selben Zentrum angesiedelten Gründer profitieren, ist unter dem Geheimhaltungsaspekt fraglich und kann die bestehenden Zweifel kaum wirksam ausräumen. Wir wollen uns an dieser politischen Diskussion zur Subventionierung bestehender Unternehmungen nicht beteiligen. Hier sei auf die zahlreichen Beiträge verwiesen, in denen das wirtschaftspolitische Für und Wider von Technologiezentren kontrovers diskutiert wird.[4] Zu diesen Quellen ist allerdings auch anzumerken, daß dort ohne Ausnahme vor dem Hintergrund zu kurzer Erfahrung und damit ungenügender Daten geurteilt wird.

Aus den genannten Gründen beschränken wir uns auf die Frage, welchen Nutzen die Technologiezentren aus Sicht der Unternehmungs*gründer* haben, ob es sich also für sie lohnt, dort Mieter zu werden. Dies ist im übrigen nicht nur für die betroffenen Mieter interessant, sondern auch notwendige Mindestvoraussetzung für die positive Beurteilung der TGZ aus wirtschaftspolitischer Perspektive.

1.1.2 Der Begriff der technologieorientierten Unternehmung

Gemeinsam ist den hier zu untersuchenden Betrieben das Merkmal, eine "technologieorientierte Neugründung" zu sein. Nachdem wir bereits im Zusammenhang mit der Definition von Technologiezentren auf unseren Begriff der Gründung eingegangen sind,

---

1) Vgl. z.B. Sternberg (1990); Hisrich (1988); Allen/Rahman (1985).

2) So Albach/Tengler (1987:599-611).

3) Vgl. Steinkühler (1989:5ff.) und die dort zitierte Literatur. Nach Aussagen einer norwegischen TGZ-Managerin auf einer Science-Park-Konferenz in Kiel (Rensvik 1993) werden in wirtschaftlich schlechten Zeiten verstärkt etablierte Firmen zur Auslastung der Mietflächen benötigt. Auch Aufenthaltsverlängerung finden statt. Auch Allen (1984:55).

4) Vgl. Steinkühler (1989:5-9,14-38,225-243) und die dort zitierte Literatur, z.B.: Schrumpf (1984); Eisbach (1985); Krist (1985); Beck (1986); MacDonald (1986); Heseler (1986); Wohlmuth (1986); Welsch (1986); Albach/Tengler (1987); Dose (1988).

soll hier noch eine genauere Abgrenzung der "Technologieorientierung" vorgenommen werden.

Anforderungen an ein "technologieorientiertes Unternehmen" wurden vom Bundesministerium für Forschung und Technologie im Rahmen des Modellversuchs "Technologieorientierte Unternehmensgründungen" so definiert:[1] "...die Ausrichtung des Unternehmens auf zu entwickelnde bzw. zu vermarktende Produkte, Verfahren und auch technische Dienstleistungen..., deren Wettbewerbsvorteile auf ihrem Gehalt an technischen Innovationen beruhen".

Nach Kulicke definieren sich technologieorientierte Unternehmungen so:[2] "Unternehmen..., die Produkte oder Prozesse mit einem hohen Grad an Know-how durch systematische Anwendung von naturwissenschaftlichem oder technischem Wissen und unter weitgehender Nutzung neuester Technologien entwerfen, entwickeln und auf den Markt bringen. Anbieter technischer Dienstleistungen, die lediglich auf neuen Technologien basierende Produkte einsetzen, sind dabei nicht einbezogen."

Diesen weitgehend deckungsgleichen Definitionen schließen wir uns an. Da es sich jedoch nicht um operationale Definitionen handelt, ist für den Zweck der vorliegenden Arbeit eine genauere Arbeits-Definition erforderlich.

Wir werden im folgenden Unternehmen, die in ein Technologiezentrum aufgenommen wurden, das nach Aussage der Leitung nur technologieorientierte Unternehmen fördert,[3] als technologieorientiert bezeichnen sowie Unternehmen, die durch Vergleich ihrer Produktpalette mit der der befragten ehemaligen Technologiezentrums-Mieter als direkte Konkurrenten, d.h. geeignete Kontrollfälle, bezeichnet werden können. Da der Innovationsgrad der Produkte auch Gegenstand der Erhebung sein wird, ist eine Kontrolle der Einhaltung von Ansprüchen an Technologieorientierung gegeben.[4] Im Zusammenhang mit der Diskussion um Technologie- und Gründerzentren ist die Frage nach der Technologieorientierung aus regional- bzw. wirtschaftspolitischen Gründen relevant, da diesen Unternehmen einige Vorteile gegenüber klassischen Gründungen nachgesagt werden. Für unseren Vergleich kann sie insofern eine Rolle spielen, als davon ausgegangen werden kann, daß technologieorientierte Gründungen eine andere Problemstruktur aufweisen und damit andere Unterstützungsangebote benötigen. Diese Unterschiede sind zu beachten, auch wenn sie sich als eher graduell als grundsätzlich erweisen.

---

1) Fraunhofer-Institut für Systemtechnik und Innovationsforschung (Hrsg.). o.J. 32.

2) Kulicke (1987:14).

3) Lt. Befragung der TGZ-Leiter im Rahmen einer früheren Studie des Verfassers, Steinkühler (1989).

4) Die Ausführungen dazu finden sich in Kapitel 5.1.

1.2   Relevanz der Untersuchung und Problematik

Angesichts der eingangs geschilderten Situation stellt sich selbstverständlich die Frage, ob eine Untersuchung zum Thema "Technologiezentren" überhaupt noch gerechtfertigt ist. Schließlich ist mit nahezu 100 Zentren[1] zum Zeitpunkt dieser Befragung in Deutschland so etwas wie eine Sättigung eingetreten, eine Vielzahl von weiteren Zentren ist daher kaum noch zu erwarten.
Gegen eine solche Sicht der Dinge sprechen aber drei gewichtige Gründe:

- Mit der Öffnung der DDR und der deutschen Wiedervereinigung hat sich das "Incubator Fever"[2] auch auf die fünf neuen Länder und den Ostteil des Landes Berlin ausgebreitet.[3] Bis 1990 wurden bereits mindestens 15 Zentren ins Leben gerufen.[4]
  Auch in Osteuropa gewinnt das Konzept "TGZ" als Problemlöser zunehmend an Attraktivität. Es hat bereits zahlreiche Gründungen solcher Einrichtungen gegeben.[5]
  Es ist allerdings nicht zu übersehen, daß dort häufig mit einer gewissen Kritiklosigkeit an das Problem herangegangen wird. Die weiter starke Ausbreitung des Modells macht also die eingehende Untersuchung der Wirkungen erforderlich und für Entscheidungsträger bedeutsam.
  Im übrigen gibt es auch in Westdeutschland durchaus noch "Nachzügler" in kleineren und mittelgroßen Städten, die ernsthaft die Einrichtung eigener Zentren betreiben.

- Gestaltungsempfehlungen, die möglicherweise aus der in dieser Arbeit vorgenommenen empirischen Untersuchung abgeleitet werden können, können auch auf bereits bestehende Zentren angewandt werden und deren Effektivität erhöhen.

- Die bestehenden Zentren sind häufig als "Durchlauferhitzer"[6] konzipiert, d.h. nach drei bis fünf Jahren Maximal-Mietdauer ziehen die Firmen dort aus und es werden neue aufgenommen. Außerdem werden bestehende Einrichtungen beständig erweitert.[7]
  Damit stehen also immer wieder Firmengründer und Jung-Unternehmer vor der Wahl, in ein TGZ einzuziehen oder sich eigenständig niederzulassen. Bei dieser Entscheidung können die Befunde dieser Studie helfen.

---

1) Zum Zeitpunkt dieser Befragung, 1991/1992.

2) McDonald (1985:62-70).

3) Vgl. FAZ 5.02.1990. In der DDR entstehen Technologiezentren.

4) FAZ, 6.11.90: Gründerzentren für junge Unternehmer in der ehemaligen DDR bereits 14 Zentren in Betrieb, in den alten Ländern 80 Zentren. Vgl. auch Allesch/Schröder (1991).

5) Vgl. z.B. die Angaben in einer Studie der Technologiestiftung Schleswig-Holstein (Hrsg.). 1992. Auch: Tomiczek (1992) zur Entwicklung in Polen.

6) Den Begriff verwenden u.a. Sternberg (1988:149).

7) Vgl. Fiedler (ADT-Handbücher 1989. 1992). Besonders: Fiedler (1992b) 19-30. Hier:27.

1.2.1 Defizite der Gründer und Kompensationsmöglichkeiten durch das Technologie- und Gründerzentrum

Eine ausschlaggebende Rolle bei der Entwicklung des Konzepts von Technologiezentren spielte die Feststellung, daß Gründer allgemein und Gründer technologieorientierter Unternehmungen im besonderen spezielle Defizite aufweisen und sich bestimmten Barrieren gegenübersehen. Das Erkennen solcher typischen Schwachstellen stellt eine wesentliche Voraussetzung für die Bereitstellung eines Bündels von geeigneten Gegenmaßnahmen durch das TGZ dar.

Hunsdiek[1] nennt folgende Faktoren als Voraussetzungen für Bildung und Entwicklung technologieorientierter Unternehmungen:

- Persönlichkeiten mit "visionärem Format und unternehmerischer Initiative"
- Verfügbarkeit von Risikokapital
- enge "Kommunikationsbeziehungen zwischen Wissenschaft und Praxis"
- eine "innovationsfreundliche Banken- und Sparkassenwelt"
- generelle "Aufgeschlossenheit für neue Technologien und Anwendungen".

Der erste Punkt bezieht sich auf die Gründer technologieorientierter Unternehmen, denen in der Literatur vor allem folgende Defizite bescheinigt werden:[2]

"...,they are unlikely to possess the necessary skills and knowledge to manage a firm of two employees...Few first time entrepreneurs have the wide range of entrepreneurial and management expertise necessary for developing a firm." Diese Aussage erinnert an die strenge Trennung zwischen Erfinder und Unternehmer in Schumpeters Theorie.[3]

Kulicke stellte in ihrer Erhebung unter 149 Gründern technologieorientierter Unternehmen fest, daß nur 7,9 vH der Gründer über eine wirtschaftswissenschaftliche oder kaufmännische Ausbildung verfügten und daß nur bei einem Viertel der Teamgründungen eine Kombination von Personen mit einmal technischer und zum anderen kaufmännischer Qualifikation vorlag.[4] In Bezug auf den Faktor Erfahrung ermittelte die Autorin, daß lediglich etwa 1/5 der Gründer im Vertriebsbereich und nur 4 vH im Finanzbereich Unternehmenserfahrung gesammelt hatten. Die genannten Zahlen unterstützen die Annahme, daß es den Gründern technologieorientierter Unternehmen oft an betriebswirtschaftlichen Kenntnissen und Erfahrungen mangelt und daß die technischen Kenntnisse bei weitem überwiegen.[5]

Es gibt also offensichtlich bestimmte typische Defizite bei Gründern technologieorientierter Unternehmungen, die sich nachteilig auf deren Erfolg auswirken oder gar zum Scheitern führen können. Ein Technologiezentrum sollte versuchen, diese so weit wie

---

1) Hunsdiek (1985).

2) Allen (1984:41). Empirische Erhebung der Erfahrungen.

3) Schumpeter (1987:129).

4) Kulicke (1987:131,132).

5) Laut Kulicke (1987) nahezu 80 vH mit Unternehmenserfahrung im FuE-Bereich und fast 90 vH mit technischer oder naturwissenschaftlicher Ausbildung (Ebenda. 134, 131).

möglich zu beheben. Die richtige Identifikation dieser Defizite ist Voraussetzung für eine erfolgreiche Gegen-Strategie.

Dabei spielen die Erkenntnis der einseitigen technischen Ausbildung und Erfahrung der Gründer von technologieorientierten Unternehmen und die allgemein anerkannte Bedeutung der betriebswirtschaftlichen Aspekte für den Unternehmenserfolg eine besondere Rolle. Sie führte zu der Anforderung, besonderes Augenmerk auf die Kompensation diesbezüglicher Lücken bei den Gründern zu richten.[1] Nun kann ein TGZ selbstverständlich nicht alle personenbedingten Defizite ausgleichen. Das betrifft Hunsdieks Forderung nach "unternehmerischer Initiative".[2] Gill entwirft eine Kategorisierung von Gründern auf zwei Dimensionen, die zur Verdeutlichung der Rolle des TGZ nützlich ist: Erstens kann man Gründer anhand ihrer Motivation, zweitens anhand der Fähig-/Fertigkeiten einordnen.[3] Man erhält bei einer Zweiteilung jeder Dimension vier Typen. Hohe Ausprägungen auf beiden Dimensionen versprechen den größten und dauerhaftesten Erfolg.[4] Für ein Technologiezentrum ist es kaum möglich, die Motivation der Gründer durch Einwirkung von außen grundlegend zu steigern. Hohe Motivation sollte daher als Aufnahmekriterium sichergestellt sein. Hohe Fähigkeiten auf allen relevanten Gebieten sind dagegen nicht grundsätzlich zu verlangen, denn Unternehmer, die auch daüber verfügen, wären letzlich nicht mehr auf die Unterstützung angewiesen.[5] Bei den Fähigkeiten/Fertigkeiten setzt also die Leistung des TGZ an: Es gilt, die dort angesiedelten Unternehmer durch die verschiedenen Arten der Hilfestellung während ihres Aufenthaltes **nachhaltig** auf ein höheres Niveau bei den "Skills" zur Bewältigung der unternehmerischen Aufgabe zu heben. Nach Gill sind die dazu einsetzbaren Maßnahmen unter die Begriffe "training", "experience" und "support"[6] zu fassen.

Die von Hunsdiek[7] neben der Unternehmerperson genannten Punkte beziehen sich auf Rahmenbedingungen. Auf diese positiv einzuwirken, ist Ziel der Aktivitäten eines Technologiezentrums:
- Die Vermittlung von Eigenkapital (Risikokapital, öffentliche Förderung) und Fremdkapital (Kreditinstitute, Staat) ist eine der Aufgaben, die TGZ zu lösen versuchen. Außerdem senken die Bereithaltung von Gemeinschaftseinrichtungen und die Vergabe der Räume auf Mietbasis den Kapitalbedarf und wandeln Fixkosten in variable um.

---

1) Zur Dominanz betriebswirtschaftlicher Probleme z.B. Kulicke (1987:289ff.). Zur Forderung nach betriebswirtschaftlicher Unterstützung: Z.B. Giannis/Willis/Maher (1990:219f.); Rothwell (1991:102).

2) Hunsdiek (1985).

3) Gill (1985:198f.). Ähnlich bei: Szyperski/Nathusius (Probleme 1977:19). Auch: Hersey/Blanchard-Modell der Führung (Hersey/Blanchard 1972).

4) Nach den Befunden von Gill (1985:182ff.,200).

5) Vgl. dazu Gill (1985:200).

6) Gill (1985:198ff).

7) Hunsdiek (1985). S.o. Kapitel 1.2.1.

- Ein Schwerpunktbereich ist daneben die Verbesserung der Zugangsmöglichkeiten zu wissenschaftlichen Erkenntnissen auf dem Wege der Kontaktherstellung zu Forschungs- und Entwicklungseinrichtungen.

- Die Herstellung der Aufgeschlossenheit gegenüber Technologie und deren Anwendungen ist dagegen für ein einzelnes Technologiezentrum kaum zu leisten. Hier sind nur indirekte und langfristige Wirkungen durch die positive Signalwirkung der erfolgreich geförderten technologieorientierten Unternehmensgründungen zu erwarten.

Insgesamt geht das Konzept eines TGZ jedoch offensichtlich weitestgehend auf die Anforderungen ein, die zur Förderung der Entstehung und Entwicklung neuer technologieorientierter Unternehmen gestellt werden. Zudem sind Technologieparks nach Hunsdiek deswegen besonders vorteilhaft, da sie das Bündel an Maßnahmen, das für die Unterstützung von Gründung und Entwicklung von technologieorientierten Unternehmen erforderlich ist, koordiniert aus einer Hand anbieten.[1]

Ein Hauptgegenstand des wissenschaftlichen Interesses muß nun aber die Überprüfung der Effektivität der Umsetzung dieser Unterstützungsmaßnahmen in den einzelnen TGZ sein.

Ob die TGZ tatsächlich eine dauerhafte Steigerung der Überlebens- und Leistungsfähigkeit der dort angesiedelten Unternehmen erreichen, ist in der Literatur umstritten: Bei Saxenian liest man, daß "entrepreneurs have failed to create commercially viable firms" in bezug auf englische Technologieparks,[2] während Matusza die Auffassung vertritt, daß die Korrektur des Marktversagens durch Technologiepolitik möglich ist, indem der Technologietransfer insbesondere zu kleinen und mittleren Unternehmen gesteigert wird.[3]

Ob Defizite gezielt ausgeglichen werden können, hängt letztlich von ihrer korrekten Ermittlung und Gewichtung ab. Es gilt als grobe Einteilung mindestens drei Arten, nämlich gründungsspezifische, betriebswirtschaftliche und branchenspezifische Defizite, zu unterscheiden.[4] Außer in den gründungsspezifischen Fragen müssen sie so beseitigt werden, daß sie nach dem Auszug nicht wieder zum Tragen kommen. Ob und wie ein TGZ dieser Aufgabe gerecht werden kann, ist Gegenstand der Überlegungen in Kapitel 2.2 und wird, so ist zu hoffen, mit den Befunden in Kapitel 5. beantwortet. Es wird auch ein erwünschtes Resultat der vorliegenden Arbeit sein, Aussagen darüber treffen zu können, auf welche Arten von Unterstützung die Gründer wirklich angewiesen sind.

---

1) Vgl. Hunsdiek (1985).

2) Vgl. Saxenian (1988:68).

3) Matusza (1989:14-15).

4) In Anlehnung an Hunsdiek/May-Strobl (1987:20).

1.2.2 Folgen des Auszugs aus dem Technologiezentrum

Die Unterstützungsleistung eines Technologiezentrums ist auf die Ansiedlung der zu fördernden Unternehmen *im* Zentrum abgestimmt. Die Reduzierung der betrieblichen Kosten durch günstige Mieten, Nutzung von Gemeinschaftseinrichtungen und Dienstleistungen, der Ausgleich von Kenntnislücken und mangelnder Erfahrung durch Beratung, die Herstellung von Kontakten zu anderen Unternehmen und Institutionen im und außerhalb des Zentrums, der Imagetransfer vom Zentrum auf seine Mieter sind mehr oder weniger stark an den Aufenthalt im Zentrum gebunden. Deshalb ist zu fragen, welche Auswirkungen der -in vielen Zentren vertraglich vorgesehene- Auszug nach einigen Jahren für die betroffenen Unternehmen hat. Stellen die Probleme eine außergewöhnliche Belastung, womöglich gar Existenzgefährdung für die Betroffenen dar? Wie sehen die Unternehmer diese Probleme? Wie schlagen sie sich in der Entwicklung des Unternehmens nieder? Fallen die ehemaligen Technologiezentrums-Mieter nach dem Auszug hinter die unabhängig gegründeten Unternehmen zurück oder stellt der Auszug nur einen Standortwechsel dar, wie er bei jungen Unternehmen bei Wachstum ohnehin häufig erforderlich wird? Die Aussagen zu dem Thema sind widersprüchlich: Während bei Sternbergs Erhebung immerhin ein Viertel der Mieter einen Auszug als existenzbedrohend ansah, stellten Monck et al. fest, daß auch die Unternehmen in einer Kontrollgruppe tgz-unabhängiger Gründungen zu etwa 86 Prozent Umzugsabsichten verfolgten.[1] Schließlich ist die Periode nach dem Auszug auch deswegen beachtenswert, weil sich hier die Haltbarkeit des Arguments beweisen muß, Technologiezentren seien "Wärmehallen" für nicht allein überlebensfähige Unternehmen seien.[2]

Bei der Beantwortung dieser Fragestellungen wird sicherlich auch nach Art des Auszugs zu unterscheiden sein: Einige Zentren verfügen über Ansiedlungsmöglichkeiten in unmittelbarer Nähe des Zentrums; bei einigen Auszügen werden die aufgebauten Kontakte stärker beeinträchtigt werden als bei anderen. Stellt ein Standortwechsel nun eine Existenzbedrohung oder nicht vielmehr einen ganz normalen Vorgang im Wachstumsprozeß einer Unternehmung dar?

Die Problematik und Erscheinungsformen des Auszugs werden in der empirischen Untersuchung eine wesentliche Rolle spielen.

Dabei ist der Auszug unter verschiedenen Gesichtspunkten als unbedingt erwünscht, ja unerläßlich anzusehen. Brown sagt:[3]

"The innovation center should not become too comfortable for the entrepreneur. The objective is to help him be successful and move on to larger quartiers outside the center rather than to provide a comfortable retirement home."

Diese Forderung wird auch durch regionalpolitische und volkswirtschaftliche Erwägungen unterstrichen: Eine nennenswerte Beschäftigungswirkung auf die Region ist, wie

---

1) Sternberg (1988:193); Monck et al. (1988:185).

2) Z.B. Beck (1986:243f.).

3) Brown (1982:458).

schon eingangs erwähnt wurde, nicht *vor* Auszug aus dem Zentrum zu erwarten und zu beobachten. Eine eigene Erhebung ergab folgende Ergebnisse:[1] Durchschnittlich waren 4,4 Mitarbeiter in den neugegründeten Unternehmen, die in einem Technologiezentrum angesiedelt waren, beschäftigt. Dagegen weisen technologieorientierte Unternehmen mit einem Alter von 10 Jahren schon durchschnittlich 45 Mitarbeiter auf, schnellwachsende sogar 75.[2]

Die Beobachtung der Unternehmensentwicklung *nach dem Auszug* erscheint daher zwingend.

Anhand der bisher angestellten Überlegungen können nunmehr Ziel und Vorgehensweise der Arbeit genauer beschrieben werden.

1.3 Kurzübersicht: Ziele, Vorgehen und wichtigste Ergebnisse der vorliegenden Studie

1.3.1 Untersuchungsziel und Anlage der Untersuchung: Entwickeln sich technologiezentrums-geförderte Unternehmensgründungen dauerhaft besser als vergleichbare Gründungen außerhalb ?

Zur Beurteilung des nachhaltigen Erfolgs von Technologiezentren ist es vor dem Hintergrund der bisherigen Ausführungen erforderlich, ihren Einfluß auf die geförderten jungen technologieorientierten Unternehmen nicht nur *während* der Dauer ihres Aufenthalts im Zentrum, sondern auch und insbesondere *danach* zu messen. Dafür sprechen folgende Argumente:

- Der nachhaltige Erfolg eines jungen Unternehmens kann erst nach einer gewissen Zeit seiner Existenz überhaupt einigermaßen zuverlässig abgeschätzt werden. In der Literatur wird dabei überwiegend von einem Mindestalter von etwa fünf Jahren ausgegangen.[3]

In einer empirischen Untersuchung stellte Ronstadt fest, daß die Jahre drei und vier nach Aufnahme der Unternehmenstätigkeit zu den besonders kritischen zählen,[4] in denen sich die Entscheidung über Aufgabe des Geschäfts oder Fortsetzung

---

1) Erhebung des Verfassers im Jahr 1989 in 39 deutschen TGZ. (Steinkühler 1989: 238ff.). Zur durchschnittlichen Mitarbeiterzahl auch Allen (1984:49).

2) Kulicke (1987:244, 251ff.) und die dort angegebene Literatur.

3) Vgl. z.B.: Roberts (1970b:23): 'those surviving the first five years are likely to survive thereafter'; Hunsdiek, May-Strobl (1986:111f. und 123) stellten 3-7 Jahre als kritisches Alter junger Unternehmen fest; Klandt/Münch (1990:175) stellen fest, daß der Erfolg erst nach ca. drei bis fünf Jahren abzuschätzen ist. Auch: May (1981:13) und die dort zitierte Literatur: danach gelten 5-8 Jahre als kritische Zeitspanne; fünf Jahre nach Brüderl/Jungbauer-Gans (1991:508), in einer Untersuchung mit 15.500 Fällen.

4) Ronstadt (1982:567) bei n = 191 Unternehmen.

herauskristallisiert. Ähnlich sind die Erfahrungen von Hofer:[1] "...most new ventures fail within five years of startup." Bei einer Aufenthaltsdauer von im Regelfall drei bis fünf Jahren müßten die ausgezogenen Unternehmen die kritische Anfangsphase überstanden haben.[2] Sollten dann besonders häufig Probleme festgestellt werden, sind sie auf den Auszug zurückzuführen.

- Um den in der Literatur geäußerten Bedenken Rechnung zu tragen, daß Technologie-zentren letztlich nur Wärmehallen für selbständig nicht überlebensfähige Unternehmen seien,[3] empfiehlt es sich, als Untersuchungszeitpunkt für eine Erfolgsbeurteilung die Zeit *nach* dem Auszug der Unternehmen aus dem Zentrum zu wählen.

Hauptziel der vorliegenden Arbeit ist also zu überprüfen, ob die These, Technologiezen-tren trügen zur Verbesserung der Entwicklung junger technologieorientierter Unterneh-men bei, auch über den Auszugszeitpunkt hinaus auf mittlere Sicht der Überprüfung an der Realität standhalten kann. Dies geschieht durch Vergleich von im TGZ aufgebauten Unternehmen mit einer Kontrollgruppe vergleichbarer unabhängiger Gründungen. Dies Design der Untersuchung ergibt sich beinahe zwangsläufig, denn nur bei Heranziehen einer solchen Gruppe als Referenzgröße[4] kann überhaupt eine Aussage über die erfolgs-steigernde Wirkung von TGZ gemacht werden. Der Nachweis der Vergleichbarkeit der Untersuchungs- mit der Kontrollgruppe ist dabei von zentraler Bedeutung. Faktoren bzw. Merkmale, die als erfolgsrelevant angesehen werden müssen, müssen entweder in beiden zu bestimmenden Gruppen von vornherein gleich ausgeprägt sein oder statistisch kontrolliert werden. Falls auf diesem Wege die Existenz einer Förderwirkung des TGZ nicht widerlegt werden kann, ist ein weiteres Anliegen dieser Studie, zu zeigen, welche Mechanismen diese Förderung bewirken. Ein TGZ stellt ein Bündel von Eigenschaften bzw. Leistungen dar, die als potentiell erfolgswirksam in Betracht kommen. Die Identi-fikation der wirksamen und Trennung von den wirkungslosen Elementen ist die zweite Aufgabe dieser Arbeit. Hierzu werden vor allem Vergleiche zwischen Gründungen an verschiedenen TGZ-Standorten Aufschluß geben können.

Damit liegt die Forschungsperspektive fest, aus der das TGZ-Konzept untersucht wer-den soll. Zur Verdeutlichung nehmen wir eine Einordnung in den von Sternberg und Meyer-Krahmer entwickelten Rahmen für Wirkungsanalysen vor, der in der Tabelle 1-1 dargestellt ist.

An der Abbildung wird deutlich, daß eine Vielzahl der möglichen Fragestellungen mit den kommunal-, regional- und gesamtwirtschaftlichen Wirkungen zusammenhängt und aus der Perspektive der Träger zu sehen sind. Zur einzelwirtschaftlichen Perspektive sind einmal die Beurteilung der Leistungen durch die Mieter ("Akzeptanzanalyse") und die Bereiche "Überprüfung von Annahmen" und "Kommerzialisierung, Diffusion" zu

---

1) Hofer/Sandberg (1987:12).

2) Vgl. z.B. Bredemeier (1986:543).

3) Z.B. Beck (1986:227,243f.).

4) Vgl. Hauschildt (1993:327f.) zum Begriff der Referenzgröße in der Erfolgsmessung.

nennen. Der erste Bereich erscheint zwar wegen der leichten Erhebbarkeit attraktiv, ist aber andererseits nicht aussagekräftig für unser Ziel, nämlich die Erfolgswirkung eines TGZ zu ermitteln und zu analysieren. Akzeptanz von Leistungen kann nicht ohne weiteres mit Wirksamkeit gleichgesetzt werden. Es verbleiben also die Bereiche "Überprüfung von Annahmen" und "Kommerzialisierung, Diffusion" für unsere Studie, die wie gesagt mit dem Kontrollgruppenkonzept untersucht werden sollen, das trotz der nach Sternberg eingeschränkten Durchführbarkeit das einzig wirklich brauchbare Instrument zur Erfolgskontrolle aus einzelwirtschaftlicher Perspektive ist.

Die Fragestellungen, die untersucht werden sollen, lauten also zusammengefaßt wie folgt:

- **Wirkt das Technologiezentrum überhaupt auf den Unternehmenserfolg?**

- **Wie wirkt es?**

- **Wirkt es nachhaltig?**

Das Kontrollgruppenkonzept bringt es mit sich, daß mögliche Störvariablen, die nicht bereits durch Auswahl gleichgehalten werden können, aber erfolgswirksam sind, berücksichtigt werden müssen. Aus diesem Grund und um eine detaillierte Analyse der Wirkungsweise des TGZ zu ermöglichen, ergibt sich als zusätzliche Fragestellung die Untersuchung

- **allgemeiner Erfolgsfaktoren von Unternehmensgründungen.**

Wir werden zeigen, daß man davon ausgehen muß, daß ein TGZ seinen Einfluß auf den Erfolg nicht nur direkt, sondern auch und vor allem indirekt über eine Verbesserung der "Merkmale" der neugegründeten Unternehmen selbst ausübt. Diese Aussage kann aber nur geprüft werden, wenn die relevanten Erfolgsfaktoren bekannt sind und miterhoben werden.

Zu den notwendigen Schritten für die Analyse der genannten Aspekte gehört ein theoretisches Konzept, das im nun folgenden Kapitel entwickelt werden soll.

Tabelle 1-1: Aspekte, Methoden und Probleme von Wirkungsanalysen der Technologie- und Gründerzentren

Aspekte	Mögliche Fragestellungen (Auswahl)	Durchführbarkeit	Methode	Fragestellungen (Auswahl)	Probleme	Durchführbarkeit
Klientelanalyse	Wie gut wird Zielgruppe erreicht?	+	Vorher-Nachher-Vergleich	signifikante Unterschiede bei TOU-Merkmalen vor und nach Einzug/Auszug? Veränderung der Region seit TGZ-Aufbau	Befragung nur geförderter TOU, Verzerrung durch Eigeninteresse; Gründung erst kurz vor Einzug verhindert Vergleich	+
Akzeptanzanalyse	Bewertg. TGZ-Leistung durch TOU	+				
Intendierte Effekte	Steigerung der Zahl und Überlebensfähigkeit von TOU	o				
Lerneffekte	ansteigende Bereitschaft zur Beteiligung an TGZ bei lokalen Akteuren	o	**Kontrollgruppenkonzept**	**signifikante Differenzen im Verhalten zwischen vergleichbaren Unternehmen in und außerhalb des TGZ?** Unterschiedliche Entwicklung von Kommunen mit und ohne TGZ?	**Identifizierung <u>vergleichbarer</u> Unternehmen bzw. Kommunen;** Datenprobleme	o
Mitnehmereffekte	Ansiedlung von Unternehmen, die auch ohne TGZ gegründet/erfolgreich gewesen wären	+				
Überprüfung von Annahmen	**Beratung, Fixkostenreduzierung u. Nähe zu anderen TOU vorteilhaft?**	o	Ökonometrische Modelle	Zusammenhang zwischen technischer Beratung und Produktivität?	Vielzahl notwendiger Annahmen, Daten- und Theoriedefizite, bisher in Deutschland kaum angewandt	-
Kommerzialisierung/ Diffusion	**TGZ-Standort vorteilhaft für Auftragsakquisition und Finanzierung?**	o	Fallstudienansatz	Fragen, die Beziehung zwischen TGZ und kommunaler Wirtschafts-/Gründungsförderung und nur ein TGZ/Unternehmen betreffen	"weiche", deskriptive Methode, Übertragbarkeit eingeschränkt	+
Implementation,administrative Abwicklung	Einfluß von TGZ-internen Konflikten auf Wirksamkeit?	o				
Nicht intendierte Effekte	Imageverlust durch Vielzahl der TGZ-Gründungen? Negativer Effekt von Rationalisierungsinnovationen auf Arbeitsmarkt?	-	Monitoring-Ansätze	Schmälern Defizite in der administrativen Umsetzung eines TGZ dessen Wirkung?	bisher wenig verbreiteter Ansatz	-

Spalte "Durchführbarkeit": Es bedeutet + im wesentlichen machbar,o teilweise machbar, - nicht/kaum machbar

hervorgehoben = in dieser Studie untersuchte Fragestellungen

Quelle: Eigene Erstellung nach Sternberg (1988:280), ders. in Anlehnung an Meyer-Krahmer et al. (1984).

1.3.2   Wichtigste Ergebnisse: Technologiezentren sind wirksam, aber noch verbesserungsfähig

Abweichend vom sonst in wissenschaftlichen Arbeiten üblichen Vorgehen möchten wir gleich an dieser Stelle als Vorgriff auf den empirischen Teil 5. einen komprimierten Überblick über die wichtigsten Befunde der empirischen Erhebung präsentieren. Wir meinen, daß dem Leser dadurch die Nutzung dieser Arbeit erleichtert und effektiver gestaltet wird.

Zur **Frage der Wirksamkeit** werden wir zeigen, daß das TGZ tatsächlich einen meßbaren Einfluß auf die Entwicklung der dort angesiedelten Unternehmen ausübt. Die anfangs meist kleineren Gründungen wachsen im Durchschnitt deutlich schneller als die Kontrollfälle. Dies ist die Aussage der Kapitel 5.1 und 5.2. Zur **Frage der Wirkungsweise** legen die Befunde folgende Schlußfolgerungen nahe: Der Effekt des TGZ ist vor allem durch Leistungen im Bereich der Kontaktherstellung und in der betriebswirtschaftlichen Beratung begründbar. Auch die Vermittlung von Finanzmitteln ist ein Erfolgsfaktor. Dagegen sind die Unternehmen auf Unterstützung im technischen Bereich nur sehr beschränkt angewiesen. Diese Ergebnisse sind durch die fast ausschließlich technische und - selbst bei Teamgründungen - nur in Ausnahmefällen betriebswirtschaftliche Ausbildung der Gründer zu erklären. Etwaige Hochschulkontakte werden daher auch von den Gründern selbst hergestellt oder mitgebracht (Kapitel 5.7). Erstaunlicherweise gilt dies auch für Beziehungen zu Kunden und Lieferanten. Andere Gründer im TGZ spielen in dieser Funktion keine nennenswerte Rolle. Sie werden aber wegen ihrer ähnlichen Problemlage für den informellen Erfahrungsaustausch über gründungsspezifische Sachverhalte hoch geschätzt.

Die multivariate Analyse ergibt, daß die bewußte Auswahl der "besseren" Gründer durch das TGZ nur bedingt für die feststellbaren Erfolgsunterschiede zur Kontrollgruppe verantwortlich gemacht werden kann (5.4, 5.8 und 5.9). Aus ihren Personeneigenschaften lassen sich jedenfalls für die Gründer der TGZ-Gruppe keine Vorteile ableiten.

Zum dritten Punkt, der **Nachhaltigkeit**, werden wir in Kapitel 5.10 zeigen, daß der Auszug als nennenswerter Problem-Verursacher entgegen allen Vermutungen ausgeschlossen werden kann. Zwar paßt sich das Wachstumstempo der tgz-geförderten Unternehmen bis zum Befragungszeitpunkt dem der Kontrollfälle an, ein Erfolgs-Einbruch ist aber ebensowenig nachzuweisen, wie die Gründer die Auszugsprobleme als gravierend empfinden. Schließlich werden wir in den Kapiteln 5.5 und 5.7 zeigen, daß es auch maßgeblich von den Gründern abhängt, ob die vom TGZ angebotene Unterstützung voll zur Geltung kommt. Eine aufgeschlossene Haltung der Gründer ist hierfür erforderlich. Überraschend erweisen sich erfahrenere Gründer als eher zurückhaltend in der Inanspruchnahme von Informations- und Beratungsangeboten.

Die Ausgestaltung des TGZ ist eine wesentliche Erfolgsdeterminante. Die Unterschiede zwischen den einzelnen TGZ sind in bezug auf den Erfolg ihrer ehemaligen Mieter groß. Wichtige Erklärungen hierfür sind die Unterstützung durch Kapitalbereitstellung und die Schaffung eines günstigen Umfelds für Kontakte zu externen Partnern. Ein technologischer Schwerpunkt ist von Vorteil, da sämtliche Leistungen dann besser auf die Zielgruppe zugeschnitten werden können und mehr Kontakte zu relevanten Partnern möglich sind. Die Analyse zeigt auch, daß zwar die Gestaltung des TGZ selbst, nicht aber die Merkmale des Standortes, also der Stadt, in der sich das TGZ befindet, für Erfolgsunterschiede verantwortlich gemacht werden können. Dies ist die Aussage des Kapitels 5.8.

Als **allgemeine Erfolgsfaktoren** (5.3) wirksam sind neben Personenmerkmalen vor allem Management-Variablen: Sorgfältige Planung und Aufgeschlossenheit gegenüber externer Beratung und Information sind essentiell. Erfolgreichere Unternehmen vermeiden eine zu starke Abhängigkeit von wenigen Kunden. Lieferantenbeziehungen und deren angemessene Beachtung sind für die innovativen Unternehmen der Stichprobe vorteilhaft. Ein Zusammenhang zwischen Erfolg und dem Innovationsgrad ist zwar nicht gegeben, wohl aber sind Unternehmen auf schnellwachsenden Märkten erwartungsgemäß auch erfolgreicher.

2. Theoretische Grundlagen und Stand der Forschung

Da in dieser Untersuchung der Einfluß von Technologiezentren auf den Erfolg junger - technologieorientierter - Unternehmen untersucht werden soll, ist es erforderlich, die Mechanismen, die den Erfolg solcher Unternehmungen bestimmen, zu verstehen. Nur so kann sichergestellt werden, daß möglicherweise vorhandene Unterschiede im Erfolg zwischen geförderten und nicht geförderten Betrieben richtig attribuiert werden. Man würde sich bei einem reinen Erfolgsvergleich allzu leicht dem Vorwurf aussetzen, daß mögliche Differenzen nicht durch das TGZ, sondern durch verdeckte Unterschiede in den Stichproben zustandekommen. Außerdem ist die detaillierte Erhebung notwendig, um die TGZ-Einwirkung auf die einzelnen Unternehmen genau analysieren zu können. Es stellt sich darum die allgemeine Frage:

Welche Faktoren sind heranzuziehen, wenn man versuchen will, den Erfolg von - insbesondere neugegründeten - Unternehmen zu erklären? Der Diskussion dieser Frage wird im folgenden breiter Raum gewidmet. Insofern ist die Arbeit auch ein Beitrag zur generellen Erfolgsfaktor-Identifikation der Gründungsforschung. Wir beginnen mit diesem allgemeinen Bereich, bevor wir zur Analyse des TGZ-Einflusses übergehen können.

2.1 Bisherige Erkenntnisse zu Existenzgründungen und deren Erfolgsfaktoren

Wir gehen in diesem Abschnitt auf die Erfolgsfaktoren von Existenzgründungen allgemein ein und beschränken uns bewußt nicht auf technologieorientierte Gründungen: Empirische Studien zeigen, daß die Unterschiede zu konventionellen Gründungen zum einen auf der volkswirtschaftlichen Ebene liegen, zum anderen in den typischen Personenmerkmalen, in der Problemstruktur und in den Marktcharakteristika.[1] Erstere sind nicht Gegenstand der Studie, letztere gradueller Natur, begründen aber keine grundsätzlichen Unterschiede in den relevanten Erfolgsfaktoren an sich. Die Gründungsliteratur sollte also ohne Einschränkung auf technologieorientierte Unternehmen einbezogen werden.

Eine Durchsicht der umfangreichen Literatur zum Thema "Erfolg von Unternehmensgründungen" allgemein sowie speziell technologieorientierter Gründungen ergibt eine Vielzahl von Faktoren, deren Erfolgswirksamkeit empirisch bestätigt werden konnte. Ein einheitlicher Bezugsrahmen ist jedoch nicht zu erkennen,[2] vielmehr werden die

---

1) Zu den Besonderheiten der technologieorientierten Unternehmensgründungen aus volkswirtschaftlicher Sicht werden u.a. höheres Wachstum und Überlebenswahrscheinlichkeit, geringere Verdrängung bestehender Arbeitsplätze und Zukunftssicherheit gerechnet. Vgl. dazu z.B. Kulicke (1987:236-297).

2) Ähnliche Schlußfolgerungen finden sich im kritischen Überblick über den Stand der Forschung in diesem Bereich bei Turok (1991:30f.). Auch die Kritik und Darstellung des Standes der Forschung bei: Müller-Böling/Klandt (1992:137f.).

Bezugsrahmen eher am jeweiligen Untersuchungsschwerpunkt ausgerichtet. Es handelt sich meist um Partialmodelle. Die wenigen vorhandenen Totalmodell-Bezugsrahmen haben keinen operationalen Charakter und sind häufig undetailliert.[1] Sie können deshalb lediglich zur Systematisierung der vielfältigen Einflüsse unter bestimmten Oberbegriffen dienen. Darüberhinaus werden in den meisten Fällen nur direkte Beziehungen bestimmter potentieller Erfolgsfaktoren zum Erfolg untersucht.[2] Der aus unserer Sicht wichtigste Nachteil der meisten theoretischen Ansätze der Gründungsforschung ist aber, daß die wahrscheinliche Verknüpfung der Erfolgsfaktoren *untereinander* unbeachtet bleibt.[3] Gerade im Hinblick auf die Untersuchung der TGZ-Einflüsse reicht uns aber ein solches eindimensionales Modell nicht aus: Wir müssen annehmen, daß es Sachverhalte bzw. Merkmale gibt, die nicht nur mit dem Erfolg, sondern auch mit anderen Erfolgsfaktoren zusammenhängen. So ist auch der Einfluß des TGZ einzuordnen: Es könnte sowohl auf bestimmte Erfolgsfaktoren Einfluß nehmen als auch eine wie auch immer geartete direkte Beziehung zum Erfolg aufweisen.

Allgemein wird häufig ein Theoriedefizit in der empirischen Gründungsforschung beklagt; statt theoretisch fundierter Bezugsrahmen werden häufig nach "common sense" zahllose Items erhoben, ohne auf Vollständigkeit und Überschneidungsfreiheit der Kategorien zu achten.[4]

Wenn nun die Suche nach einem theoretischen Rahmen in der Gründungsforschung nicht zum Ziel führt, ist dann nicht eine Übertragung von Wissen aus benachbarten Bereichen möglich? Immerhin gibt es einige Arbeiten, die einzelwirtschaftliche Wachstumstheorien aufstellen, so z.B. von Penrose und Albach.[5] Auch wenn die Arbeit von Penrose wertvolle Überlegungen zu Erfolgsfaktoren, etwa zur zentralen Rolle des Management-Faktors enthält, so liefert sie doch keinen geschlossenen Bezugsrahmen mit detaillierten Zusammenhangshypothesen und vor allem keine Operationalisierungsvorschläge. Das Modell von Albach hingegen ist zwar stark formalisiert, weist aber mit der strategischen und investitionstheoretischen Perspektive den gravierenden Nachteil auf, nicht das - u.U. irrationale - Verhalten der handelnden Personen zu berücksichtigen.[6] Damit trägt es aber den besonderen, in einer innovativen Situation wie der Unternehmensgründung wirksamen, Faktoren nicht oder nur teilweise Rechnung. Ähnlich verhält es sich mit Arbeiten aus dem strategischen Management. Bei ihnen steht zwar

---

1) Z.B. das von Klandt (1984;348) dargestellte Modell. Vgl. auch die Kritik von Müller-Böling/Klandt (1992).

2) Ein typisches Beispiel ist der Bezugsrahmen von Frank/Mugler/Rössl (1991:237).

3) Dieses Defizit wird z.B. von Sandberg (New Venture Performance 1986. 85) beklagt, dessen Studie gleichzeitig eine der wenigen Ausnahmen hierzu darstellt. Weitere Ausnahmen sind z.B.: Roberts (1991b:247); Hunsdiek (1987:201). Müller-Böling (1990:3).

4) Sinngemäß findet sich diese Kritik z.B. bei Davidsson (1991:205).

5) Penrose (1959,1985); Albach (1965).

6) Dies gilt auch für eine neueres Modell von Albach (1983:222ff.).

auch die Ermittlung von Erfolgsursachen im Mittelpunkt, doch die dortigen Konzepte stellen aus Sicht der Gründungsforschung nur eine Partialbetrachtung dar, bei der eben von den Personenmerkmalen des Entscheidungsträgers i.d.R. abstrahiert wird.[1] Auch sind die gewonnenen Aussagen häufig datengeleitet ohne ein geschlossenes theoretisches Konzept zustandegekommen wie etwa die PIMS-Befunde.[2]

Wir halten es deshalb für notwendig, im nun folgenden Abschnitt zunächst ein begriffliches Gerüst, das alle einzelnen Erfolgsfaktoren in wenige Gruppen ordnet, abzuleiten. Wir halten uns dabei aus den erwähnten Gründen nicht an einzelne theoretische oder empirische Arbeiten, lassen uns gleichwohl vom Spektrum der in der Literatur vorgefundenen Erfolgsfaktoren beeinflussen. Ziel muß in jedem Fall die Vollständigkeit und Überschneidungsfreiheit sein. Im Abschnitt 2.1.2 kann dann geprüft werden, inwieweit sich bestehende Ansätze in die von uns entwickelte Systematik der Erfolgsfaktoren einordnen lassen. Die Hypothesenformulierung und die Ausfüllung dieses Rahmens mit Variablen bis hin zur Operationalisierung erfolgen dann im Kapitel 3.

2.1.1 Ableitung der Erfolgsfaktoren aus den Erfolgskomponenten

Zur Beantwortung der Frage nach den Erfolgsursachen kann es neben einem Blick in die Literatur sinnvoll sein, sich zunächst vom Erfolgsbegriff ausgehend *retrograd* dessen Komponenten klarzumachen.[3] Diese Überlegungen sollen einen Beitrag zur Konstruktion eines umfassenden Bezugsrahmens leisten, in den dann einzelne Variablen eingebettet werden können. Das Vorgehen dient also zur Systematisierung der Erfolgsfaktoren. Mangels einheitlicher Bezugsrahmen in der Literatur erscheint diese Vorgehensweise notwendig und sinnvoll.[4]

Wir betrachten Erfolg als eine ökonomische Größe, die sich am Markt realisiert, gemessen z.B. in Form von Umsatzwachstum oder Marktanteil.[5] Diesem outputorientiertem Erfolgsverständnis können noch Maße zur Seite gestellt werden, die - im Sinne einer Effizienzbetrachtung - auch die Inputgrößen berücksichtigen, z.B. in Form von Quotienten, etwa Umsatz/Mitarbeiter, oder Salden, z.B. Gewinn. Für den am *Output* gemessenen Erfolg ist zunächst einmal der Erfolg am Markt, d.h. die Akzeptanz der Produkte bei den Marktpartnern, ausschlaggebend. Wodurch wird diese Akzeptanz beeinflußt? Erstens natürlich von den Eigenschaften des Produktes im weiteren Sinne, d.h. inclusive

---

1) Z.B. Hinterhuber (1984:46ff.).

2) Vgl. Sandberg (1986:59 und 62). Zu PIMS z.B. auch: Schoeffler et al. (1974).

3) Ähnlich der Vorgehensweise im Du-Pont-Control-System, vgl. Hauschildt (1970:4).

4) Vgl. z.B. Sandberg (1986:34f.).

5) Ausführliche Diskussion der Erfolgsbegriffe und Maße in Kapitel 3.2.1. Vergleiche unterschiedliche Erfolgsdimensionen und -perspektiven bei Hauschildt (1993:323/330).

Dienstleistungskomponenten.[1] Diese sind zum einen von der "Geschäftsidee" (F1) abhängig, die dem Produkt zugrundeliegt, zum anderen aber auch von der Qualität bei deren Umsetzung, die wiederum eine Funktion von "Management und Konzeption" (F2) der Unternehmung ist. Dabei kommt es auf die Wahrnehmung der Produkteigenschaften bei den Abnehmern an,[2] d.h. auf die Kommunikation, ebenfalls eine Funktion von F2. Neben diesen vom Unternehmen beeinflußten Faktoren des Markterfolgs spielt selbstverständlich die Günstigkeit der Umwelt, in diesem Falle der Marktbedingungen, eine wichtige Rolle. Da das Unternehmen selbst entscheidet, in welchem Markt es tätig wird und damit sozusagen die Sub-Umweltgünstigkeit mit der Ideenformulierung festlegt, schließen wir diese Faktorengruppe im folgenden in den Begriff "Geschäftsidee" (F1) ein. Damit sind ex definitione alle Umweltfaktoren erfaßt, die unternehmens- bzw. geschäftsidee-spezifisch sind und so Unterschiede im Erfolg bedingen können. Von den damit nicht erfaßten, nicht ideespezifischen Umweltfaktoren ist aber anzunehmen, daß sie im zwischenbetrieblichen Vergleich nicht unterschiedlich ausgeprägt sind, d.h. daß alle Unternehmen gleichermaßen von ihnen betroffen sind. Darüberhinaus ergäben sich Schwierigkeiten bei der Hypothesenaufstellung und Identifikation relevanter makroökonomischer Variablen.[3] Es ist außerdem zu beachten, daß solche Variablen wie z.B. Konjunkturzyklen, nur dann relevant sind, wenn sie die zu befragenden Unternehmen in unterschiedlicher Weise beeinflussen. Wenn eine Zusammensetzung der Stichprobe und Kontrollgruppe aus nahezu gleichaltrigen Unternehmungen erreicht werden kann, ist das Problem entschärft, daß die gemessenen Erfolge von unterschiedlichen Konjunktursituationen mitgeprägt sind.

Im Faktor "Geschäftsidee" sind neben den Marktcharakteristika alle Merkmale der der Gründung zugrundeliegenden Produktidee zusammengefaßt.

Betrachtet man nun neben den outputorientierten Erfolgsmaßen auch die *Effizienz* des Unternehmens, wird deutlich, daß der Faktor F2 neben den produktbezogenen und Marketing-Aktivitäten noch weitere Bereiche umfassen muß: Das gesamte Geschäftssystem, angefangen bei der Beschaffung, einschließlich der übergeordneten Funktionen wie Planung, Organisation und Kontrolle, Strategiefestlegung etc. ist im F2 "Management und Konzeption" als potentiell effizienzbeeinflussend enthalten.[4]

Welche Faktoren bedingen ihrerseits nun wieder die Ausprägung des Managements/der Konzeption? Zunächst sind offensichtlich die "Ressourcen" (F3), personell wie finanziell, mitentscheidend. Ihre Limitierung kann die Durchsetzung der optimalen Konzeption

---

1) Vgl. Definition bei Brockhoff (1988:9f.): Ein Produkt "interessiert ...als Träger akquisitorischer Eigenschaften"(9).

2) Vgl. Brockhoff (1988:15).

3) Vgl. Sandberg (1986:86).

4) Also alle betrieblichen Funktionen, vgl. z.B. die Übersicht darüber bei Wöhe (1984:154).

verhindern. Daneben ist ein weiterer Faktor natürlich die **Gründerperson**[1] (F4). Mit ihr steht und fällt letztlich die Güte des Managements (F2) insbesondere in kleinen eigentümergeführten Unternehmen.[2] Die Konzeption (F2) wird i.d.R. vom Gründer selbst bestimmt. Auch die Idee (F1) ist direkt vom Gründer abzuleiten. Schließlich ist der Gründer verantwortlich für die Ressourcenbeschaffung. Die Person steht somit gewissermaßen als letzte, zentrale Ursache des Gründungserfolges an erster Stelle des in den folgenden Abschnitten zu detaillierenden Bezugsrahmens oder, mit Müller-Böling gesprochen:[3]

"Die *Eigenschaften* der Gründer sind in der Anfangsphase des Lebenszyklus der Gründungsunternehmung gleichzusetzen mit den Eigenschaften - *Stärken und Schwächen* - der Gründungsunternehmung insgesamt." Diese Sicht entspricht im übrigen der Schumpeter'schen Theorie der wirtschaftlichen Entwicklung, die ebenfalls den Unternehmer in den Mittelpunkt rückt.[4] Damit unterscheidet sich die Gründungsforschung ganz wesentlich von anderen Richtungen der Erforschung von Erfolgsfaktoren.

Abb. 2-1: Der Bezugsrahmen als Kontingenzansatz

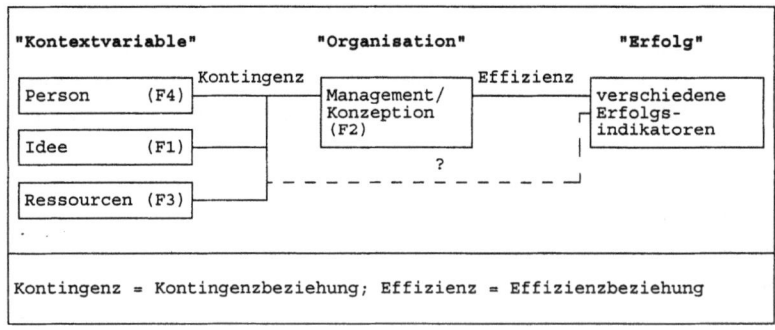

Mit der nunmehr vorgenommenen Ableitung der Erfolgsfaktoren aus Erfolg ergibt sich für das weitere Vorgehen praktisch ein Kontingenzansatz verbunden mit einer Effizienz-

---

1) oder -person*en*.

2) Zur Relevanz dieses Faktors vgl. beispielsweise die Ausführungen bei Penrose (1959, Kapitel 3 und 4, 31ff.), wonach neben den externen Einflüssen vor allem die Quantität und Qualität der Unternehmensführung das Wachstum limitieren.

3) Müller-Böling (1992:726). Hervorhebung im Original.

4) Vgl. die Interpretation zu Schumpeter bei: Greenfield/Strickon (1981:469f.) und Schumpeter (1987:110-139).

betrachtung, wie er aus der Organisationstheorie bekannt ist:[1] Es gibt offenbar Erfolgsfaktoren, die als Kontingenzen wirken, da sie bei Gründung bereits mehr oder weniger
festliegen. Dazu zählen die Faktoren "Person" (F4), "Idee" (F1) und teilweise "Ressourcen" (F3) als "Kontextfaktoren". Sie bestimmen über eine **Kontingenzbeziehung**
über die Ausprägung des F2 "Management/Konzeption", der die "Organisation" im
institutionellen Sinn und das Verhalten repräsentiert. Zwischen ihr und dem Erfolg liegt
die **Effizienzbeziehung**. Dabei ist nicht ausgeschlossen, daß es darüberhinaus auch
direkte Einflüsse der Kontextvariablen auf den Erfolg gibt. Die Abbildung 2-1 auf der
vorigen Seite gibt einen Überblick über die wichtigsten Beziehungen. Die strikte
Abgrenzung zwischen Management auf der einen Seite und der Gründerperson auf der
anderen Seite scheint der oben zitierten These von der Identität beider Faktoren bei
Gründungen zu widersprechen und bedarf der Erläuterung: Uns geht es bekanntlich um
die Identifikation und Erklärung des Einflusses von Technologiezentren auf Gründungen. Eine wesentliche Erwartung an diese Zentren ist nun aber, daß sie dazu beitragen,
das Verhalten der Gründer zu verbessern. Dies bedeutet aber, daß sich im Verhalten,
also Management, nicht nur die Vorprägung der Person durch Ausbildung, Erfahrung
usw. niederschlagen soll, sondern auch die Einwirkung des TGZ. Um eine so differen-
zierte Wirkungsbehauptung überprüfbar zu machen, ist eine Trennung von Personenmerkmalen und manifestem Verhalten unerläßlich. Die Rolle der Personenmerkmale
wird so am besten in der Kontingenzbetrachtung deutlich, und diese gilt auch für den
Bereich "Ressourcen" und den Bereich "Idee": Sie stellen Voraussetzungen für das tatsächliche Verhalten dar. Sie liegen im Unterschied zum Management und der Konzeption schon bei Gründung fest, während das Management in seinen Ausprägungen zum
Erhebungszeitpunkt erfaßt wird. Das Management ist zeitlich wie kausal den drei anderen Faktoren nachgelagert. Es kann somit auch der Einwirkung des TGZ unterliegen.
Dies ist für die drei anderen Faktoren nicht oder nur bedingt denkbar.[2]
Neben den genannten Faktoren kommen als weitere erfolgsbeeinflussende Größen zweifellos die generellen Umwelt-Rahmenbedingungen in Betracht. Zusätzlich zu den im
Faktor 1, Geschäftsidee, bereits enthaltenen Variablen der Sub-Umwelt, d.h. des Ziel-
marktes, sind v.a. die rechtlichen und gesellschaftlichen Bedingungen, z.B. Steuerrecht,
gesellschaftliches Ansehen von Unternehmern etc., aber auch Merkmale einer Region
sowie bestimmte Faktoren des Mikrostandortes[3] von Bedeutung. Während bei ersteren,
wie oben schon erwähnt, davon ausgegangen werden kann, daß keine gravierenden
Unterschiede innerhalb des alten Bundesgebiets festzustellen sind, variieren die Varia-

---

1) Vgl. zur Darstellung und Kritik des Kontingenz- und des situativen Ansatzes der
   Organisationsforschung z.B.: Staehle (1987:76-100).

2) Die Ressourcen nehmen eine gewisse Sonderstellung ein, wie wir in Kapitel 3.1 noch
   erläutern werden: Sie können u.U. auch zum Gründungszeitpunkt vom TGZ beeinflußt
   werden.

3) Zum Begriff vgl. z.B. Sternberg (1988:94f.): Beim TGZ handelt es sich beispielsweise
   um einen Mikrostandort.

blen des Mikrostandorts und u.U. der Region erheblich. Unter der Fragestellung dieser Studie charakterisiert sich der Mikrostandort in erster Linie durch die **Variablen des Technologiezentrums (F5)**. Nachdem wir die makroökonomischen Rahmenbedingungen auf nationaler Ebene aus den genannten Gründen ausklammern, sollten zur Absicherung der Gültigkeit im empirischen Teil wenigstens die regional und lokal möglicherweise relevanten Unterschiede berücksichtigt werden. Sie sind jedenfalls auch nur insoweit von Belang, wie sich Unterschiede zwischen den Standorten der befragten Unternehmen zeigen.

Mit Einbeziehung der Variablen zu den genannten fünf Faktoren sollte ein Großteil der Varianz im Erfolg erklärt werden können, wenn man die Aussage von Peterson berücksichtigt, wonach allein zwei Drittel der Mißerfolge durch unternehmensinterne Ursachen begründet sind.[1]

Damit existiert ein Konzept für einen Bezugsrahmen zur Erklärung des ökonomischen Gründungserfolgs, der im folgenden durch weitere Beziehungshypothesen weiter ausgebaut werden kann.

Nach der Ableitung der zu berücksichtigenden Faktorengruppen soll außerdem zu deren inhaltlichen Füllung und zur Ableitung konkreter Hypothesen ein Überblick über die Gründungsliteratur herangezogen werden.

2.1.2 Überblick über existierende Modelle zum Thema "Erfolgsfaktoren von Unternehmensgründungen"

In diesem Abschnitt soll zunächst der Blick in die Literatur zunächst auf die verwendeten Begriffsgerüste und theoretischen Bezugsrahmen gerichtet werden. Die in den Studien verwandten einzelnen Items, mit denen die Bezugsrahmen gefüllt werden, und die Befunde dazu sind Gegenstand des Abschnitts 3.2.2, in dem die Auswahl der Items erfolgt. Da in diesen Studien in aller Regel nur der Zusammenhang mit dem Erfolg, nicht der der Erfolgsfaktoren untereinander untersucht wurde, sind sie für die Modellkonstruktion zunächst nicht bedeutend.

Einen Überblick über einige Ansätze zur Systematisierung der Einflüsse in Form von **Bezugsrahmen** gibt Tabelle 2-1 auf den folgenden beiden Seiten.

---

1) Vgl. Peterson (1984:35).

Tabelle 2-1: Kategorien in Bezugsrahmen zum Gründungserfolg

Bezeichnung in dieser Studie	Mayer/Goldstein 1961	Szyperski/Nathusius 1977	Gibb/Ritchie 1982	Klandt 1984	Albach/Bock/Warnke 1985	Klandt 1985	Hunsdiek Folgeinnovation 1986	Sandberg 1986	Kulicke 1987
Person	-social background -motivation	-Gründer	-Ability and Experience -Motivation and Determination	-Person -Mikro-soziales Umfeld		-individuelle Bedingungen	-Charakteristika der Gründer	-experience of entrepreneur	-technische Qualifikation -unternehmerische Fähigkeit
Idee	-Branchenwahl	-Märkte (Output)	-Idea and Market		-z.T. Unternehmensstruktur	-Generelle Bedingungen -Strategien	-Gründungsidee -Markt	-Industry	-Entwicklungsstadium der Geschäftsidee -unternehmensspezifisches Umfeld
Ressourcen	-finanzielle Ressourcen	-Märkte (Input)	-Resources needed and available	-Mikro-soziales Umfeld (fin.Sphäre)			-Startgröße		-Kapitalbasis -Kapitalquellen
Management/ Konzeption		-Gründungsunternehmung	-Plan -Organisation	-Gründungsaktivität -Frühentwicklungsaktivität	-Unternehmensstrategie -z.T. Unternehmensstruktur	-Strategien	-Gründungsstrategie -Organisationsform des Markteintritts	-Business Strategy	-technologische Basis -externes Know-how -Produkt-Markt-Strategie
Externe Faktoren	-Perzeption der Umweltfaktoren -Standortfakt.	-Behördliche Instanzen -Öffentlichkeit		-Makro-soziales Umfeld	-Umwelt -Größe				-allgemeines wirtschaftl. und soziales Umfeld

→ wird fortgesetzt

Fortsetzung Tabelle 2-1

Bezeichnung in dieser Studie	Keats/ Bracker 1988	Bosworth/ Jacobs 1989	Hall/ Falshaw 1990	Müller-Böling 1990	Müller-Böling Klandt 1990	Davidsson 1991	Laub 1991	Roberts Entrepreneurs 1991	Frank et al. 1991
Person	-Entrepreneur Intensity -Task Motivation -Perceived Strength of Environment Influence	-Background of owner-manager -attitudes and motivation	-Education	-Person and Partner including microsocial environment	-Gründer-person(en)	-Education -Entrepreneurial Experience -Growth Motivation	-Gründer-person	-Entre-preneurs	-Person -experience
Idee	-Task Environment Factors	-Market -technological change	-Market Conditions	-Macro-social Environment (z.T.)	-Gründungs-kontext (z.T.)	-Rate of Innovation -Market Growth -Industry and Customer Structure	-Gründungs-idee	-Techno-logical Base at Founding	-Environ-ment
Ressourcen					s.u.			-Financial Base at Founding	-enterprise
Management/ Konzeption	-Behavioral Strategic Sophistication -Cognitive Strategic Sophistication	-Management/ Organization	-Strategy -Marketing -Financial Control -Operations Management	-Business Planning -Start-up-Firm	-Gründungs-prozeß -Gründungs-struktur	-Geographic Dispersion	-Gründungs-organisation	-Market Orientation -Financing -Managerial Orientation	-Management
Externe Faktoren				-Macro-social Environment (z.T.)	-Gründungs-kontext (z.T.) -Gründungs-infrastruktur	-County Characteristics -Community Characteristics			

Darin sind nur solche Studien verzeichnet, in denen eine umfassende Aufführung der potentiellen Erfolgsfaktoren vorgenommen wird. Arbeiten, die auf die Vertiefung von Detailkenntnissen, wie z.b. über den Zusammenhang von Planungsverhalten und Erfolg gerichtet sind, bleiben deshalb unberücksichtigt. Die Tabelle zeigt, daß sich trotz der unterschiedlichen Bezeichnungen die Faktoren nahezu reibungslos **in das eingangs abgeleitete Begriffsschema einfügen.** Am nächsten kommt unserem "Kontingenzansatz" wohl der Bezugsrahmen von Hunsdiek, der in ähnlicher Form zwischen direkten und indirekten Einflüssen auf den Gründungserfolg unterscheidet und als "Struktur-Verhalten-Ergebnis-Paradigma" bezeichnet wird.[1] Allerdings verzichtet Hunsdiek auf die Berücksichtigung von Beziehungen unter den Strukturvariablen und schließt von ihnen ausgehende direkte Einflüsse auf den Erfolg aus.

Abbildung 2-2: Der Bezugsrahmen des Unternehmenserfolgs nach Hunsdiek

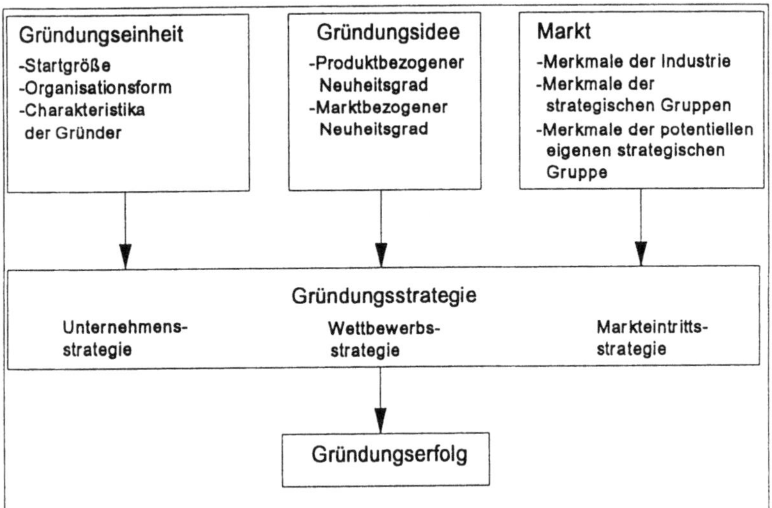

Gründungseinheit	Gründungsidee	Markt

-Startgröße
-Organisationsform
-Charakteristika
  der Gründer
	-Produktbezogener
	  Neuheitsgrad
	-Marktbezogener
	  Neuheitsgrad
		-Merkmale der Industrie
		-Merkmale der
		  strategischen Gruppen
		-Merkmale der potentiellen
		  eigenen strategischen
		  Gruppe

Gründungsstrategie

Unternehmens- strategie	Wettbewerbs- strategie	Markteintritts- strategie

Gründungserfolg

"Struktur-Verhalten-Ergebnis-"Bezugsrahmen von Hunsdiek (Folgeinnovation 1986:201)
(eigene, vereinfachte Darstellung)

Der Faktor "Management/Konzeption" wird von allen Autoren, die "Person" von allen mit Ausnahme von Albach et al. erfaßt; ebenso wird die "Idee" einschließlich der sich daraus ergebenden Merkmale der Subumwelt mit Ausnahme von Klandt (1984) von allen als einflußhabend angesehen. Dagegen werden die "Ressourcen" von vielen Autoren nicht ausdrücklich als gesonderter Faktor berücksichtigt. Sie sind i.d.R. stattdessen

---

1) Hunsdiek (1987:201).

im Bereich Management/Konzeption mit eingeordnet.[1] Auch wird häufig nicht zwischen Umweltfaktoren, die geschäftsideebezogen sind, und solchen, die alle Unternehmen betreffen, differenziert. Die Berücksichtigung der "externen" Faktoren hängt im wesentlichen davon ab, ob diese als variabel oder als invariant angesehen werden; so ist es erklärlich, daß einige Autoren auf ihre Erfassung im Bezugsrahmen verzichten, während andere wiederum eine gemeinsame Eingruppierung mit den Markt- und Technologiefaktoren der Sub-Umwelt vornehmen. Letzteres erscheint uns weniger zweckmäßig, da u.E. ein wesentlicher Unterschied gegeben ist: Die Subumwelt sucht sich das Unternehmen mit der Geschäftsidee selbst aus, sie ist damit für jedes betrachtete Unternehmen mehr oder weniger unterschiedlich. Die generelle Umwelt ist dagegen extern vorgegeben und nicht durch die Idee beeinflußbar. Wir werden daher im folgenden bei der im vorigen Abschnitt eingeführten Trennung bleiben.

Bevor der Rahmen mit einzelnen operationalen Items gefüllt wird, werden wir im folgenden Abschnitt die theoretischen Überlegungen zur Rolle des TGZ behandeln.

---

1) Z.B. Müller-Böling (1990).

2.2 Bisherige Erkenntnisse zu Technologiezentren und deren Einflußmöglichkeiten

Technologie- und Gründerzentren bestehen in Deutschland erst seit 1983. Ähnliche Einrichtungen im Ausland, u.a. in den USA, sind in ihrer Masse kaum älter.[1] Mit anderen Agglomerationen technologieorientierter Unternehmungen, etwa dem Silicon Valley, den Ansiedlungen an der Route 128 bei Boston oder dem englischen Cambridge Science Park, sind sie aus verschiedenen Gründen nicht vergleichbar, auch wenn diese in der Literatur immer wieder fälschlicherweise als Vorbilder herangezogen werden.[2] Daraus folgt ein Defizit in der großzahligen empirischen Überprüfung der Erfüllung der selbstgesteckten Ziele solcher Einrichtungen.

Udell schreibt beispielsweise im Jahre 1990 dazu:[3]

- Es gebe bisher nur wenig empirische Befunde zu Business Incubators[4].
- Die bisherige Literatur stehe derzeit im wesentlichen auf der Stufe der Deskription der Einrichtungen, nicht der Evaluation.
- Er vertritt die Auffassung, es seien bis zu 10 Jahre erforderlich, um ihren nachhaltigen Erfolg beurteilen zu können.
- Es sind hohe Anforderungen an die Messung des Erfolgs von Technologiezentren, z.B. mit Längsschnittuntersuchungen und Kontrollgruppe zu stellen.

Mit der Skepsis bezüglich der endgültigen Beurteilbarkeit der Wirkung von Technologiezentren steht Udell keineswegs allein, vielmehr scheint er die herrschende Meinung wiederzugeben.[5]

Diese beschriebenen Defizite der amerikanischen Forschung zum Thema Technologiezentren sind vor dem Hintergrund einer im Vergleich zu Deutschland längeren Erfah-

---

1) In den USA i.d.R. als "Business incubators" bezeichnet: Vgl. z.B. Smilor (1987:37): 89 vH der amerikanischen Inkubatoren wurden nach 1985 gegründet. Auch: Allen (1989b).

2) Eine Übersicht über die gegen einen Vergleich sprechenden Argumente gibt Allesch; In: Allesch/Fiedler (1985:43f.).

3) Udell (1990b:108,111,113,120).

4) Vergleichbar mit Technologie- und Gründerzentren.

5) Vgl. auch: Fiedler/Wodtke (ADT-Handbuch 1989:2): Es sei "noch zu früh, endgültig den Erfolg von Innovationszentren feststellen zu wollen."; Muniak (1991:237) vetritt sogar die Ansicht, daß die Sichtbarkeit von Erfolgen im Sinne der gesteckten Ziele eine Sache von Dekaden sein kann. Ähnliche Argumente finden sich bei Fiedler (1990:101): "Den Zentren geht es um das Entstehen neuer Unternehmen, deren Erfolg in aller Regel erst in einem Zeitraum von 3-5 Jahren beurteilt werden kann. Die Zentren selbst sind erst 6 Jahre alt, im Durchschnitt sind es nur etwa 3 Jahre. ..., so daß also eine Erfolgsbeurteilung auf gesicherter Grundlage zur Zeit kaum möglich ist." Fry (1987: 51-61. Hier:52) führt aus, daß die TGZ die Ziele verfolgen, die Zahl der Neugründungen zu steigern und die Überlebenswahrscheinlichkeit der gegründeten Unternehmungen, und führt zum Stand der Forschung (Effektivitätsüberprüfung) aus, daß "the literature to date does not support either contention."

rung und einer Zahl von inzwischen 500 Zentren[1] in den USA zu sehen. Es kann daher nicht verwundern, daß in Deutschland ebenfalls noch keine Arbeiten vorliegen, die eine umfassende Evaluation der Technologiezentren vornehmen.[2] Die Einschätzungen der Wirksamkeit gehen bis heute weit auseinander. Sie reichen von der Meinung, die "anfänglich großen Hoffnungen" seien "überzogen"[3], bis zur Aussage, Technologieparks seien "crucial for the establishment of indigenous high-tech industries"[4].

So überrascht es auch nicht, daß bisher keinerlei Studien bekannt sind, die einen Bezugsrahmen mit detaillierten Wirkungsaussagen zu Technologiezentren enthalten. Die wenigen vorhandenen empirischen Arbeiten[5] schließen zwar teilweise Aussagen über den globalen Einfluß des TGZ auf den Erfolg und die wahrgenommene Vorteilhaftigkeit bestimmter Leistungen mit ein, sie untersuchen aber nicht deren genaue Wirkungsweise und den Zusammenhang mit den Erfolgsfaktoren von Unternehmensgründungen und bewegen sich auf deskriptivem Niveau. Die Wirkungen des Auszugs aus dem TGZ sind beispielsweise bisher überhaupt nicht explizit berücksichtigt worden.[6] Die Lage erinnert also an die im vorigen Abschnitt dargestellte im Bereich der Gründungsforschung. Auch hier gibt es zwar Befunde zur Erfolgswirksamkeit, nicht aber Modelle zur differenzierten Erfassung der einzelnen Erfolgsfaktoren und ihrer Wirkung. Analog zum Aufbau des letzten Abschnitts über Existenzgründungen allgemein ist es somit zunächst wieder erforderlich, Kategorien von möglichen Einflüssen zu ermitteln und theoretische Überlegungen über deren Wirkungsweise anzustellen. Erst dann werden wir auf einzelne empirische Erhebungen eingehen. Anhand derer können dann Richtungen für Hypothesen abgeleitet werden und eine Überprüfung der Zweckmäßigkeit unserer Einteilung stattfinden.

2.2.1 Ableitung der erfolgswirksamen Komponenten des Technologiezentrums

Die **Förderung des Vollzugs der Gründung und die Steigerung der Überlebensfähigkeit der Förderungsempfänger**, d.h. der jungen technologieorientierten Unternehmen zählen bekanntlich zu den wichtigsten Zielsetzungen einer Fördermaßnahme,[7] wie sie ein Technologiezentrum darstellt.

Um diesem Anspruch gerecht zu werden, muß ein Technologiezentrum versuchen, mit seinen Leistungen die vorhandenen Defizite der aufgenommenen Gründer bzw. ihrer

---

1) Nach Aussage von Kirchhoff (1991:457).

2) Vgl. Starnick (1990:120). Auch: Steinkühler (1989:9-11). Dose (1990:228-248).

3) Dose (Literaturübersicht 1990) 247.

4) Mc Brierty/O'Neill (1991:566).

5) Vgl. Teil 2.2.2.

6) Autio/Kauranen (1992) befragten zwar auch 14 bereits ausgezogene Gründer, gehen aber nicht auf deren Besonderheiten ein.

7) Hunsdiek; May-Strobl (1987:13).

Unternehmungen auszugleichen und darüberhinaus Bedingungen zu schaffen, die die
Unternehmensentwicklung verbessern. Wie funktioniert dieser Prozeß? Wo setzt die
TGZ-Leistung an?

Rufen wir uns aus dem definitorischen Abschnitt noch einmal die Aspekte des TGZ in
Erinnerung und gliedern sie:[1]

- Räume auf Mietbasis
- Gemeinschaftseinrichtungen und Service
- Beratung und Beratungsvermittlung
- Betreuung durch Manager
- Kontaktvermittlung zu
  . externen: Universitäten, lokalem Netzwerk, Kunden, Lieferanten, Kapitalgebern etc.
  . internen: anderen Mietern
- positives Image

Keiner dieser Aspekte kann bisher aufgrund vorliegender Studien als wirkungslos ausgeschlossen werden. Daß ein Einfluß vorliegen kann, ist auch unmittelbar plausibel. Um
zu einem besseren Verständnis der TGZ-Wirkung zu kommen, ist stattdessen folgende
Frage zu stellen: An welchen der im vorigen Abschnitt genannten Erfolgsfaktoren von
Existenzgründungen setzen die genannten Leistungen der TGZ.n an? Die Orientierung
an den Erfolgsfaktoren ist hilfreich, denn auch Unternehmen im TGZ unterliegen
zunächst denselben Gesetzmäßigkeiten wie Gründungen allgemein. Soweit es die Mittel
des Technologiezentrums erlauben, muß es an diesen Faktoren ansetzen, um den Erfolg
der angesiedelten Betriebe nachhaltig steigern zu können.

Um langfristigen Erfolg zu haben, darf dieser Ausgleich nicht nur temporär, sondern
muß dauerhaft wirksam sein, d.h. sich auch nach dem Ende der Mietzeit und des direkten Einflusses durch das TGZ auswirken.

Ein wichtiger Ansatzpunkt sind sicherlich die Defizite der **Person (F4)** des oder der
Unternehmensgründer, der ja bekanntlich im Bezugsrahmen die letzte Erfolgsursache
darstellt. Defizite können in folgenden Bereichen auftreten:[2]

- Gründungsspezifische Defizite,

  d.h. mangelnde Kenntnisse und Fähigkeiten zur Bewältigung der - einmalig auftretenden - Schwierigkeiten in der Gründungsphase. Notwendige Aktivitäten in diesem
  Bereich können auf das TGZ als **Service**anbieter verlagert werden, ohne daß ein Lern-
  effekt für die Gründer erzielt werden muß. Auch die Betreuung durch den **TGZ-
  Manager** und die **Vermittlung externer Berater** können gründungsspezifische Pro-

---

1) Eine ähnliche Einteilung der Leistungen verwendet auch Smilor (1987:148). Wir
   sprechen von Aspekten, da ein intangibler Faktor wie ein "positives Image" kaum als
   "Leistung" gesehen werden kann. Der Beitrag eines TGZ besteht also aus mehr als den
   eigentlichen Leistungen. Eine umfassende Darstellung der Komponenten auch bei:
   Kozmetzky et al. (1993:12f.).

2) Siehe 1.2.1; Hunsdiek/May-Strobl (1987:20).

bleme überwinden helfen.[1] Die Hilfeleistung durch das TGZ bekämpft insofern die Ursachen der nach der einzelwirtschaftlichen Wachstumstheorie auftretenden "Krisen im Gründungsstadium"[2].

- Betriebswirtschaftliche Defizite
  Dies sind mangelnde Kenntnisse und Fähigkeiten in Fragen der Führung eines Unternehmens, auch rechtlicher Aspekte. Die Literatur weist darauf hin, daß gerade dieser Bereich bei den meist technisch qualifizierten Gründern oft unter-entwickelt ist und gerade deshalb dem Technologiezentrum hier eine wichtige Rolle zukommt:[3] Es müssen Kenntnislücken ausgeglichen und der möglicherweise vorhandenen Neigung, betriebswirtschaftlichen Aspekten zu wenig Beachtung zu schenken, entgegengewirkt werden. Eine Befragung unter über 1000 amerikanischen Kleinunternehmen zeigte, daß Mangel an Fertigkeiten auf dem Gebiet des Managements als der wichtigste Faktor für Mißerfolg angesehen wird und infolgedessen der Wunsch nach verstärkter und besserer Ausbildung in Managementfragen häufig geäußert wird.[4] Cromie kommt bei Betrachtung der empirischen Befunde zu Unternehmensgründungen zu dem Schluß, daß viele Unternehmer trotz markt- und produktseitig guter Erfolgsaussichten aufgrund bestimmter *spezifischer* Mängel in ihren Management-Erfahrungen und -Kenntnissen scheitern. Durch gezielte Hilfe in der Startphase wäre dies zu verhindern.[5]
  Selbstverständlich können in bestimmten Bereichen **Service-** und **Beratungsangebote** auch die eigenen Fertigkeiten substituieren, ohne daß ein Lernerfolg notwendig ist: Dies ist z.B. in juristischen Spezialfragen oder in der Steuerbuchhaltung üblich und dem Unternehmenserfolg nicht abträglich.

- Branchenspezifische Defizite
  Hierunter sind unzureichende Kenntnisse der Gegebenheiten und Erfordernisse der Tätigkeit in der gewählten Branche zu verstehen. Dazu zählen die Marktaspekte, bei technologieorientierten Unternehmen aber auch der Bereich des technologischen Know-hows. Letzterem nehmen sich Technologiezentren insbesondere durch **Unterstützung bei der Kontaktaufnahme zu potentiellen Know-how-Gebern** auf dem Gebiet der Technologie an, d.h. durch Unterstützung des Technologietransfers.[6] Manche Autoren schreiben der Unterstützung auf diesem Gebiet besondere Bedeutung zu,

---

1) Beck unterscheidet z.B. zwischen einem Planungsdienst, der den Gründern gründungsspezifische Planungsleistungen abnehmen soll, und einem Beratungsdienst, der den Gründern bei der Problemlösung mit Rat zur Seite steht (Beck 1985:70f.).

2) Albach (1976:688), vgl. auch Albach/Bock/Warnke (1975:11ff.).

3) Vgl. die entsprechende Aussage von (Brown 1982:458). Auch: McMullan/Melnyk (1988:10).

4) Peterson/Kozmetsky/Ridgway (1983:18f.).

5) Vgl. Cromie (1991:116f.).

6) Das TGZ übernimmt die Rolle eines "Technologietransfer-Beraters", d.h. Vermittlung geeigneter "Problemlösungskapazitäten" (Geschka 1979:Sp.1927).

weil kleinen Unternehmen nach Auffassung der Literatur oft zu wenig Kapazitäten zur externen Informationssuche und zum Aufbau formaler Kontakte zur Verfügung stehen und kulturelle Barrieren zum Wissenschaftssystem den Informationsaustausch behindern.[1] Ähnlich argumentieren Bittermann und Poppenheger, die die Bündelung und Koordination der verschiedenen Quellen technologischen und anderen Know-hows für die Gründer technologieorientierter Unternehmungen, d.h. die Bereitstellung von Technologietransfer, für essentiell halten.[2] Gerade dafür sind Technologiezentren prinzipiell besonders geeignet.

Die Notwendigkeit und Nützlichkeit solcher Unterstützung ist umstritten. Nach von Beesley und Rothwell ausgewerteten Studien liegt die u.U. zu geringe Nutzung externen technologischen Wissens nicht etwa an mangelnder Verfügbarkeit oder Transparenz auf der Angebotsseite, sondern vielmehr an der Motivation und den Fähigkeiten des Managements und der FuE-Spezialisten, auf diesem Feld aktiv zu werden.[3] Daraus schließen die Autoren, daß "access to external technological know-how and advice is definitely *not* a barrier to growth"[4], und es ist festzustellen, daß "those small firms which have growth potential already have the technology aboard."[5]

Auch wenn die Unterstützung des Technologietransfers via Kontaktvermittlung zu Forschungseinrichtungen in der Literatur also häufig als das Kernelement bei der Diskussion der Technologiezentren betrachtet wird, stellen sich doch Zweifel ein, ob eine so einseitige Betrachtung dem Problem gerecht wird. Ist nicht anzunehmen, daß die Defizite der fast ausnahmslos technologisch qualifizierten Gründer innovativer Unternehmen in anderen Bereichen, z.B. im Management, viel größer sind? Dies läßt zumindest die Untersuchung von Spin-off-Gründungen ehemaliger Wissenschaftler von Samson/Gurdon erwarten.[6] Erfolgreicher Technologietransfer kann ja auch darin bestehen, daß die Inhaber des technologischen Wissens als Unternehmensgründer kommerziell erfolgreiche Produkte entwickeln, also durch Personaltransfer. Dazu bedarf es nicht unbedingt des interpersonellen Informationstransfers, sondern eben möglicherweise der Vermittlung von Management- und Marketing-Know-how.[7] Eine Studie von Davies zum Technologietransfer kommt sogar zu dem Ergebnis, daß unter Transaktionskostengesichtspunkten der Personaltransfer die gegenüber formellen oder informellem Informationsaustausch effizientere Alternative darstellt, wenn es um die Übertra-

---

1) Z.B. Nooteboom et al. (1992:151ff.); Baron (1992:330); Naujoks/Pausch (1977:25ff.); Rothholz (1986:90).

2) Bittermann/Poppenheger (1990:129f.).

3) Rothwell/Beesley (1989:91,95f.,97f.) und die dort zitierten Studien. Die im folgenden zitierten Abschnitte befinden sich auf den Seiten 96 und 97.

4) Ebenda. 96.

5) Ebenda. 97.

6) Samson/Gurdon (1993:63-71).

7) Auf diese zwei Formen des Technologietranfers machen Quintas/Wield/Massey (1992:165) im Zusammenhang mit der Rolle von TGZ aufmerksam.

gung komplexen und unzureichend kodifizierten Know-hows geht.[1] Gerade das ist
aber bei Geschäftsideen, die innovativen Unternehmensgründungen zugrundeliegen,
der Fall. Es stellt sich also die Frage, ob die Unterstützung des Technologietransfers
durch die TGZ wirklich eine meßbare Verbesserung der Entwicklung technologieorientierter Gründungen bewirken können und wenn ja, in welcher Form/Ausprägung
Technologietransfer gezielt benötigt wird.

Angesichts der sich widersprechenden Aussagen zur Bedeutung des Technologietransfers für innovative Unternehmensgründungen sind die Ergebnisse dieser Studie möglicherweise in der Lage, Hinweise auf die tatsächlichen Wirkungszusammenhänge zu
geben. In jedem Fall muß die Vermittlung externer technischer Information vorläufig
als potentieller Erfolgsfaktor eingestuft und untersucht werden.

Resümieren wir die Einwirkungsmöglichkeiten des TGZ zum **Ausgleich personenbe-
dingter Defizite**: Während gründungsspezifische Defizite aufgrund ihrer Einmaligkeit
u.U. durch externes Know-how seitens des TGZ *ersetzt* werden können, muß es im allgemeinen Anliegen der Förderung sein, Defizite in den anderen beiden Feldern durch
Training oder andere dauerhaft wirkende Maßnahmen nachhaltig zu *beseitigen*. Daß
Defizite im Managementbereich vorliegen, ist unumstritten. Die Vermittlung zusätzlicher technologischer Information ist sicher nicht abträglich, der Nutzeffekt wird aber
von einigen Autoren angezweifelt. Durch **Beratung**, bestimmte professionelle **Service-
angebote** und **Vermittlung von Kontakten** zu Personen und Institutionen, die ihrerseits
Hilfe leisten können, können Mängel ausgeglichen werden. Das kann nach Art einer
Schulung zur dauerhaften Beseitigung oder lediglich durch Entlastung von der nicht
bewältigten Aufgabe stattfinden. In diesen Bereich fallen auch **Kontakte zu anderen
Gründern**, die - formell oder informell - u.U. komplementäre Kenntnisse, vor allem im
gründungsspezifischen Bereich, vermitteln können.[2]
In unserem Bezugsrahmen manifestiert sich die Einwirkung des TGZ bei personenbezogenen Defiziten in "besserem" Verhalten der Gründer, z.B. mehr Beratung, bessere Planung etc. Der Pfad verläuft also nicht zur Person, sondern zum Faktor
Management/Konzeption (F2), da die von uns gemessenen Personenvariablen definitionsgemäß zum Gründungszeitpunkt feststehen und gemessen werden. Die Möglichkeit
des TGZ, unabhängig von vorgeprägten Personenmerkmalen auf das Managementverhalten Einfluß auszuüben, ist zumindest nach Penrose durchaus realistisch, denn eine
der Annahmen ihrer Theorie besagt, daß "existing management can always learn new
things given sufficient time"[3].

Statt der personenorientierten Perspektive bieten Albach und Tengler einen ganz anderen
theoretischen Ansatz, der geeignet ist, weitere potentielle Erfolgswirkungen von Tech-

---

1) Davies (1993:93-100). Auch: Quintas/Wield/Massey (1992:167).

2) Die *Bereitschaft* der Gründer zum Aufbau von Beziehungen untereinander ist nach
   Hay/Wolff (1982:460) jedenfalls hoch.

3) Penrose (1959:209).

nologiezentren zu erschließen:[1] Sie diskutieren deren Existenzberechtigung aus volkswirtschaftlicher Perspektive unter der These, daß innovative Gründungen durch
Marktversagen in bestimmten Beziehungen gegenüber großen, etablierten Unternehmen
benachteiligt sind. Daraus leiten sie Anforderungen an die TGZ-Leistungen ab, mit
denen allen typischen Benachteiligungen kleiner innovativer Unternehmungen entgegengewirkt werden soll:[2]

- Größendegressions- und Synergieeffekte werden durch gemeinschaftliche Nutzung des
  Service, der Räume und der Sachmittel, Umwandlung von fixen in variable Kosten
  erzielt.

- Die Reduktion externer Effekte (Pioniergewinne) gelingt durch Beratungs- und Vermittlungsdienste in juristischen Fragen des Ideenschutzes und durch geeignete Auswahl
  technologisch nicht konkurrierender Mieter.

- Unsicherheit über Produktchancen kann durch Unterstützung bei der Erarbeitung einer
  qualifizierten Markteinschätzung abgebaut werden.

- Die Verbesserung der Finanzierungsbedingungen erfolgt durch Bereitstellung von
  Risiko- und Fremdkapital und Absenkung des Kapitalbedarfs.

In unsere Erfolgsfaktoren-Systematik eingeordnet, ergeben sich daraus folgende Aussagen:

Das TGZ wirkt auf den Faktor **Ressourcen (F3)** durch Senkung des Kapitalbedarfs wie
durch Erhöhung der Verfügbarkeit von Fremd- und Eigenkapital ein. Dazu tragen
Raumangebot, Service incl. Gemeinschaftseinrichtungen und Kontaktherstellung
bei.

Das TGZ stellt durch Beratung bzw. durch Vermittlungsdienste in technischen und
marktbezogenen Fragen situationsadäquates Verhalten sicher, verbessert also **Management und Konzeption (F2)**. Damit sind die auf die Erfolgsfaktoren der Unternehmen
wirkenden TGZ-Aspekte umfassend dargestellt. Man kann sie als *indirekt* wirksam
bezeichnen, da sie über die Verbesserung der Erfolgsvoraussetzungen zu höherem
Erfolg beitragen sollen.

Angesichts des von Albach und Tengler formulierten Spektrums sollten jedoch zwei
weitere Funktionen des TGZ nicht vergessen werden, die von Smilor hervorgehoben
werden:[3]

- Wenn es dem TGZ gelingt, ein positives **Erfolgs-Image** aufzubauen, wird sich dies
  auf die angesiedelten Firmen übertragen und Barrieren bei externen Partnern u.a. am
  Markt abbauen.[4] Dadurch kann sich der Erfolg unmittelbar erhöhen. Im Unterschied
  zu anderen Faktoren wirkt also das Image nicht indirekt über die Erfolgsfaktoren. Wir
  sehen allerdings eine Ausnahme: Die Ressourcenverfügbarkeit kann sich durch ein

---

1) Albach/Tengler (1987:599-611).

2) Ebenda. Hier: 605-609.

3) Smilor (1987a:38ff.).

4) Zur Bedeutung eines guten Unternehmens-Images vgl. Preston (1991:243f.).

gutes Image erhöhen, womit eine zusätzliche indirekte Erfolgswirkung des Images gegeben wäre.

- Der **Zugang zu einem Unternehmensnetzwerk** (sowohl zentrums-intern wie -extern) kann wie das Image unmittelbar erfolgssteigernd wirken, soweit es sich hierbei um Marktpartner handelt. Auch hier ist das Verhalten (F2) nicht betroffen.

Es handelt sich bei den beiden beschriebenen Aspekten um Wirkungen, die wir als direkte Erfolgswirkungen des TGZ bezeichnen möchten, da die Ausprägung der Erfolgsfaktoren im neugegründeten Unternehmen davon zumindest teilweise unberührt bleibt.

Ob die formulierten Erwartungen von Technologiezentren in der Realität tatsächlich erfüllt werden, zeigt sich erst nach gewisser Zeit, wenn die geförderten Unternehmen ihre kritische Startphase überwunden haben, und wird in dieser Studie zu untersuchen sein. Schließlich ist die Ausnutzung der möglicherweise gebotenen Vorteile auch von der Bereitschaft zur Nutzung seitens der betroffenen Gründer abhängig. Wie zur Nutzung des externen technischen Wissens gibt es auch hier widersprüchliche Einschätzungen: Z.B. deuten die Befunde von Gibb/Ritchie auf eine generell geringe Hilfs-Such-Aktivität der jungen Betriebe hin:[1] "The research has emphasized the general informality and lack of rigour in the search for assistance. It bears out the general contention that little on-going use is made of such sources. Even in respect of provision of services deemed of necessity to be close to the small business, contact was limited." Im Gegensatz dazu stellen Allen und Rahman zur Bedeutung des Kontakt-Aspektes folgendes fest:[2] "Especially in large incubator facilities, new contacts and trade relations may emerge for a firm." D.h., die Stärke der Beziehungen zu anderen Mietern muß als Variable unter den potentiellen Erfolgsfaktoren eines TGZ mit untersucht werden.

Schermerhorn stellt folgendes fest:[3] Die Bedeutung der Kooperation mit anderen wird von kleinen Unternehmen zwar als sehr hoch eingeschätzt, trifft in der Praxis aber auf viele Barrieren. Deswegen sind vermittelnde Einrichtungen erforderlich, wie sie TGZ darstellen. Auf diese Weise kann die Nutzung der mit einer Kooperation verbundenen positiven Wirkungen gesteigert werden. Diese Aufgabe ist demnach für ein Technologiezentrum als ein Kernbereich der Tätigkeit anzusehen. Ob die Zentren in der Realität diese Funktion tatsächlich erfüllen, ist Gegenstand der Überprüfung in den folgenden Abschnitten.

Aus der differenzierten Betrachtung der TGZ-Einflüsse ergibt sich erneut die Frage, welche Beeinträchtigungen der Auszug aus dem Technologiezentrum mit sich bringen wird. Sie läßt sich nunmehr in mehrere Teilaspekte aufspalten:

---

1) Gibb/Ritchie (1982:41).

2) Allen/Rahman (1985:18).

3) Schermerhorn (1980:50). Ähnlich auch: Johannisson (1991:281).

- Welche Folgen hat der Auszug auf die Problemlösungsfähigkeit?
- Wurden die Lernziele während des Aufenthalts erreicht?
- Wirkt das Gelernte dauerhaft weiter?
- Welche Folgen hat der Wegfall der Imagewirkung ?
- Bleibt das Unternehmensnetzwerk nach dem Auszug bestehen?
- Wie wird der sprunghaft erhöhte Ressourcenbedarf kompensiert?

In der bisherigen Betrachtung der TGZ-Wirkung fällt auf, daß die Ausprägungen der Erfolgsfaktoren **"Geschäftsidee"** (F1) und **"Person"** (F4) durch das TGZ offenbar nicht beeinflußt werden. Dies ist insofern richtig, als beide Faktoren ex definitione bereits bei Gründung feststehen und damit keiner nachträglichen Einwirkung unterliegen können. Gleichwohl können aber bestimmte Ausprägungen bei der Aufnahmeentscheidung zur Bedingung gemacht werden und unterliegen somit wieder dem TGZ. Daraus ergibt sich ein Caveat für die weitere Untersuchung: Sollte sich herausstellen, daß das TGZ tatsächlich eine meßbare Steigerung des Unternehmenserfolgs bewirkt, ist daraus nicht ohne weiteres auf die Wirsamkeit der Leistungen zu schließen: Die bei der Aufnahme in ein TGZ stattfindende **Selektion** der Projekte/Firmen seitens der TGZ-Leitung kann es ermöglichen, daß man sich von vornherein die erfolgversprechenderen Projekte aussucht und damit den höheren Erfolg im Vergleich zu externen Unternehmensgründungen vorprogrammiert.
Es sind also neben dem Auszug zwei Arten von TGZ-Einflüssen zu unterscheiden:

- **der Einfluß der Leistungen Räumlichkeiten, Service, Beratung, von Kontaktvermittlung und Imagetransfer und**

- **der Einfluß der Selektion bei der Aufnahme von Mietern.**

Der zweite Einfluß trägt nicht zur Erfüllung der eingangs formulierten Ziele von TGZ bei. Er ist deshalb nicht nur vom ersten zu trennen, sondern auch grundsätzlich anders zu bewerten. Wir vermuten, daß beide Einflüsse parallel wirksam sind. Der empirische Teil soll über die tatsächlichen Wirkungen Aufschluß erbringen. Nach der allgemeinen Systematisierung der TGZ-Einflüsse, die übersichtsartig auch in Tabelle 2-2 noch einmal zusammengefaßt sind,[1] gehen wir nunmehr über zur Betrachtung der Lage der empirischen Forschung zum Thema TGZ, um Anhaltspunkte über die Wirkungsrichtungen und die reale Gewichtung der einzelnen Einflüsse zu erhalten.

---

1) Genaue Hypothesenformulierung in Kapitel 3.1.

Tabelle 2-2: Mögliche kausale Beziehungen zwischen TGZ-Aspekten und Erfolgsfaktoren von Gründungen

TGZ-Aspekte	Erfolgsfaktoren von Gründungen			
	Person	Geschäfts-idee	Ressourcen	Management/Konzeption
Räume auf Mietbasis			senkt Kapital-bedarf	
Service			senkt Kapital-bedarf	
Beratung/Betreuung			senkt Bedarf personeller Ressourcen	verbessert Verhalten
Kontakt-herstellung*			kann Kapital-beschaffung erleichtern	verbessert Informations-verhalten und Beratung
Image*			s. Kontakt	
Auszug			führt zu Kapitalbedarf	beeinträcht. Informations-austausch
Selektion bei Aufnahme	X	X	X	

*: Faktoren wirken im Unterschied zu anderen Aspekten auch direkt auf
den Erfolg, z.B. durch leichtere Kundengewinnung.

Neben den beiden tgz-bedingten Einflußarten werden wir noch den Einfluß des Standortes, an dem sich ein TGZ befindet, zu berücksichtigen haben, denn nach der Literatur
können davon erhebliche Erfolgswirkungen ausgehen, die allerdings auch für Nicht-
TGZ-Gründungen von Belang sind.[1]

2.2.2   Überblick über bisherige Studien zum Thema "Technologiezentrum"

Die bisher wohl umfangreichste deutsche Studie von Sternberg,[2] der eine empirische
Erhebung in 26 Zentren durchführte, leidet ebenfalls an dem zum Zeitpunkt der Untersuchung zu geringen Alter der deutschen TGZ: Keines der befragten Zentren war älter
als 30 Monate, viele befanden sich noch in der Planungsphase.[3] Aus diesen Daten ließen sich noch keine Erfolgsaussagen ableiten. Die befragten Unternehmen wurden
lediglich auf bestimmte Wesensmerkmale hin untersucht sowie die häufigsten Wünsche,
Probleme und die Zufriedenheit der Gründer ermittelt. Hinweise auf den tatsächlichen
Erfolg oder gar die Überlebensfähigkeit gibt die Untersuchung damit jedoch nicht. Das

---

1) Zur Rolle des Standortes für den Erfolg von Technologiezentren vgl. u.a.:
   Ewrigmann/Kortenkamp (1986:671); Bruch (1988:335f.); Planungsgemeinschaft
   Westpfalz (1981:5ff.); Ewers/Fritsch/Kleine (1984:29) und dort zitierte Literatur.

2) Sternberg (1988). Auch nach Dose gehört diese Arbeit zu den bis heute
   bedeutendsten zum Thema Technologiezentren (Dose 1990:245).

3) Sternberg (1988:129ff.).

geringe Alter der Unternehmen, ihr damaliger Aufenthalt im Technologiezentrum und das Fehlen einer Kontrollgruppe ließen derartige Aussagen auch gar nicht zu. Eine weitere umfangreiche Studie, in der auch Mieter von TGZ befragt wurden, stammt schließlich von Bauer und Hannig.[1] Sie geht allerdings nicht über die von Sternberg behandelten Fragestellungen hinaus und ist lediglich wegen der zum Zeitpunkt der Erhebung längeren Erfahrung zu beachten. Sie enthält Befunde zum Bedarf an - und Angebot von - Leistungen des TGZ, zur Beurteilung und Einstufung des TGZ-Nutzens und zur Unternehmensentwicklung. Bauer und Hannig bestätigen im wesentlichen die Aussagen von Sternberg. Da die Erfolgmessung nur durch ein globales Zufriedenheitsurteil, z.B. "erfreulich", erfolgte und dies nicht mit den Leistungen des TGZ in Verbindung gesetzt wurde, ergeben sich keine gesicherten Schlußfolgerungen über den Nutzen der TGZ-Unterstützung.

Aus den USA liegen einige empirische Befunde, vor allem von David Allen, vor.[2] Sie sind denen von Sternberg ähnlich, auch hier wurde allerdings auf die Erhebung des Erfolgs der Mieter verzichtet und auf TGZ-Merkmalen und Zufriedenheitsurteilen der befragten Gründer aufgebaut.

Eine Befragung von über 100 Mietern in belgischen und holländischen Technologiezentren von Rappa et al. aus dem Jahre 1988 beschränkte sich auf einen Teilbereich, die Untersuchung der FuE-Kontakte der angesiedelten Unternehmen, und verzichtete auf die Messung des Unternehmenserfolgs.[3] Außerdem waren die Mieter zum Zeitpunkt der Befragung im Median erst zwei Jahre im TGZ angesiedelt, so daß die Ergebnisse dieser Studie kaum zur Hypothesengenerierung und auch nicht zur Beurteilung der Erfolgswirkung geeignet sind.

Eine wichtige Erhebung zu Technologiezentren, die als bisher einzige qualifizierte statistische Aussagen zum *Erfolg* der Mieter und dessen Ursachen enthält, wurde in England 1986 von Monck u.a. durchgeführt, mit einem Follow-up im Jahre 1990 von Storey/Strange.[4] Monck et al. untersuchten 183 Firmen in britischen Science Parks und verglichen ihren Erfolg u.a. auch mit unabhängigen Gründungen im Hochtechnologie-Bereich. Wesentliche Befunde waren:[5]

- Es gibt keinen signifikanten Unterschied im Wachstum und anderen Erfolgsgrößen zwischen Science Park und unabhängigen Firmen.[6] Dennoch ist der Science Park erfolgsfördernd, denn dort siedeln sich mehr unerfahrene Akademiker an, die ohne

---

1) Bauer/Hannig (1992). Referiert werden hier nur die Ergebnisse, die aus der Mieterperspektive wichtig sind.

2) Allen (1984); Allen/Rahman (1985).

3) Rappa et al. (1990).

4) Monck et al. (1988). Storey/Strange (1992).

5) Die im folgenden genannten Befunde und Empfehlungen beziehen sich auf: Monck et al. (1988:172,191f.,221ff.,239ff.,251).

6) Zu diesen Ergebnis kommen auch Picot/Laub/Schneider (1989:185f.), die in ihrer Stichprobe innovativer Gründungen auch 25 Unternehmer mit TGZ-Erfahrung hatten. Allerdings wurde hier nur nach Grad der Intensität der TGZ-Inanspruchnahme unterschieden, ohne Vergleich mit einer Kontrollgruppe.

Unterstützung vergleichsweise weniger erfolgreich sind. Hochtechnologie-Unternehmen sind außerdem generell wachstumsstärker als andere Gründungen, von daher kann die Science-Park-Idee als unterstützenswert gelten. Dieses höhere Wachstum bestätigen auch Storey/Strange, die außerdem für die Mieter eine Mißerfolgsquote von (nur) 20 Prozent bis zum Zeitpunkt der zweiten Erhebung 1990 schätzen.[1]

Aus den Befunden leiten Monck et al. die Schlußfolgerung ab,[2] daß den Bereichen "Business Advice" und Image-Pflege besondere Aufmerksamkeit zu widmen sei. Demgegenüber sei die Kontaktherstellung zu FuE-Institutionen weniger bedeutend. Es gibt auch keine Hinweise, daß TGZ-Mieter häufiger über FuE-Kontakte verfügen als andere Gründer. Der Zugang zu Kapitalquellen, qualitativ hochwertiger Beratung, die praktische Unterstützung durch das TGZ-Management und die Schnittstellenfunktion zu Universitäten stellen in dieser Reihenfolge die wichtigsten Prioritäten der TGZ-Gestaltung dar.

An den Abschluß dieses Abschnitts möchten wir eine Übersicht über die genannten, bisher einzigen großzahlig empirischen Studien, die sich mit den Gründern in TGZ beschäftigt haben, stellen. Sieht man einmal von den oben diskutierten methodischen Problemen ab, so lassen sich doch eine Reihe von Befunden aus den Arbeiten Sternbergs, Moncks et al. und Allens zur Hypothesengenerierung im Hinblick auf Kapitel 3. verwenden, wenn es darum geht, festzustellen, welche Leistungen und Aspekte des TGZ-Angebots besonders erfolgsrelevant sind. Merkmale, die sich in den bisherigen Studien als wirksam erwiesen haben, müssen sicher auch im Rahmen unserer Untersuchung berücksichtigt werden, zumal die Ergebnisse von Sternberg, Monck et al., Allen und Bauer/Hannig eine überraschend hohe Übereinstimmung aufweisen. Sie sind in der Tabelle 2-3 zusammenfassend wiedergegeben.

---

1) Storey/Strange (1992:18).

2) Monck et al. (1988:191f.,246f.,251f.).

Tabelle 2-3: Empirische Befunde zu Gestaltung des TGZ aus Gründersicht

TGZ-Aspekt:	Autor, Jahr, Land, Stichprobenumfang			
	Allen (84+85) USA, n=165/56	Monck et al.1988 GB, n=183	Sternberg 1988 D, n=177	Bauer/Hannig 1992 D, n=225
Kosten- senkung	-3. Stelle der Einflüsse (85)	-an 4.Stelle bei Standortwahl	-wichtigster Vorteil aus Gründersicht	-wichtigster Grund
Räume	-nicht erhoben	-nicht erhoben	-fehlende Expansions- möglichk. Hauptnacht.	-nicht erhoben
Service -Grund- -Spezial-	-Standardservice besonders wichtig und positiv	-von kleinen Firmen nachge- fragt (bis 6 MA) -erhöht Kontakte	-Nutzung der Standard- einrichtungen hoch, Spezialeinricht. wie Labore wenig gefragt	-wichtiger und positiver als Beratung
Beratung -BWL, Recht etc.	-wird oft bemän- gelt, unbefrie- digender Nutzen	-wird oft bemän- gelt	-besonders Vermittlung externer Berater	-Nachfrageüberhang bei BWL-Beratung
-Technologie	-s. "Kontakte"	-unproblematisch	-6.Stelle d. Vorteile	-s. "Kontakte"
Kontakt -innerhalb des TGZ	-46 vH mit Lieferbe- ziehung	-bei Angebot zentraler Ein- richtungen höher	-zweitwichtigster Punkt für Gründer -40 vH mit Liefer- beziehungen	-sechste Stelle der Vorteile -Rolle als Kunde/ Lieferant bevorzugt
-außerhalb .Lief./Kunden	-geringe Hilfe	-nicht ermittelt	-für 50 vH der Firmen	-nicht erhoben
.Hochschulen	-für 77,4 vH kein oder ge- ringer Einfluß	-informelle Kont. dominieren, sonst keine Besonderh.	-Kontaktherstellung weniger wichtig, 73,8vH haben Kontakte	-Technologieberatung kein Engpaß
.Kapitalgeber (Öff./priv.)	-geringer Einfluß	-sollte verstärkt werden	-Zugang zu öffentl. Förderung an 3.Stelle	-zählt zu meistge- nutzten Angeboten
Image	-nicht erhoben	-wichtigster Grund für Standortwahl	-an vierter Stelle der Vorteile	-an 5.Stelle der Einzugsgründe
Rolle des Managers	-Defizit in Qualifikation u. Fähigkeiten, nicht in Kapazität -Business Con- sulting unbe- friedigend	-von 54 vH Kritik -Verbesserung der firmenspezi- fischen Beratung erforderlich	-Repräsentation, Verwaltung und Kontaktherstellung am wichtigsten -größte Kritik an Beratungskompetenz -hauptamtlicher Manager erforderlich	-nicht erhoben -Nachfrageüberhang bei Beratung
Standortvor- aussetzungen	-entrepreneurial support network exisitert	-Nähe zur Univer- sität bedeutet	-Existenz einer FuE-Einrichtung -Lebensqualität unbedeutend	-Nähe zu FuE- Einrichtungen relativ unbedeutend
Aufnahmevor- aussetzungen	-nicht erhoben	-TGZ vorteilhaft v.a. für Akadem.	-Einfluß auf Gründer nicht erhoben	-Technolog. Schwer- punkt unerwünscht
Bewertung des Aufenthalts	-56vH bestätigen Einfluß (85)	-nicht ermittelt	gut-sehr gut (intern) Imageprobleme (extern)	-hohe Zufriedenheit (Note "2,2")
Auszug/Stand- ortwechsel	-26 vH planen keinen Aus- zug	-bei 90 vH beab- sichtigt	-24,2 vH existenz- gefährdend -64,2 vH möglich, geplant	-14 vH beabsichtigen Ansiedlung in Tech- nologiepark

Die Angaben stammen aus: Allen (1984); Allen/Rahman (1985); Monck et al. (1988:153-224); Sternberg (1988:175-240); Bauer/Hannig (1992).

Kurz gemeinsam zusammengefaßt, legen sie folgende Schlußfolgerungen nahe:

- Der Aspekt der Kostensenkung zählt zu den wichtigsten Vorteilen für die Gründer, er wird wirksam durch Räume auf Mietbasis, zentrale Einrichtungen und Standard-Service-Angebote erreicht. Die Qualität der Serviceeinrichtungen ist weitgehend unproblematisch.

- Spezielle Serviceangebote sind weniger gefragt, da sie i.d.R. nicht genau auf die Bedürfnisse der einzelnen Gründer zugeschnitten werden können.

- Beratungsangebote sind zwar gefragt, werden aber wegen mangelnder Qualität kritisiert und deswegen weniger in Anspruch genommen. Damit eng verbunden ist die Kritik an der Qualifikation des Managers, mit dessen Person im übrigen auch der wichtige Image-Aspekt eng verknüpft ist. Das Interesse an firmenspezifischer betriebswirtschaftlicher Beratung steht eindeutig im Vordergrund.

- Die Generierung von Kontakten, besonders informellen, zählt vor allem in betriebswirtschaftlichen Fragen zu den wichtigsten Vorteilen des TGZ, im technologischen Bereich ist der Einfluß des TGZ eher gering. Gleichwohl ist Hochschulnähe ein wichtiger Faktor zur Erhaltung der von den Gründern selbstgeschaffenen Kontakte zur Wissenschaft.[1]

- Zu wünschenswerten Aufnahmevoraussetzungen liegen keine gesicherten Erkenntnisse vor.

- Die Bewertung des Aufenthalts ist positiv, wird aber nicht als notwendige Bedingung für die Unternehmensgründung angesehen.

- Der Auszug aus dem Zentrum wird von den allermeisten Gründern geplant und für machbar gehalten.

Trotz der dargestellten Erhebungen, besonders der von Monck et al., die noch 1992 als "only substantive published study"[2] bezeichnet wird, bleiben eine Reihe von Defiziten der TGZ-Forschung bis heute:

- Folgenreicher als der kurze Erfahrungszeitraum ist für die Erforschung der TGZ-Wirkung, daß in den vorhandenen Studien bisher keine detaillierten Hypothesen über die Wirkungsweise generiert wurden: Man befindet sich mehr auf beschreibendem als auf erklärendem Niveau. Eine Differenzierung der Einwirkung der unterschiedlichen TGZ-Merkmale auf den Erfolg fehlt ebenso wie die Integration in ein Gesamtkonzept. Auch hier kann die vorliegende Studie also nicht auf Bestehendem aufbauen.

- Wie schon gesagt, ist das Kapitel "Erfolgsmessung" der im TGZ angesiedelten Unternehmen bisher vernachlässigt oder unbefriedigend gelöst worden. Allen und Sternberg

---

1) Zu diesem Ergebnis kommt auch die Studie von Rappa et al. (1990): Nur für eine Minderheit ist der Zugang zu technologischen/wissenschaftlichen Ressourcen der wichtigste Standortvorteil der TGZ.

2) Henneberry (1992:335).

verzichten völlig auf die Erhebung, Bauer/Hannig verwenden ein einfaches, aber damit auch aussageschwaches Maß. Lediglich die Studien von Monck et al. mit der Nachfolgeuntersuchung von Storey/Strange erheben mit dem Wachstum eine verwertbare Erfolgsgröße.

- Die Beurteilung des Erfolgs von Technologiezentren anhand der Entwicklung der geförderten Unternehmungen ist bisher wegen des zu geringen Erfahrungszeitraums noch nicht möglich gewesen.

- Studien, die Unternehmensbefragungen **nach dem Auszug** aus dem Technologiezentrum enthalten, wurden bisher noch nicht veröffentlicht. Es gibt zwar Untersuchungen zu der Tragfähigkeit der Technologiezentren aus Sicht der Betreiber, die zu durchaus positiven Ergebnissen kommen.[1] Darin enthaltene Aussagen zum Erfolg der Gründer sind aber mehr oder weniger spekulativ oder beziehen sich auf technologieorientierte Gründungen allgemein.[2]

- Schließlich gibt es nach wie vor keine empirisch abgesicherten Aussagen, sondern nur Spekulationen zum Einfluß der Standortgüte auf den Erfolg eines TGZ und seiner Mieter.[3]

Da in der hier vorliegenden Arbeit das Hauptinteresse in der Untersuchung der nachhaltigen Wirkung der Zentren auf den Erfolg ihrer Mieter liegt, erübrigt sich an dieser Stelle eine weitere systematische Auswertung der vorhandenen Literatur zum Thema TGZ. Diese geht entweder auf andere Aspekte der Zentren, z.B. die Planung und Auslastung ein oder genügt wie gesagt methodisch und in ihrer Datenbasis nicht den hier gestellten Ansprüchen. Der teilweise verfolgte Ansatz, TGZ-Manager zu befragen, ist z.B. im Zusammenhang mit der Ermittlung der Erfolgswirksamkeit abzulehnen, denn diese neigen zu gravierenden Fehlwahrnehmungen bezüglich der Bedeutung bestimmter Aspekte für die Mieter: Bauer/Hannig weisen dies anhand seiner Parallelbefragung von Mietern und Managern eindrucksvoll nach.[4] Die Verwendung nur eines Technologiezentrums und seiner Mieter als Untersuchungsobjekt - der Fallstudienansatz - ist deswegen für unser Ziel kaum aussagekräftig, weil so der Einfluß und die Notwendigkeit bestimmter Leistungen nicht festgestellt werden können.[5]

Wir werden auf einzelne Befunde oder Hypothesen im Zusammenhang mit der eigenen Erhebung weiter unten bei Bedarf eingehen.

Einige gesichert scheinende, vor allem den volkswirtschaftlichen Nutzen betreffenden

---

1) Z.B. Henneberry (1992:334).

2) Z.B. Henneberry (1992:328;334). Abetti (1992:131).

3) Z.B. das FuE-Potential, die allgemeine Infrastruktur etc. Vgl. hierzu z.B. Sternberg (1988:78ff. und 137-141).

4) Bauer/Hannig (1992:15).

5) Ein solches Vorgehen praktizieren z.B. Autio/Kauranen (1992) oder Henschel-Neumann (1988).

Erkenntnisse aus den bisherigen Arbeiten können dennoch bereits hier festgehalten werden. Sie brauchen somit nicht noch einmal untersucht zu werden:

- Die Unternehmen in Technologiezentren weisen eine deutlich **höhere Überlebenswahrscheinlichkeit** in den ersten Jahren auf als der Durchschnitt aller neugegründeten Unternehmen:[1]

. in den ersten Jahren liegt sie im TGZ nach übereinstimmender Feststellung bei über 80 Prozent[2]

. bei unabhängigen Gründungen dagegen liegen Schätzungen bei bis zu 60 Prozent innerhalb sechs Jahren.[3]

Bei dem Vergleich ist allerdings zu berücksichtigen, daß es sich bei Gründungen im TGZ in der Mehrzahl um technologieorientierte Gründungen handelt, die ohnehin als weniger scheiterungsanfällig gelten.[4] Dennoch bleibt offenkundig ein Vorteil zugunsten des TGZ.

- Die Unternehmen im TGZ werden weit häufiger von Akademikern gegründet als in der Gesamtheit der Fälle technologieorientierter Gründungen.[5] Die tatsächliche Anregung zusätzlicher Gründungen erscheint damit wahrscheinlich. Mitnahmeeffekte treten nur bedingt auf. Folgt man darüberhinaus der Argumentation von Monck et al., daß akademiker-geführte Unternehmen sich unter normalen Umständen schlechter entwikkeln würden,[6] ist schon ein Hinweis auf die volks- und regionalwirtschaftlichen Nutzen von TGZ gegeben.

- **Arbeitsplatzeffekte** treten in großem Maßstab **nicht kurzfristig** auf, auch wenn man die Zahl der Arbeitsplätze in britischen und deutschen Zentren mit 14.700 bzw. ca. 18.000 als nicht unbeachtlich ansieht.[7] Weit größere Beschäftigungseffekte können erst nach einigen weiteren Jahren, meist nach dem Auszug aus dem TGZ erwartet werden,[8] denn das Unternehmenswachstum verläuft im Erfolgsfall quasi exponentiell.[9]

---

1) Vgl. z.B. die Befunde von Bauer/Hannig (1992:37ff.). Auch für die im Modellversuch "Technologieorientierte Unternehmensgründungen" des BMFT geförderten Unternehmen gilt, daß die Unternehmen in der TGZ-Variante mit 8 vH (31.12.1990) die geringste Ausfallrate aufweisen; in der Regionalvariante waren z.B. schon 28 Prozent gescheitert (Kulicke 1991:32).

2) Z.B. Storey/Strange (1990:18). In der früheren Erhebung des Verfassers wurde eine Obergrenze von 14 vH Mißerfolgen ermittelt (Steinkühler 1989:126), die auch von Campbell 1987 in den USA ermittelt wurde (zitiert nach Allen (1989:34-40).

3) Vgl. Abetti (1992:131), und Steinkühler (1989:233) und die dort zitierten Studien. Plaschka (1986:39ff) ermittelt eine Überlebensrate von 40 vH nach fünf Jahren bei allerdings nicht technologieorientierten Gründungen.

4) Kulicke (1987:66ff.) und die dort zitierte Literatur.

5) Vgl. Monck et al. (1988), Befunde weiter oben.

6) Vgl. Darstellung der Studie von Monck et al. (1988), s.o.

7) Vgl. Henneberry (1992:326). Fiedler (ADT-Handbuch 1992:28).

8) Allen (Entrepreneurial Marriage 1984:49). Auch: Dose (1990:247).

9) Vgl. z.B. Berndts/Harmsen (1985:237-245).

Dies gilt generell für technologieorientierte Gründungen:

- Durch die Aufnahme vor allem technologieorientierter Unternehmen gelten für TGZ grundsätzlich alle Vor- und Nachteile dieser Gruppe. Ihnen werden u.a. **stärkeres Wachstum, geringe lokale Displacement-Effekte und hohe Multiplikatorwirkung** zugeschrieben.[1] Sie können die Kommerzialisierung neuer Technologie beschleunigen, da die Gründer stärker zur Durchsetzung "ihrer" Idee motiviert sind als die (staatlichen) Inkubatororganisationen, aus denen sie stammen.[2] Somit lassen sich Vorteile technologieorientierter Gründungen auch als Argumente für TGZ interpretieren, besonders wenn nachgewiesen werden kann, daß TGZ diese Art von Gründungen sinnvoll fördern.

Der Nachweis der grundsätzlichen Vorteilhaftigkeit technologieorientierter Unternehmen ist allerdings aus Sicht der betroffenen Gründer, die vor die Frage gestellt sind, ob sie ihren Standort in einem TGZ wählen sollen, weitestgehend irrelevant und lenkt damit vom eigentlichen Thema dieser Arbeit ab.

Es bleibt für diese Untersuchung die Frage: Welche Anforderungen an die Erhebung müssen erfüllt sein, um akzeptable Ergebnisse zur Erfolgsbeurteilung der Technologiezentren aus Gründersicht zu erhalten? Nach den weiter oben zitierten Befunden ist das Maximum des Risikos des Scheiterns, d.h. der Geschäftsaufgabe, erst nach bis zu fünf Jahren erreicht,[3] d.h. eine Erfolgsbeurteilung auch erst dann möglich. Aus den genannten Befunden läßt sich klar ablesen, welches der Hauptgrund für die bisher ausstehenden Befunde zum nachhaltigen Erfolg von TGZ ist: ihr zu geringes Alter. Jetzt erscheint allerdings der Zeitpunkt für eine derartige Untersuchung gekommen.

Als weitere Anforderungen, um über den bisherigen Stand der Forschung hinauszugehen, wären der Untersuchungszeitpunkt *nach* dem Auszug, die Messung des ökonomischen Erfolgs direkt bei den Mietern, die Inbeziehungsetzung des Erfolgs mit Eigenschaften der Gründungen und der TGZ sowie der Vergleich mit einer Kontrollgruppe zu nennen.

Auch wenn also einzelne empirische Befunde existieren, muß doch festgestellt werden, daß bis heute ein geschlossenes theoretisches Konzept über die Wirkung von Technologiezentren auf die Entwicklung der einzelnen angesiedelten Unternehmen fehlt. Die bisherigen Befunde müssen aufgrund der verwendeten Methoden und des kurzen Erfahrungszeitraums als nur vorläufige Tendenzen aufgefaßt werden.

Es erscheint gleichwohl möglich, vor dem Hintergrund der bisherigen Kenntnisse Hypothesen für die spätere empirische Untersuchung zu bilden. Dazu sind die empirischen Befunde mit den im Abschnitt 2.2.1 erarbeiteten Beziehungen zwischen TGZ-Merkmalen und Erfolgsfaktoren der Unternehmen zu verknüpfen. Dies geschieht in Kapitel 3.1.

---

1) Z.B. Henneberry (1992:328).

2) So Piccaluga (1992:87).

3) Vgl. Kapitel 1.3.

3. Bezugsrahmen und Operationalisierung

Im nun folgenden Kapitel wird im Hinblick auf die empirische Untersuchung ein detaillierter Bezugsrahmen mit einzelnen Hypothesen entwickelt und operationalisiert. Dabei bauen wir auf den im letzten Abschnitt angestellten theoretischen Überlegungen und der Literaturdurchsicht der vorliegenden Studien auf.

Im ersten Unterabschnitt geht es um den zugrundeliegenden Bezugsrahmen (3.1). Das betrifft die möglichen Elemente des Erfolgs und ihre Beziehungen untereinander. Aus diesem Rahmen ergeben sich die zu testenden Beziehungs-Hypothesen, zu denen jeweils Strategien für die empirische Überprüfung entwickelt werden.

Daran schließen sich Ausführungen zur Operationalisierung an (3.2). Auf der einen Seite ist der **Erfolg eines neugegründeten Unternehmens**, auf der anderen Seite sind die **potentiellen Erfolgsfaktoren und die Unterstützung durch das TGZ** Gegenstände der Messung. Im Rahmen der Operationalisierung werden wir auch auf Basis der einzelnen Items Erwartungen bezüglich ihrer Erfolgswirkung formulieren. Weiterhin ist anzunehmen, daß auch die Gestaltung des Technologiezentrums selbst einen Erklärungswert für den Erfolg hat, d.h. zwischen verschiedenen Zentren Unterschiede bestehen. Darum müssen auch Variablen zur Erhebung der Leistungsmerkmale der einzelnen Zentren in den Bezugsrahmen eingehen.

Da es an absoluten Referenzgrößen für den Unternehmenserfolg fehlt, wählen wir für diese Untersuchung ein Kontrollgruppendesign. Wir werden also einer Gruppe von Unternehmen, die im Technologiezentrum angesiedelt waren, vergleichbare unabhängige Gründungen gegenüberstellen. Auftretende Erfolgsdifferenzen können dann eindeutig dem Einfluß des Technologiezentrums zugeschrieben werden. Im Kapitel 4. werden wir auf die Details der Kontrollgruppenauswahl und ihre Implikationen eingehen.

Die Hypothesen, die sich auf Unterschiede zwischen TGZ-geförderten und unabhängigen Gründungen beziehen, können so durch Vergleich der TGZ-Fälle mit der Kontrollgruppe getestet werden. Ein anderer Teil, der sich mit Wirkungen bestimmter TGZ-Merkmale beschäftigt, ist nur anhand der TGZ-Stichprobe zu überprüfen. Die Hypothesen, die bezüglich der allgemeinen Erfolgsfaktoren von Existenzgründungen aufgestellt werden, können schließlich mit sämtlichen erhobenen Fällen, also der TGZ- und der Kontrollgruppe gemeinsam, getestet werden. Sie haben den Charakter von "Hilfshypothesen", da sie keine Aussage zur TGZ-Wirkung beinhalten, für die Überprüfung der übrigen Hypothesen aber gleichwohl notwendig sind.

3.1 Zugrundeliegender Bezugsrahmen

Die im vorigen Kapitel dargestellten empirischen Erkenntnisse und theoretischen Überlegungen zu Erfolgsursachen innovativer Unternehmungen und den Einwirkungen des
TGZ darauf sollen im folgenden zu einem Bezugsrahmen verdichtet werden. Es findet
die Konkretisierung der in Kapitel 2.1 und 2.2 formulierten Bereiche und Beziehungen
statt. Daraus leiten sich die hier zu prüfenden Hypothesen ab. Sie werden in diesem
Abschnitt zunächst als wissenschaftliche Hypothesen formuliert. Erst im dann folgenden
Teil (3.2) erfolgt die Operationalisierung der statistischen Hypothesen.

In dieser Studie soll nicht nur untersucht werden, *ob* der Erfolg junger Unternehmen,
die in einem Technologiezentrum angesiedelt waren, höher ist als der unabhängiger
Gründungen, sondern es soll auch der Frage nachgegangen werden, *wodurch* letzlich
der Unterschied im Erfolg zu erklären ist. Nur so lassen sich Empfehlungen für die Verbesserung der Konzeption solcher Zentren ableiten.

Außerdem ist der bloße Vergleich von Erfolgsdaten nicht aussagekräftig, da davon ausgegangen werden muß, daß sich die zu vergleichenden Unternehmen außer in dem
Umstand des Aufenthalts im TGZ auch noch in anderen erfolgsrelevanten Merkmalen
unterscheiden. Wie im Kapitel zur Stichprobenauswahl noch näher erläutert wird, läßt
sich eine volle Übereinstimmung zwischen den erfolgsrelevanten Merkmalen bei Kon-
troll- und Untersuchungsgruppe nicht sicherstellen. Um dennoch zu unverfälschten
Ergebnissen über den Einfluß des Technologiezentrums zu kommen, bleibt nur die
Alternative, eine umfassende Erhebung *aller* potentiellen Erfolgsfaktoren vorzunehmen.
Es wurden also vor der empirischen Erhebung umfangreiche Literaturrecherchen unter-
nommen, die Aufschluß über mögliche Erfolgsfaktoren geben sollten. Dabei wurden
empirische Studien zu Unternehmensgründungen sowie kleinen Unternehmen ausgewertet, wobei Arbeiten zu technologieorientierten Unternehmensgründungen besondere
Beachtung fanden.

Als Ergebnis dieser Auswertungen ergab sich eine Liste von Erfolgsfaktoren für junge
Unternehmen/Gründungen, die mehrfach empirisch bestätigt wurden.[1] Diese Liste bildet die Basis für die in dieser Arbeit erhobenen Merkmale der befragten Unternehmen.
Die Faktoren dieser Liste wurden nach logischen Gesichtspunkten zusammengefaßt und
unter vier Oberbegriffen gruppiert. Dabei wird von den in Kapitel 2.1 angestellten theoretischen Überlegungen und Begriffen ausgegangen.

Wie bereits im Kapitel 2.1 diskutiert, werden dabei die Variablen ausgeklammert, die
z.B. bei Müller-Böling und Klandt[2] als Faktoren des generellen Umsystems oder auch
des dedizierten Umsystems bezeichnet werden. Das sind allgemeine Indikatoren für die

---

1) Vgl. Tabelle 3-7 weiter unten in Abschnitt 3.2.2.

2) Müller-Böling/Klandt (1990:150).

gesellschaftlichen Bedingungen, denen potentielle Gründer ausgesetzt sind, z.B. das Ausbildungssystem oder die rechtlichen und steuerlichen Gegebenheiten. Diese Faktoren können für die Zwecke dieser Untersuchung als weitgehend gleich angesehen werden und sind eher für interkulturelle und -nationale Vergleiche von Bedeutung. Auf die Berücksichtigung möglicher regionaler, standortbezogener Vor- und Nachteile wird später noch eingegangen.

Der sich damit ergebende Bezugsrahmen besteht aus folgenden, in Kapitel 2.2. bereits eingeführten Variablengruppen:

	Faktor	Behandlung in Abschnitt	
Person des Gründers/der Gründer	F4	3.1.1	
-Psychische Prädisposition			3.1.1.1
-Qualifikation/Erfahrung/Gründungsvorbereitung			3.1.1.2
Geschäftsidee	F1	3.1.2	
-Marktcharakteristika			3.1.2.1
-Technologiecharakteristika			3.1.2.2
Ressourcen	F3	3.1.3	
Management/Konzeption	F2	3.1.4	

Die ersten drei Faktorengruppen sind zum Zeitpunkt der Gründung beobachtbar, die letzte Gruppe enthält Ausprägungen, die einen Zustand und das Verhalten zum Befragungszeitpunkt erfassen.
Darüberhinaus sind der Erfolg und die Einflüsse des Technologiezentrums im Bezugsrahmen enthalten.

3.1.1 Person des Gründers/der Gründer

Diese Kategorie zerfällt in zwei Gruppen, nämlich die psychischen Eigenschaften und die Erfahrungen/Qualifikation des Gründers:

3.1.1.1 Psychische Prädisposition

Die häufig untersuchten psychischen Variablen[1] sind für drei Aspekte der Gründungsforschung bedeutsam:
Einmal tragen sie zur Erklärung der Gründungs*aktivität* bei, d.h. welche Personen eher zur Gründung eines Unternehmens neigen als andere. Zweitens werden v.a. *motivatio-*

---

1) Vgl. insbesondere die Arbeit von Klandt (1984), Bezugsrahmen auf Seite 348.

nale Faktoren (z.B. Leistungsmotivation) identifiziert, die auf den Erfolg einwirken.
Drittens bieten sich überdauernde psychische Merkmale als nützliche *Prädiktoren* für
Gründungserfolg an, da sie im Gegensatz zu anderen Erfolgsfaktoren schon zum oder
vor dem Gründungszeitpunkt erhebbar sind.[1] Zum letzten Punkt ist zu sagen, daß es
nicht Ziel der vorliegenden Studie ist, die psychischen Variablen zu identifizieren, die
Prädiktor für den Erfolg eines neugegründeten Unternehmens sind; ohne die Bedeutung
der psychischen Merkmale zu verkennen, erscheint es im Zusammenhang mit der hier
gestellten Forschungsfrage zulässig und auch notwendig, auf ihre Einbeziehung auch aus
folgenden Gründen zu verzichten:

- Auch die Gründungs*aktivität* ist nicht Thema dieser Arbeit. Befunde der psychologischen Gründungsforschung deuten darauf hin, daß die psychische Prädisposition stärker zwischen Gründern und Nicht-Gründern als zwischen erfolgreichen und -losen
  diskriminiert.[2] Gerade letzteres steht aber hier im Mittelpunkt des Interesses.

- Die motivationalen und anderen psychischen Merkmale der Gründer der untersuchten
  Unternehmen schlagen sich in bestimmter Weise in deren Handlungen, also im
  Management, und damit schließlich auch in der Konzeption ihres Unternehmens nieder, wie z.B. folgender von Keats/Bracker ermittelter Zusammenhang unterstreicht:[3]
  "Acquisition and implementation of sophisticated strategic management practices will
  be a function of task motivation and perceived strength of environmental influence.",
  d.h. **die psychischen Faktoren wirken** auf Variablen der Konzeption/des Managements, **nicht direkt auf den Erfolg.** Das entspricht ihrer Einordnung in den Bezugsrahmen bei Klandt und anderen Autoren.[4]

Da die Management-Variablen in dieser Studie als eigener Variablenkomplex verwendet
werden, geht mit Weglassen der psychischen Prädisposition insofern keine Varianzerklärung hinsichtlich des Gesamterfolgs verloren. Es wird lediglich auf die Untersuchung
der Bestimmtheit der *direkten* Erfolgsfaktoren durch weitere vorgelagerte Konstrukte
verzichtet. Deren Bedeutung wurde im übrigen bereits in zahlreichen eigens diesem
Thema gewidmeten Studien gezeigt.[5] Diese Ergebnisse im Rahmen dieser Studie zu
replizieren, wäre dem hier gestellten Thema nicht angemessen. Außerdem müßte die Erhebung in diesem Rahmen zwangsläufig oberflächlicher und damit schlechter als die der

---

1) Vgl. Klandt (1984:6f.) über die Informationsbasis zum Zeitpunkt der Gründung.

2) So haben z.B. in Klandts Bezugsrahmen die psychischen und somatischen Merkmale
   eine direkte Beziehung zur Aktivität, nicht aber zum Erfolg des Gründers. Klandt (1984:
   Abb.8. 348). Vgl. z.B. auch Collins/Moore (1970) oder Kirschbaum (1982), die nur die
   Aktivität untersuchen.

3) Keats/Bracker (1988:51).

4) Vgl. den erweiterten Bezugsrahmen bei Klandt (1984:348). Auch: Gibb/Ritchie
   (1982:33 und 44).

5) Z.B. Klandt (1984). Plaschka (1986). Kuipers (1990).

sich ausschließlich diesem Thema widmenden Studien mit psychologischem Hintergrund
ausfallen.

Zusammenfassend läßt sich feststellen:

Die Bedeutung der psychischen Faktoren[1] für den Erfolg von Unternehmensgründungen
wird anerkannt; da sie aber lediglich indirekt auf den Erfolg wirken, ist ihre Ausklammerung in dieser Arbeit inhaltlich gerechtfertigt und aus erhebungstechnischen Gründen
erforderlich.

Das Augenmerk dieser Studie liegt auf der Ebene des Verhaltens ohne Einbeziehung
vorgelagerter Konstrukte.

Wir folgen damit der Argumentation von Gibb und Davies, die die rein auf psychische
Merkmale abstellende Forschung als "fruitless" bezeichnen und einen "contingency
approach" fordern, "that concentrates not upon the characteristics of the entrepreneur...
but his/her behaviour."[2]

3.1.1.2 Qualifikation/Erfahrungen/Gründungsvorbereitung

Im Gegensatz zu den psychischen Variablen werden die personenbezogenen Variablen,
soweit sie sich auf **Erfahrung und Qualifikation** der Gründer beziehen, miterhoben.
Der Unterschied besteht darin, daß diese Erfahrungen in Bezug auf den Erfolg einer
Unternehmung auf einer den psychischen Variablen nachgelagerten Stufe stehen:[3] Z.B.
ist die "Proaktivität" des Unternehmers lediglich Verstärker der -erfahrungsbezogenen-
Variablen Problemverständnis und steht somit in *indirekter* Relation zum Erfolg. Dies
Beispiel zeigt, daß sich die Erfahrungsvariablen auf einer der Variablen "Erfolg" nähe-
ren Stufe im theoretischen Bezugsrahmen befinden, denn sie werden von den
Persönlichkeitsfaktoren weitgehend geprägt;[4] deshalb werden sie hier anders als die
psychischen Variablen als potentielle Erfolgsfaktoren miterhoben. Die Gruppe der in
dieser Studie zu erhebenden Faktoren nennt Roberts "Non-Personality Factors"[5].
Die Einbeziehung der Erfahrungs/Qualifikations-Merkmale ist auch deshalb erforderlich, da durch sie die **inhaltliche Qualität der** in der Unternehmung geleisteten **Arbeit**
determiniert ist. Da es mit erheblichen methodischen und erhebungstechnischen Proble-

---

1) ...und damit zusammenhängend einiger dafür prägenden Faktoren des mikrosozialen
   Umfelds (;Einschränkung: z.B. Unternehmer i.d. Familie, Mithilfe aus Familie erwiesen sich
   nicht immer als signifikant, werden also schon aus diesem Grund ausgeklammert).

2) Gibb/Davies (1991:293). Auch: DeCarlo/Lyons (1980).

3) Vgl. Keats/Bracker (1988:51f.).

4) Vgl. z.B. den Bezugsrahmen bei Roberts (1991b:52). Z.B. sind vorherige
   Unternehmertätigkeit oder Tätigkeit in leitenden Positionen zweifellos als Ergebnis einer
   bestimmten Fähigkeits- und Motivationsstruktur zu werten.

5) ...und schließt damit die psychischen Variablen ebenfalls aus (Roberts 1970a:143).

men verbunden ist, die Arbeitsqualität jeweils direkt zu erheben, kann auf Erfahrung und Qualifikation als Substitute dieser Variablen nicht verzichtet werden.[1] Die dahinterstehende Hypothese ist, daß ein gut ausgebildeter und erfahrener Unternehmer c.p. die bessere Arbeit leistet als ein unerfahrener, unqualifizierter.[2] Nach Dun und Bradstreet sind immerhin etwa die Hälfte der Unternehmensaufgaben in den USA durch mangelnde Management- oder Branchenerfahrung der Verantwortlichen zu erklären.[3] Unsere zu testenden Annahmen lauten also wie folgt (auch in Abb. 3-1):

Die eingebrachten Erfahrungen und das in der Ausbildung erworbene Fachwissen können den Erfolg beeinflussen, indem sie die Problemlösungsfähigkeit der/des Gründer(s) mitbestimmen. Die Wirkungsbeziehung verläuft i.allg. über das Verhalten, manifestiert sich also in besserem Management oder einer besseren Konzeption. Neben der formalen Qualifikation erwarten wir, daß die Erfahrung im Beruf, in der Branche/Technologie der Gründung und in bestimmten Funktionen und Positionen relevant sind. Die Genauigkeit und Angemessenheit der Gründungsvorbereitung ist direktes Resultat der Erfahrung und als personenbezogener Faktor weitere Erfolgsvoraussetzung. Diese Faktoren stehen in direkter Beziehung zur Qualität der ausgeführten Tätigkeit. Gleichwohl ist für ihre Stellung im Bezugsrahmen festzuhalten, daß sie wie die psychischen Variablen nur einen indirekten kausalen Bezug zum Erfolg haben: Erfahrung und Qualifikation manifestieren sich in Verhalten, in der Wahl des Geschäftsfeldes, Beschaffung adäquater Ressourcen und im Management des Unternehmens. Isoliert betrachtet haben die Erfahrung und die Qualifikation keine notwendige und eindeutige Wirkung auf den Erfolg. Gupta stellt z.B. Hypothesen zur Wirkung der Branchen- und funktionalen Erfahrung von Managern auf, die besagen, daß der erzielte Erfolg von der Wahl der Strategie, also vom Management abhängt.[4] Hall stellt fest, daß die "Skills" der Manager in einer Situation angemessen sein können, in einer anderen aber nicht.[5]

Zusammenfassend ist also festzustellen, daß die Personen-Variablen allgemein als indirekt mit dem Erfolg verknüpft betrachtet werden, die psychischen Faktoren gegenüber den Erfahrungs- und Qualifikationsmerkmalen auf einer noch weiter vorgelagerten Stufe stehen. Die Ergebnisse der empirischen Tests werden zeigen, ob sich die hier vertretene Linie des Verzichts auf die Erhebung psychischer Merkmale als vertretbar erweist.

Neben den "Lebenslauf"-Merkmalen gehören nach unserer Auffassung in den Komplex der Gründerperson auch noch die Genauigkeit, mit der die Marktgegebenheiten bei

---

1) Z.B. verwenden Gibb und Davies den "education and training background" der Eigentümer-Manager als "part of the leadership analysis", also stellvertretend für die direkte Erfassung des Management-Verhaltens; Vgl. Gibb/Davies (1991:311).

2) Diese globale Hypothese wird in Kapitel 3.2.2 auf einzelne Erfahrungsdimensionen operationalisiert und der empirischen Prüfung zugänglich gemacht.

3) Zitiert nach: Fredland/Morris (1976:10).

4) Gupta (1984:405f.).

5) Hall (1992:240).

Gründung eingeschätzt wurden, und die Detaillierung des bei Gründung vorliegenden Konzepts. Ersteres ist direkter Ausdruck der Erfahrung im Beruf, der Branche und der Ausbildung und darum unmittelbar mit der Person verknüpft. Die Konzeptdetaillierung ist ebenfalls Resultat der zuvor gesammelten Erfahrungen, aber auch der gesamten Einstellung zur Gründung. Da die Detaillierung zum Zeitpunkt der Gründung erhoben werden soll, also bevor das TGZ auf das Verhalten einwirkt, ist eine Einordnung in den Bereich "Management" nicht zu rechtfertigen, da dort nur das aktuelle Verhalten erfaßt ist.

Abbildung 3-1: Bezugsrahmen des Unternehmenserfolgs mit Meßdimensionen für den Faktor "Person"

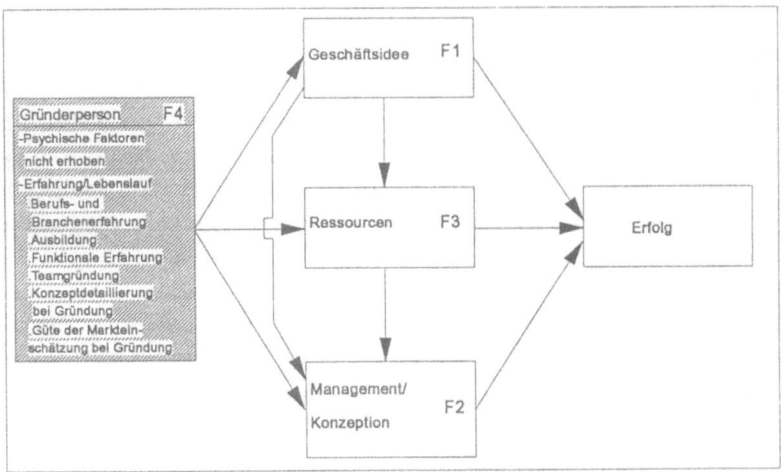

3.1.2 Geschäftsidee

Diese Variablen geben Einflüsse wieder, die durch die vom Gründer als Basis für den Aufbau des Unternehmens verwendete Geschäftsidee bedingt sind.

Die Geschäftsidee bestimmt über die Branche bzw. den Markt, in dem das Unternehmen tätig wird, und die Technologie, auf der das Produkt basiert; kurz: Die Idee legt fest, welcher Umwelt sich das neuentstehende Unternehmen aussetzt. Bei Vesper findet sich eine Übersicht über Studien, aus denen der häufig dominierende Einfluß der Branche auf den Unternehmenserfolg ersichtlich ist.[1]

---

1) Vesper (1990:33).

Die Variablen der Idee grenzen sich von den später folgenden zum Bereich Management/Konzeption auch durch ihren Zeitbezug ab: Es handelt sich bei ihnen um Merkmale, die im Zeitpunkt der Gründung feststanden oder zumindest determiniert waren, während die Management-/Konzeptionsvariablen sich im laufenden Geschäft messen lassen und den Status zum Zeitpunkt der Befragung widerspiegeln. Sie bauen somit also auf den durch die Idee-Variablen determinierten Gegebenheiten auf.

Die Items im Bereich "Geschäftsidee" lassen sich in folgende Unterpunkte gliedern (vgl. auch Abbildung 3-2), die nicht voneinander unabhängig sind:

- Marktcharakterisitika
- Technologiecharakteristika

3.1.2.1 Marktcharakteristika

Hier sind zum Beispiel die Wettbewerbsintensität des Marktes und die Nachfrageentwicklung zu beachten. Davon hängt der Erfolg einer Unternehmung in starkem Maße ab, wie auch Oakey/Rothwell/S. Cooper ausführen:[1] "...firms with poor products and little marketing effort may be successful during conditions in which demand is strong and products virtually 'sell themselves'. Conversely, a firm with excellent products and highly efficient marketing will struggle to achieve sales when a market is 'flat' or declining." Diese Punkte beeinflussen nicht nur den Erfolg,[2] sondern weisen vermutlich Interaktionsbeziehungen zu anderen unabhängigen Variablen auf: Z.B. ermittelten Covin/Slevin durch Befragung von 344 kleinen Unternehmen, daß ein signifikanter Zusammenhang zwischen der Günstigkeit der Umweltbedingungen, z.B. Dynamik, Wettbewerbsintensität und Marktstruktur, und den Variablen der Strategischen Ausrichtung und der Organisationsstruktur besteht,[3] die hier im Komplex "Management/Konzeption" behandelt werden.

3.1.2.2 Technologiecharakteristika

Es ist anzunehmen, daß Technologie- und Marktcharakteristika zusammenhängen. Zumindest weist die Literatur zu Lebenszyklen und Portfolios darauf hin.[4] Die Eigen-

---

1) Oakey/Rothwell/S.Cooper (1988:107).

2) Bei Covin/Slevin werden z.B. 13 Prozent der Varianz in der "Financial Performance" direkt durch die Umweltgünstigkeit erklärt; vgl. Covin/Slevin (1989:81).

3) Ebenda, 80f.

4) Vgl. z.B. A.D. Little (Hrsg., 1988:25-44). Zu Technologieattraktivität und Technologieportfolios: Brockhoff (1989:116ff.).

schaften der zugrundeliegenden Technologie, z.B. der Innovationsgrad, sind Determinanten des Markterfolgs.[1]

Abbildung 3-2: Bezugsrahmen des Unternehmenserfolgs mit Meßdimensionen für die Faktoren "Geschäftsidee" und "Ressourcen"

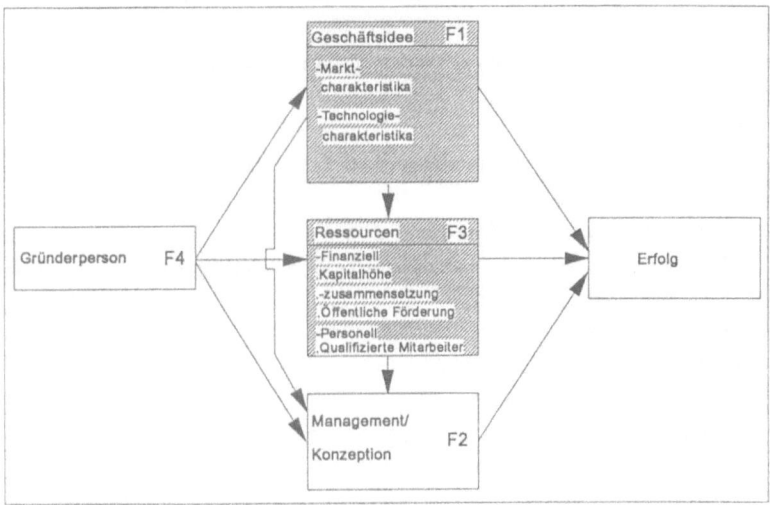

3.1.3 Ressourcen

Diese Kategorie umfaßt zwei Dimensionen:

- Personelle Ressourcen

    Mitarbeiter mit komplementären Fähigkeiten können den Erfolg eines neugegründeten Unternehmens erhöhen, wie in empirischen Studien zu neugegründeten Unternehmungen bei Teamgründungen immer wieder bestätigt werden konnte.[2]

- Finanzielle Ressourcen

    Viele empirische Studien haben ergeben, daß die Entwicklung eines jungen Unternehmens von der Verfügbarkeit von Kapital/Finanzmitteln mitbestimmt wird.[3]

Wie für die Variablen der Geschäftsidee ist für die Ressourcen der Zeitpunkt der Gründung Gegenstand der Betrachtung.

---

1) Brockhoff (1989:120).

2) Die entsprechenden Studien werden im Abschnitt 3.2.2 zusammenfassend ausgewertet sind in den Tabellen 3-6 und 3-7 enthalten.

3) Vgl. z.B. Hall (1989:39-57) und die dort zitierten Studien: Der mangelnde Zugang zu Außenfinanzierung bremst das Wachstum junger, kleiner Unternehmungen.

3.1.4 Management/Konzeption

Diese Kategorie erfaßt die Variablen, die sich auf die Umsetzung der Idee, die der Unternehmensgründung zugrundeliegt, beziehen. Im Gegensatz zu den beiden vorher beschriebenen Faktoren-Gruppen sind diese Variablen zum Zeitpunkt der Gründung teilweise nicht beobachtbar, da sie das **Verhalten im laufenden Geschäftsbetrieb** nach der Gründung erfassen.

Nach bisherigen Befunden zu Erfolgsfaktoren von Unternehmensgründungen sind drei Gruppen hier besonders relevant (vgl. Abbildung 3-3):[1]

- Planungsverhalten[2]

Welche Breite, Tiefe und welchen Zeithorizont hat die Planung im Unternehmen?
Wer nimmt die Planung vor?
Welche Relevanz wird ihr beigemessen?
Welche Flexibilität weisen die Unternehmer bezüglich der Anpassung an geänderte Umweltbedingungen auf?

- Marktorientierung/Strategie[3]

Wer ist für Marketing verantwortlich?
Wie stark ist die Kundenorientierung?
Welche Produkt-/Preis- und Distributionspolitik wird betrieben?
Welche Marktposition nimmt das Unternehmen ein? Wie ist die strategische Positionierung?
Welche Wettbewerbsvorteile werden angestrebt?

- Informationsbeziehungen zur Umwelt[4]

Werden externe Berater konsultiert? In welchem Umfang?
Welche Quellen werden zur Gewinnung von Informationen genutzt?

Dollinger hat Aspekte des Informationsverhaltens für eigentümergeführte kleine Unternehmungen empirisch untersucht und ihre Bedeutung für den Erfolg der Unternehmung hervorgehoben:[5] "These contacts supply the information required for strategic planning."

Im Zusammenhang mit den Stichworten "Informationsbeziehungen" und "Einbeziehung externer Berater" sind auch Technologietransferaktivitäten zu sehen, denen in

---

1) Vgl. Auswertung der Studien in Tabelle 3-7.

2) Albach (1965:42) hebt die Rolle der Planung in Erklärungsansätzen des Unternehmenswachstums hervor. Einige Beispiele für Studien, in denen sich die Planung als erfolgsrelevant herausstellte: Chambers/Gold (1963); Hoad/Rosko (1964); Litvak/Maule (1980); Dietz (1989).

3) Z.B. bei: Rothwell et al. (1974); Utterback et al. (1988); Picot/Laub/Schneider (1989).

4) Z.B. erhoben bei: Roberts (1980); Laub (1989); Pistor (1989).

5) Dollinger (1985:25).

der Literatur zu technologieorientierten Unternehmungen besondere Bedeutung zugeschrieben wird, wie z.B. bei Rothwell:[1] "successful innovation in firms is associated
with the establishment of effective external technical linkages, as well as with a
variety of business and marketing linkages".

Nach Befunden von Rocha/Khan aus einer Untersuchung von kleinen Unternehmungen sind Teilnehmer an einem Beratungsprogramm davon überzeugt, daß die Beratung, insbesondere bei Marketing-Problemen, einen Einfluß auf die
Unternehmensentwicklung, v.a. auf Umsatz, Gewinn, Cash Flow und Produktivität
hatte.[2] Nach Aussage von Peterson sind das Scheitern von neugegründeten Unternehmen und das mangelnde Beratungsangebot häufig ursächlich miteinander verknüpft,
da "lack of management expertise" die häufigste Scheiterns-Ursache ist.[3]

Weitere Fragen zum Informationverhalten sind:

Welche Prioritäten werden bei der Informationsbeschaffung gesetzt? Wie ist die
Informationsbeschaffung organisiert?

Abbildung 3-3: Bezugsrahmen des Unternehmenserfolgs mit Meßdimensionen für den
Faktor "Management"

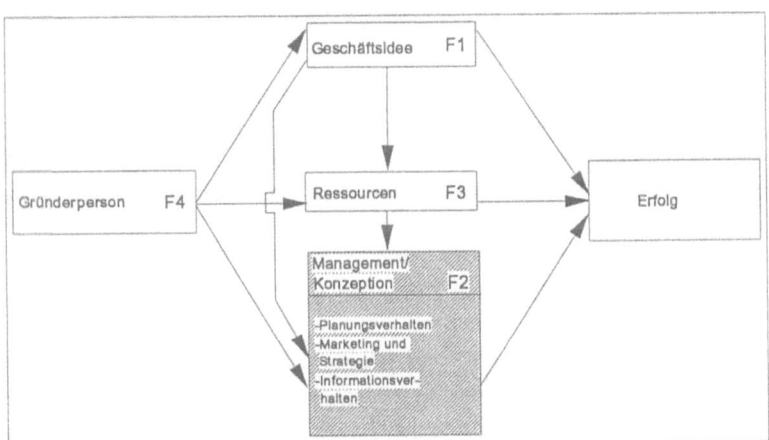

---

1) Vgl. z.B. Rothwell (1991:107). Siehe auch Oakey/Rothwell/Cooper
   (1988:14):"successfully innovative firms generally are well 'plugged in' to the
   marketplace, and to external sources of technological expertise and advice".

2) Vgl. Rocha/Khan (1984:40,42).

3) Peterson (1984:35).

3.1.5 Allgemeine Zusammenhangshypothesen

Grundsätzlich wird, wie oben bereits ausführlich diskutiert, davon ausgegangen, daß der
Block "Person" nur indirekt, die anderen Bereiche *direkt* auf den Erfolg wirken können.
Die Einflüsse untereinander sind aufgrund zeitlicher und kausaler Überlegungen in einer
Grundrichtung angeordnet: von der Person über die Geschäftsidee und die Ressourcen
zum Management als "unmittelbarster" Erfolgsursache.
Wir formulieren im folgenden einzelne Hypothesen über die Beziehungen zwischen den
verwendeten Variablengruppen und, falls nicht offensichtlich, geeignete Strategien zu
deren Überprüfung.

3.1.5.1 Beziehungen zwischen den vier Erfolgsfaktoren

Wie bereits im Kapitel 2.1 deutlich wurde, ist davon auszugehen, daß die Erfolgsfakto-
ren nicht nur mit dem Erfolg, sondern auch untereinander zusammenhängen. Diese
erwarteten Beziehungen sollen in diesem Abschnitt als Hypothesen formuliert werden.
Zwei Arten von Beziehungen lassen wir hierbei aber außer acht:
- Die möglichen **Beziehungen innerhalb der einzelnen Erfolgsfaktoren**. Da zu
  jedem Erfolgsfaktor mehrere Variablen zum Einsatz kommen werden, ist mit
  Existenz von Beziehungen untereinander zu rechnen. Für die Fragestellung der
  Arbeit interessieren diese Zusammenhänge im allgemeinen nicht, sie sind in der
  statistischen Auswertung allerdings zu beachten. Hypothesen sind dazu jedoch nicht
  erforderlich. Zu den Konsequenzen werden wir im Bereich der Methodendarstellung
  noch eingehen.
- **Interaktionseffekte** mehrerer Erfolgsfaktoren. Zu diesem Bereich fehlen Anhalts-
  punkte für theoretisch begründbare Hypothesen, da Interaktionen in der empirischen
  Gründungsforschung nur äußerst selten modelliert werden.[1] Im übrigen würde die
  Berücksichtigung die Komplexität des Modells unangemessen erhöhen und vom
  eigentlichen Zweck, der Kontrolle der nicht-tgz-bedingten Einflüsse ablenken. Die
  Konsequenzen der Nichtberücksichtigung von Interaktionen lassen sich später an der
  Güte der statistischen Ergebnisse ablesen. Wir können daher an dieser Stelle auf eine
  Hypothesenformulierung dazu verzichten.

Anmerkung: HZ = Hypothese über einen Zusammenhang, jede Hypothese beschreibt
einen Pfad im Bezugsrahmen

---

1) Die einzige uns bekannte Ausnahme ist die Studie von Sandberg 1986.

HZ 1: Die Variablen der Person beeinflussen die Idee.[1] Erfahrungen und Qualifikation des Gründers bilden den Hintergrund bei der Suche nach Geschäftsideen. Z.B. wird die Wahrscheinlichkeit, daß der Gründer sich in einem Bereich selbständig macht, in dem er Erfahrungen aus früherer Tätigkeit sammeln konnte, höher sein als die Wahl einer ihm unbekannten Branche für die Gründung. Es kann also angenommen werden, daß die Geschäftsidee mit den Variablen der Person korreliert ist. Z.B. stellt Klandt fest,[2] "...daß schon die Gründungsidee entweder in ihrer gesamten Konzipierung, zumindest aber in ihrer Auswahl und Formung letzendlich auf den oder die Gründerperson(en) zurückzuführen ist." Cooper/Bruno formulieren diese These so:[3] " Any competitive advantage the new firm achieves is likely to be based upon what the founders can do better than others."

Lamont weist anhand eines "matched sample" technologieorientierter Unternehmungen mit a) erstmalig als Unternehmer tätig werdenden und b) zum zweiten Mal gründenden Personen nach, daß die Unternehmererfahrung deutlichen Einfluß auf die Wahl der Idee für die Gründung hat:[4] Erstmalige Gründer bevorzugen zunächst, Entwicklungen und Produktion als Auftragsarbeiten durchzuführen, während erfahrene Unternehmer stärker auf möglichst schnelle Etablierung am Markt mit einem selbstentwickelten und -gefertigten Produkt gerichtet sind. Nach Roberts'[5] Befunden sind für die Wahl der Geschäftsidee oder Technologie eine Reihe von Faktoren aus dem Bereich des Lebenslaufs und der Erfahrung bedeutsam: U.a. die Art der vorherigen Arbeit mit der Technologie, die Intensität der Beschäftigung damit, die Dauer, die Stellung, der Anwendungsbezug der Tätigkeit, aber auch Faktoren wie die Vorbereitung durch Ausbildung spielen danach eine Rolle bei der Erklärung der Geschäftsidee.

HZ 2: Die Variablen der Person bestimmen die Ressourcen mit. Nach Cole[6] ist der Unternehmer "the individual who is primarily responsible for gathering together the necessary resources to initiate and/or maintain a business." Bei der Formulierung dieser Hypothese wurde besonders an die Einbeziehung der Personenmerkmale ins Ent-

---

1) ...und haben gemeinsam u.U. einen Einfluß auf den Erfolg: Sandberg. 1986. 89.

2) Klandt (1984:7).

3) Cooper/Bruno (1977:21). Vgl. auch Kulicke (1987:153f.) und auch Kamp et al. (1978:31), wo ein starker Zusammenhang zwischen Schulbildung und gewählter Branche festgestellt wird.

4) Lamont (1975:257).

5) Roberts (1991c:284ff.,296).

6) Cole (1949) zitiert nach Smith (1965:5f.).

scheidungskalkül der Kapitalgeber gedacht.[1] Danach wird die Beurteilung der
Beteiligungswürdigkeit eines Projektes eng mit der Einschätzung der unternehmerischen Qualifikation des Gründers verknüpft.

Die Bedeutung der Erfahrungsvariablen für die Ressourcenausstattung hat Kulicke
empirisch für technologieorientierte Unternehmensgründungen bestätigt:[2] So gibt es
etwa einen Zusammenhang zwischen Ausbildungsgrad und Eigenkapitalanteil. Auch
die Studie von Lamont ergibt den Befund, daß Gründer, die bereits Erfahrung als
selbständige Unternehmer mitbringen, leichter Kapital beschaffen können und damit
i.d.R. über das größere Startkapital verfügen.[3] Einen weiteren Zusammenhang
zwischen den beiden Variablenkomplexen zeigen Cooper und Bruno auf:[4] "Multiple-
founder firms often must raise additional initial capital to support the larger executive
group; however, they may find the funds easier to raise because of the breadth of
their founding teams." Danach gibt es also eine zweifache Beziehung: einerseits wird
der Ressourcenbedarf, andererseits die Ressourcenverfügbarkeit durch die Personen-
Variable "Größe des Gründerteams" beeinflußt.

HZ 3: Die Variablen der Person beeinflussen das Management/die Konzeption.[5]
Wie ein Unternehmen geführt wird und welches Planungsverhalten in dem Unternehmen beobachtet werden kann, ist gerade in einem sehr kleinen eigentümergeführten
Unternehmen zwangsläufig sehr stark direkt von der Person/von den Erfahrungen des
Gründers beeinflußt.[6] Eine Studie von Norman R. Smith, die Gründertypen
einerseits und Typen junger Unternehmungen andererseits empirisch zuordnet,
kommt zu dem Ergebnis, daß beide Dimensionen stark miteinander verknüpft sind,
daß also der Einfluß des Unternehmers auf die Ausgestaltung der Unternehmung sehr
groß ist.[7]

Die Befunde von Lamont deuten darauf hin, daß Gründer mit Unternehmererfahrung
die Bedeutung von Marketingplanung, Finanzplanung und der Einbeziehung von
externen Experten bzw. die Gewinnung qualifizierter Ko-Gründer/Mitarbeiter besser
erkennen und außerdem insgesamt ein effektiveres Managementverhalten zeigen.[8]

---

1) Vgl. z.B. Pichotta (1990:41): Danach steht in der Prüfung von Anträgen bei VC-
   Gesellschaften die Beurteilung des Managements der antragstellenden Unternehmung an
   erster Stelle.

2) Kulicke (1987:149-152). Vgl. auch Kamp et al. (1978:34).

3) Lamont (1975:257).

4) Cooper/Bruno (1977:21).

5) Vgl. z.B. die Befunde von Kulicke (1987:153f.) dazu. Auch: Sandberg (1986:88).

6) Vgl. die von Klandt (1984:7) zitierte Aussage von A.J. Williams über die Bedeutung
   der Personen-Merkmale des Gründers gerade in kleinen Unternehmen.

7) Smith (1965:152ff.).

8) Lamont (1975:259).

Vesper setzt ebenfalls die möglichen Mängel im Management-Verhalten mit bestimmten Ausprägungen von Erfahrung, Qualifikation und der Frage der Teamgründung in Beziehung.[1] Dollinger stellt fest:[2] "...in the smaller firm the entrepreneur is the 'commander' of organizational strategy." Braun spezifiert diese Hypothese, indem er speziell die Ausbildung und den vorherigen beruflichen Status des Gründers als Determinanten der dispositiven Fähigkeiten, also des Managements hervorhebt, wobei letztere wiederum auf die Qualität der Konzeption wirken.[3]

HZ 4: Die Idee hat einen Einfluß auf die Ressourcen.
Dies sollte in zweierlei Hinsicht gelten:
- Von der Idee hängt der Bedarf an Ressourcen ab. Unterschiedliche Branchen zeichnen sich generell auch durch unterschiedliche Anforderungen an die Ressourcenausstattung aus. Lamont zeigt, daß das Startkapital nicht nur eine Determinante der Verfügbarkeit, sondern auch der Ausrichtung des Unternehmens auf Produktion und Vertrieb *eigener* Produkte oder aber *Auftrags*arbeiten ist:[4] "Product oriented firms simply require higher levels of initial capitalization...". Auch können z.B. hohe Marktzutrittsschranken einen großen Ressourcenbedarf bewirken.[5]
- Von der Idee hängt die Bereitwilligkeit der Ressourcengeber ab. Die Risiken und Chancen, die bei der Entscheidung über Ressourcenvergabe abgewogen werden, variieren je nach Idee.[6]

HZ 5: Die Idee hat einen Einfluß auf das Management/die Konzeption. Die Erfordernisse an die Ausgestaltung des Unternehmens, z.B. im Marketing-Bereich und in der Strategie, sind direkt von der Idee, d.h. Wahl der Branche, der Technologie etc. abhängig.[7] Beispielsweise unterscheidet Investitionsgütermarketing sich grundsätzlich von Konsumgütermarketing. In der Studie von Sandberg/Hofer wird die Beziehung zwischen Strategie und den durch die Idee determinierten Marktgegebenheiten hergestellt:[8] Dieselbe Strategie kann unter unterschiedlichen Umweltbedingungen vollkom-

---

1) Vesper (1990:56).

2) Dollinger (1985:24).

3) Braun (1989:105).

4) Lamont (1975:257).

5) Vgl. z.B. Kulicke (1987), Befunde S.149-152 und S.158 zu der Verbindung von Kapitalmangel und Problemen bei der Überwindung von Marktzutrittsschranken; vgl. auch Kamp et al. (1978:16); auch Vesper (1990:54) und Brüderl/Jungbauer-Gans (1991:501): "...Branchen, die erfahrungsgemäß eine größere Kapitalausstattung benötigen...".

6) Vgl. zur Bedeutung der "Idee" bei der Kapitalakquisition z.B. Pichotta (1990:79-87 und 90ff.). McGuire (1963:60).

7) So auch bei Sandberg (1986:88).

8) Sandberg/Hofer (1982:232).

men entgegengesetzte Auswirkungen auf den Erfolg eines neuen Unternehmens haben.

Die Studie von Van de Ven/Hudson/Schroeder[1] zeigt einen Zusammenhang zwischen den Variablen, die die Klarheit über die Geschäftsidee und über die Zielrichtung der Produkte auf dem Markt messen, einerseits und den Variablen des Planungsverhaltens (=Management-Variable) andererseits und stützt damit unsere Hypothese, wonach die Bereiche "Idee" und "Management/Konzeption" nicht unabhängig voneinander sind.

Möller und Anttila untersuchten die Beziehung zwischen der Marktdynamik und dem Marketing-Management (Informationsverhalten, Planung, Organisation etc.) und kommen ebenfalls zu dem Ergebnis, daß eine deutliche Abhängigkeit besteht.[2]

HZ 6: Die Ressourcen beeinflussen das Management/die Konzeption.
Bei relativ hohen Mitteln könnte beispielsweise sofort ein eigenes dezentrales Vertriebsnetz aufgebaut werden, was bei geringem Anfangskapital nicht möglich ist.[3] Mit anderen Worten:[4] "Hat der Gründer nur ein geringes Startkapital zur Verfügung, kann er entsprechend nur eine kleinere Unternehmenskonzeption verwirklichen."
Von der Qualifikation der Mitarbeiter hängen die Möglichkeiten der Delegation von Verantwortung und der Arbeitsteilung ab.

Soweit die Hypothesen über die Beziehungen der Erfolgsfaktoren untereinander. Nun zu den erwarteten Zusammenhängen mit dem Erfolg:

3.1.5.2 Hypothesen zum Erfolg

HZ 7: Die Variablen der Person wirken indirekt, d.h. über die Idee, Ressourcen und Management/Konzeption auf den Erfolg. Es handelt sich um latente Einflüsse, die sich in den genannten Variablen, insbesondere im Verhalten manifestieren.[5] An dieser Stelle sei auf die ausführliche Diskussion dieser Frage in Kapitel 3.1.1 verwiesen.

HZ 8: Die Variablen der Idee beeinflussen den Erfolg direkt. Mit der Wahl der Idee wird auch über die Umwelt, der sich ein Gründer aussetzt, entschieden. Die damit verbundenen Chancen und Risiken sind als gegeben zu betrachten und vom Gründer

---

1) Van de Ven/Hudson/Schroeder (1984:98).

2) Möller/Anttila (1987:194ff.).

3) Z.B. Kulicke (1987:158f.).

4) Braun (1989:105).

5) Vgl. z.B. die Befunde von Frank/Mugler/Roessl (1991:250, Abb. 4).

durch Anpassungen in Management/Konzeption sowie durch Ressourcenbeschaffung nur bedingt kompensierbar:[1] "it would be sensible to hypothesize that issues of efficiency ... and issues of growth are related to the underlying product market characteristics".

HZ 9: Die Ressourcenausstattung beeinflußt direkt den Erfolg.

Eine zu geringe Ressourcenbasis kann sich trotz gegenteiliger Anstrengungen als Hemmnis für Wachstum und Erfolg einer Unternehmung erweisen. Eine Untersuchung von Braun ergab, daß die Bereitstellung von Kapital seitens der öffentlichen Hand zu einem schnelleren Wachstum der Unternehmen führt, jedenfalls im Vergleich zu nicht geförderten Unternehmen mit dementsprechend geringerer Ressourcenausstattung.[2] Dies gilt im finanziellen Bereich, aber auch bezüglich der Einbindung von Mitarbeitern.[3]

HZ10: Das Management/die Konzeption beeinflussen den Erfolg direkt. Diese Hypothese wurde für viele Variablen aus diesem Bereich in empirischen Studien bestätigt und ist unmittelbar plausibel. Stellvertretend nur ein Beispiel: Die Ausgestaltung des Marketingbereichs und dessen Aktivitäten spielen offenbar eine wichtige Rolle für den Erfolg junger Unternehmen.[4]

An dieser Stelle halten wir noch eine einschränkende Bemerkung zum Anspruch, den Unternehmenserfolg mit einem Modell vollständig erklären zu können, für angebracht: Außer den in diesem Abschnitt erläuterten potentiellen Erfolgsfaktoren kommt mindestens noch einem weiteren eine nicht zu unterschätzende Bedeutung zu, die hier nicht unerwähnt bleiben soll: Den sogenannten "Hard-to-arrange events"[5], sei es das Ausscheiden eines Gründers, die Verabschiedung eines bestimmten Gesetzes, ein Krieg o.a. Wie der Name schon sagt, sind diese dem Zufall oder Glück zuzuschreibenden Schlüsselereignisse in der Entwicklung eines Unternehmens ebenso einzigartig wie unvorhersehbar. Sie können daher in einem Bezugsrahmen, der Gesetzmäßigkeiten aufdecken soll, kaum erfaßt werden. Gleichwohl dürfen sie bei der Betrachtung der Ergebnisse

---

1) Zitat nach: McGee (1989:175). Aspekte der Marktstruktur sind z.B. Economies of Scale, Produkthomogenität, Lieferanten- und Kundenstruktur(-macht), Konzentration. Vgl. auch zum Beispiel die Befunde zum Einfluß des Innovationsgrades auf den Erfolg bei Kuipers (1990), Kulicke (1987), Picot/Laub/Schneider (1989), Unterkofler (1989), Laub 1989, Sykes (1986), Steiner/Solem (1988), Maidique/Roure (p1985).

2) Braun (1989:106).

3) Vgl. Picot/Laub/Schneider (1989:227ff.).

4) Vgl. u.a. die Befunde zum Einfluß der Organisation des Marketing bei Picot/Laub/Schneider (1989) und Unterkofler (1989) oder z.B. Möller/Anttila (1987:201).

5) Vesper (1990:60).

nicht vergessen werden, falls sich zeigt, daß die Varianzerklärung des hier getesteten Modells nicht die vielleicht erwartete Höhe erreicht.

Mit den zehn Hypothesen ergibt sich das komplette Untersuchungsprogramm für den Test der allgemeinen Erfolgsfaktoren von Unternehmensgründungen. Dies ist in der folgenden Tabelle 3-1 noch einmal zusammenfassend festgehalten.

Tabelle 3-1:   Übersicht über die zu untersuchenden Beziehungen nach Maßgabe der Hypothesen (ohne TGZ)

Faktorgruppe	Person Ausbildung	Konzeptdet.	Geschäfts-idee	Ressourcen	Management/Konzeption	Erfolg
Person -Ausbildung/ Erfahrung		0				
-Konzeptde-taillierung -Güte der Einschätzung			X	X	X	
Geschäfts-idee			X	X	X	
Ressourcen				X	X	
Management/ Konzeption						X

x = zu testender Zusammenhang mit Hypothese
0 = keine Hypothese, aber nahezu tautologischer Zusammenhang

3.1.6 Hypothesen zum Einfluß des Technologiezentrums

Die zehn vorhergehenden Hypothesen beschreiben die erwarteten Zusammenhänge, die zwischen den vier Gruppen erfolgsrelevanter Variablen bestehen sollen. Dieser Bezugsrahmen ist allgemeingültig für Unternehmensgründungen. Wir werden ihn zunächst auch allgemein anhand von Korrelationsanalysen überprüfen, um einen Einblick in die allgemeinen Wirkungszusammenhänge zu bekommen.

Zusätzlich ist es aber erforderlich, Hypothesen für die Wirkung des Technologiezentrums auf den Erfolg und auf die Erfolgsfaktoren zu generieren. Wir verweisen hier auf die Darstellung der Leistungen in Kapitel 2.2, wo wir auch bereits auf die Zusammenhänge mit den Erfolgsfaktoren und dem Erfolg eingegangen waren. Es sind die drei Fragen nach

*   der generellen Wirksamkeit,
*   der Wirkungsweise und schließlich
*   der Nachhaltigkeit der TGZ-Unterstützung

zu beantworten. Neben der Hypothesenformulierung werden wir jeweils auch gleich auf die Strategien zur empirischen Überprüfung eingehen.

Bei der Wirkungsanalyse ist vor allem ein generelles Problem zu beachten: Wie bereits in Kapitel 2.2 erwähnt wurde, ist es notwendig, **mindestens zwei grundsätzlich verschiedene Faktorengruppen** zu unterscheiden, aus denen sich die Gesamtwirkung des TGZ, wie sie sich im Erfolg der Mieter und Ex-Mieter niederschlägt, zusammensetzt. Diese Unterscheidung kann nach den *Ursachen*, die den möglicherweise größeren Erfolg von TGZ-Mietern gegenüber unabhängig gegründeten Unternehmungen bewirken, vorgenommen werden:

Erstens muß davon ausgegangen werden, daß bei einem Vergleich von Unternehmen, die durch ein Technologiezentrum gefördert wurden, mit eigenständig gegründeten Betrieben **Erfolgsdifferenzen darauf zurückgeführt werden können, daß bei der Aufnahme von Firmen in ein TGZ eine kritische Selektion stattfindet,** die bei anderen Gründungen entfällt.[1]

3.1.6.1 Einfluß der Selektion durch das TGZ

Die Unternehmen innerhalb und außerhalb des Zentrums dürften sich also auf den Merkmalsdimensionen unterscheiden, die von den Zentren als Beurteilungskriterien verwendet werden. Unabhängig davon, daß diese Kriterien von Zentrum zu Zentrum verschieden sein können und ihre Messung und Gewichtung ebenfalls nicht einheitlich gehandhabt werden, lassen sich einige Hypothesen bezüglich des Einflusses der Selektion auf den relativen Erfolg aufstellen.[2] Darin sollen alle möglichen Beziehungen erfaßt werden:

HZ11: Die Selektion durch das TGZ legt die Merkmale der Person des/der Gründer(s) zugrunde. Es gibt also einen Zusammenhang zwischen TGZ-Aufenthalt und der Ausprägung der Personen-Variablen. Es handelt sich hierbei um Größen, die schon zum Zeitpunkt der Gründung meßbar sowie über die Zeit relativ stabil sind und deswegen häufig als Prädiktoren für Gründungserfolg herangezogen werden.[3]

---

1) Diese Problematik wird insbesondere von Udell (1990b:112) ins Bewußtsein gerufen.

2) Einen Überblick über "übliche" Kriterien geben z.B. Zeitelberger/Brand (1984:18).

3) In einer früheren TGZ-Manager-Befragung des Verfassers gehörten die Persönlichkeit des Gründers und die Reife seines Unternehmenskonzepts (die wir später auch als personen-bezogenes Merkmal verwenden) zu den am häufigsten genannten bedeutendsten Auswahlkriterien (Steinkühler 1989:162).

HZ12: Die Selektion erfolgt auch nach der Bewertung der Geschäftsidee. Chancen und Risiken, die mit der Geschäftsidee aus Sicht des Entscheidungsgremiums verbunden sind, gehen mit hoher Wahrscheinlichkeit in die Beurteilung ein.[1] Nach einer früheren TGZ-Manager-Befragung sind dies vor allem die Frage der Innovativität/Technologieorientierung, die Marktaussichten und das Hineinpassen in das vom TGZ verfolgte Branchenkonzept.[2]

HZ13: Die Ressourcen, die ein Gründer einbringen kann, spielen bei der Selektion eine Rolle.[3] Diese Beziehung wird von uns als eher unbedeutend angesehen, da eines der Ziele des TGZ gerade sein sollte, Gründungen mit sonst guten Erfolgsaussichten, aber mangelnden Resssourcen zu unterstützen. Allerdings wurde aus Interviews mit Leitern von TGZ.n deutlich, daß mitunter eine Mindestressourcenausstattung aus Gründen der Risikominderung vorausgesetzt wird.[4]

HZ14: Die Beurteilung von Management/Konzeption hat keinen nachweisbaren Einfluß auf die Aufnahmeentscheidung. Sofern es sich bei den aufzunehmenden Betrieben um neugegründete oder neu zu gründende Unternehmen handelt, gibt es zum Zeitpunkt der Aufnahmeentscheidung kaum Möglichkeiten, die von uns im Bereich Management/Konzeption subsumierten Variablen zu beobachten. Infolgedessen stützt sich unserer Vermutung nach die Selektion auf die Idee und die personenbezogenen Variablen als Prädiktoren für die mögliche spätere Konzeption/das Management.

Für alle Hypothesen zur Selektion erwarten wir: Je höher die Aufnahmebarrieren, desto höher wird der beobachtbare Unternehmenserfolg sein.

Wie läßt sich nun aber der Einfluß der Selektion empirisch überprüfen? Ein Nachvollziehen des eigentlichen Aufnahmeprozesses ist zum Zeitpunkt der Befragung, also oft mehr als fünf Jahre nach Gründung, nicht mehr möglich. Folgende Möglichkeiten bieten sich hier an:

- Mittelwertvergleich: Wenn nun die Ausprägungen der nach Gründerangaben bzw. nach unseren Hypothesen selektionsrelevanten Merkmale sich signifikant von denen

---

1) Merrifield (1987) beschäftigt sich mit Prognosefaktoren für den kommerziellen Erfolg von Innovationen. Dabei stehen die Ideenmerkmale neben der Komeptenz und den Ressourcen im Mittelpunkt.

2) Steinkühler (1989:162).

3) Die Finanzierbarkeit steht in einer Liste der wichtigsten Aufnahmekriterien nach der Befragung von TGZ-Managern an vierter Stelle (Steinkühler 1989:162).

4) Persönliche Gespräche des Verfassers mit den Leitern der Technologiezentren Lübeck, Flensburg, Bremen, Warnemünde, Rostock zwischen Frühjahr 1989 und Ende 1992.

der Kontrollfälle unterscheiden, ist die Vermutung naheliegend, daß die Selektion einen Einfluß hat. Sind darüberhinaus die selektionsrelevanten Merkmale auch (positiv) erfolgsrelevant, ist davon auszugehen, daß die Selektion erfolgreich ist und einen eigenständigen Einfluß darstellt. Diese Analysen finden durch Vergleich zwischen beiden Stichproben statt. Ihnen wohnt der Nachteil inne, daß aufgedeckte Differenzen auch dem Zufall oder Fehlern in der Stichprobenauswahl zugeschrieben werden könnten. Es ist also nicht nachweisbar, daß tatsächlich *bewußte* Selektion bei der Aufnahme der Firmen in das TGZ betrieben wurde. Aus diesem Grund werden wir weitere Tests in der TGZ-Stichprobe durchführen:

- Die TGZ-Gründer wurden nach der Bedeutung und Anspruchsniveau verschiedender Aufnahmekriterien im Technologiezentrum gefragt. Auch wenn dieses Vorgehen die Gefahr subjektiver Verzerrung beinhaltet, ist doch Aufschluß über die Relevanz bestimmter Aufnahmekriterien zu erwarten. Es besteht außerdem die Möglichkeit, die Anspruchsniveaus nach Gründeraussagen mit der Ausprägung der betroffenen Merkmale in Beziehung zu setzen und so eine Kontrolle der Richtigkeit der Aussagen vorzunehmen. Aus einer früheren Befragung von TGZ-Managern durch den Verfasser liegen außerdem noch Daten über die Anwendung bestimmter Selektionskriterien vor.[1]

- Wenn nun ein Zusammenhang zwischen hohen Aufnahmebarrieren und Erfolg festgestellt wird, ist eine wahrscheinliche Erklärung, daß die hohen Ansprüche zur Auswahl der erfolgversprechenderen Unternehmen führen.

Die geschilderten Prüfkonzepte beinhalten eine Reihe von Unwägbarkeiten. Die Bedeutendste ist zweifellos die Annahme, daß die subjektiven Gründeraussagen über Aufnahmekriterien mit den tatsächlichen übereinstimmen. Überprüfbar ist diese Annahme nur bedingt. Bestenfalls wäre eine große Übereinstimmung zwischen verschiedenen Befragten aus einem Technologiezentrum als Indiz für die Richtigkeit der Aussagen zu werten. Wenn also die Existenz eines Selektionseinflusses nicht eindeutig nachgewiesen werden kann, dann doch wenigstens das Gegenteil, nämlich seine Abwesenheit: Wenn bezüglich der möglicherweise selektionsrelevanten Aspekte keine signifikanten Unterschiede zwischen beiden Gruppen nachgewiesen werden, ist mit ziemlicher Sicherheit von einer Irrelevanz der Selektionseinflüsse auszugehen.

3.1.6.2 Einfluß der Leistungen des Technologiezentrums

Neben den Hypothesen zum Einfluß der Selektion gibt es weitere TGZ-Wirkungen, die auch als die eigentlich beabsichtigten bezeichnet werden können: **Das Technologiezentrum übt mit seinen Unterstützungs-Angeboten** von der Bereitstellung von Räumlichkeiten bis hin zur Beratung in betriebswirtschaftlichen und technischen Fragen **einen**

---

1) Steinkühler (1989:156ff.).

Einfluß auf das junge technologieorientierte Unternehmen aus, der sich im Erfolg niederschlägt.

Nachdem wir oben den TGZ-Einfluß bereits nach den Ursachen (Selektion und Leistungen) aufgespalten haben, kommt jetzt eine weitere Dimension hinzu: Die *Wirkungsweise* der Leistungen. Hier kann, wie bereits in Kapitel 2.2 angesprochen, zwischen den Einflüssen, die die Verbesserung der geförderten Unternehmung, sei es im Bereich Management, persönliche Defizite des Gründers oder Ressourcen, zum Ziel haben, und den direkt erfolgssteigernden Wirkungen des TGZ-Images oder der Kontaktvermittlung unterschieden werden, wie die folgende Tabelle 3-2 verdeutlicht:

Tabelle 3-2: Systematisierung der TGZ-Wirkung

Ursache / Wirkungsweise	TGZ-Aufenthalt	Selektion
auf Erfolgs-faktoren	typische TGZ-Leistungen	Orientierung an Person, Idee und Ressourcen
direkt auf Erfolg	Image z.T. Kontakte	

Konkret werden in Anlehnung an die Systematik in Kapitel 2.2.1 folgende Hypothesen gebildet (vergleiche Tabelle 2-2):

HZ15: Das Technologiezentrum trägt zur Senkung des Ressourcenbedarfs bei und hilft bei der Beschaffung von Ressourcen, d.h. Mitarbeitern und Finanzmitteln, mit. Dadurch wird indirekt der Erfolg gegenüber einem tgz-extern gegründeten Unternehmen gesteigert. Kapitalmangel ist eine Haupt-Insolvenzursache von jungen Unternehmen.[1]

Die doppelte Wirkungsweise wirft für die spätere Messung Probleme auf: Während die Erhöhung der Ressourcenbasis durch das TGZ durch Mittelwertvergleich mit der Kontrollgruppe noch leicht feststellbar ist, manifestiert sich die Senkung des (finanziellen) Ressourcenbedarfs nicht in der Höhe der verfügbaren Mittel. Stattdessen müßte sie zu einer Entkopplung des Erfolgs von den meßbaren

---

[1] Hall (1992:243). Vgl. auch H Z9 und Befunde von Smilor (1987b:149f.).

Ressourcen führen, d.h. Hypothese HZ 9 würde partiell außer Kraft gesetzt. Eine empirische Überprüfung kann also nur darin bestehen, die Korrelationen zwischen Erfolgs- und Ressourcenvariablen in der Kontrollgruppe, in der HZ 9 uneingeschränkt gelten soll, und in der TGZ-Gruppe zu vergleichen. Ergibt sich, daß die Korrelation im TGZ schwächer ist, kann die Hypothese HZ15 nicht widerlegt werden.

Neben den Vergleichen zwischen den beiden Stichproben, die wieder mit dem Problem der Zufälligkeit von Unterschieden behaftet sind, ist die Hypothese auch in der TGZ-Gruppe allein weiter zu testen: Die Beurteilung der TGZ-Unterstützung und bestimmte TGZ-Leistungsangebote können mit der Ressourcenausstattung der Unternehmen in Beziehung gesetzt werden. Sich hier zeigende Zusammenhänge untermauern die Vermutung, daß die TGZ einen Einfluß auf die Ressourcenausstattung haben.

HZ16: Die Leistungen des Technologiezentrums haben einen Einfluß auf die Ausprägung der Variablen des Komplexes Management/Konzeption. Es wird davon ausgegangen, daß die Unterstützung durch das Zentrum sonst vorhandene Defizite bzw. Fehlverhalten in den Bereichen Planung, Marktorientierung und Informationsbeschaffung und -nutzung vermindert bzw. ausgleicht.[1] Diese Verbesserung im Bereich Management/Konzeption wird dann wieder positiv erfolgswirksam.[2] Z.B. stellt Fry in einer Untersuchung fest, daß eine positive Beziehung zwischen Ermutigung von Planung und Planungsunterstützung durch das Incubator Management einerseits und der Planungsaktivität der Mieter andererseits besteht.[3] Wenn ein Einfluß besteht, muß dieser sich nicht nur in Korrelationen zwischen TGZ-Aufenthalt und Management niederschlagen, sondern auch darin, daß die postulierten Zusammenhänge zwischen Personen-Variablen und Management (HZ 3) zumindest teilweise außer Kraft gesetzt werden: So sollten auch unerfahrene Gründer durch den TGZ-Einfluß zu "gutem" Managementverhalten gebracht werden. Ein Vergleich der entsprechenden Korrelationen wird hierüber Aufschluß geben. Desweiteren werden Beziehungen zwischen der Bewertung der TGZ-Leistungen und dem Managementverhalten innerhalb der TGZ-Fälle anzeigen, welche Leistungen einen nennenswerten Einfluß haben könnten.

Da aus den bisher formulierten Hypothesen hervorgeht, daß die beiden TGZ-Einflußfaktor-Arten -Selektion und Leistungen- mit Ausnahme des Faktors Ressourcen auf *unterschiedliche* Erfolgsfaktoren wirken, wird es immerhin möglich, die Selektionseffekte und die Effekte der Unterstützung bei der Auswertung zu trennen. Bei den "Ressour-

---

1) Vgl. zur Bedeutung der Beratung bei der Kompensation von "lack of management expertise" z.B. Peterson (1984:35).

2) Vgl. HZ10 und Befunde von Smilor (1987b:148-154).

3) Fry (1987:51-61).

cen" soll es die Fragekonstruktion ermöglichen, zwischen Effekten der Selektion und
der Unterstützung zu unterscheiden, denn es soll explizit nach der TGZ-Rolle bei der
Finanzierung gefragt werden.

3.1.6.3 Einfluß des TGZ-Images und der Kontaktherstellung

Neben den TGZ-Aspekten, die sich auf die Ausprägung der Erfolgsfaktoren erstrecken,
lassen sich auch für eine direkte Wirkung des TGZ auf den Erfolg plausible Argumente
finden. Daraus ergibt sich die nächste Hypothese.

**HZ17: Das Image des Technologiezentrums und die Kontaktherstellung sind direkt
für den Erfolg der Mieter relevant.** Ein negatives Image des TGZ in der Öffentlich-
keit kann sich nachteilig auf die Geschäftsbeziehungen des einzelnen Unternehmens
auswirken.[1] Die Vermittlung von Kontakten zu Marktpartnern kann vorteilhafte
Geschäftsbeziehungen ermöglichen, ohne daß dies durch das Verhalten der Gründer
beeinflußt wird.

Insofern sollte sich ein direkter Einfluß des TGZ einstellen, der *über die übrigen indirekten Wege* mit dem Verhalten als zwischengeschaltete Variable *hinaus* wirksam ist.
Wie ist die Überprüfung dieser Hypothese zu realisieren?
Wenn sich bei multivariater Überprüfung mit TGZ- und Kontrollfällen herausstellt, daß
das TGZ eine direkte positive Wirkung auf den Erfolg hat, der nicht durch andere Faktoren - z.B. besseres Management - begründbar ist, dann ist der Imageeffekt eine mögliche Erklärung. Dieser Test findet durch Vergleich zwischen Kontroll- und
Untersuchungsgruppe statt. Eine direkte Beziehung zwischen Erfolg des Unternehmens
und anderen als den Image- und Kontaktaspekten des TGZ ist nämlich inhaltlich nicht
ohne weiteres zu begründen. Unsere bisherigen Hypothesen besagten ja, daß sich der
TGZ-Einfluß in Variablen des Unternehmens, z.B. im Beratungsverhalten, manifestiert
und somit *indirekt* erfolgswirksam wird. Sollte sich dennoch ein statistischer Zusammenhang zwischen dem TGZ-Aufenthalt und Erfolgsgrößen zeigen, weist dies eben auf
nicht erfaßbare Image- und Kontaktaspekte des TGZ hin.[2]
Eine direkte Messung des Sachverhalts ist zusätzlich durch die Bewertung von TGZ-
Image und Kontaktherstellung möglich: Der Test hierzu kann innerhalb der TGZ-Stich-
probe durchgeführt werden. Wenn die ehemaligen Mieter das Image und die Hilfe durch
Kontaktherstellung als gut und hilfreich bezeichnen und diese Bewertung mit höherem
Erfolg korreliert, ist von einer positiven Wirkung des Images/der Kontakte auszugehen.

---

1) Z.B. Nooteboom et al. (1992:156); Bullinger (1991:121).

2) ...oder spricht für eine nicht vollständige Operationalisierung der
Unternehmensvariablen.

Aus den Hypothesen über die **Erfolgsfaktoren allgemein und den Einfluß des TGZ** ergibt sich bei Integration der komplette Bezugsrahmen, der im Anschluß an **Mittelwertvergleiche** und **bivariate Analysen** in einem **multivariaten Pfadmodell** getestet werden wird. Dazu werden wir alle Fälle aus beiden Stichproben verwenden und bezüglich des TGZ lediglich nach dem Aufenthalt differenzieren. Wir erwarten davon einen Überblick über die allgemeine Wirksamkeit von TGZ, der allerdings nur recht grobe Schlüsse über die einzelnen diskutierten Teilleistungen zuläßt.

Deshalb werden wir **mit den Leistungsmerkmalen, den Aufnahmeanforderungen und den Aspekten des Images** im Anschluß daran weitere **bivariate Auswertungen und eine multiple Analyse** durchführen, die, nur unter Einbeziehung der TGZ-Fälle, eine Erklärung für die Erfolgsunterschiede zwischen eben diesen Fällen leisten soll. Aus den Hypothesen ergibt sich nämlich, daß nicht allein der TGZ-Aufenthalt an sich, sondern auch die Wahl des richtigen TGZ-Standorts über die Höhe des Erfolgs entscheidet.

Anhand dieser Analyse wird auch die (Erfolgs-)Wirksamkeit der Aufnahmekriterien im direkten Vergleich mit den Leistungen und anderen Komponenten abzuschätzen sein.

Die folgende Abbildung 3-4 faßt den sich aus den Hypothesen ergebenden Bezugsrahmen noch einmal zusammen, wobei der Übersicht halber nur die vermutete TGZ-Wirkung in Form von Pfaden eingezeichnet ist.

Abbildung 3-4: Bezugsrahmen für den Einfluß des Technologiezentrums

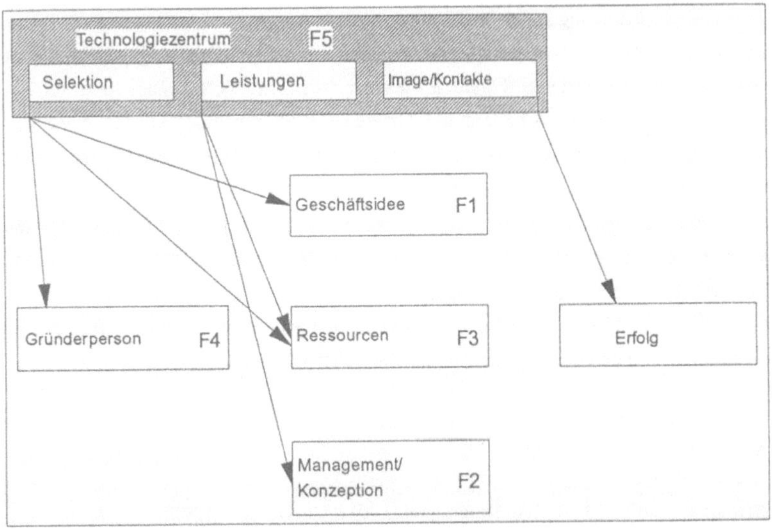

Wie im vorigen Kapitel bereits mehrfach angesprochen, ist ein eigenständiger Einfluß der Standortgünstigkeit auf den Unternehmenserfolg nicht auszuschließen. Er könnte die Ergebnisse über die TGZ-Wirkung überlagern.

3.1.6.4 Einfluß des Standortes

Neben den beschriebenen Erfolgsfaktoren und den TGZ-Aspekten i.e.S. treten als mögliche Erfolgserklärungen also noch folgende - externe - hinzu:

HZ18: Die allgemeine Günstigkeit des TGZ-Standortes hat einen Einfluß auf den Erfolg der angesiedelten Unternehmen. Ein günstiger Standort zeichnet sich nach herrschender Meinung z.B. durch eine gute Infrastruktur, hohes Wirtschaftpotential und insbesondere die Existenz von privaten und öffentlichen FuE-Einrichtungen aus.[1] Die TGZ können den eigenständigen Einfluß eines ungünstigen Standortes möglicherweise nicht oder nur bedingt kompensieren, wenn z.B. die räumliche Nähe zu Lieferanten, Kunden und Know-how-Gebern fehlt. Überprüfen können wir diese Hypothese durch Korrelieren der Standortmerkmale mit dem Erfolg der Firmen in TGZ, aber auch in der Kontrollgruppe könnten solche Unterschiede festgestellt werden.

HZ19: Die allgemeine Standortgüte hat einen Einfluß auf die Merkmale des TGZ. Ein TGZ an einem "günstigen" Standort im Sinne der Hypothese HZ18 wird oft allein aufgrund der Bedingungen der Realisierung bessere Angebote bieten können: Der Aufbau eines Netzwerkes von qualifizierter externer Beratung und sonstiger Kontakte ist naturgemäß in begünstigten Standorten leichter, was sich nicht zuletzt auch auf das Image auswirken kann. Aufgrund des höheren Gründerpotentials können mehr und bessere Leistungen realisiert werden. Die Existenz von (Technischen) Hochschulen erlaubt das Angebot regelmäßiger Hochschulkontakte.[2] Es bestehen mehr Möglichkeiten, nach strengen Kriterien eine bewußte Auswahl von Mietern/Projekten vorzunehmen und so im TGZ ein stimulierendes Umfeld mit größtmöglichen Synergien zwischen den Mietern aufzubauen.
Zur empirischen Überprüfung kann eine Zusammenhangsanalyse zwischen TGZ-Merkmalen und Variablen der allgemeinen Standortgunst erfolgen.

---

1) Z.B. Diskussion der Standortfaktoren für technologieorientierte Unternehmen bei Sternberg (1988:73ff., 137-141); Bullinger (1991:119); Malecki (1990).

2) Die Befunde von Oakey et al. (1990:106) deuten darauf hin, daß Unternehmen an "zentralen" Standorten häufiger über externe Kontakte zu Know-how-Gebern verfügen als solche in Randlagen.

3.1.6.5 Einfluß des Auszugs

HZ20: **Der TGZ-Auszug bereitet den Unternehmen Probleme, da die Leistungser-stellung, Kontakte und Unterstützung durch das TGZ beeinträchtigt werden, und vermindert in der Folge den Unternehmenserfolg.** Die Überprüfung der nachhalti-gen Erfolgssteigerung ist bekanntlich ein zentrales Anliegen dieser Arbeit. Opponenten des TGZ-Konzepts argumentieren, daß aus der Unterstützung der Gründer durch das TGZ eine Art "erlernter Hilflosigkeit" resultieren könne.[1] Ob ein TGZ nachhaltige Wirkung entfaltet, ist vor allem daran zu messen, ob sich die Unternehmensentwick-lung nach dem Auszug verschlechtert. Hier können Vergleiche mit der Kontrollgruppe angestellt werden und auch innerhalb der TGZ-Gruppe Wachstumsraten mehrerer Zeit-räume verglichen werden. Darüberhinaus sind die Fragen zu den Folgen des Auszugs sowie die Prüfung von Auswirkungen auf Erfolgsfaktoren hilfreich.

3.1.6.6 Zusammenfassung der Strategie zur Prüfung der Hypothesen

Abschließend hier noch einmal zusammenfassend die Fragestellungen und die Strategie, die zur empirischen Überprüfung der Hypothesen im Kapitel 5. eingeschlagen wird:

- **Vergleiche zwischen TGZ- und Kontrollgruppe:** Mittelwertvergleiche, bivariate Analysen der Beziehungshypothesen im allgemeinen Bezugsrahmen und deren multiva-riate Auswertung unter Einbeziehung des TGZ-Aufenthalts werden zunächst zeigen, ob sich ein Einfluß des TGZ bei Kontrolle der Störgrößen nachweisen läßt. Ferner sind Hinweise auf die allgemeine Wirkungsweise des TGZ und damit die Aufteilung auf den Selektions- und den "eigentlich beabsichtigten" Effekt zu erwarten.

- **Vergleiche innerhalb der TGZ-Fälle:** Die hier vorzunehmenden bivariaten Zusam-menhangsanalysen können detailliert über die Wirksamkeit einzelner TGZ-Merkmale Aufschluß geben, die multivariate Analyse über die relative Gewichtung bestimmter Einflüsse, darunter auch der Selektionskriterien, also Aufnahmebarrieren, aber auch der eigentlichen TGZ-Leistungen und des Standortes.

- **Auszug:** Besondere Aufmerksamkeit wird der Frage gewidmet, ob der Auszug aus dem TGZ spürbare Folgen für die Ausprägung der Unternehmensmerkmale oder den Erfolg hat.

---

1) Z.B. Emge (1985:137).

In der folgenden Tabelle 3-3 sind die notwendigen Analysen noch einmal den einzelnen Problemstellungen zugeordnet. Im Anhang 3-3 findet sich eine zusammenfassende Übersicht über alle Hypothesen.

Die Befunde im Kapitel 5. werden zeigen, ob die in diesem Abschnitt formulierten Hypothesen haltbar sind. Dazu ist jedoch erst auf die Operationalisierung der einzelnen Variablen einzugehen, die in Kapitel 3.2 erfolgt.

Tabelle 3-3: Analyse-Strategie für die Ermittlung des TGZ-Einflusses

TGZ-Aspekte	Erfolgsfaktoren von Gründungen			Management/Konzeption	Erfolg
	Person	Geschäftsidee	Ressourcen		
Räume auf Mietbasis			senkt Kapitalbedarf (HZ15): -Korrelationsvergleich TGZ-/Kontrollgruppe für Beziehung Ressourcen-Erfolg -Service-Ressourcen (t)	entkoppelt Management von Personen-	-Miethöhe-Erfolg (t)
Service	Bewertung und Inanspruchnahme				-Service-bewertung-Erfolg (t)
Beratung	hängen von Erfahrung und Innovationsgrad der Geschäftsidee ab:		Ergänzung durch Mitarbeiter mit komplementärer Qualifikation senkt Ressourcenbedarf (HZ15) -Ergänzung-Beratung (t)	verbessert Verhalten: -Mittelwert-vergleich Management -Analyse Beratung-Management(t)	-Beratungs-bewertung-Erfolg (t)
Kontakt-herstellung*	Person/Idee- Bewertung der TGZ-Leistungen (t)		kann Kapitalbeschaffung erleichtern (HZ15): -Mittelwertvergleich Ressourcen -Analyse Kontaktvermittlung-Ressourcen(t)	verbessert Informations- und Beratungs-verhalten: -Mittelwert-vergleich Management -Analyse Kontaktverm.-Management (t)	-Kontaktbe-wertung-Erfolg (t) HZ17
Image*			HZ15 s. "Kontakt"		-Image-Erfolg (t) HZ17
Selektion bei Aufnahme	HZ11	HZ12 -Mittelwertvergleiche -Aufnahmebarrieren-... - Person(t) - Idee (t)	HZ13 - Ressourcen (t)	HZ14: kein Einfluß	-Aufnahmebarrieren-Erfolg (t)
Auszug HZ20			führt zu Kapitalbedarf -Aussagen über Auszug (t) -Auszug-Erfolg (t)	beeinträchtigt Informationsaustausch: -Aussagen über Auszug (t) -Auszug-Management (t)	führt zu sinkendem Wachstum: -Beurteilung Auszug-Erfolg (t) -Vergl. Wachstum vor/nach Auszug (t)

Annotation (Management/Konzeption): merkmalen wie z.B. Erfahrung: Korrelations-vergleich Person- vergleich Person- HZ16

Annotation (Erfolg): global: Erfolgs-unterschiede zur Kontrollgruppe, multivariates Pfadmodell, differenziert: multivariate Regression mit TGZ-Merkmalen und -Beurteilung (t)

---

* Image und Kontaktherstellung wirken im Unterschied zu anderen Aspekten auch direkt auf den Erfolg, z.B. durch leichtere Kundengewinnung.

3.2   Operationalisierung der Variablen

3.2.1   Erfolgsmessung bei jungen Unternehmen

In der Literatur finden sich zahlreiche verschiedene Möglichkeiten der Messung des Erfolgs junger Unternehmen, die in empirischen Studien eingesetzt werden. Es gilt, unter den Gesichtspunkten der Problemgerechtigkeit und zuverlässigen Erhebbarkeit geeignete Maße zu identifizieren. Auch der Aspekt der Vergleichbarkeit mit anderen Studien ist dabei nicht unerheblich: Da diese Untersuchung sich auch an den an anderer Stelle ermittelten Erfolgs*faktoren* orientiert, sollte auch eine Vergleichbarkeit mit den sonst üblichen Erfolgs*indikatoren* angestrebt werden. Die Verbreitung bestimmter Maße in der empirischen Gründungsforschung ist damit auch ein Entscheidungskriterium bei der hier notwendigen Auswahl.

Vor einer Entscheidung über das hier zweckmäßige Maß ist zur Verdeutlichung zunächst einmal eine Klassifikation der unterschiedlichen Möglichkeiten sinnvoll, die zwei bedeutende Dimensionen verwendet und wie folgt aussieht:[1]

Tabelle 3-4: Mögliche Dimensionen der Erfolgsmessung

Perspektive:	Träger	
	Beteiligte Gründer	Außenstehende Dritte
objektiv	ökonomische Ziele, z.B. Wachstum Produktivität Rendite	
		sonstige Dimensionen, z.B. Überleben Kreditwürdigkeit Take-over-Angebote
subjektiv	wie bei objektiven Maßen, außerdem Zufriedenheit/ Zielerreichung etc.	

Objektive Maße

Hierunter sind vor allem ökonomische Größen[2], aber auch alle anderen objektiv erfaßbaren betrieblichen Sachverhalte, z.B. technischer Erfolg oder Mitarbeiterzahl, zu verstehen, die als anstrebenswertes Ziel in Frage kommen. Objektiv heißt hier, daß es sich

---

1) Vgl. auch die Systematik bei Hauschildt (1993:323/330). Es gibt selbstverständlich weitere Dimensionen, die allerdings keine so grundsätzliche Entscheidung wie die genannten verlangen. Z.B. sind Fragen des Skalenniveaus zu klären.

2) Terminologie in Anlehnung an Hauschildt (1993:323).

um eindeutig meßbare Tatsachen handelt, die unabhängig vom Träger der Messung nachvollzogen werden können. Das erfordert allerdings nicht zwangsläufig eine Messung durch Dritte. Eine Auskunft des Gründers über die Umsatzentwicklung ist beispielsweise einer Entnahme aus dem geprüften Geschäftsbericht gleichzustellen, wenn man bewußte und systematische Falschangaben ausschließt. Die Messung des technischen Erfolgs, wie sie bei Innovationsprozessen gelegentlich eingesetzt wird, wollen wir an dieser Stelle ausschließen, da sie bei dem vermutlich recht heterogenen Sample erhebliche Vergleichbarkeitsprobleme aufwerfen würden.[1]

Subjektive Maße

Dabei kann es sich z.B. um Zielerfüllung oder Zufriedenheit des Gründers handeln. Die Probleme, die sich bei der korrekten Ermittlung einer unternehmerischen Nutzenfunktion ergeben, werden von Hannan und Freeman für nicht lösbar gehalten.[2] Subjektive Maße kommen aus betriebswirtschaftlicher Sicht streng genommen nur dann in Betracht, wenn diese als geeignete Substitute für nicht oder schwierig beobacht- oder erhebbare objektive Erfolgsgrößen erscheinen.

In diesem Zusammenhang sind die Befunde von Stuart und Abetti oder auch von Sapienza/Smith/Gannon erwähnenswert, die nur eine sehr schwache oder sogar nur insignifikante Korrelationen zwischen objektiven (finanziellen) und subjektiven Maßen feststellen konnten.[3] Bezüglich des Standpunktes, von dem aus der Erfolg einer Unternehmung beurteilt werden kann, sagt Roberts:[4] "When I speak of success, I mean in terms of investor-oriented criteria of success." D.h. es kommt zur Beurteilung des Erfolges kein Maßstab zum Tragen, den sich der Gründer selbst gesetzt hat, da sonst die Vergleichbarkeit der Unternehmungen nicht gegeben wäre und außerdem neben der zu messenden Dimension noch unkontrollierbar Fremddimensionen wie die Fähigkeit, realistische Ziele zu setzen, oder Konsonanzstreben miterfaßt würden.[5]

Picot, Laub und Schneider stellten in ihrer Untersuchung fest, daß eine systematische Verzerrung bei Erfolgsmessung an selbstgesetzten Zielen vorliegt: Die objektiv erfolgreicheren Gründer waren bei der Steckung ihrer Ziele generell vorsichtiger/pessimistischer als nicht erfolgreiche.[6] Subjektive Urteile finden sich u.a. auch bei Rocha und

---

1) So: Hauschildt (1993:321).

2) Hannan/Freeman (1979:107).

3) Stuart/Abetti (1987:223). Die gemessene Korrelation betrug lediglich 0.15, d.h. nur gut 2 vH gemeinsame Varianz!; Sapienza/Smith/Gannon (1988:45-53).

4) Roberts (1970a:143).

5) Der Begriff "Konsonanz" stammt aus der psychologischen Dissonanztheorie (Festinger, vgl. Frey/Benning (1987:147-153)). Sie besagt, daß Menschen danach streben, Diskrepanzen, in diesem Fall z.B. zwischen ihren Zielen und der Zielerreichung, durch bestimmte Strategien zu bereinigen, indem sie z.B. ihre Ziele nach unten anpassen.

6) Vgl. Picot/Laub/Schneider (1989:94).

Khan[1], wo die Geschäftsführer die Auswirkung einer bestimmten Maßnahme auf globale Erfolgsindikatoren angeben sollten. Wenn man bedenkt, daß schon die objektive Feststellung und Quantifizierung einer solchen Wirkung ebenso schwierig wie angreifbar wäre, wird deutlich, auf welche Validitätsprobleme sich ein Forscher einläßt, der ausschließlich mit subjektiven Urteilen operiert. **Die Messung in dieser Arbeit sollte sich also im wesentlichen auf objektive Maße stützen.**

Neben der Dimension "objektiv/subjektiv" kommen für die Frage der Erfolgsmessung noch folgende Unterscheidungsaspekte in Betracht:

Verschiedene Träger
Das Meßsubjekt können entweder außenstehende Dritte oder Beteiligte, d.h. die Gründer selbst sein. Bei den hier vorliegenden Untersuchungsobjekten, Neugründungen und damit kleinen Unternehmen, ist die Beurteilung durch Außenstehende, Experten oder Konkurrenten, äußerst schwierig. Es fehlt an Informationen, und selbst Konkurrenten werden über die meisten Aspekte des ökonomischen Erfolgs keine oder nur ungenaue Annahmen haben. **Die Messung muß sich also auf die Angaben der Gründer stützen.**

Nach Klärung der Meßperspektive und der Entscheidung für objektive Skalen muß nun die Frage geeigneter Maße im einzelnen beantwortet werden. Unternehmensgründungen weisen einige - noch näher zu erläuternde - Besonderheiten gegenüber etablierten Unternehmen auf, die eine Übernahme der dort üblicherweise verwendeten Erfolgbeurteilungskriterien nicht erlauben. Dies ist nicht nur auf den Umstand zurückzuführen, daß keine Bilanzen oder sonstige Jahresabschlußdaten vorliegen.
Wir wenden uns zur Beurteilung der Bedeutung einzelner Erfolgsmaße deshalb der Literatur zum Thema Unternehmensgründungen zu. Ein Überblick über die in empirischen Studien verwendeten Maße, die in Tabelle 3-5 zusammengefaßt sind,[2] ergibt folgendes Resultat: Es werden **weit überwiegend Wachstumsmaße für Umsatz und Beschäftigung** verwendet, dann erst folgen nach der Verwendungshäufigkeit Rendite- und Gewinnmaße.
Dabei stellt sich die Frage, warum viele Forscher die **Renditemessung als Erfolgsindi-**

---

1) Rocha/Khan (1984:34-43).

2) Die Tabelle 3-5 enthält eine Auflistung von Studien, die auf Primärerhebungen beruhen und sich die Messung oder Erklärung des Erfolgs nach der Unternehmensgründung zum Ziel gesetzt haben. Es wurden nur Studien ausgewertet, aus denen die Operationalisierung mehr oder weniger deutlich hervorgeht. Die Tabelle ist auf dem Stand zum Zeitpunkt der Fragebogen-Festlegung im Jahr 1991 und erhebt schon deswegen keinen Anspruch auf Vollständigkeit.

kator verwerfen. Ein näherer Blick zeigt, daß es hier nicht etwa in erster Linie um die leichtere Erhebbarkeit geht: In einer Diskussion der methodischen Mängel der bisherigen Gründungsforschung kommen Gibb und Davies in dieser Frage zu dem Schluß, daß die aus der empirischen Forschung zu Großunternehmen übernommenen Profitabilitätserhebungen für kleine Unternehmen völlig ungeeignet sind.[1] Einen Überblick über praktische, d.h. erhebungstechnische, wie auch theoretisch bedingte Einwände gegen Renditemessung geben die in der folgenden Übersicht enthaltenen Zitate:

Pavia, 1990:[2] "Most small, start-up firms are privately held, which makes it difficult to acquire objective financial data. ...When firms are asked to voluntarily divulge their balance sheets, the threat of a selection bias in favor of high performers is introduced. ...Consequently, some of the most basic work ...relies upon subjective assessments of performance."
Chaganti/Chaganti, 1983: "Profitability can be applied as a criterion only if the owner/manager attaches importance to it."
Stuart/Abetti, 1987:[3] "...as a general rule, it takes seven years to 'cash in' on an investment and thereby proclaim success."
Cooper/Woo/Dunkelberg, 1989:[4] "Profitabiltiy is maybe not a good measure of performance for very small new firms. It is greatly affected by amounts reinvested to build the business and is also dependent upon how much the owner-managers pay themselves. For tax reasons some entrepreneurs seek to build their firms so that they continue to 'break even' at higher and higher levels."
Hunsdiek, 1987[5] bringt ebenfalls inhaltliche Argumente gegen die Renditemessung vor und stellt darüberhinaus ungenügende Antwortbereitschaft der Gründer bezüglich des Jahresüberschusses fest. Dadurch war eine Verwendung der Rendite als abhängige Variable ausgeschlossen. Dem schließt sich Roberts an:
Roberts, 1970:[6] "We've never suceeded in getting good information of that sort from a broad-based sample of companies."
Oakey/Rothwell/Cooper, 1988:[7] "*declared* profits bear little relation to *actual* profits" und "the acquisition of these data [d.i.Profit, Anm. d.Verf.] is fraught with difficulty".
Van de Ven/Hudson/Schroeder, 1984[8]: "New businesses do not have a profit history and are not usually expected to show much profit during their early years. When they do earn a profit, cash-hungry managers are creative in masking or deferring the profit im order to reduce taxes."
Dollinger (1985) stellt in seiner Untersuchung krasse Unterschiede zwischen den Maßen

---

1) Vgl. Gibb/Davies (1991:302f.).

2) Pavia (1990:300).

3) Stuart/Abetti (1987:218).

4) Cooper/Woo/Dunkelberg (1989:322).

5) Hunsdiek (1987:202 bzw. 205).

6) Roberts (1970a:140f.).

7) Oakey/Rothwell/Cooper (1988:71). Ähnlich bei: Cooper/Bruno (1977:20).

8) Van de Ven/Hudson/Schroeder (1984:90f.).

für "Net Income after taxes", d.h. dem Gewinn, der dem Unternehmer zufließt, und den gesamten "Economic Benefits" aus der Unternehmertätigkeit fest.[1] McGuire (1963) zählt eine ganze Reihe von Verzerrungen in Profit-Daten auf: "changes in accounting procedures, depreciation and inventory calculation methods,... salaries paid to owners"[2].

Die Auflistung der konkreten Beispiele illustriert die vielfältigen Probleme, die mit der Verwendung von Renditemaßen als Erfolgskriterium verbunden sind. Sie betreffen

- die **Erhebbarkeit,**

- die **Verläßlichkeit,**

- die **Gültigkeit** und

- die **Aussagefähigkeit** als vergleichendes Erfolgsmaß.

Die Einwände sind so schwerwiegend, daß wir in unserer Studie vom Versuch der Erhebung objektiver Gewinn- oder Renditemaße Abstand nehmen.

Für die **Verwendung eines Wachstumsmaßes** als Erfolgsindikator werden in der Literatur v.a. folgende Argumente angeführt: Albach stellt die Behauptung auf, daß Umsatzwachstum mehr als Gewinnmaximierung "die entscheidende strategische Variable" darstellt.[3] Auf Basis theoretischer Überlegungen über das Verhalten von Entscheidungsträgern bzw. Investoren stellt Penrose darüberhinaus die These auf, daß auf lange Sicht Wachstum- und Gewinnstreben vollständig komplementäre Ziele sind, d.h. daß bei rationalem Investitionsverhalten hohes Wachstum auch zu hohen Gewinnen führt.[4] Kulicke vertritt die Ansicht, daß Wachstum "das Ergebnis unternehmerischer Entscheidungen",[5] also eine bewußt gesteuerte Größe ist. Nach Hofer und Schendel zeigt Umsatzwachstum, "how well an organization relates to their environment",[6] es ist danach als Erfolgsindikator zu bezeichnen. Dem schließt sich auch die Argumentation von Hunsdiek an,[7] der begründet, daß Wachstum als Indikator für Markterfolg zu sehen ist.

---

1) Dollinger (1985:28): "... a simple earnings measure would fail to identify financially successful firms in terms of owner's benefits."

2) McGuire (1963:18).

3) Albach (1965:54).

4) Penrose (1959:26ff., besonders 30).

5) Kulicke (1987:23). Vgl. auch Meyer/Roberts (1988:13): Umsatzwachstum ist ein gutes Maß für Beurteilung der "overall performance".

6) Hofer und Schendel (1978:4). Nach Dess/Robinson (1984:268).

7) Vgl. Hunsdiek (1987:203f.) und die dort zitierten Autoren.

Tabelle 3-5:   Übersicht über die in empirischen Studien über Neugründungen verwendeten
                 Erfolgsmaße

Erfolgsmaß: Autor(en):	Wachstum Ums.	MA	Pro-duk-tivi-tat	Rendite/ Gewinn	Große absol. Ums./ MA	Über-leben	finanz. Größen (z.B. Cash Flow)	finan-zielle Situa. des Grund.	Gesamt-erfolg	subjekt. Zu-frieden-heit	Sonstiges
Woodruff/ Alexander 1958				x					x		
Chambers/ Gold 1963				x							
McGuire 1963	x										
Schrage 1965	x			x							
Smith 1965					x						
Lamont 1975	x			x (0/1)	x		x				Dauer bis Gewinn-erzielung
Aplin/Leveto 1976							x		x		
Fredland/ Morris 1976						x					
Cooper/Bruno 1977	x					x					Takeover
Comegys 1978						x					
Kamp et al. 1978								x			
Larson/Clute 1979						x					
Brockhaus 1980						x					
Litvak/Maule 1980	x			x		x					Takeover/Beteiliggs.-angebote, Angebots-palette, Export
May 1981	x	x		x							
Weiss 1981	x			x							Investitionsquote
Dunkelberg/ Cooper 1982			x								
Ronstadt 1982						x					
Sandberg/Hofer 1982	x			x		x					
Tyebjee/Bruno 1982					x						
Bollinger/Hope/ Utterback 1983	x	x		x							gezahlte Steuern Export, FuE-Ausgaben
Chaganti/ Chaganti 1983				x		x			x	x	Investitionswachstum
Oakey/Rothwell/ S. Cooper 1983	x	x	x			x					
Peterson/Kozmetsky/ Ridgway 1983						x					

→ wird fortgesetzt

noch: Tabelle 3-5

Erfolgsmaß: Autor(en):	Wachstum Ums.	MA	Pro-duk-tivi-tät	Rendite/ Gewinn	Größe absol. Ums./ MA	Über-leben	finanz. Größen (z.B. Cash Flow)	finan-zielle Situa. des Gründ.	Gesamt-erfolg	subj. Zu-frieden-heit	Sonstiges
Klandt 1984	x									x	
Plaschka 1984						x					
Robinson et al. 1984	x	x	x	x	x						
Rocha/Khan 1984							x				
Smith/Miner 1984			x								
Van de Ven/Hudson/ Schroeder 1984	x	x								x	Zahl der Kunden
Dollinger 1985	x				x			x			
Klandt/Kirschbaum 1985			x								
Meyer/Roberts 1986	x										
Sandberg 1986				x		x					Ausschüttung
Sykes 1986											technischer Erfolg
Hunsdiek 1987	x										
Kulicke 1987	x	x									
Rothwell/Dodgson 1987	x	x									
Stuart/Abetti 1987	x	x	x	x			x		x	x	Takeover/Beteiliggs.-angebote, Kapitalum-schlag, subj. Überle-benswahrscheinlichkt.
Bracker/Keats /Pearson 1988	x			x				x			Marktwert des Unternehmens
Meyer/Roberts 1988	x										
Perry et al. 1988	x										
Steiner/Solem 1988	x										
Utterback et al. 1988	x	x		x				x			Export
Braun 1989		x			x			x			Erweiterungsinvest., Investitionsabsicht
Cooper/Woo/ Dunkelberg 1989	x	x				x					

→ wird fortgesetzt

noch Tabelle 3-5

Erfolgsmaß: Autor(en):	Wachstum Ums.	MA	Pro- duk- tivi- tät	Rendite/ Gewinn	Größe absol. Ums./ MA	Über- leben	finanz. Größen (z.B. Cash Flow)	finan- zielle Situa. des Gründ.	Gesamt- erfolg	subj. Zu- frieden- heit	Sonstiges
Covin/Slevin 1989	x			x	x	x	x	x			
Dietz 1989						x					
Shrader et al. 1989	x	x		x	x						
Audretsch 1990					x	x					
Hall/Falshaw 1990	x			x	x						
Hedberg/Miettinen 1990									x		
Pavia 1990	x			x					x		
Picot/Laub/Schneider 1990	x	x	x								Dauer bis Gewinnerz. Takeover/Beteiliggs.-angebote, Auftragsbestand
Scott 1990						x					
Welsch/Plaschka 1990		x		x							
Arrighetti/Curioni 1991						x					
Brüderl/Jungbauer-Gans 1991						x					
Davidsson 1991	x	x									
Domeyer/Funder 1991	x			x							
Doutriaux 1991					x						
Frank/Mugler/Rössl 1991	x	x									Wachstumsorientierung
Pavia 1991	x			x					x		
Roberts 1991a	x			x							
Roberts 1991b	x			x							
Turok 1991		x		x							
Häufigkeit	36	19	5	24	12	20	7	4	6	5	

Zahl der ausgewerteten Studien gesamt: 66

Bei der Entscheidung für ein geeignetes Erfolgsmaß kann das Wissen um die Vergleichbarkeit dieser Maße zweifellos hilfreich sein. Repräsentiert ein Erfolgsmaß das andere?
Ist die Auswahl eines Maßes kritisch oder unproblematisch? Eine systematische Studie
zur Güte und Vergleichbarkeit verschiedener Maße des Erfolges nahmen Dess und
Robinson vor.[1] Dort wurden sowohl objektive und subjektive Maße sowie Wachstums-
und Gewinnmaße miteinander verglichen.

Die wichtigsten Befunde zeigen, daß recht hohe Korrelationen zwischen den subjektiven
Schätzungen und den objektiven bestehen, daß aber die Korrelation zwischen objektiven
Wachstumsmaßen und Renditemaßen recht gering ist.[2] Dies zeigt, daß Rendite- und
Wachstumsmaße nicht unbedingt dasselbe messen (allerdings hier für nicht-junge Unter-
nehmen). In einer Studie von Pavia wurde dagegen ermittelt, daß eine 85prozentige
Korrelation zwischen der subjektiven Einschätzung des Gewinns und des Umsatzwachs-
tums einerseits und der subjektiven Gesamtbeurteilung der Performance andererseits
besteht.[3] Es kann also nicht von vornherein behauptet werden, daß Wachstum und
Gewinn das gleiche messen. Aus den oben genannten theoretischen und pragmatischen
Gründen erscheint es dennoch bei den neugegründeten Unternehmungen gerechtfertigt,
sich in dieser Studie weitgehend auf die Erhebung der Wachstumsverläufe zu stützen.
Brockhoff bezeichnet Unternehmenswachstum schließlich auch als "positive Veränderung eines Präferenzmaßes",[4] womit er zum Ausdruck bringt, daß Wachstum als nut-
zenstiftendes Ziel, und damit Erfolg, gesehen werden kann. Er betont dabei die
Anforderung der Langfristigkeit des Wachstums.[5] Es erscheint daher erforderlich, bei
einer Erhebung das Wachstum über mehrere Jahre zu erfassen. Es werden hier die Größen Mitarbeiterzahl und Umsatz als Maßstäbe verwendet.[6] Daraus läßt sich auch ein
Indikator für die Produktivität und die Produktivitätsentwicklung über die Zeit ermitteln, der Aufschluß über die *Qualität* des Unternehmungswachstums gibt. Die Verwendung der **Produktivität** befürworten auch Oakey/Rothwell/Cooper:[7] Als drittes Maß
wird neben Mitarbeiter- und Umsatzwachstum die Veränderung des Umsatzes je Mitar-

---

1) Dess/Robinson (1984).

2) Ebenda, 269: Korrelation subjektiv-objektiv .63 bzw. .69, Wachstum und Rendite
.34.

3) Pavia (1991:22).

4) Brockhoff (1974:Sp.2139).

5) Ebenda, Sp.2139.

6) Es sind selbstverständlich andere Wachstumsmaße denkbar, stellvertretend seien hier
Veränderungen von Kapitalwerten oder bestimmter Vermögensposten genannt, wie sie
z.B. von Albach (1965:43ff. und zitierte Literatur) oder Penrose (1959:199f.) befürwortet
werden. Sie haben jedoch den Nachteil erheblich schwierigerer -oder unmöglicher-
Erhebbarkeit und spielen daher in der empirischen Gründungsforschung keine Rolle. Auch
kann z.B. das Vermögen eines Unternehmens beträchtlichen bewertungsbedingten
Schwankungen unterliegen (McGuire,1963:18).

7) Oakey/Rothwell/S. Cooper (1988:71).

beiter verwendet als Ausdruck der "efficiency"[1]. Die Autoren halten dieses Maß für notwendig, da die beiden anderen Maße für sich nicht hinreichend für eine Erfolgsbeurteilung sind. Dabei sind natürlich Vergleiche nur *innerhalb* derselben Branche zulässig, und es muß die Fertigungstiefe berücksichtigt werden.

Neben den Wachstums- und Produktivitätsmaßen, die im Sinne von Dess/Robinson bei Erhebung durch Auskunft der Geschäftsführer als objektiv angesehen werden,[2] werden ergänzend subjektive Einschätzungen abgefragt, die die Einschätzung der Stellung innerhalb der Konkurrenz auf einer Skala messen,[3] wo die Einstufung in bezug auf die Rendite ermittelt wird. Die Ergebnisse werden zeigen, ob die verwendeten Erfolgsmaße hoch korrelieren oder ob eine weitgehende Unabhängigkeit zwischen Wachstum und Rendite besteht.

Neben der Wahl der Meßdimensionen muß auch die Frage der Meßskala geklärt werden. Einige Autoren verwenden die diskutierten Erfolgsmaße nicht als Kontinuum, sondern reduzieren die Skala durch Dichotomisierung anhand eines Grenzwertes. So entsteht eine erfolgreiche und eine weniger erfolgreiche Gruppe.[4] Z.T. werden auch die mittelmäßigen Fälle weggelassen und nur die Extrema verglichen. Wir vertreten die Ansicht, daß die dadurch möglicherweise größere Trennschärfe durch einen zu hohen Informationsverlust erkauft wird. Wenn ein kontinuierliches Maß für Erfolg definiert und erhoben werden kann, sollte es direkt verwendet werden. Eine Dichotomisierung ist wohl z.T. auch auf die Nicht-Verfügbarkeit hochentwickelter statistischer Verfahren zurückführbar.[5] Auch Diskretionswünsche der Befragten mögen eine Rolle spielen. Der Vergleich nur der extremen Fälle auf beiden Enden der Erfolgsskala ist zwar wegen der zu erwartenden klaren Befunde reizvoll, kommt in dieser Untersuchung aber wegen der dafür zu geringen Fallzahl nicht in Betracht.

Neben den bisher beschriebenen Erfolgskriterien besteht eine weitere Möglichkeit darin, die Dichotomisierung extremer zu vollziehen: nämlich einer Gruppe solche Unternehmen, die nach Ablauf einer bestimmten Zeitspanne noch existieren, der anderen Gruppe bereits ausgeschiedene zuzuordnen.[6] Müller-Böling und Klandt fordern etwa die Einbe-

---

1) Ein anderes Verständnis des Begriffs "efficiency" findet sich bei Doutriaux (1991:131): Hier wird die Kennzahl Umsatz im 1.Jahr/Kapital(Assets) verwendet. Nachteilig dürfte allerdings sein, daß diese Kennzahl nur für das 1. Jahr ermittelt werden kann und damit weniger stabil ist.

2) Vgl. Dess/Robinson (1984:268f.).

3) In Anlehnung an die von Dess/Robinson (1984:286) verwendeten Maße.

4) Z.B. bei Picot/Laub/Schneider (1989:73ff.). Die Einteilung erfolgt auf Basis von 10 Indikatoren.

5) Dies trifft ohne Zweifel für Woodruff/Alexander (1958) zu.

6) Vgl. z.B. Cooper/Woo/Dunkelberg (1989:317-332).

ziehung sowohl der Insolvenzen als auch der besonders Erfolgreichen.[1]
Für ein solches Vorgehen spricht, daß ein Fehler der Stichprobe quasi durch "Selbstelektion", d.h. durch Ausscheiden aus dem Markt, vermieden werden kann. Dies ist
dann von Bedeutung, wenn man davon ausgeht, daß Unterschiede in der Ausfallquote
zwischen tgz-geförderten und unabhängig gegründeten technologieorientierten Unternehmen bestehen.

Es gibt jedoch auch einige Argumente, die gegen die beschriebene Dichotomisierung
hinsichtlich der Tatsache des bloßen Fortbestands einer Unternehmung sprechen:

- Der Umstand des Überlebens heißt nicht zwangsläufig, daß wirtschaftlicher Erfolg
gegeben ist. Vielmehr unterscheiden sich zwei Gründungsprojekte nach fünf Jahren
u.U. nicht im kommerziellen Erfolg, sondern durch Ausdauer oder Kapitalreserven
des Gründers. Ein Gründer hat vielleicht infolge eines hohen Anspruchsniveaus oder
eines interessanteren Alternativangebots sein durchaus überlebensfähiges Geschäft aufgegeben, ein anderer betreibt ein verlustreiches Geschäft unter Rückgriff auf Reserven
bis zum endgültigen Bankrott weiter.

- Die Identifikation gescheiterter Unternehmen ist insbesondere für den Bereich der
unabhängig gegründeten äußerst schwierig. Deshalb wäre es nicht möglich, eine Stichprobe zusammenzustellen, die zufällig zusammengesetzt oder auch nur repräsentativ
hinsichtlich der wichtigsten Varibablen wäre. Dazu kommt, daß in den Technologiezentren angesiedelte Unternehmungen bisher nur in sehr geringer Zahl gescheitert
sind, so daß aus diesem Bereich keine Stichprobe von ausreichender Größe zur statistischen Auswertung zur Verfügung steht.

Ist unter diesen Umständen - bei Ausklammerung der Gescheiterten - überhaupt noch
mit aussagefähigen Untersuchungsergebnissen zu rechnen? Diese Frage kann aus folgendem Grund positiv beantwortet werden: Daß die in Zentren gegründeten Unternehmungen in den ersten Jahren eine wesentlich höhere Überlebenswahrscheinlichkeit als
unabhängig gegründete haben, ist aufgrund bisheriger Erhebungen bereits klar und
braucht hier also nicht untersucht zu werden.[2] Hier interessiert vielmehr, ob sich über
diese Feststellung hinaus Aussagen über die *Wirkungsmechanismen* von TGZ machen
lassen. Dies kann unseres Erachtens am besten am unterschiedlichen Erfolg der überlebenden Firmen gemessen werden. Durch das Weglassen der gescheiterten Firmen auf
beiden Seiten geht lediglich ein genau definierter Abschnitt auf dem Kontinuum
"Erfolg" verloren. Die verbleibende Streuung sollte aber ausreichend sein, um die
Beziehungen zwischen Erfolg und unabhängigen Variablen aufzudecken. Darüberhinaus

---

1) Müller-Böling/Klandt (1993:156).

2) Vgl. Steinkühler (1989): In einer Erhebung, die der Autor im Jahre 1989 unter 39
   Technologiezentren durchführte liegt die Quote der Mißerfolge (Scheitern) in
   Technologiezentren mit ca. 14 vH deutlich unter der unabhängiger technologieorientierter
   Unternehmen. Die gleiche Quote stellte auch Allen (1989b:34-40) für die Gründerzentren
   in den USA fest. Auch: Kulicke (1987:66ff.).

läßt sich die Frage untersuchen, ob die Selektionseffekte oder die Leistungen des Zentrums letztlich den Erfolg und auch die höhere Überlebenschance erklären.

Zusammenfassend geht aus den Überlegungen dieses Abschnitts folgende Liste von Erfolgsmaßen hervor, die in dieser Studie verwendet werden sollen (Vgl. Abbildung 3-5):

1) **Wachstumsmaße**[1]

Wegen der offenkundig hohen Aussagefähigkeit und zuverlässigen Meßbarkeit werden Umsatz- und Mitarbeiterzahlen für verschiedene Zeitpunkte erhoben, aus denen dann Wachstumsraten berechnet werden können. Im einzelnen:

- Umsatzwachstum für das letzte Jahr und seit Gründung
- Mitarbeiterwachstum für das letzte und vorletzte Jahr und seit Gründung

Neben dem Wachstum seit Gründung ist die Verwendung des aktuellen Wachstums aus zwei Gründen notwendig:

- zur Ermittlung der Nachhaltigkeit des Wachstums
- zur Stabilisierung der Einschätzung, da das Gesamtwachstum wegen möglicherweise wenig verläßlicher/aussagekräftiger Angaben zum ersten Geschäftsjahr Verzerrungen/Ungenauigkeiten aufweisen kann.[2] Das Wachstum soll sowohl nach Mitarbeitern als auch nach Umsatz ermittelt werden, da nicht unbedingt davon ausgegangen werden kann, daß ein Maß das andere gut repräsentiert. Aufgrund der widersprüchlichen Aussagen hierzu wäre eine Vor-Entscheidung für ein Maß an dieser Stelle fatal.[3]

Außerdem bestehen hinsichtlich der Datengewinnung Zweifel, ob die Umsatzwerte von allen Befragten preisgegeben werden: Allen stellte fest, daß die Firmen bei der Herausgabe dieser Daten sehr zögernd waren; fast die Hälfte der Befragten verweigerte die Auskunft.[4]

2) **Produktivität als Effizienzmaß**

In Anlehnung an Oakey/Rothwell/Cooper[5] wird die Entwicklung des Umsatzes pro Mitarbeiter als Effizienzindikator betrachtet. Er läßt sich leicht aus den für die Wachstumsmaße erhobenen Daten berechnen, sagt aber etwas anderes aus: Z.B. sind Unternehmen mit hohem Umsatzwachstum aber auch hohem Mitarbeiterwachs-

---

1) Für die Berechnung der Wachstums- und Produktivitätsmaße siehe Erläuterungen im Anhang 3-1.

2) So z.B. Sandberg (1986:85).

3) Vgl. z.B. Kieser (1976:Sp.4301f.) vs. Albach/Bock/Warnke (1985:138).

4) Allen (1984:49).

5) Oakey/Rothwell/Cooper (1988:71).

tum eigentlich als weniger erfolgreich, d.h. effizient anzusehen als solche mit hohem Umsatz-, aber geringem Mitarbeiterwachstum. Diese Klassifikation ist aber nur bei Betrachtung der Produktivität möglich. Bezüglich bestimmter TGZ-Leistungen gibt es in der Literatur sogar explizite Aussagen über die erwartete Produktivitätswirkung.[1] Die Produktivitätsentwicklung wird in Gestalt ihres Wachstums seit Gründung und im letzten Jahr erfaßt.

3) Relative Rentabilität im Konkurrenzvergleich

Da bereits im Pretest deutlich wurde, daß absolute und objektive Angaben über Rendite nicht gewonnen werden können und diese Maße wie gesehen mit großen Problemen behaftet sind, soll wenigstens der Versuch gemacht werden, anhand einer Selbsteinschätzung im Vergleich zur Konkurrenz auf einer 5er-Skala Angaben über die Rentabilität zu generieren. Die Validitätsprobleme sind uns bewußt; sicherlich kann die Gesamtbewertung nicht allein auf dieses Maß gestützt werden. Gleichwohl können sich u.U. im Vergleich mit anderen Maßen interessante Befunde ergeben.

4) Größe im Konkurrenzvergleich

Diese Variable ist vermutlich relativ zuverlässig erhebbar und als Indikator der Marktstellung geeignet. Da sie auch von der Lebenszyklusphase des Marktes abhängt, kann auch sie jedoch nicht als einzige Variable zur Erfolgserklärung verwendet werden.

5) Absolute Angaben für Unternehmensgröße

Diese Werte, die von einigen Autoren als Erfolgsmaße verwendet werden, sind nach unserer Meinung nicht so aussagefähig wie Wachstumsraten. Unterschiede in der Größe können z.B. auch mit anderem Ausgangsniveau, Brancheneinflüssen und Altersunterschieden erklärt werden. Wir verwenden diese Maße deswegen nicht für das Gesamtmodell, zitieren sie allerdings in den bivariaten Befunden, wo sie einzeln interpretiert werden können. Es ist dann immer die Frage zu stellen, ob die aktuellen Größenunterschiede auf den potentiellen Erfolgsfaktor oder nicht vielmehr auf Unterschiede im Ausgangsniveau zurückgeführt werden müssen.

---

1) Die technische Beratung soll die Produktivität steigern. Sternberg (1988:280).

Abbildung 3-5: In der empirischen Erhebung verwendete Erfolgsindikatoren

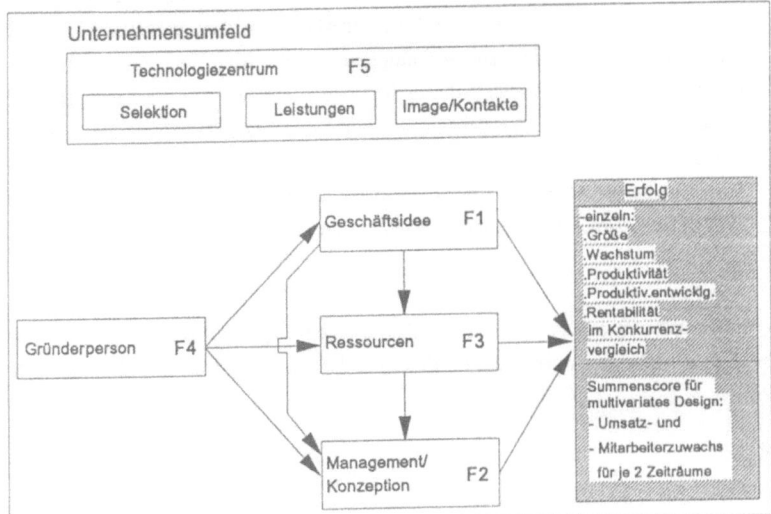

6) Für die multivariate Analyse planen wir die **Bildung eines zusammenfassenden Meßwerts**, der den Gesamterfolg repräsentieren soll. Ein solches aggregiertes Erfolgsmaß soll die Variablen aus dem Wachstumsbereich gleichwertig nebeneinander beinhalten, da sie sich wie oben dargestellt als am zuverlässigsten und aussagefähigsten besonders gut eignen. Die Rentabilität und Größe im Konkurrenzvergleich wurden nicht einbezogen, da sie nach diskutierten Erfahrungen wie auch nach unseren Befunden als wenig zuverlässig und valide erscheinen, die Produktivitätsentwicklung, da sie in unserer Stichprobe eine sehr geringe Varianz aufweist[1] und damit nicht erklärungsstark sein dürfte und da ihre Basisgrößen (Umsatz und Mitarbeiter) bereits in dem Maß enthalten sind.

Dieses Maß wird gebildet aus dem Durchschnitt der standardisierten Daten zur Umsatz- und Mitarbeiterentwicklung pro Jahr für jeweils zwei Zeiträume: die gesamte Existenzdauer und das letzte Geschäftsjahr der Unternehmen. Die Wahl von je zwei Zeiträumen dient

- der Gleichgewichtung der beiden verwendeten Maße, da keine vernünftigen Gründe für eine besondere Gewichtung einzelner Bereiche vorliegen, und
- der Stabilisierung der Ergebnisse: Umsatz- und Mitarbeiterzahlen des ersten Geschäftsjahres sind u.E. nicht unbedingt zuverlässig und aussagefähig, da bereits geringe absolute Differenzen erhebliche Veränderungen der Wachstumsraten bedin-

---

1) Dies sei hier im Vorgriff auf die Befunde zur Produktivität in Kapitel 5. erwähnt.

gen. Ist ein Unternehmen, das z.B. mit einem Mitarbeiter gegründet wurde, doppelt so erfolgreich wie eins mit anfangs zwei Arbeitskräften? Deswegen werden zusätzlich die Wachstumsraten des letzten Geschäftsjahres gemessen, die stabiler sind und zudem einen Hinweis auf den nachhaltigen Erfolg zulassen. Die Verwendung von Wachstumsmaßen als Erfolgsindikator ist in der Literatur, wie gesehen, unstrittig, durch Einbeziehung *beider* Größen, Umsatz *und* Mitarbeiter, wird die Stabilität erhöht.

Eine - varianzvernichtende - Faktorenanalyse als Alternative zur Verdichtung der Erfolgsmaße wurde demgegenüber, auch wegen ihrer geringeren Transparenz, verworfen.

Bevor wir auf die Befunde zu den Erfolgsvariablen eingehen, ist im nun folgenden Abschnitt zunächst noch die Operationalisierung der unabhängigen Variablen vorzunehmen.

3.2.2 Messung der potentiellen Erfolgsfaktoren und Erwartungen bezüglich ihrer Erfolgswirkung[1]

Um die unter 3.1 gebildeten Dimensionen von Erfolgsfaktoren erhebbar zu machen, bedarf es ihrer Konkretisierung. Es sind einzelne Items zu formulieren, die operational sind und den Unternehmensgründern vorgelegt werden können. Bei der Umsetzung des Bezugsrahmens in konkrete Fragestellungen ergab sich folgendes Problem: Die theoretischen Überlegungen ließen es unerläßlich scheinen, eine umfassende Erhebung möglichst *aller* als potentiell erfolgswirksam erscheinenden Faktoren vorzunehmen. Dadurch wird andererseits eine *in die Tiefe gehende* Erfassung einzelner Faktoren erschwert, da aus erhebungstechnischen Gründen der Umfang der Erhebung bei jedem Untersuchungsfall natürlich beschränkt ist. Bei der Fragebogenkonstruktion mußte also ein Kompromiß zwischen Tiefe und Breite der Erhebung gefunden werden.

Auch wäre es anmaßend, behaupten zu wollen, im Rahmen dieser Untersuchung ein allgemeines Modell des Unternehmenserfolgs zu entwickeln. Um dennoch möglichst vollständig und gleichzeitig ökonomisch vorzugehen, entscheiden wir uns dafür, Items zu erheben, die sich bereits in früheren Studien als relevant für den Unternehmenserfolg erwiesen haben. Natürlich birgt dieses Vorgehen ein Risiko: Die Nicht-Existenz einer Variablen in der bisherigen empirischen Forschung bedeutet nicht notwendig ihre Irrelevanz. Gleichwohl ist angesichts von über achtzig ausgewerteten Studien aus unserer Sicht von einer relativ umfassenden und vollständigen Liste von Erfolgsfaktoren auszugehen.[2] Jeder der theoretisch gebildeten Faktoren aus unserem Bezugsrahmen konnte so also durch wenige, aus Sicht früherer Studien erklärungsstarke Variablen gemessen werden, wobei dafür möglichst einfache und kurze Items formuliert werden mußten. Im Zweifel wurde dabei eher zugunsten der Vollständigkeit als zugunsten der Detailliertheit entschieden. Die Gefährdung der Vollständigkeit hätte u.E. weit schwerwiegendere Auswirkungen auf die Untersuchung gehabt: Die Interpretation der Befunde wäre unmöglich geworden.

---

1) Vgl. zu diesem Abschnitt den kompletten Fragebogen Anhang 3-2.

2) Eine Übersicht der ausgewerteten Studien findet sich in Tabelle 3-6. Bei der Auswahl der Studien lagen folgende Kriterien zugrunde:

-   Empirische Untersuchung technologieorientierter oder konventioneller Unternehmensgründungen, in Ausnahmefällen auch existierender kleiner Betriebe oder strategischer Geschäftseinheiten,

-   Erhebung des Erfolgs, nicht z.B. der Gründungsaktivität,

-   Erhebung mehr als eines Erfolgsfaktors.

    In drei Fällen wurden Studien berücksichtigt, die aus mehreren empirischen Erhebungen Aussagen ableiten (in der Tabelle mit "Meta" gekennzeichnet).

Tabelle 3-6: Für die Generierung der relevanten Items ausgewertete Studien

Autor(en)	Jahr	Stichproben-umfang (n)	TOU?[*]
Woodruff/Alexander	1958	n=20	o
Mayer/Goldstein	1961	n=81	o
Chambers/Gold	1963	n=30	o
McGuire	1963	n=270	o
Hoad/Rosko	1964	n=95	o
Smith	1965	n=150	o
Schrage	1965	n=22	x
Roberts	1970	n=250	x
Rothwell (SAPPHO)	1974	n=86	x
Lamont	1975	n=24	x
Fredland/Morris	1976	n=4067	o
Cooper/Bruno	1977	n=250	x
Comegys	1978	n=10326	o
Kamp et al.	1978	n=953	o
Larson/Clute	1979	n=359	o
Vesper	1980	Meta	o
Litvak/Maule	1980	n=47	x
Roberts	1980	n=250	x
Brockhaus	1980	n=31	o
May	1981	n=504	o
Ronstadt	1982	n=191	o
Sandberg/Hofer	1982	n=8	o
Gibb/Ritchie	1982	n=54	o
Tyebjee/Bruno	1982	n=197	x
Dunkelberg	1982	n=1805	o
Robinson, R.B. jr.	1982	n=263	o
Peterson/Ridgway	1983	n=1002	o
Berryman	1983	Meta	o
Bollinger	1983	n=200	x
Chaganti/Chaganti	1983	n=192	o
Miller, Danny	1983	n=18	o
Van de Ven/Hudson/Schroeder	1984	n=14	x
Smith/Miner	1984	n=71	x
Robinson et al.	1984	n=51	o
Klandt	1984	n<40	o
Enbiyaoglu	1984	n=14	x
Maidique/Roure	1985	n=8	x
Dollinger	1985	n=82	o
Klandt/Kirschbaum	1985	n=25+16	x
Plaschka	1986	n=362	o

[*]: Untersuchung technologieorientierter Unternehmen?
→ wird fortgesetzt

Autor(en)	Jahr	Stichproben- umfang (n)	TOU?[*]
Sandberg	1986	n=17	o
Meyer/Roberts	1986	n=10	x
Sykes	1986	n=37	x
Bruno et al.	1987	n=10	x
Bracker et al.	1987	n=73	o
Kulicke	1987	n=83	x
Rothwell/Dogson	1987	n=12	x
Stuart/Abetti	1987	n=24	x
Hunsdiek	1987	n=13	x
Möller/Anttila	1987	n=36	o
Burgschat/Weihe	1988	n=20	x
Oakey/Rothwell/Cooper	1988	n=103	x
Perry et al.	1988	n=672	o
Steiner/Solem	1988	n=30	o
Utterback et al.	1988	n=60	x
Shrader et al.	1989	n=97	o
Unterkofler	1989	Meta	x
Laub	1989	n=268	x
Dietz (PIMS-Daten)	1989	n=ca.200	x
Picot/Laub/Schneider	1989	n=52	x
Baaken	1989	n=3	x
Pistor	1989	n=40	x
Covin/Slevin	1989	n=344	o
Cooper/Woo/Dunkelberg	1989	n=742	o
Audretsch	1990	n=295	o
Arrighetti/Curioni	1990	n=250	o
Scott	1990	n=934	o
Welsch/Plaschka	1990	n=619	o
Kuipers	1990	n=63	o
Pavia	1990	n=67	x
Vesper	1990	Meta	o
Hall/Falshaw	1990	n=40	x
Picot/Laub/Schneider	1990	n=52	x
Domeyer/Funder	1991	n=26	o
Frank/Mugler/Rössl	1991	n=131	o
Brüderl/Jungbauer-Gans	1991	n=15500	o
Pavia	1991	n=118	x
Davidsson	1991	n=423	o
Doutriaux	1991	n=73	x
Turok	1991	n=166	o
Roberts	1991a	n=21(13)	x
Roberts	1991b	n=142	x

[*]: Untersuchung technologieorientierter Unternehmen?

Im Interesse eines inhaltlich und formal in sich geschlossenen Fragebogens wurden nicht direkt Items aus der Literatur, sondern die dahinterstehenden Überlegungen und theoretischen Dimensionen übernommen. Dies fiel umso leichter, als es in der Gründungsforschung im Unterschied zu anderen Bereichen bisher keine etablierten Erhebungskonzepte gibt.[1]

Gleichwohl bildet die Auswertung bisheriger Studien die wesentliche Grundlage für die Identifikation relevanter Items. Wir erfaßten insgesamt 82 empirische Untersuchungen und stellten fest, welche Variablen sich in vielen Studien tatsächlich als erfolgswirksam herauskristallisierten. So konnte, aufbauend auf dem theoretischen Bezugsrahmen, eine engere Auswahl von Items für die Fragebogenerhebung gefunden werden, die mit hoher Wahrscheinlichkeit zur Erklärung des Erfolgs beitragen. Eine Übersicht über die signifikanten Items der 82 ausgewerteten Studien ist in Tabelle 3-7 wiedergegeben. Im Interesse der Überschaubarkeit wurde in dieser Tabelle nicht nach einzelnen Operationalisierungen, sondern inhaltlichen und semantischen Aspekten differenziert.[2]

Neben der Formulierung der Items werden auch jeweils die erwarteten Wirkungsrichtungen in Bezug auf den Erfolg angegeben (= "Erwartung"):
+   erfolgssteigernde Wirkung erwartet
-     erfolgsmindernde Wirkung erwartet

Konkrete Hypothesen über die Beziehungen der Erfolgsfaktoren untereinander (vgl. HZ 1-6) sind dagegen in der Literatur i.allg. nicht enthalten und werden deshalb hier nicht für einzelne Variablen gebildet. Es bleibt bei den Hypothesen auf Basis der Faktor*grup-pen* aus Abschnitt 3.1. Im Grundsatz sind alle Items aus den betroffenen Bereichen mit allen anderen des jeweils anderen Blocks in Beziehung zu setzen, wie Tabelle 3-1 weiter oben zeigte.

Die konkreten Fragestellungen zu den im folgenden dargestellten Operationalisierungen finden sich im Anhang.[3] Die hier nicht besprochenen, da nicht im Fragebogen enthaltenen, aggregierten Items sind im Anhang erläutert[4] und werden in der Befunddarstellung aufgegriffen.[5]

---

1) In nahezu jeder Studie werden neue Operationalisierungsvorschläge verwirklicht. Vgl. auch Müller-Böling/Klandt (1993:173).

2) Allerdings ist bei der Bündelung der unzähligen Variationen von Variablen nicht immer mit letzter Sicherheit die Überschneidungsfreiheit der von uns gebildeten Kategorien zu gewährleisten.

3) Fragebogen im Anhang 3-2.

4) Sie setzen sich aus den Ergebnissen mehrerer Einzel-Items zusammen (s. Anhang 3-1).

5) Die Diskussion der von uns verwendeten Skalenkonstruktion und der Erhebungsmethode findet im Kapitel 4. "Datengewinnung und -auswertung" statt.

Tabelle 3-7: Übersicht über die in den ausgewerteten Studien als relevante
Erfolgsfaktoren identifizierten Merkmale

Merkmal	Anzahl der Studien mit betreffenden Variablen	andere Bezeichnungen, die hier mit eingeordnet wurden
P E R S O N		
<u>Psychische Determinanten</u>	41	
Geschlecht	3	
Nationalität	2	
familiäre Aspekte	7	
QUALIFIKATIONS-ASPEKTE		
Schulabschluß	7	Ausbildungsgrad
<u>Ausbildung</u>	21	kfm. Ausbildung, Ausbildungsrichtung
TEAMASPEKT		
<u>Teamgründung</u>	22	
komplementäre Qualifikation	7	
Team schon vorher zusammen	1	
ERFAHRUNGSASPEKTE		
Alter	9	
Berufsjahre	6	
<u>funktionale Erfahrung</u>	27	kfm., techn. Berufserfahrung, Marketingspezialist
Unternehmererfahrung	12	Gründungserfahrung
<u>Managementerfahrung</u>	22	
<u>Branchenerfahrung</u>	26	
Inkubatororganisation	9	
Karriereplanung	1	
sonstige Erfahrung	2	als Consultant, mit öff. Auftraggebern
KONTAKTASPEKT		
vorhandene Kundenkontakte	5	vorhandene Kundenkontakte, Geschäftskontakte
I D E E		
GLOBALE UND TECHNISCHE KATEGORIEN		
Qualität der Idee	3	
Quelle der Idee	3	selbstentwickelte Idee
Erkennen einer Marktlücke	2	
<u>Wahl der Branche</u>	17	Konsum- vs. Investitionsgüter
Fertigung vs. Dienstleistungen	4	
<u>Innovationsgrad</u>	16	High-Tech, Neues Produkt
Nutzenpotentiale	2	Wettbewerbsvorteile
Sicherheit der techn. Strategie	2	
Weiterentwicklungspotential	2	
<u>Ideen-Schutz</u>	9	
MARKTASPEKTE		
Marktattraktivität	5	
Marktwachstum,-dynamik	5	
<u>Position im/Dauer des Lebenszyklus</u>	7	Innovativität der Branche
Konkurrenzintensität	5	Ungleichgewicht
Zahl der Wettbewerber	3	
Substitute	2	
Zahl der Marktsegmente	3	
Lieferantenmacht	1	
Nachfragemacht	2	
<u>Zahl der Kunden</u>	8	
Preiselastizität	1	
<u>Kundenstruktur/-abhängigkeit</u>	9	
Erschließungspotential Ausland	1	
<u>Barrieren Marktzutritt</u>	9	Akzeptanz bei Zwischenhandel
Wachstumsschwellen	1	
zyklische Nachfrage	1	
Umweltungünstigkeit	2	

"_": In den einzelnen Bereichen am häufigsten als erfolgsrelevant identifizierte
Variablen/Merkmale.
→ wird fortgesetzt

Merkmal	Anzahl der Studien mit betreffenden Variablen	andere Bezeichnungen, die hier mit eingeordnet wurden
R E S S O U R C E N		
sonstige finanzielle Belastung	1	
öffentliche Förderung	5	
Gesamtkapital	20	Kapitalausstattung
Zahl der Kapitalgeber	2	
Einschätzung der Kapitalsituation	1	
Eigenkapital-Basis	11	Verschuldungsgrad
Einsatz persönlicher	1	
gut ausgebildete Mitarbeiter	8	Mgt.-Spezialisten als Mitarbeiter, Mitarbeiter mit best. Erfahrung
Mitarbeiterzahl bei Gründung	5	
maschinelle Ausstattung	2	
M A N A G E M E N T / K O N Z E P T I O N		
hauptberufliche Gründung	2	
STRATEGIE UND MARKETING		
Produkt-/Markt-Strategie	17	Fokus (Kunden, Regionen etc.)
Standardisierung der Produkte	4	
Sortimentsbreite	7	horizontale Integration
Konzentration auf Kern	6	Fertigungstiefe, vertikale Integration
Stärken im Marketing	14	eigene Marketingabteilung
Wettbewerbsvorteile	7	Wettbewerbsposition
Preis-Leistungs-Verhältnis	7	Preisstrategie
Produktqualität	9	
strategische Abhängigkeit	1	
aggressives Marketing	9	Werbung/Sales Promotion
zu frühe Markteinführung	2	
Vertriebssystem	12	Vertriebsaufwand
Öffentliche Aufträge	1	
Exportanteil	5	regionale Ausdehnung des Absatzes
EINKAUF/PRODUKTION		
Beachtung der Beschaffung	2	
Produktionskosten	4	wirtschaftliche Herstellung
Reservehaltung	2	Kapazitätsvorhaltung
Beachtung der Produktion	1	
FINANZIERUNGSMANAGEMENT	13	
INVESTITIONSVERHALTEN	1	
PLANUNG		
Planungshorizont	13	
strategische Orientierung	5	
Formalisierung der Planung	9	Qualität der Planung
Planungsumfang	17	Finanzplanung, Qualität der Planung
Planung der Gründung	6	
Flexibilität	8	
Controlling	9	Investitions-, CF-/Liquid.-Kontrolle, FuE-Controlling
FUE		
Innovationsfähigkeit	5	
Dauer bis zur Marktreife	3	
FuE-Aktivität	16	Innovationsrate, FuE-Intensität, Beachtung der FuE, Weiterentwicklung
ORGANISATION/FÜHRUNG		
Rechtsform	2	
Zahl der Zweigbetriebe	1	
Organisationsstruktur	4	organische Organisation, Zentralisation, Integration, Technokratisierung
Beachtung der Organisation	1	
Beachtung der Führung	2	
Führungsstruktur	1	
Mitarbeiterbeziehungen	9	
Mitarbeiterschulung	1	

"_": In den einzelnen Bereichen am häufigsten als erfolgsrelevant identifizierte Variablen/Merkmale.

→ wird fortgesetzt

Merkmal	Anzahl der Studien mit betreffenden Variablen	andere Bezeichnungen, die hier mit eingeordnet wurden
INFORMATIONSVERHALTEN		
externes technisches Know-how	8	Technologietransfer von Inkubator-organisation
Einbeziehung externer Berater	12	
Qualität externer Berater	2	
Beachtung der Administration	2	
Beachtung der Buchführung	4	
Beachtung der Person	8	Einstellungskriterien
Informationssuche und -analyse	24	Vertrags-, Produkt-, Vertriebs-, Marktanalyse; Umweltbeobachtung
Marktkenntnis	16	
Kundenkenntnis	8	direkte Kontakte zum Kunden
Konkurrenzkenntnis	5	
Umweltkenntnis	3	
Problemorientierung	2	Problemverständnis
Marktorientierung	13	Kundenorientierung, Ausrichtung aller Bereiche an Marktplanung
EXTERNE FAKTOREN		
regionale Attraktivität	11	
Raumangebot	2	
Verfügbarkeit von Finanz-Managern	1	
Nähe der Know-how-Geber	2	Nähe des Inkubators
"Critical Event"	1	
Steuern	1	
allgemeine ökonomische Situation	1	
SONSTIGES		
Alter des Unternehmen	4	
Größe des Unternehmens	1	

"_": In den einzelnen Bereichen am häufigsten als erfolgsrelevant identifizierte
Variablen/Merkmale.

3.2.2.1 Person

Wir beginnen bei der Darstellung wieder mit dem Bereich "Person".

Aus der Auswertung empirischer Studien gehen folgende häufigste erfolgswirksame Aspekte hervor:[1]

- psychische Merkmale des Gründers: 41 Studien
- funktionale Erfahrung: 27 Studien
- Branchenerfahrung: 26 Studien
- Managementerfahrung: 22 Studien
- Ausbildung: 21 Studien
- Teamgründung: 22 Studien

Nach Maßgabe der ausführlichen Diskussion zur Rolle psychischer Merkmale für den Erfolg[2] wurden Items nur aus dem Bereich "Qualifikation/Erfahrungen/Gründungsvorbereitung" gebildet. Es werden insgesamt 15 Bereiche abgedeckt, sie sehen wie folgt aus:

- hauptberufliches Engagement

Widmet wenigstens einer der Gründer seine ganze Arbeitskraft dem Unternehmen? Hinter dieser Frage verbirgt sich die Hypothese, daß die dem neugegründeten Unternehmen zur Verfügung gestellte Arbeitskapazität Auswirkungen auf die Wachstumsorientierung und den Erfolg hat. Selbst die besten Voraussetzungen hinsichtlich der vorherigen Erfahrungen und der Qualifikation des Gründers können nur bedingt wirksam werden, wenn dieser nur einen kleinen Teil seiner Zeit für die Unternehmung aufwendet.[3] Auch im Hinblick auf die Vergleichbarkeit von Untersuchungs- und Kontrollstichprobe muß diese Variable berücksichtigt werden.

Erwartung: Hauptberufliche Gründung +

- Teamgründung

Wieviele Gründer waren am Aufbau des Unternehmens beteiligt ?

Erwartung: Zahl der Gründer +

- ggf. Dauer der Zusammenarbeit

Die Bedeutung dieser Variablen ist allgemein anerkannt und wurde in vielen Studien empirisch bestätigt.[4]

Erwartung: Dauer der Zusammenarbeit +

---

1) Vgl. Tabelle 3-7.
2) Kapitel 3.1.
3) Vgl. z.B. Mayer/Goldstein (1961:31f., 114f.).
4) Vgl. Tabelle 3-7.

Eine Gründung durch mehrere Personen wirkt sich positiv auf den Erfolg aus, da die Kapazität der Geschäftsführung vergrößert wird, wofür die Hauptberuflichkeit der Unternehmertätigkeit ebenfalls wichtig ist. Bei der Teamgründung spielt die Komplementarität der Qualifikation oder Erfahrungen eine wesentliche Rolle, da so die Basis der Fähigkeiten zur erfolgreichen Führung eines Unternehmens verbreitert wird.

Dabei wird erwartet, daß eine evtl. vorherige Zusammenarbeit der Gründer die Effizienz der Arbeitsteilung steigert. Vesper gibt sechs Gründe für die Überlegenheit der Teamgründung gegenüber der Einzelgründung an:[1]

1) größere Arbeitskapazität

2) breitere Abdeckung der notwendigen Fähigkeiten und Kenntnisse

3) Ausscheiden eines Gründers bedeutet für die Unternehmung geringere Gefährdung

4) Wachstum kann zunächst bewältigt werden, ohne zeitraubende und schwierige Recruiting-Prozeduren zu erfordern

5) Teamgründung korreliert mit Teamfähigkeit und sozialer Kompetenz, die in der Aufbauphase eines Unternehmens generell erfolgssteigernd wirken

6) Bei der Zusammenstellung eines Teams kommt es fast zwangsläufig zu einer genauen Prüfung und Klärung der Geschäftsidee, so daß dadurch eine positive Selektion gegenüber Einzelgründungen gegeben sein dürfte.

- **Komplementäre Qualifikation**
Dahinter verbirgt sich die Frage, ob die Teammitglieder unterschiedliche fachliche Qualifikationen aufweisen, z.B. in Marketing, Technik, Finanzierung. Ist diese Ausgewogenheit nicht gegeben, muß davon ausgegangen werden, daß in bestimmten Gebieten verstärkt Defizite auftreten, die zu Problemen im Geschäftsbetrieb führen. Komplementäre Qualifikationen können auch bei Einzelgründungen vorliegen, wenn der Gründer z.B. ein technisches und ein betriebswirtschaftliches (Zusatz-)Studium absolviert hat.

Neben der Tatsache der Komplementarität spielt möglicherweise auch die Art der Kombination bestimmter Ausbildungen eine Rolle; deswegen werden auch detaillierte Angaben zur Art der Qualifikation erhoben. Eine komplementäre Qualifikation kann insofern auch vorliegen, wenn nur eine Person ein Unternehmen gründet.

Erwartung: Komplementarität: +

                bestimmte Ausbildungs-Kombinationen vorteilhafter als andere

                Kombinationen

Weiterhin enthält der Fragebogen Items, die sich mit der formellen Qualifikation, sprich Ausbildung der Gründer befassen:

---

1) Vesper (1990:47), sinngemäße Wiedergabe.

- **Niveau des Schul- und Berufsabschlusses**

Die Literaturdurchsicht ergibt hierzu widersprüchliche Befunde; in einigen Studien wird ein hohes Ausbildungsniveau als gut, in anderen als eher schlecht für den Erfolg identifiziert. Ein negativer Zusammenhang wird z.b. bei Lindecamp nachgewiesen, der in einer Stichprobe der Einzelhandels-Branche feststellt, daß das Unternehmereinkommen stark negativ mit dem Ausbildungsgrad korreliert[1]. Gemeinsam ist diesen Arbeiten jedoch, daß in aller Regel ein *signifikanter* Zusammenhang besteht.

Da sich bei Durchsicht der veröffentlichten Studien der Eindruck verdichtet, daß sich ein relativ hoher Ausbildungsstand vor allem in Untersuchungen mit nicht technologieorientierten Unternehmungen gelegentlich negativ auswirkt, erwarten wir in dieser Studie einen positiven Zusammenhang zum Erfolg. Die Erhebung dieses Faktors ist auch deshalb nicht unerheblich, da nach einer Studie von Monck et al. Unternehmer in "Science Parks" erheblich öfter Akademiker waren als außerhalb.[2] Es ist also mit Unterschieden zwischen Untersuchungs- und Kontrollgruppe zu rechnen.

Die Erhebung erfolgt durch Vorgaben mit Mehrfachnennung für den ersten und weitere Gründer. Daraus werden folgende Variablen abgeleitet:

- Vorliegen eines bestimmten Abschlusses bei mindestens einem Gründer
  (ja oder nein)
- ein Maß für den Ausbildungsgrad, bei dem der höchste vorliegende Abschluß relevant ist, ggf. auch Mehrfachqualifikationen.[3]
- Maße für den Grad der Ausbildung, getrennt nach technischer und kaufmännischer (Mehrfach-)Qualifikation.

Erwartung: Ausbildungsniveau: +
            Unterschiede im Niveau zwischen den beiden Gruppen

- **Fachrichtung der Ausbildung**

Darunter ist die fachliche Ausrichtung (technisch vs. kaufmännisch) zu verstehen.

Diese Fragen wurden in vielen Studien als signifikant für den Unternehmenserfolg ermittelt,[4] da sie als Voraussetzungen für die Fähigkeit, mit Problemen fertig zu werden, zu sehen sind.

Erwartung: unbestimmte Abhängigkeit zwischen Ausbildungsrichtung und Erfolg

---

1) Lindecamp (1981), zitiert nach: Dissertation Abstracts International. Zum gleichen Ergebnis kommen auch: Monck et al. (1988:222).

2) Ebenda. 221.

3) Rangfolge: Promotion > HS-Abschluß > Ausbildung > nur Hochschulreife. Kombinationen und "sonstiges" sollen nach Maßgabe der Häufigkeit in Klassen zusammengefaßt werden. Näheres dazu in der Befunddarstellung (Kapitel 5.) und im Anhang 3-1.

4) Vgl. z.B. Kulicke (1987:276f.).

Vesper[1] weist darauf hin, daß empirische Studien *Interaktionsbeziehungen* zwischen den Variablen der Ausbildung und Erfahrung - in der Branche und mit der Technologie - gezeigt haben, d.h. daß das gleichzeitige Vorhandensein hoher Ausprägungen beider Variablen zu höherem Erfolg führt, als die Addition der Effekte hoher Werte auf nur je einer der Dimensionen vermuten lassen würde. Dieser Befund muß bei der statistischen Auswertung im Auge behalten werden.

Eine ausführliche Erläuterung der Rolle, die Erfahrung beim Erfolg eines neugegründeten Unternehmens spielt, findet sich bei Vesper.[2] Aufgrund der Offensichtlichkeit der Vorteile kann hier auf eine eigene Darstellung verzichtet werden.

Zu Art und Umfang der bisherigen Praxis-Erfahrung wurden folgende Punkte abgefragt:

- Vorherige Selbständigkeit

War der Gründer vorher schon einmal, ggf. sogar bereits mehrfach selbständig?

In empirischen Arbeiten konnte eine Beziehung zwischen Erfolg und Anzahl der vorherigen selbständigen Tätigkeiten festgestellt werden. Die Mehrfacherfahrung wirkt sich danach positiv auf die Bewältigung der Probleme aus.[3]

Empirische Befunde bestätigen den höheren Erfolg innovativer Gründungen, bei denen die Gründer schon Unternehmererfahrung mitbrachten.[4] Diese Erfahrung schlägt sich zum einen in der besseren Ressourcenausstattung, außerdem in vermehrter und breiterer Erfahrung sowie in der Ausrichtung des Unternehmens auf bestimmte Produktarten nieder.[5] Die Befunde von Lamont sind damit nicht nur zur Erläuterung der Relevanz von Unternehmererfahrung von Bedeutung, sondern bekräftigen auch die im Kapitel 3.1 angestellten Überlegungen über die Wirkungszusammenhänge *zwischen* den Erfolgsfaktor-Kategorien.

Erwartung: vorherige Selbständigkeit: +

---

1) Vesper (1990:40).

2) Bei: Vesper (1990:43ff.) anhand verschiedener Beispiele.

3) Vgl. Lamont (1975:255ff.).

4) Ebenda, 255. Vgl. dazu auch z.B. Plaschka (1986:162ff.) und die dort zitierten Befunde.

5) Lamont (1975) 256 bzw. 257 bzw. 258.

- **Vorherige Erfahrung in leitender Position**
 Je **höher** die vorherige Position in der Hierarchie der Inkubatororganisation und je länger die **Dauer** dieser Tätigkeit, desto wahrscheinlicher ist die Fähigkeit, adäquat mit Mitarbeitern umzugehen, bereichsübergreifend zu Denken und Entscheidungen zu treffen.[1] Die Erhebung wird für den ersten bis dritten Gründer durchgeführt.
 Erwartung: Höhe der leitenden Position: +
           Dauer der Ausübung: +

- **Dauer der vorhergehenden Berufstätigkeit**
 Studien haben gezeigt, daß die Länge der Berufserfahrung eine Rolle bei der erfolgreichen Führung eines Unternehmens spielt.[2]
 Erwartung: Dauer der Berufstätigkeit: +

- **Ähnlichkeit des vorhergehenden Betätigungsfeldes mit dem heutigen**
 In den meisten Untersuchungen zu diesem Thema hat sich eine positive Wirkung der möglichst großen Übereinstimmung von vorherigem Tätigkeitsfeld und Produkt-/Technologie-Schwerpunkt der Unternehmung gezeigt.[3] Die dadurch gesammelten Erfahrungen stellen eine wichtige Basis für die erfolgreiche Herstellung und Vermarktung der Produkte dar.
 Erwartung: Dauer der Berufstätigkeit in derselben Branche: +
           Produkt-/Technologieähnlichkeit im Vergleich zum
           vorherigen Tätigkeitsfeld: +

- **Art der Inkubatororganisation**: Hier werden sowohl die Art, unterschieden nach staatlicher Forschungseinrichtung und Privatunternehmen, als auch die Funktion, Forschung und Entwicklung oder andere Tätigkeit, erfragt. Die Fähigkeit, sich richtig auf die Marktverhältnisse einzustellen sowie der mögliche Innovationsschritt dürften von diesem Erfahrungshintergrund abhängen.[4]
 Erwartung: unbestimmt, Erfolg hängt jedoch von Art der Inkubatororganisation/
           Tätigkeit ab.

- **Erfahrung im Marketingbereich**
 Es wird gefragt, ob und wie stark der Gründer in der Vergangenheit mit Fragen des Marketing zu tun hatte. Man geht allgemein davon aus, daß diesbezügliche Erfahrung

---

1) Vgl. z.B. Berryman (1983:52ff.) und die dort zitierte Literatur.

2) Vgl. z.B. Baaken (1989:150f.).

3) Einen Überblick zu dieser Hypothese vermittelt Vesper (1990:39ff.).

4) Ebenda, 50-53.

eine wertvolle Hilfe für die erfolgreiche kommerzielle Umsetzung einer Produktidee darstellt.[1]

Erwartung: Stärke der Einbindung in Marketingaufgaben

in vorheriger beruflicher Tätigkeit: +

Die zum Bereich "Erfahrung" bisher aufgezählten Punkte geben einen Hinweis auf die Kompetenz des oder der Gründer in bezug auf die Probleme, die sich aus der Leitung eines eigenen Unternehmens ergeben.

Die ersten beiden Fragen sind dabei für die Führungsfähigkeit von Bedeutung, die übrigen geben Hinweise auf die Kompetenz bezüglich der spezifischen Probleme, die sich im Geschäftsbetrieb ergeben.

Zu den Variablen, die dem Bereich der personenbezogenen Einflüsse zugerechnet werden können, da sie zum Zeitpunkt der Gründung feststehenund (nur) von der Erfahrung und Vorprägung des Gründers abhängen, gehören schließlich noch

- **das Vorhandensein eines Konzepts bei Gründung,** wobei nach der Existenz und dem Detaillierungsgrad in verschiedenen betriebswirtschaftlichen Bereichen des Geschäftssystems gefragt wird:
- Investition
- Finanzierung
- Absatz, Marketing
- Produktentwicklung

Bei diesen vier Bereichen handelt es sich um die nach den Pretest-Ergebnissen und der Literaturdurchsicht wohl wahrscheinlichsten Bereiche für vorherige Planung bzw. Konzeptentwicklung.[2]

Neben den Fragen des Finanzbedarfs für Investitionen sollte es ebenso unerläßlich sein, Vorstellungen bezüglich Produktentwicklungszielen und den Absatzmöglichkeiten und -strategien zu entwickeln.[3] Diese vier Bereiche sind auch als Mindestanforderungen an ein Konzept zu sehen, egal ob der Gründer sich an ein Technologiezentrum mit der Bitte um Aufnahme oder an einen potentiellen Kapitalgeber wendet.[4] Die Vorlage

1) Zur Bedeutung der Fähigkeiten auf dem Gebiet des Marketing vgl. z.B. Cooper, R.G. (1979:97).

2) Vgl. z.B. Müller-Böling/Klandt (1990:156).

3) Vgl. die Befunde von Enbiyaoglu (1984, zitiert nach: Dissertation Abstracts International).

4) Vgl. dazu z.B. die bei Pichotta (1990:90ff.) angegebenen Kriterien, die von Venture-Capital-Gesellschaften zugrundegelegt werden.

eines Geschäftsplans mit den entsprechenden Angaben ist in jedem Falle notwendig.[1]

Erwartung: Detaillierung des Konzepts: +
             unbestimmte Unterschiede in der Bedeutung der
             einzelnen Bereiche für den Erfolg

- **das Vorhandensein von Kontakten zu späteren Kunden**: Hier wird der Anteil des
  Umsatzes, der zum Befragungszeitpunkt mit Kunden erzielt wird, zu denen schon vor
  Gründung Kontakte bestanden, als Maßstab verwendet. Denn nicht die Existenz, sondern der Umfang der Kontakte ist entscheidend. Dabei ist selbstverständlich der mögliche Einfluß des Unternehmensalters zu berücksichtigen.

  Erwartung: Anteil des Umsatzes mit vorher bekannten Kunden: +

Beide genannten Punkte, Konzept und Kundenkontakte, können den Erfolg des Unternehmens vorentscheidend mitbeeinflussen, wie z.B. Hoad/Rosko empirisch belegen.[2]
Schließlich sind die Kenntnisse des Marktes, soweit sie bei Gründung des Unternehmens
seitens der Gründer vorhanden waren, logisch dem Bereich der gründerpersonen-bezo-
genen Variablen zuzuordnen. Hier werden die gesamten marktbezogenen Kenntnisse
erfaßt, sei es, daß sie durch bisherige berufliche Arbeit, Ausbildung oder durch sonstige
Aktivitäten zustande gekommen sind. Es wird nach der

- **Einschätzung des Wissensstands zum Zeitpunkt der Gründung** auf mehreren
  Dimensionen des Markt(und Marketing-)wissens gefragt, nämlich:
  - Kundenbedürfnisse
  - Zahl der Kunden
  - Kommunikation, Werbung
  - Vertriebsweg,-netz
  - Zahl/Angebot der Konkurrenten
  - Konkurrenz-Reaktionen
  - Dynamik des Markts
  - Hindernisse bei Etablierung

  Diese Fragen sind außerdem als Indikator der Mark*torientierung* des Gründers anzusehen. Dabei ist uns bewußt, daß die retrospektive und subjektive Ermittlung die Validität der Ergebnisse einschränken kann. Eine objektive Ermittlung des Sachverhalts ist
  jedoch wegen des Querschnittscharakters dieser Studie nicht möglich, so daß die hier
  verwendete zweitbeste Lösung zur Anwendung kommt. In der persönlichen Befragung
  anläßlich der Pretests zeigte sich im übrigen, daß bei dieser Frage sehr stark differen-

---

1) Zur Definition und Bedeutung des Geschäftsplans: Ebenda, 44-48: Der Geschäftsplan
   gehört zu den "beiden wichtigsten Informationsquellen innerbetrieblicher Art"(44).

2) Hoad/Rosko (1964:27 bzw. 64-72).

ziert wird und keine Hemmungen zu bestehen scheinen, auch ursprüngliche Fehlein-
schätzungen zuzugeben.

Erwartung: Ausmaß der Kenntnisse bei Gründung: +

unbestimmte Unterschiede in der Relevanz der verschiedenen Bereiche
für den Erfolg

Damit sind alle verwendeten Variablen zur *Person* dargestellt, die zusammen ein Bild
über die Voraussetzungen erzeugen, die von Gründerseite in das Unternehmen eingebracht werden.
Eine in vielen Studien zusätzlich verwendete Variable, das Alter des Gründers, wurde
hier bewußt weggelassen, da wir davon ausgehen, daß das Alter in empirischen Studien
z.T. nur deshalb signifikant war, weil es mit den Erfahrungsvariablen korreliert, insgesamt ist es u.E. jedoch ein schlechterer Prädiktor für den Erfolg als letztere.[1]

3.2.2.2 Geschäftsidee

Der zweite Bereich von Erfolgsfaktoren ist der der Geschäftsidee, der Items in mehreren
Untergruppen enthält.
In empirischen Studien am häufigsten verwendete und signifikante Aspekte sind:[2]
- die Branchenwahl mit 17 Studien und vier weiteren, die zwischen Fertigung- und
  Dienstleistung differenzierten,
- der Innovationsgrad mit 16 signifikanten Befunden.

Nun zur Systematisierung in Teilaspekte:
Wir beschreiben in Anlehnung an die Theorien zum strategischen Management ein
Geschäftsfeld, das in diesem Falle durch die Idee determiniert ist, durch folgende
Dimensionen:

a. Technologieattraktivität und -position
b. Marktattraktivität und -position

Die verwendeten 10 Items basieren auf den von Hinterhuber genannten Kriterien zur
Bestimmung der Attraktivität auf den beiden genannten Dimensionen.[3]

---

1) Vgl. Plaschka (1986:79-85); Die Tendenz bestätigt auch die 3-7, in der das Alter nur
   neunmal, etwa die Branchenerfahrung aber 26 mal als erfolgswirksam iddentifiziert wurde.

2) Vgl. Tabelle 3-7.

3) Hinterhuber (1984:102 und 210ff.).

a. Dazu zählen im Technologiebereich die Fragen nach:

- Branche

Die Branche wird zunächst nach der Produktpalette des befragten Unternehmens ermittelt: Aus einem Firmenadreßbuch[1] werden die fünf- bis siebenstelligen Produktkennziffern entnommen. Anhand dieser Kennziffern werden dann unter Berücksichtigung des Unternehmensalters Vergleichsfälle mit weitgehender Übereinstimmung der Produktpalette ausgewählt. Auf diese Weise sollen die vermutlich nicht unerheblichen Brancheneinflüsse kontrolliert bzw. weitgehend aus der vergleichenden Untersuchung herausgehalten werden. Genauere Angaben zur Auswahlprozedur finden sich im Kapitel 4.2.3.

Außerdem ist nach der **Art der Geschäftstätigkeit** (Handel, Dienstleistungen oder Fertigung) zu unterscheiden, die im Fragebogen miterhoben wird, da auch sie Erfolgsunterschiede prädeterminieren kann.[2]

- Stellung im Technologiezyklus als Indikator für die Attraktivität des Marktes aus Sicht der Technologie. Gemessen wird hier der Diffusionsgrad der Technologie, auf der das Produkt im Kern beruht, zum Zeitpunkt der Gründung aus Sicht der Befragten. Eine Stellung am Anfang des Lebenszyklus, also geringe Diffusion, ist unter strategischen Gesichtspunkten als attraktiv zu werten.

Die Antworten auf diese Frage enthalten Hinweise auf das Technologierisiko, das Potential und den Innovationsgrad der Geschäftsidee.[3]

Erwartung: Diffusionsgrad: -

Alternativ könnte auch angenommen werden, daß eine umgekehrt u-förmige Beziehung mit erfolgsoptimalem Innovationsgrad vorliegt, wenn die Theorie von Brockhoff zutrifft.[4]

- Dauer bis zur Marktreife

Diese Frage ist insofern mit der Idee verbunden, als die Dauer bis zur Vermarktungsfähigkeit unmittelbar von der Art der Idee, u.a. vom Innovationsgrad, abhängt. Es ist allerdings ein fließender Übergang zu den Variablen des Managements gegeben, da ja die Dauer des Entwicklungsprozesses in gewissen Grenzen durch das Management steuerbar ist. Darüberhinaus ist eine Ressourcenabhängigkeit der Entwicklungsdauer

---

1) Kompass (1991), vgl. genauere Erläuterung in Kapitel 4.2.3.

2) Vgl. z.B. den Bezugsrahmen von Sandberg (1986:76).

3) Vgl. zur Bedeutung dieser Variablen z.B. die Untersuchung von Sykes (1986:275-293). Hier: 285.

4) Brockhoff (1989:119ff.).

ebenfalls nicht von der Hand zu weisen. Es gibt einen Trade-off zwischen den einge-
setzten Ressourcen und dem Abschlußzeitpunkt eines FuE-Projekts.[1]

Die Einordnung in den Bereich "Idee" ist also nicht ganz zufriedenstellend, hier
zunächst jedoch noch unproblematisch.[2]

Erwartung: Dauer der Entwicklung: -

- Wettbewerbsvorteil aufgrund der Technologie

Wie stark ist dieser Wettbewerbsvorteil aus Sicht des Gründers zum *Zeitpunkt der Einführung* des ersten Produktes gewesen? Wie schon bei der letzten Frage ist auch bei
diesem Item die Zuordnung nicht ganz eindeutig zu leisten. Hier wird folgende Argumentation vertreten: Der Wettbewerbsvorteil ergibt sich direkt aus der Kerntechnolo-
gie, die der Produktidee zugrundeliegt. Er ist damit schon bei Gründung festgelegt.
Die möglichen Wettbewerbsvorteile, die durch die Einwirkung des Managements entstehen und dem Marketingbereich zuzuordnen sind, werden dort noch einmal gesondert erfaßt und zählen ausdrücklich nicht zu dieser Frage. Deswegen ist die Frage auch
ausdrücklich auf die Bedingtheit des Wettbewerbsvorteils durch *technologische* Ursachen gerichtet.

**- Schutz vor Nachahmung durch Patent, niederwertigere Rechte oder andere Bar-
rieren**

Auch dieser Punkt ist nicht sauber von Managementfaktoren abzugrenzen, jedoch ist in
den meisten Fällen schon bei Gründung der Weg zum Ideenschutz gegangen worden
oder zumindest vorgezeichnet; außerdem entscheidet die Idee mit über die Schutzfä-
higkeit, so daß davon gesprochen werden kann, daß es sich bei dieser Variablen um
ein Resultat der Idee handelt. Schutzrechte schaffen Marktzutrittsschranken. Die Gründungsforschung bekräftigt die Hypothese, daß neugegründete Unternehmungen besonders erfolgreich sind, wenn sie für nachfolgende Anbieter solche Schranken errichten
können.[3] Der Besitz von Schutzrechten oder die Schaffung anderer - interner - Imitati-
onsbarrieren sollten demnach als Variablen zur Erklärung des Erfolgs beitragen.
Gerade interne Schutzmaßnahmen sind nach einer Untersuchung innovativer Unterneh-
mensneugründungen von Picot/Laub/Schneider besonders bedeutsam zur Erklärung

---

1) Vgl. die Überlegungen und Befunde zur optimalen Projektentwicklungsdauer und zu
   einem Trade-off zwischen Ressourceneinsatz und Zeit. In: Brockhoff/Urban (1988:15-20);
   und: Braun/Brockhoff (1988:80).

2) In der empirischen Auswertung werden wir die Variable beim Management mit
   abhandeln.

3) Vgl. Hofer/Sandberg (1987:16) und die dort zitierten Studien.

von Erfolgsunterschieden.[1] Dies ist hier auch deswegen wichtig, weil eine nach einer Studie von Monck et al. Unterschiede im Schutz vor Nachahmung zwischen Untersuchungs- und Kontrollgruppe zu erwarten sind: Danach war die Patentaktivität von in Science Parks angesiedelten Firmen durchschnittlich etwa zweimal so hoch wie die vergleichbarer anderer Unternehmen.[2]

Erwartung: "Höhe" des Ideen-Schutzes: +
               Unterschiede zwischen Kontroll- und TGZ-Gruppe

b.   Zur Erhebung der Marktattraktivität kommen folgende fünf Items zur Anwendung:[3]

- **Marktvolumen**, gemessen durch den kumulierten Umsatz, den alle relevanten Konkurrenten in dem betreffenden Markt erzielen.
- **Marktwachstum**
gemessen in vH p.a. nach Schätzung des Gründers
Diese Variable ist Indikator für die Phase im Lebenszyklus, in dem sich der Markt gerade befindet und damit für die Erfolg- und Wachstumsperspektiven der Unternehmung.[4]
Erwartung:[5] Volumen und Wachstum: +

- **Preisempfindlichkeit der Nachfrage**
gemessen als mögliche Preiserhöhung, ohne daß der größte Teil der Kunden den Anbieter wechselt. Hiermit kann der Grad der Differenzierung der Produkte auf dem Markt gemessen werden; außerdem ist die Preisempfindlichkeit ein Indikator für den Innovationsgrad des Produktes und die Phase im Lebenszyklus, in der sich der Markt befindet: Innovatorenkäufer sind weniger preisempfindlich als Imitatoren.[6]
Erwartung: Ausmaß der möglichen Preiserhöhung: +

- **Vorgefundene Marktzutrittsschranken** auf verschiedenen Dimensionen.[7] Bei niedrigen Barrieren ist ein schnellerer Eintritt in den Markt und damit schnelleres Wachstum möglich. Andererseits können Schranken nachfolgende Anbieter behindern

---

1) Picot/Laub/Schneider (1989:126).
2) Vgl. Monck et al. (1988:158).
3) Vgl. Hinterhuber (1984:102).
4) Vgl. z.B. Sandberg (1986:76).
5) Z.B. bei Sandberg (1986:92).
6) Vgl. z.B. das Modell von Bass/Schmalen in: Schmalen (1982:63ff. und 111).
7) Wahrgenommene Stärke. Zur Bedeutung vgl. z.B. Laub (1991). Abbildung Seite 31.

und so mittel- und langfristig die Erfolgsaussichten der etablierten Unternehmen erhöhen.[1] Eine eindeutige Voraussage ist damit unmöglich.

Erwartung: Höhe der Barrieren: unbestimmt

- Anbieterzahl in der Produktkategorie

Wieviele relevante Konkurrenten gibt es für das Unternehmen? Unter sonst gleichen Umständen ist eine geringe Konkurrentenzahl nicht nur Indikator für die Wettbewerbsintensität, sondern bei den technologieorientierten Gründungen auch und vor allem ein Hinweis auf den Innovationsgrad des Produkts und die Phase, in der sich der Markt befindet. Bei der Überprüfung müssen auch deshalb mögliche Interaktionen mit dem Marktvolumen und -wachstum kontrolliert werden.

Erwartung: Anbieterzahl: -

3.2.2.3 Ressourcen

Als nächste Gruppe von Erfolgsfaktoren werden die Ressourcenvariablen beschrieben. Am häufigsten stellten sich in empirischen Untersuchungen das Gesamtkapital (20 mal) und die Eigenkapital-Basis (11 mal) als erfolgswirksam heraus.[2] Die personellen Ressourcen wurden seltener untersucht, und wohl deshalb gibt es auch weniger signifikante Befunde dazu.

Dabei wurden im Bereich finanzielle Ressourcen aufgrund der Ergebnisse bisheriger Studien folgende Items gewählt:

- Höhe des Startkapitals[3]

Erwartung: Höhe des Startkapitals: +

- Anteil des Eigenkapitals[4]

Ein hoher Eigenkapitalanteil kann als Indikator für Probleme oder Zurückhaltung bei der Beschaffung von Fremdmitteln gewertet werden und deutet auf mangelnde Nutzung der Potentiale hin.[5] Für die Rentabilität ist der Leverageeffekt der Fremdfinanzierung positiv. Deswegen:

Erwartung: Eigenkapitalanteil: -

---

1) Z.B. Sandberg (1986:92).

2) Vgl. Tabelle 3-7.

3) Eigen- und Fremdmittel. Vgl. zur Wirkung dieser Variablen Utterback et al. (1988:22) und die dort zitierte Literatur.

4) In äquidistante Klassen eingeteilt.

5) So z.B. May (1981:170).

- **Inanspruchnahme von Fördermitteln**[1]

Die Untersuchung von May ergab, daß öffentliche Förderung sich zumindest auf das Umsatzwachstum positiv auswirkt.[2]

Erwartung: Förderungsanteil: +

Im Bereich "personelle Ressourcen" werden

- **die Komplementarität der Kenntnisse von Mitarbeitern** in bestimmten Funktionen des Geschäftssystems
- **sowie deren wahrgenommene Bedeutung als Ergänzung der Kompetenz der Gründer** erhoben.[3] Dabei wird ermittelt, inwieweit die Rekrutierung von Personal zum Ausgleich möglicher Schwächen der Gründerperson(en) (Erfahrungen/Qualifikation) beigetragen hat und damit als Erklärung für den Erfolg herangezogen werden kann.[4]

Erwartung: Grad der Einbindung "komplementärer" Mitarbeiter: +
            unterschiedliche Relevanz je nach Bereich

3.2.2.4 "Management/Konzeption"

Vierter Variablenkomplex ist der Bereich "Management/Konzeption". Hierzu gibt es eine Vielzahl signifikanter Befunde in der Gründungsliteratur, vor allem zu folgenden Aspekten:[5]

a. Planung
- Planungsumfang und -horizont (17 bzw. 13 mal)

b. Strategie und Marketing
- Produkt-/Markt-Strategie (17 mal)
- FuE-Aktivitäten (16 mal)
- Stärken im Marketing/eigene Marketingabteilung (14 mal)
- derzeitige Marktkenntnis- und orientierung (16 bzw. 13 mal)
- Vertriebsaspekte (12 mal)

---

1) Graduelle Messung, d.h. das Ausmaß der Förderung, gemessen am gesamten Startkapital, wird erhoben.

2) May (1981:169ff.).

3) Die "Ressourcen", soweit sie die Gründerperson(en) selbst betreffen, wurden ja bereits im Bereich "Person" erfaßt.

4) Vgl. dazu z.B. Bollinger et al. (1983:6) und die dort zitierte Literatur.

5) Vgl. Tabelle 3-7.

c. Informationsverhalten
- Umweltbeobachtung/Informationssuche (24 mal)
- Einbeziehung externer Berater (12 mal)
  sowie
- Finanzierungsmanagement (13 mal)

Wir orientieren uns an den sich oben herauskristallisierenden Untergruppen, denen wir folgende Fragen zu insgesamt 20 Aspekten[1] zuordnen:

a. Planungsverhalten:

- **Anzahl der schriftlich fixierten Pläne für Bereiche des Geschäftssystems**
  Erwartung: Zahl der geplanten Funktionen: +

- **Planungshorizont** in Kategorien zwischen weniger als sechs Monaten bis zu über fünf Jahren
  Roberts verwendet die gleichen Dimensionen ("Planning horizon" und "coverage") zur Messung der strategischen Planung, wobei allerdings kein Zusammenhang zwischen Güte der Planung und Erfolg festgestellt werden konnte.[2] In vielen anderen Studien ist diese Beziehung dagegen bestätigt worden.[3] Auf eine mögliche Fehlerquelle bei der Erhebung des Zusammenhangs zwischen Planungsgüte und Unternehmenswachstum als Erfolgsgröße machen Gibb und Davies aufmerksam:[4] Danach kann bei einer Querschnittsstudie nicht ausgeschlossen werden, daß die Planungsqualität eine Folge des Wachstums, nicht aber deren Ursache ist. Dieser Einwand sollte bei der späteren Bewertung der Ergebnisse nicht aus den Augen verloren werden.
  Erwartung: Planungshorizont: +,
              dabei Unterschiede der Bedeutung zwischen den
              einzelnen Bereichen.

---

1) Die Zahl der Variablen ist höher als die Zahl der Aspekte, da einzelne Fragen in Kataloge von Teilbereichen heruntergebrochen werden, die je eine Variable darstellen.

2) Roberts (1991a:67f.).

3) Vgl. z.B. die Befunde von Litvak/Maule (1980:77), sowie die bei Vesper (1990:57) und die dort zitierte Literatur.

4) Vgl. Gibb/Davies (1991:298).

- Priorität der jeweiligen Teilbereiche in der Planung
Damit kann festgestellt werden, ob intensive Planung in bestimmten Bereichen stärker
erfolgswirksam ist als in anderen.

Eine Vielzahl von Studien beschäftigte sich gerade mit dem Zusammenhang von Planung und Erfolg von insbesondere auch jungen Unternehmen.[1] Dabei wurde in den
meisten Fällen eine positive signifikante Beziehung festgestellt, oft gerade bei **formali-
sierter** Planung.[2] Eine zu erwartende Tendenz bei technisch qualifizierten Gründern
ist die starke Technologiedominanz in der Planung, die dem Erfolg abträglich sein
kann.[3]

Erwartung: bei hoher Priorität der Markt- und Finanzaspekte: +

b. Marketing und Strategie

- Qualität im Konkurrenzvergleich: Hohe Qualität trägt zur Differenzierung gegenüber den anderen Anbietern bei; das (für junge Unternehmen bei Economies of Scale
nahezu aussichtslose) Eintreten in einen Preiswettbewerb wird vermieden.[4]
Erwartung: Qualität: +

- Stellung im Preiswettbewerb: Eine Hochpreisstrategie ist bei innovativen Produkten
nicht als schädlich, sondern wegen der dann meist geringen Preisempfindlichkeit als
erfolgversprechend anzusehen. Eine Skimming-Strategie gilt unter diesen Umständen
als vorteilhaft.[5] Zudem sind hohe Preise Indiz für einen hohen Wettbewerbsvorteil.
Erwartung: Hochpreisstrategie bei hohem Wettbewerbsvorteil: +,
zu kontrollieren ist u.U. der Einfluß der Qualität

- Abhängigkeit von Nachfragern, gemessen durch den Anteil der fünf größten Kunden
am Umsatz: Eine hohe Abhängigkeit von einzelnen Kunden kann den Erfolg negativ
beeinträchtigen. Hoad/Rosko stellten fest, daß die Existenz einer "wide customer base"
zu den Stärken neuer Unternehmen zu rechnen ist.[6] Andererseits kann aber nach
Erkenntnissen der Gründungsforschung[7] eine eng begrenzte Kundenzahl eine Zutritts-

---

1) Vgl. Tabelle 3-7.
2) Armstrong (1982) liefert eine Übersicht über die zu diesem Thema vorliegenden
   Studien.
3) Vgl. z.B. Samson/Gurdon (1993:66 und 69).
4) Vgl. Hofer/Sandberg (1987:18); dort zitierte Befunde.
5) Vgl. Literatur zur Preispolitik, z.B. Diller (1985:202).
6) Hoad/Rosko (1964:26), zu ähnlichen Ergebnissen kommen Domeyer/Funder
   (1991:105ff.).
7) Nach Hofer/Sandberg (1987:16) ist eine begrenzte Kundenzahl eine "market-based
   barrier" für andere Anbieter. Die Autoren stützen sich dabei v.a. auf PIMS-Daten.

schranke für potentielle Konkurrenten darstellen. Man muß hier also unterscheiden: Begibt sich ein Unternehmen durch Management-Entscheidung oder aus Unvermögen in eine starke Abhängigkeit von wenigen Kunden, dürfte dies den Erfolg mindern. Ist der Kundenkreis aber aufgrund der Geschäftsidee eingeschränkt, kann dies (dann als Marktcharakteristikum) im Wettbewerb positiv wirken.

Erwartung: unbestimmt, bei vergleichbaren Märkten: -

- Organisation der Marketingaktivitäten

Gibt es eine Stelle/Abteilung, die sich ausschließlich mit Marketingfragen befaßt? Diese Frage ist nach den bisherigen Erkenntnissen der Gründungsforschung als erfolgsrelevant anzusehen.[1] Sie steht hier auch stellvertretend für eine Vielzahl möglicher Einzelvariablen, die z.b. das Werbeverhalten der Unternehmung erfassen. Zur Begrenzung des Fragekatalogs wurde hier aufgrund der Literaturdurchsicht zugunsten dieser einen Frage entschieden, von der angenommen wird, daß sie Umfang und Professionalität der nicht explizit erfaßten Marketingvariablen ausreichend miterfaßt.

Zur Vernachlässigung der Werbung als Einflußfaktor wäre noch zu sagen, daß bei den hier untersuchten Anbietern innovativer, komplexer und erklärungsbedürftiger Güter i.d.R. der direkte Kundenkontakt die dominierende Rolle spielt.[2] Zu diesem Bereich wurden deshalb weitere Items formuliert, z.b. zur Frage der Vertriebswege.

Erwartung: Ausmaß der organisatorischen Spezialisierung: +

- Vertriebswege

Es wird eine aus der Marketingliteratur bekannte Systematisierung der direkte und indirekte Vertriebswege als Katalog von Antwortmöglichkeiten vorgegeben.[3] Es gibt zwar Befunde zur Erfolgswirksamkeit bestimmter Vertriebsformen, wir verzichten aber hier auf gerichtete Hypothesen, denn es ist anzunehmen, daß die Eignung von Vertriebsformen stark produktkategorie-abhängig ist. Selbst bei innovativen Unternehmen widersprechen sich die Befunde: Z.B. ermitteln Utterback et al. einen positiven Einfluß eigener Vertriebsorgane, während Picot/Laub/Schneider den Einsatz externer Vertriebskanäle als erfolgssteigernd feststellen.[4]

Erwartung: unbestimmte Unterschiede zwischen den Vertriebswegen

---

1) Vgl. z.B. Utterback et al. (1988:19).

2) Vgl. z.B. Kotler/Bliemel (1992) Ausführungen über Besonderheiten des Investitionsgütermarketing 293ff.; Speziell: 294-297.

3) Z.B. in: Becker (1990:448); auch Wöhe (1984:642): direkter Vertrieb: Niederlassungen-Vertreter-Reisende, Franchise/indirekter Vertrieb: Groß-Handel, Einzel-Handel.

4) Utterback et al. (1988:24). Picot/Laub/Schneider (1989:236ff.).

- Anpassung an Kundenwünsche

Ist das Produkt seit der Markteinführung schon aufgrund neuer Erkenntnisse über Kundenbedürfnisse konzeptionell geändert worden? Diese Frage gibt einen Hinweis auf das Ausmaß der Kundenorientierung der Unternehmung und der Flexibilität.[1] Das Unternehmensalter muß ggf. kontrolliert werden.

Erwartung: Zahl und Umfang der Anpassungen: +

- Zahl der Produktlinien/Kundengruppen

Bei der Formulierung der entsprechenden Frage beachtenswert ist die Definition von Roberts:[2] "A main product line consists of a family of products with the same technology base that perform basically the same function, but perhaps for somewhat different applications or customers." Aus dieser Definition wird ersichtlich, daß neben der Zahl der Produktlinien auch die Zahl der Kundengruppen/Marktsegmente zu berücksichtigen ist. Sie wird deshalb mit abgefragt.

Die Zahl der Kundengruppen und Produktlinien bestimmt die Komplexität der Aufgaben der Unternehmung mit und ist hinsichtlich der Marktchancen von Bedeutung. Sie ist Ausdruck der Strategie des Betriebs. Ein Einfluß auf den Erfolg wird vermutet.[3] Die Überlegenheit einer differenzierten, auf mehrere Marktsegmente gerichteten Strategie belegen z.B. die Befunde von Sandberg.[4]

Erwartung: Zahl der Kundengruppen und Produktlinien: +

- Weiterentwicklung der Produkte

Diese Frage hängt inhaltlich mit der vorigen zusammen, erfaßt aber eine Orientierung für die Zukunft: Liegen bereits konkrete Konzepte zur Verbesserung/Modifikation der Produkte vor?[5]

Erwartung: Größe der beabsichtigten Änderungen: +

Mit den letzten drei Fragen nehmen wir Bezug auf die FuE-Aktivitäten im befragten Unternehmen. Man mag sich wundern, warum hier nicht die klassischen Fragen zur FuE-Organisation und -intensität, z.B. Zahl der Mitarbeiter oder FuE-Budget im Ver-

---

1) Diese Variable wurde z.B. von Unterkofler (1989), Bracker et al. (1987), Picot/Laub/Schneider (1990), Vesper (1980), Embiyaoglu (1984) untersucht und als signifikant identifiziert.

2) Roberts (1991a:70).

3) Vgl. z.B. Hofer/Sandberg (1987:18) und die dort zitierte Literatur: Durch frühzeitige und dann kontinuierliche Entwicklung neuer und besserer Produkte werden die Erfolgschancen erheblich gesteigert.

4) Sandberg (1986:109ff.). Anders bei Rocha/Khan (1984:36), wo die Bedeutung der Spezialisierung auf möglichst wenige Kundengruppen, d.h. auf ein enges Marktsegment hervorgehoben wird.

5) Vgl. Laub (1991:31).

hältnis zum Umsatz, zum Einsatz kommen. Die Befunde von Kulicke unterstreichen, daß bei jungen und kleinen Unternehmen wie in unserer Befragung, diese Indikatoren noch wenig ausgeprägt, aussagekräftig und vergleichbar sind:[1] Die FuE-Tätigkeit ist häufig noch nicht spezialisiert, sporadisch und es fehlt das Zurechnungsbewußtsein. Auch gängige Indikatoren für den FuE-Output, z.B. die Produktinnovationsrate, sind kaum anwendbar, da sie aufgrund des geringen Zeitraums der Geschäftstätigkeit häufig noch gar nicht feststellbar sein dürften, auf keinen Fall aber stabil sind.[2]

- Exportverhalten
Wie hoch ist der Anteil der Exporte am Umsatz?
Der Export bietet zusätzliche Wachstumschancen, bringt aber auch Schwierigkeiten für das Management mit sich. Befunde von Doutriaux ergaben, daß erfolgreiche, d.h. stärker wachsende Unternehmen einen größeren und über die Jahre zunehmenden Exportanteil aufweisen als andere.[3]
Erwartung: Exportanteil: +

- Attraktivität des Exports[4]
Diese Variable erfaßt die im jeweiligen Tätigkeitsfeld gegebenen Expansionsmöglichkeiten. Das würde sie eigentlich für die Zuordnung in den Bereich "Geschäftsidee" qualifizieren. Letzlich handelt es sich aber um eine überwiegend managementbedingte Variable, denn sie wird von der Einstellung zum Export, der Strategie und Unternehmensmerkmalen bestimmt.[5] Wir werden sie deshalb im folgenden dem Gebiet Management/Konzeption zurechnen. Aspekte der Geschäftsidee, also der Export*fähigkeit*, sind nur dann ausschlaggebend, wenn grundsätzlich unterschiedliche Produkte vorlägen, die hier durch unsere Stichprobenauswahl nicht gegeben sind. So entscheiden wir uns für die Zuordnung zum Management.
Erwartung: bei gegebener Attraktivität: +

- Fertigungstiefe
Wie hoch ist der Anteil der eigenen Wertschöpfung? Hinter dieser Frage verbirgt sich eine strategische Variable von u.U. großer Bedeutung für den Unternehmungserfolg.[6]

---

1) Kulicke (1987:213ff.).
2) Vgl. die Statisitik über geschätzte Produktlebensdauern bei Kulicke (1987:222).
3) Doutriaux (1991:133f.).
4) Vgl. z.B. Oakey/Rothwell/Cooper (1988:10) und die dort zitierte Literatur.
5) Vgl. Louter/Ouwerkerk/Bakker (1991:8).
6) Vgl. z.B. Meyer/Roberts (1986:817f.).

Einige Studien zeigen die Vorteilhaftigkeit der Konzentration auf den "Kern" des Pro-
dukts bei Zukauf der peripheren Komponenten.[1]
Die Frage betrifft vor allem Produktionsunternehmen.
Erwartung: mit steigendem Eigenanteil: -, bei *Unter*schreiten
                einer gewissen Grenze aber auch: -

- Abhängigkeit von Lieferanten
Wie leicht können Lieferantenwechsel vorgenommen werden?
Diese Frage betrifft nur Produktionsunternehmen. Leichter Lieferantenwechsel gilt als
Zeichen für eine geringe strategische Abhängigkeit und wird damit als positiver
Erfolgsfaktor angesehen.[2]
Erwartung:einfacher Wechsel: +

c. Informationsverhalten:
- Kundenkontakte (Intensität, Art)
Diese Frage ist eng mit der Frage der Organisation des Vertriebs verbunden[3] und deswegen hier nicht noch einmal formuliert. Ihre Bedeutung liegt nach Wöhe darin, daß
die Entscheidung über die Vertriebskanäle erstens eine langfristige Festlegung bedeutet
und zweitens eine Vorentscheidung für den Einsatz der anderen Absatzinstrumente
beinhaltet.[4] Daneben werden wir erheben, inwieweit Kundenkontakte als regelmäßige
Informationsquelle genutzt werden.
Erwartung: Nutzung der Kunden als Informationsquelle: +

**- Einbeziehung externer Berater für verschiedene Fragen und Intensität der
Zusammenarbeit mit ihnen**
Dabei wird die Zusammenarbeit für die Funktionen des Geschäftssystems einerseits
und die gründungsspezifischen Fragen andererseits einzeln erhoben.[5] Die Beratung in
der Gründungsphase, also bei der Geschäftsplanerstellung, beziehen wir deshalb ein,
weil Bauer/Hannig feststellten, daß dieser i.d.R. erst nach der Aufnahmeentscheidung
des TGZ endgültig erstellt wird:[6] Das bedeutet aber, daß das TGZ einen beratenden
Einfluß haben kann. Deswegen muß diese Variable hier im Sinne unserer Konzeption
in den Bereich "Management" mit eingeordnet werden.
Die Beratungs-Quellen und -Bedürfnisse der Inhaber kleiner Unternehmungen unter-

---

1) Z.B. Meyer/Roberts (1986:818). Auch: Laub (1991:42-45).
2) Z.B. Pavia (1990:305). Dort wird dieser Zusammenhang auch empirisch bestätigt.
3) S.o.
4) Wöhe (1984:639).
5) Vgl. Vesper (1990:48ff.) zur Bedeutung des "External Teaming".
6) Bauer/Hannig (1992:20).

suchte Peterson bei 793 amerikanischen Betrieben. Er stellte fest, daß die Beratung in strategischen Fragen als am wichtigsten angesehen wird.[1] Danach müßte man eine stärkere Einbeziehung von Beratern in den strategisch bedeutsamen Bereichen wie Marketing und Entwicklung/Technologie erwarten. Dieser Hypothese steht allerdings möglicherweise ein Verfügbarkeits- und Kostenproblem gegenüber, so daß u.U. in strategischen Fragen eher eine sporadische Einbeziehung, in Fragen z.B. von Steuern, Recht und Buchführung eher eine kontinuierliche Zusammenarbeit gepflegt wird. Darauf weist auch der Befund Petersons hin, wonach bei der Bewertung der "Usefulness" bestimmter Personenkreise oder Institutionen als Berater die Buchhalter, Anwälte und Bankvertreter ganz oben stehen.[2]

Dieser Befund wird von Braun bestätigt, der außerdem noch persönliche Kontakte und Kontakte zu Kammern als häufige Quellen der Beratung identifizierte.[3] Folgt man den Befunden zu Defiziten technologisch qualifizierter Gründer, ist besonders in Finanzierungs- und Absatzfragen der Einsatz externer Berater erforderlich und nützlich.[4]

Auch aufgrund dieser Befunde soll hier neben der tatsächlichen Inanspruchnahme der Beratung außerdem erfragt werden, ob der Gründer insgesamt

- **mit dem Beratungsangebot zufrieden** war, zumal auch der Qualitätsaspekt nicht unterschätzt werden darf.[5] Immerhin treten nach Befunden Brauns unter Existenzgründern in 22,6 Prozent der Fälle Probleme aufgrund fehlender oder falscher Beratung auf.[6] Dazu kommen noch in 17,7 Prozent der Unternehmen Probleme aufgrund fehlender Kontakte.[7]

Erwartung: Zahl der Bereiche, in denen Berater konsultiert werden: +

Intensität der Einbindung: +

Art der Bereiche, in denen externe Berater hinzugezogen werden: bei technischer Qualifikation betriebswirtschaftliche Aspekte: +

- **Quellen der Informationsgewinnung**[8]

Hier geht es um die Herkunft der Informationen über Markt und Technologie, z.B. durch Kundenbefragungen oder durch Datenbankzugang. Auf die Bedeutung dieses

---

1) Peterson (1984:41).

2) Vgl. Peterson (1984:44).

3) Braun (1989:48).

4) Z.B. Sanchez (1992:153-168. Hier: 158).

5) Diese Variable ist nicht ohne weiteres als Erfolgsfaktor zu betrachten. Zur Bedeutung der Beratungsqualität: Bruno/Leidecker/Harder (1987:57).

6) Braun (1989:44).

7) Ebenda. 44.

8) Katalog der möglichen Informationsquellen im Anhang 3-2, Frage 45.

Faktors ist im Zusammenhang mit der Innovationsfähigkeit[1] und der Marktorientierung[2] hinzuweisen. Dabei werden sowohl sekundäre als auch primäre Informationen[3] berücksichtigt. Nach Befunden von Staudt et al. sind 85 Prozent der genutzten Informationsquellen innovativer kleiner und mittlerer Unternehmen extern und gleichzeitig ein wesentlicher Engpaß bei der innovativen Tätigkeit.[4]

Erwartung: Zahl der Informationsquellen: +

unbestimmte Unterschiede in Relevanz zwischen den
einzelnen Quellen

- **Priorität der Informationsbeschaffung über bestimmte Umfeldfaktoren**
Wie sieht das Unternehmen die relative Bedeutung der Informationen über Markt- und andere Partner? Die sachgerechte Gewichtung kann für den Erfolg der Unternehmung von großer Bedeutung sein. Erkenntnisse aus der Forschung zum Informationsverhalten deuten darauf hin: So bestehen Verhaltensfehler nicht (nur) in zu geringer Informationsnachfrage, sondern auch in nicht sachgerechter Nachfrage.[5] Bei technisch qualifizierten Gründern ist eine angemessene Beachtung der Markt- gegenüber den Technikaspekten sicher bedeutsam (und selten?).

Erwartung: Hohe Priorität von Marktinformationen: +

3.2.2.5 Technologiezentrum

Nach der Darstellung der Variablen der potentiellen Erfolgsfaktoren, die für alle befragten Unternehmungen erhebbar sind, ist abschließend die Operationalisierung der TGZ-spezifischen Variablen vorzunehmen, durch deren Messung der Einfluß solcher Einrichtungen für die Entwicklung technologieorientierter Unternehmungen erfaßt werden kann. Wir werden darüberhinaus Erwartungen zur Erfolgswirksamkeit formulieren, für die wir die in Kapitel 2.2 diskutierten empirischen Befunde zugrundelegen.

Es kommen folgende Items zur Anwendung:
- **Unterstützung des TGZ bei der Kapitalbeschaffung**
- **Unterstützung des TGZ beim Zugang zu öffentlicher Förderung**
Neben den Beratungs- und Kontaktleistungen ist auch die Hilfe bei der Ressourcenbe-

---

1) Z.B. Link/Bozeman (1991:180).

2) Z.B. Miller (1983:783).

3) Zur Terminologie vgl. z.B. die Informationsmatrix bei Cannon (1991:44).

4) Staudt/Bock/Mühlemeyer (1992:1000, 1003).

5) Hauschildt (1989:380).

schaffung ein wesentlicher Bestandteil des TGZ. Die Variablen dienen der Prüfung der Hypothese HZ15.

- Rolle anderer Unternehmen im TGZ als Abnehmer
- Rolle anderer Unternehmen im TGZ als Lieferant
- Rolle des TGZ bei der Vermittlung von Hochschul-/Fachhochschulkontakten
- Rolle des TGZ bei Eröffnung von Datenbankzugang
- Rolle des TGZ bei der Vermittlung von Beratung
- Rolle des TGZ bei der Vermittlung anderer Kontakte

Nach empirischen Befunden liegen im Zugang zu Absatz-, Beschaffungs-, Kapital- und Personalmarkt bedeutende Schwierigkeiten für technisch orientierte Gründungen.[1] Das verleiht dem Kontaktaspekt eine besondere Bedeutung. Ein TGZ, daß hier hilfreich ist, sollte den Erfolg der Mieter erheblich steigern können. TGZ-interne Kontakte werden aus Gründersicht als wichtig beurteilt, Lieferbeziehungen können nach den bisherigen Befunden als die wichtigeren gelten.[2] Die Bedeutung der Hochschulkontakte ist nach den vorliegenden Studien gering, bezüglich anderer externer Informationsquellen besteht weitgehende Ungewißheit, allerdings können die in diese Gruppe fallenden Kontakte zu öffentlichen und privaten Kapitalgebern als bedeutend vermutet werden.[3]

Erwartung: Bedeutung der internen Kontakte: +,
             Bedeutung als Kunden/Lieferanten: + +
             Bedeutung der übrigen Bereiche: +, da darunter Kapitalgeber

In den Zusammenhang mit dem Kontaktaspekt sind auch die Fragen nach dem Nutzen eines guten TGZ-Images einzuordnen:

- Bewertung des Nutzens aus dem TGZ-Image für verschiedene Kontakte[4]

Man kann davon ausgehen, daß das Image letztlich für die Erschließung von Kontakten zu allen Arten von Partnern, darunter Kapitalgebern, Lieferanten und Kunden vorteilhaft sein kann. Dabei kann es durchaus Unterschiede geben, z.B. könnte der Aufenthalt in einem TGZ für die Banken Indikator für eine vorhergehende genaue Prüfung des Gründungsvorhabens sein und so die Glaubwürdigkeit des Gründers erhöhen.

---

1) Z.B. Sánchez (1992:158).

2) Vgl. Tabelle 2-3 in Kapitel 2.2.2, auch die Befunde bei Bauer/Hannig (1992:15).

3) Vgl. die Übersicht über Befunde in Kapitel 2.2.2, Tabelle 2-3. Zur Übersicht über die möglichen Kontakt-Partner vgl. Allen (1989a). Eine gegensätzliche Position vertritt Sunman (1987:143), die gerade engen Hochschulkontakten eine starke Förderwirkung bezüglich des Technologietransfers nachsagt.

4) Vgl. vollständigen Katalog der Partner im Anhang 3-2, Frage B.5.

Ein Kunde, der mit dem Konzept der TGZ.n nicht vertraut ist, könnte dem dagegen gleichgültig gegenüberstehen. Mit dieser Differenzierung gehen wir über die bisherige Diskussion in der Literatur hinaus, in der bisher vor allem der Image-Nutzen gegenüber potentiellen Auftraggebern eine Rolle spielte.[1]

Erwartung: positives Image: +,

gegenüber Kunden: + +

- Zufriedenheit mit Beratung durch das TGZ
Neben der Vermittlung von Beratung kommt dem TGZ-Management auch die Aufgabe zu, selbst beratend tätig zu werden. Kompetente und jederzeit verfügbare Beratung kann sich für die Mieter positiv auswirken.
- Defizite in der Beratung konnten explizit benannt werden.
Erwartung: positive Bewertung der Beratung: +; Defizite in der Beratung: -

- Bewertung der angebotenen Service-Leistungen: Wie gut waren die vom TGZ angebotenen Leistungen in den verschiedenen Service-Kategorien aus Sicht der Betroffenen?
Für ein verläßliches Urteil ist es natürlich erforderlich, daß tatsächlich eine
- Nutzung der angebotenen Service-Leistungen stattfand.
- Fehlende Service-Angebote konnten genannt werden.
Erwartung: positive Bewertung der (genutzten) Service-Leistungen: +

- Das Urteil zum TGZ auf verschiedenen Dimensionen aus heutiger Sicht soll rückblickend Aufschluß darüber geben, ob sich der Aufenthalt im TGZ für die Gründer "gelohnt" hat. Die Erhebung von vier Teilaspekten soll eine Differenzierung ermöglichen und zeigen, welche Art von Unterstützung als die wichtigste angesehen wurde. Im einzelnen handelt es sich um die gebotene **technische und betriebswirtschaftliche Unterstützung** sowie um die **Bewertung der Kontakte zu anderen Gründern und der Vermittlung von Kontakten durch das TGZ zu anderen Partnern.** Es wird sich zeigen, ob es die konkreten Service- und Beratungsleistungen sind, die den Nutzen des TGZ ausmachen, oder ob sich ergebende (informelle) Kontakte besonders positiv waren. Die Gründer haben außerdem die Möglichkeit, von sich aus weitere Nutzenaspekte anzugeben und einzustufen. Nach den empirischen Befunden müßte von der betriebswirtschaftlichen Unterstützung und den Kontakten zu anderen Gründern die größten Erfolgswirkungen ausgehen.[2]
Erwartung: gute betriebswirtschaftliche Unterstützung: +,

gute Bewertung der Kontakte zu Gründern: +

---

1) Vgl. Sternberg (1988:195).
2) Vgl. Tabelle 2-3 in Kapitel 2.2.2 und die dort zitierte Literatur.

Einen völlig anderen Typ von Einflüssen auf den Erfolg der Mieter stellt die Auswahl der aufzunehmenden Gründer durch die TGZ-Verantwortlichen dar. Er wird wie folgt berücksichtigt:

- **Selektionskriterien des TGZ**[1]

Im Kapitel 2.2 wurde bereits darauf hingewiesen, daß ein TGZ durch Selektion nach bestimmten Kriterien eine Prä-Determinierung des Erfolgs bewirken kann. Es wird deshalb erhoben, welche Kriterien bei den Aufnahmeverhandlungen eine Rolle gespielt haben und wie restriktiv diese Kriterien angewandt wurden. Auf das Ausmaß möglicher subjektiver Verzerrung dieser Angaben und Möglichkeiten zu deren rechnerischer Elimination werden wir bei der Befunddarstellung noch eingehen.

Erwartung: Höhe der Selektionsanforderungen: +

Speziell zu den Wirkungen des Auszugs werden folgende Fragen formuliert:

- **Inanspruchnahme von Leistungen des TGZ nach Auszug**

Die Möglichkeit der fortdauernden Nutzung von TGZ-Leistungen kann den Übergang nach dem Auszug erleichtern. Die Nutzung wird von der Entfernung zum TGZ und von der Bewertung seiner Leistungen abhängen.

- **Grund für den Auszug**

Für die Beurteilung des TGZ-Aufenthalts und der Belastungen des Auszugs ist es wichtig, zu unterscheiden zwischen Firmen, die aus Wachstumsgründen quasi zwangsläufig einen Standortwechsel vornahmen, und solchen, die mehr oder weniger unfreiwillig auszogen.

- **Unterstützung bei Auszug**: Denkbar ist Hilfe bei der Standortsuche und Bewältigung des Umzugs. Die Existenz spezieller Ansiedlungsangebote wie Technologieparks kann den Auszug erheblich erleichtern.

Ein Argument gegen Technologie- und Gründerzentren als "Durchlauferhitzer"[2] sind Warnungen vor den Folgen des Auszugs. Diese können in finanziellen Belastungen, Störungen des Geschäftsbetriebs und Kontaktbeeinträchtigung liegen. Um eine Klärung dieser Behauptungen zu erreichen, wurden folgende Punkte abgefragt:

- **Kosten des Auszugs** und

- **Probleme des Auszugs,**

- **Grad der Beeinträchtigung von Beziehungen zu verschiedenen Partnern**, womit Gruppen innerhalb des TGZ als auch externe gemeint sind, sowie

- **Beeinträchtigung der Leistungserstellung.**

---

1) Vgl. umfangreiche Diskussion der möglichen Kriterien bei Beck (1985:82ff.).

2) Diesen Begriff verwendet z.B. Sternberg (1988:149).

Als zusätzliche, zur Beurteilung der Auszugsfolgen ebenfalls relevante Variablen werden definiert:

- **Aufenthaltsdauer im Technologiezentrum**
- **Zeitraum seit Verlassen des Zentrums**
- **Entfernung des TGZ vom derzeitigen Firmensitz**

Um laufend aktuelle Informationen über neue Technologien zu erhalten, ist die Nähe nicht nur zum TGZ, sondern zur diesem meist benachbarten Universität wichtig.[1] Diese Variablen haben u.U. eine moderierende Wirkung auf die Einflußstärke des Zentrums und die Intensität der Beziehungen. Für die Beurteilung der Folgen des Auszug sind sie von erheblicher Bedeutung.

Da in der Erhebung ehemalige Mieter aus vielen verschiedenen Zentren befragt werden und die Gestaltung der Zentren einen nicht unerheblichen Einfluß auf ihre Wirksamkeit hat, werden zusätzlich zu den genannten Variablen weitere einbezogen, die die Leistungen nicht aus Sicht der Mieter, sondern möglichst **objektiv** erfassen. Auch objektive Standortbedingungen, die über das TGZ hinausgehen, werden so berücksichtigt. Dazu werden Daten, die im Rahmen einer früheren Untersuchung der TGZ[2] erhoben wurden, verwendet.

Gemäß **HZ15** hat das TGZ Einfluß auf den Ressourcenbedarf und die Ressourcenausstattung.

Zur Operationalisierung sollen hier Maße Verwendung finden, die in einer früheren empirischen Studie des Verfassers definiert und für die in der Untersuchung vertretenen deutschen Technologiezentren erhoben wurden.[3]

Für HZ15 kommen folgende Variable in Betracht:

- **Mietniveau im Vergleich zum ortsüblichen Preis für Büroräume**, ausgedrückt in prozentualer Über- oder Unterschreitung. Je geringer das Mietniveau, desto größer sollten c.p. die Erfolgschancen sein.

- **Kosten für die angebotenen Service- und Beratungsleistungen**: Eine pauschale Umlage der Kosten seitens des TGZ ist nachteiliger für die Firmen als eine verursachungsgerechte. Eine öffentliche Bezuschussung des TGZ läßt auf günstigere Konditionen für die Mieter schließen.

- **Angebot von Finanzhilfe seitens des Zentrums (ja/nein)**: Das Angebot von Finanzhilfe wirkt sich positiv auf die Ressourcenausstattung und damit auf den Erfolg aus.[4]

- Die **Durchführung von Personaltransfers seitens oder mit Hilfe des TGZ** verbes-

---

1) McBrierty/O'Neill (1991:566).

2) Steinkühler (1989).

3) Steinkühler (1989:105-113). Vgl. auch die detaillierten Angaben zur Messung im Anhang 3-1.

4) Z.B. laut Aussage von Monck et al. (1988:252).

sert die personellen Ressourcen der Mieter. Der Zugang zu qualifizierten Arbeitskräften wird häufig als eines der Hauptprobleme technologieorientierter Unternehmensgründungen genannt.[1]

Zur **HZ16**, wonach das TGZ einen Einfluß auf das Managementverhalten der Gründer und deren Unternehmenskonzeption hat, werden folgende Variablen gemessen:
- Je größer der **Umfang der angebotenen Dienstleistungen**, desto größer der mögliche Erfolg. Gewichtet wird der Angebotsumfang unter Berücksichtigung der Daten der Inanspruchnahme nach Sternbergs Erhebung und gemessen durch Addition der gewichteten Werte für jede der 12 erfaßten Leistungen.[2] Die Grunddaten stammen aus dem ADT-Handbuch.[3]
- Die **Beratungsleistungen** werden ebenfalls nach dem ADT-Handbuch ermittelt und addiert, wobei eine Gewichtung danach vorgenommen wird, ob es sich um eine intern oder extern bereitgehaltene Leistung handelt.
- Die **Intensität und Qualität der Beratung** wird durch die Variable "Hauptberuflicher Leiter" erfaßt, der ohne Zweifel eine zentrale Bedeutung zukommt, denn die Zufriedenheit mit den Zentrums-Leistungen hängt stark von der Intensität des Managementeinsatzes ab.[4]
- Eine kaufmännische **Qualifikation des Leiters** fördert die Qualität der Beratung und damit den Unternehmenserfolg. Befunde des Autors aus einer früheren Erhebung weisen dieser Ausbildung bezüglich des Erfolges aus der TGZ-Perspektive eine positive Wirkung zu.[5] Der Zusammenhang ist unmittelbar plausibel, da die Gründer meist einseitig technisch qualifiziert sind.
- Die **Nähe zu Forschungseinrichtungen** spielt eine Rolle. Hochschulkontakte zählen zu wichtigen Informationsquellen von technologieorientierten Gründern.[6] Räumliche Nähe wirkt förderlich auf Informationsaustausch.
- Ebenso kann die **Institutionalisierung von Kontakten zu Forschungseinrichtungen** erfolgssteigernd wirken und der Erfolg mit der Zahl dieser Kontakte zunehmen. Diese These impliziert, daß eine Institutionalisierung die Intensität des Informationsaustau-

---

1) Mitarbeiterakquisition steht z.B. bei Sternberg (1988:174) an zweiter Stelle aller genannten Problembereiche.

2) Sternberg (1988:186). und Operationalisierung in Steinkühler (1989:107f.), auch im Anhang 3-1 dargestellt.

3) Fiedler/Wodtke (ADT-Handbuch 1989).

4) Dieser Zusammenhang wird sowohl bei Monck et al. (1988:188) als auch bei Sternberg (1988:191) belegt.

5) Steinkühler (1989:143).

6) Vgl. z.B. Dettmar (1992:5). Vgl. zu Vorteilen der Hochschulanbindung auch Towse (1987).

sches steigert.[1] Das erscheint plausibel, denn formalisierte Vereinbarungen zwischen Universität und TGZ können die Barrieren der Kontaktaufnahme für den einzelnen Gründer senken.[2]

Im Kapitel 5. werden die empirischen Befunde dargestellt, die über die Haltbarkeit der formulierten Hypothesen und Erwartungen entscheiden. Die Strategie für die empirische Untersuchung steht fest. Bevor die Auswertung erfolgen kann, müssen jedoch noch die Methoden im einzelnen festgelegt und beschrieben werden. Dies geschieht im nun folgenden Kapitel.

---

1) Zur Diskussion der Frage, ob Kommunikation von vertraglicher Bindung und/oder Dauer einer Kooperation beeinflußt wird, vgl. z.b. die Befunde von Schrader (1993:23), der Kunden-Lieferanten-Beziehungen untersuchte: Nach seinen Befunden ist die These nicht uneiengeschränkt haltbar.

2) Vgl. z.B. Quintas et al. (1992:167f.): "Firms which moved onto the park with no previous academic links found it difficult to form them."

4.   Beschreibung der Datengewinnung und -auswertung

Das folgende Kapitel beschäftigt sich ausführlich mit der Darstellung des Designs der Untersuchung, der Erhebungstechnik und der Verfahren der Auswertung. Darüberhinaus enthält es die Ergebnisse einer mit den Variablen aus dem Bereich "Person" durchgeführten Faktorenanalyse.

4.1   Stichprobenauswahl

Die Studien von Roberts zu neugegründeten Unternehmen führten zu folgender Aussage:[1] "...the first several years are the tough ones and ... those surviving the first five years are likely to survive thereafter."

Daraus folgt nicht nur die Bedeutsamkeit dieser Untersuchung, die den *nachhaltigen* Erfolg untersucht, sondern das Mindestalter der Masse der befragten Unternehmen, das fünf Jahre[2] betragen soll. Unternehmen, die jünger sind, können schwerlich hinsichtlich ihres dauerhaften Erfolgs oder auch nur Überlebens am Markt beurteilt werden. Deswegen konnten von vornherein nur Technologiezentren in Betracht kommen, die bis 1986 (49 Zentren) bzw. höchstens 1987 (8 Zentren) eröffnet wurden. Dies ergibt sich auch aus der geschätzten Verweildauer von drei bis fünf Jahren im TGZ.[3] Nur so ist auch eine angemessene Wahrscheinlichkeit und Zahl "routinemäßig" ausgezogener Firmen zu erwarten.[4] Auch bei diesen Älteren gab es teilweise nach Angaben der TGZ-Leiter bislang noch keine Auszüge, mitunter sind sie auch nicht vorgesehen. Dies betraf mindestens 10 Zentren. Fünf weitere hatten bisher noch keine Auszüge und zwei Zentrumsleiter verweigerten die Auskunft. Ein Zentrum war bereits aufgelöst worden. Bei den übrigen 39 Zentren wurden dann die Adressen der ausgezogenen Firmen, wenn möglich nach Angaben der TGZ-Leiter, ermittelt. Darüberhinaus vollzog sich die Auswahl konkret durch Abgleich verschiedener Jahrgänge der ADT-Handbücher und durch Anschreiben der Technologiezentren. So wurden 88 Fälle identifiziert, die ex ante als Auszüge neugegründeter und innovativer Unternehmen aus Technologiezentren erschienen.[5]

Es handelt sich bei den angeschriebenen Unternehmen nicht um eine Zufallsauswahl, sondern um eine Totalerhebung mit der Einschränkung der Auffindbarkeit der Adressen. Anhaltspunkte für *systematische* Ausfälle liegen nicht vor. Unter den Rückläufen sind

---

1) Roberts (1970b:22). Vgl. auch die Aussagen hierzu in Abschnitt 1.3.

2) Vgl. auch die zitierte Literatur bei Cromie (1991:115-134, hier: 115f.), wonach die allermeisten erfolglosen Firmen bereits in weniger als fünf Jahren scheitern.

3) Vgl. dazu Kapitel 1.3.

4) Infolge Wachstums oder Ablauf des Mietvertrags.

5) Und acht weitere, für Pretest ausgewählte Unternehmen.

ehemalige Mieter von 19 Zentren aus allen Teilen der ehemaligen Bundesrepublik, so daß auch eine Verzerrung durch den konkreten Standort nicht befürchtet werden muß. Nähere Angaben zur regionalen Verteilung finden sich in Kapitel 5. bei der Stichprobenbeschreibung.

4.2 Kontrollgruppenauswahl

4.2.1 Merkmale zur Parallelisierung der Stichproben

Nach Weiss sollten bei der Wahl einer Kontrollgruppe bei jungen Unternehmen möglichst folgende Merkmale berücksichtigt und gleichgehalten werden:[1]

- ähnliches Alter

- ähnliche Branche/Produkte

- ähnliche Ziele (Markt/Wachstum)

- Diversifikationsgrad

- Alter der Märkte

- wenn möglich, Innovationsgrad.

Aus dieser Aufstellung wird ein generelles Problem bei Kontrollgruppendesigns deutlich:[2]

Wenn man beabsichtigt, eine Hypothese über den Zusammenhang zweier Variablen (z.B. X als unabhängige, Y als abhängige) zu testen, ist eine eindeutige Aussage anhand des Vergleichs der Ergebnisse von Kontrollgruppe und Untersuchungsgruppe nur dann möglich, wenn man ausschließen kann, daß andere Einflüsse als X auf Y wirken. Eine **Unterdrückung** dieser Störvariablen ist i.d.R. bestenfalls unter Laborbedingungen in einem Experiment möglich. Dann können entweder störende Einflüsse gezielt unterbunden oder durch zufällige Zuweisung der Objekte zu Kontroll- und Untersuchungsgruppe unbeachtlich gemacht werden.[3] Diese Vorgehensweise ist aufgrund des Untersuchungsgegenstands hier naturgemäß auszuschließen. Eine andere Möglichkeit der Kontrolle wäre, die beiden Gruppen *bewußt* so zusammenzusetzen, daß sich die Verteilungen der Ausprägungen der Störvariablen möglichst wenig unterscheiden (sog. **Matching** oder Parallelisierung[4]). Dies wäre bei dieser Untersuchung möglicherweise dann erreicht, wenn man die Selektion der zu befragenden Gründer, etwa mit Hilfe von Quoten oder paarweiser Auswahl, nach den von Weiss[5] genannten Faktoren vornehmen könnte. Diese Vorgehensweise scheidet aber aufgrund von praktischen Problemen ebenfalls aus:

1) Weiss (1981:52).

2) Vgl. zu der Problematik McGuigan (1979:53ff.).

3) Z.B. Hammann/Erichson (1978:55).

4) Vgl. zum Matching McGuigan (1979:62/63).

5) Weiss (1981), s.o.

Es stehen dafür zuwenig Adressen von und Daten über die technologieorientierten Unternehmungen zur Verfügung.

Als dritte und hier einzig praktikable Alternative für das Design der Untersuchung bleibt nur folgendes Vorgehen:

Da ein Matching der beiden Gruppen nur sehr bedingt möglich ist, müssen **die möglichen Störvariablen** in ihren Ausprägungen im Rahmen der Befragung **miterhoben** und ihr Einfluß bei der statistischen Auswertung **rechnerisch isoliert** werden, um Aussagen über den tatsächlichen Zusammenhang zwischen den eigentlich untersuchten Variablen zuzulassen. Welche Variablen dabei als Störfaktoren in Frage kommen, wurde anhand des 3. Kapitels erarbeitet. Um eine gewisse Vergleichbarkeit zwischen Untersuchungs- und Kontrollgruppe zu erhalten, wurde zumindest hinsichtlich der Produktpalette ein Matching vorgenommen: Hinsichtlich des Alters wurde eine größtmögliche Ähnlichkeit angestrebt,[1] Gleichheit war hier nicht zu erzielen, so daß die Altersstruktur als Störvariable bei der Auswertung noch geprüft werden muß.

Wesentlicher Nachteil bei der hier gewählten Vorgehensweise ist die große Zahl der dabei zu erhebenden Variablen, wodurch die Antwortbereitschaft der Befragten und damit also die Zahl der verwertbaren Fälle u.U. stark abnimmt. Gerade der Stichprobenumfang ist aber bei der Einbeziehung vieler Variablen ein sehr wichtiger Faktor: Je schlechter das Verhältnis von Fallzahl und Variablenzahl, desto schlechter sind die Ergebnisse zu interpretieren und als signifikant oder allgemeingültig bezeichnen. Außerdem wird die Untersuchung über die eigentliche Fragestellung hinaus aufgebläht.

Im vorliegenden Fall mußte dieser Weg mangels Alternativen dennoch gewählt werden.

4.2.2 Störung durch Selektionseffekte

Ein wesentlicher Einwand gegen Aussagen zur Wirkung von Technologiezentren mittels eines Vergleichs von internen und externen Unternehmen richtet sich auf die Tatsache, daß die Differenz der "Survival Rates" sich zu einem nicht bekannten Anteil aus der Selektion der Unternehmen durch das TGZ ergibt,[2] d.h. es muß damit gerechnet werden, daß durch den Prozeß der **Auswahl** bei der Aufnahme in ein TGZ tendenziell Gründungen mit geringen Erfolgsaussichten ausgeschieden werden und somit eine Vergleichbarkeit mit der Gesamtheit der unabhängigen Gründungen nicht gewährleistet ist.[3] Da im Rahmen dieser Studie das Nachvollziehen des Selektionsprozesses nicht mehr

---

1) Zur Relevanz des Alters als Einflußfaktor bezüglich des Erfolgs vgl. z.B. die Befunde bei: Fredland/Morris (1976:13).

2) Udell (1990b:112).

3) Vgl. hierzu insbesondere die Ausführungen von Lumpkin/Ireland (1988:59-81), die sich ausführlich mit den Selektionskriterien von Gründerzentren beschäftigen und die dadurch bedingte Steigerung der Erfolgschancen hervorheben.

objektiv möglich ist, muß die Berücksichtigung dieses Einwands auf die ex-post-Über-
prüfung der Vergleichbarkeit hinsichtlich der erhobenen Merkmale (potentielle Erfolgsfaktoren) beschränkt bleiben. Einige Anhaltspunkte bezüglich der möglichen Selektionswirkung sind von der Erhebung der subjektiven Einschätzung der Gründer zu erwarten, die befragt werden, welche Faktoren seinerseits für die Aufnahmeentscheidung relevant waren und wie deren relatives Gewicht zu sehen ist. Um den Einfluß der Selektion
gültiger zu erfassen, müßten in der zukünftigen Forschung andere Verfahren gewählt
werden, z.B. wäre an eine Längsschnittuntersuchung zu denken, bei der anfangs sowohl
die Konzepte der in ein TGZ aufzunehmenden als auch der unabhängig zu gründenden
Unternehmen demselben Entscheidungsgremium vorgelegt und von ihm beurteilt werden. Sicherlich würde eine solche Vorgehensweise aber auf nicht unerhebliche praktische Schwierigkeiten stoßen.

4.2.3 Praktiziertes Auswahlverfahren für Kontrollfälle

In der bekannten "SAPPHO"-Studie[1] wurden zur Untersuchung ebenfalls Kontrollfälle
benötigt. Dort kam das Kriterium "compete for the same market" zum Tragen, nach
dem dann Paare vergleichbarer Fälle gebildet wurden. In der vorliegenden Untersuchung haben wir uns, wie oben erwähnt wurde, analog dazu entschlossen, die Produktpalette der TGZ-Unternehmungen zu ermitteln und die Kontrollgruppe hinsichtlich
dieses Merkmals möglichst genau zu "matchen". Das Vorgehen sah dabei so aus:
- Die Produktpalette des TGZ-Unternehmens wurde festgestellt. Dazu dienten Angaben
  aus dem **KOMPASS**-Branchenbuch,[2] in dem die Produktpalette mit Kennziffern sehr
  detailliert erfaßt ist.
  Für Unternehmen, die nicht im Kompass-Adreßbuch aufgefunden wurden, wurde die
  Branchenbezeichung aus dem ADT-Handbuch verwendet, u.U. unter Einbeziehung
  des Firmennamens als Indikator für die Geschäftstätigkeit.
  Daneben kamen Selbstauskünfte aus der Fragebogenerhebung zur Anwendung.
- Aus dem Kompass-Adreßbuch wurden zu jedem TGZ-Unternehmen mehrere Kontrollfälle unter Berücksichtigung der Produktpalette ermittelt. Kriterium war dabei die
  möglichst hohe Übereinstimmung hinsichtlich des Angebots unter den Nebenbedingun-
  gen, daß eine Vergleichbarkeit hinsichtlich des Gründungsjahrs gegeben war (Gründung in den 80er Jahren) und es sich nicht erkennbar um Zweiggründungen oder
  Tochtergesellschaften anderer Unternehmungen handelte. Dabei wurde nach dem Kriterium der Übereinstimmung der angebotenen Produkte gesucht. Eine Mindestüberein-
  stimmung waren fünfstellige Codes, die eine Produktkategorie, z.B. 37010

---

1) Vgl. Rothwell et al. (1974:259).

2) Kompass (1991).

"Generatoren und Motoren", angeben. In mehr als 90 Prozent der Fälle war es sogar möglich, bei der Auswahl auf enger umrissene Untergruppen abzustellen, z.B. 37010-21 Synchronmotoren.[1] Waren mehrere konkrete Produkte bekannt, wurden Kontrollfälle gewählt, die hinsichtlich ihres Angebotsprofils hohe Übereinstimmung aufwiesen. So wurden für jeden Untersuchungsfall wenigstens zwei potentielle Kontrollfälle ausgewählt.

- Aus den zu einem TGZ-Fall gefundenen Kontrollfällen wurde jeweils der Fall herausgesucht, der die beste Ähnlichkeit im Alter aufwies, bei Gleichheit kam das Kriterium "Produktpalette" erneut zum Tragen, wobei auch die Breite des Angebots berücksichtigt wurde. Dieser Kontrollfall wurde als erster angeschrieben.

- Wenn mindestens zwei geeignete Fälle aufgefunden waren, wurde die Suche ggf. eingestellt. Die Suchfolge verlief alphabetisch nach Firmennamen, rückwärts oder vorwärts, so daß keine bewußte und möglicherweise verzerrende Auswahl - z.B. hinsichtlich des Standortes - befürchtet werden muß.

Das Matching verlief in fast allen Fällen erfolgreich, d.h. es konnten Fälle mit gleichem Alter und bis in die Details sehr ähnlichem Produktprogramm identifiziert werden. Lediglich bei einem Pharma-Unternehmen, einem CD-ROM-Anbieter und einem Holografie-Betrieb mußte auf globalere Ähnlichkeiten zurückgegriffen werden.

Mit diesem Auswahlprozeß tragen wir der Annahme Rechnung, daß die Wahl des Zielmarkts eine besonders wichtige Rolle für den Erfolg hat; möglichen Zweifeln an der diesbezüglichen Vergleichbarkeit wird darüberhinaus aber auch durch die Aufnahme von Fragen zum Thema "Zielmarkt" im Fragebogen begegnet. Die Herstellung der Vergleichbarkeit auf Ebene der Produkte statt auf der Ebene von Branchen erscheint unbedingt notwendig, um falsche Schlußfolgerungen aus dem Vergleich zu unähnlicher Unternehmen zu vermeiden. Insofern wird auch der in der Literatur geäußerten Kritik an auf Basis der Branche "gematchten" Stichproben Rechnung getragen.[2]

Nach der Darstellung der Fallauswahl nach Maßgabe von Produktpalette und Unternehmensalter nun zum Ergebnis nach der Erhebung:

Naturgemäß war, bedingt durch nicht-vollständigen Rücklauf in beiden Gruppen, das ursprünglich geplante Matching im Ergebnis nicht immer möglich. Auf Basis der erfaßten Produktkennziffern konnte nach Ablauf der Erhebung und Nachfaßaktion jedoch ein neues Matching vorgenommen werden.

Danach konnten von den 35 TGZ-Fällen auf Anhieb noch 19 Kontrollfälle mit größtmöglicher Ähnlichkeit zugewiesen werden, nach zweiter Priorität weitere 11, so daß nur fünf Fälle ohne direkte Zuordnungsmöglichkeit verbleiben. Diese Übereinstimmung kann als zufriedenstellend bezeichnet werden, zumal keine direkten Paar-Vergleiche

---

1) Vgl. Kompass (1991:1573 und 1577).
2) Vgl. v.a. Gibb/Davies (1991:303).

angestellt werden sollen. Gleichwohl läßt die Übereinstimmung vermuten, daß im Bereich "Idee" die verzerrenden Einflüsse durch signifikante Unterschiede bezüglich der Marktcharakteristika erfreulich gering sein werden. Einen ex-post-Vergleich zwischen beiden Gruppen bezüglich der Branchenzugehörigkeit gibt die Abbildung 4-1.

Abbildung 4-1: Vergleich der Branchenzugehörigkeit zwischen TGZ- und Kontrollgruppe (auswertbare Rückläufe)

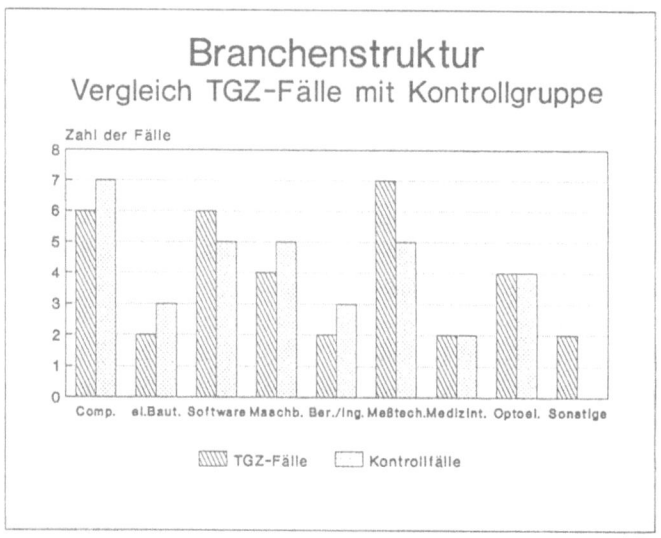

Daß das Matching auch bezüglich der zweiten Bedingung, des Alters, als durchaus gelungen gelten kann, veranschaulicht die folgende Abbildung 4-2.

Abbildung 4-2: Vergleich des Gründungsjahrs zwischen TGZ- und
Kontrollgruppe (auswertbare Rückläufe)

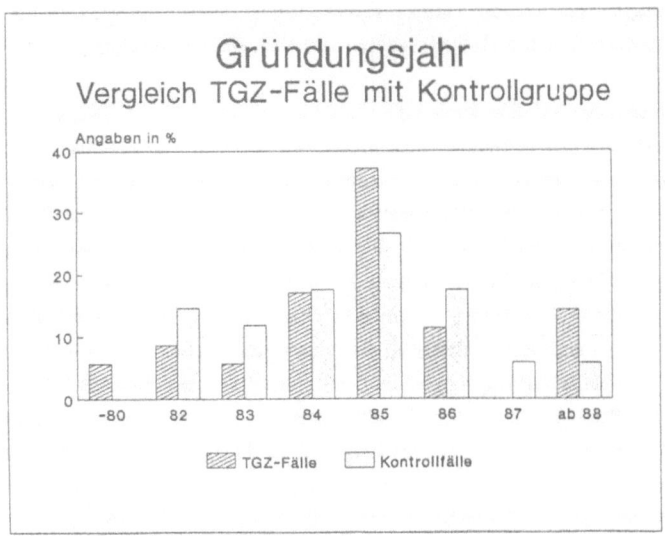

4.3 Durchführung und Rücklaufquoten

Wir entschieden uns für die Durchführung der Hauptbefragung als postalisch-schriftli-
che Erhebung. Nur so konnte bei gegebenen Mitteln die beabsichtigte Totalerhebung
von TGZ-Auszügen aus ganz Deutschland und damit das Ziel der Verallgemeinerungs-
fähigkeit der Befunde realisiert werden. Für die Schriftform spricht außerdem, daß
unerwünschte Intervlewereinflüsse ebensowenig auftreten wie Zeitdruck und daß die
Anonymität besser gewahrt wird. Dadurch sind womöglich leichter wahre Antworten
auf Fragen zu sensiblen Bereichen zu erhalten.[1] Dem steht als u.E. gravierendster
Nachteil die mangelnde Situationskontrolle gegenüber, d.h. u.a. die Identität von ange-
schriebener und beantwortender Person ist nicht nachweisbar.[2] Wir versuchten diesem
Mangel durch vorherige telefonische Ermittlung der Ansprechpartner und persönliche
Anschreiben entgegenzuwirken.

Eine schriftliche Befragung läßt nur einfache Fragen zu, und ein Nachfragen bei
Unklarheiten ist i.d.R. unmöglich. Zur Minimierung dieser Probleme wurde ein Pretest
vorgeschaltet, bei dem insbesondere das leichte und eindeutige Verständnis der Fragen
geprüft werden sollte. Da wir auf Basis der Gründungsliteratur genaue Vorstellungen
von relevanten Items hatten, war das Formulieren einfacher Fragen und die vollständige

1) Zu diesen Vorteilen vgl. z.B. Wilk (1975:187f.).

2) Ebenda. 187f.

interne Antwortvorgabe kein Problem. Durch die bei schriftlicher Befragung notwendige einfache und überwiegend geschlossene Fragestellung wird im übrigen die sog. Treffgenauigkeit der Antworten erhöht, und es sinkt die Gefahr, unerwünschte Fremddimensionen mitzumessen.[1] Dadurch erhöhen sich Validität und Reliabilität der Untersuchung.

Im Interesse hoher Validität wurden die Fragen bewußt neutral formuliert, also ohne in der Fragestellung eine bestimmte Tendenz erkennen zu lassen. Darüberhinaus handelt es sich meist um Fragen zu objektiven, eindeutig wahrnehmbaren Sachverhalten, so daß die subjektive Verzerrung gering gehalten wird. Vorsätzliche Falschauskünfte können damit zwar nicht vermieden werden, sind aber infolge der zugesicherten Anonymität und der geringen Sensibilität der Fragen u.E. auch nicht zu erwarten. **Demographische Fragen** zur Person und **Fragen zu anderen Fakten** dürften die geringsten Probleme bereiten. Fragen nach **Einschätzungen**, also ungewissen Fakten, wurden weitestgehend vermieden, reine **Bewertungen** treten im Bereich der TGZ-Leistungen auf.[2] Auf besonders bei den Bewertungen mögliche Validitätsstörungen werden wir in der Befunddokumentation noch eingehen, wo auch die Frage untersucht wird, ob eine Differenzierung zwischen Antworten auf verschiedene Items feststellbar ist, ob die Items also diskriminieren. Anhand des Vergleichs bestimmter Aussagen über *ein* TGZ zwischen *verschiedenen* Personen kann man außerdem die Objektivität der Aussagen prüfen.

Nach Erarbeiten des Fragebogens wurden zunächst als **Pretest** eine Reihe von persönlichen Gesprächen mit Gründern in und außerhalb von Technologiezentren vereinbart. Diesen wurde der Fragebogen vorgelegt und anschließend diskutiert. Es fanden insgesamt neun Interviews statt. In deren Verlauf kristallisierten sich modifikationsbedürftige Items heraus. Insgesamt entstand aber der Eindruck, daß die gestellten Fragen problemgerecht waren. So mußte der Fragebogen nur geringfügig geändert werden, vor allem durch Elimination einiger offenkundig nicht relevanter Items.

Die Haupt-Befragung fand nach Abschluß der Pretests im Sommer 1991 in drei Stufen um die Jahreswende 1991/92 statt.

Von den 88 mit Adresse bekannten und angeschriebenen Firmen (und weiteren acht im Pretest befragten) aus der TGZ-Gruppe schieden mindestens zwei wegen zu hohen Alters bzw. Unselbständigkeit aus. Es wurde nach telefonischem Nachfassen mit einem Rücklauf von 35 auswertbaren Antworten eine **Quote von 37 vH**[3] aus den mutmaßlich relevanten Fällen erzielt. Darin ist ein zwar zurückgesandter Fragebogen, der aber infolge fehlender Angaben nicht ausgewertet werden konnte, nicht enthalten. Eine ver-

---

1) Holm (1975:66ff.).

2) Zur Terminologie vgl. Holm (1975:32).

3) incl. Pretest.

gleichbare Erhebung -allerdings bei aktuellen Mietern- von Bauer/Hannig erbrachte dagegen nur einen etwa 25prozentigen Rücklauf.[1]
Dazu wurden in einer zweiten Welle 91 ausgesuchte Kontrollfälle angeschrieben. Zusätzlich wurden später bei erfolglosem Vorgehen ggf. gezielt weitere Ersatz-Kontrollfälle in geringerer Zahl angeschrieben.[2] Da diese Aktion unter der Zielsetzung des Matching stand, ist die Rücklaufquote hier nicht mit der der ersten Aktion vergleichbar; es wurde hier nicht vollständig, sondern gezielt nachgefaßt oder eben durch Versendung weiterer Fragebögen versucht, weitere Paare zu erhalten. Nach der dritten Aktion wurde nicht mehr nachgefaßt, als das endgültige Rücklaufergebnis der TGZ-Fälle feststand.[3]

4.4   Repräsentativität

Es stellt sich im Hinblick auf die TGZ-Fälle die Frage nach der Repräsentativität der tatsächlich ausgewerteten Antworten. Dazu ist zunächst festzuhalten, daß eine Totalerhebung der relevanten Fälle, also der ausgezogenen Neugründungen, vorgesehen war. Stimmt die Zahl der identifizierten Fälle nun mit der Gesamtzahl der Auszüge etwa überein? Ein Blick in das ADT-Handbuch hilft hier weiter. Dort ist die Zahl der Auszüge zum Jahresende 1990 mit 251 angegeben,[4] allerdings nicht nach bestehenden und beim Einzugszeitpunkt neugegründeten Firmen differenziert. Wenn man zugrundelegt, daß nur 56 Prozent aller Firmen in diesen Zentren Neugründungen waren[5] und die vereinfachende Annahme macht, daß unter den Auszügen gleiche Anteile wie in der Gesamtheit gelten, liegt die Zahl der ausgezogenen Neugründungen bei etwa 140. Die identifizierten Fälle machen demnach über 70 Prozent aller Elemente aus. Gravierende Repräsentativitätsprobleme sind damit schon unwahrscheinlich. Berechnet man für den tatsächlichen Rücklauf unter der Annahme, daß die Grundgesamtheit 140 Fälle betrug, nach der Endlichkeits-Korrekturformel von Sachs die max. Abweichung der Stichprobenergebnisse vom Wert in der Grundgesamtheit, kommt man auf eine mögliche Abweichung von nicht mehr als 14 vH.[6]
Sind nun aber dennoch, wenn auch geringe, systematische Verzerrungen zu befürchten? Dazu ein Blick auf mögliche Gründe der Nicht-Identifikation von Fällen:

---

1) Bauer/Hannig (1992:4).

2) 65 Unternehmen.

3) 35 Fälle, davon ein Fragebogen nicht verwertbar.

4) ADT-Handbuch 1990/91:22-26.

5) ADT-Handbuch 1993.

6) Sachs (1969:336ff.): Vereinfachte Kontrollformel für die Endlichkeitskorrektur: $n = N/(1 + (\text{Abweichung}^2 * N))$, mit $N = 140$ und $n = 35$ ergibt sich die Abweichung von ca. 0.14, d.h. 14 vH.

- Das ausgezogene Unternehmen ist gescheitert, existiert also nicht mehr. Die Problematik der Gescheiterten wurde bereits im Kapitel "Erfolgsmessung" ausführlich diskutiert. Es war nicht beabsichtigt, gescheiterte Gründer zu berücksichtigen. Eine Beeinträchtigung der Befragung rührt also nicht daher, wie die folgende Abbildung illustriert: Es ist sogar davon auszugehen, daß der eigentliche Effekt des TGZ noch größer ist, da bekanntlich die Mißerfolgsrate von TGZ-Firmen weit geringer ist als die von unabhängigen Gründungen: Das hat zur Folge, daß die Unternehmen in der Kontrollgruppe eine Selektion aus einer relativ erfolgreicheren Grundgesamtheit, nämlich der *überlebenden* Unternehmen, darstellen, während die Unternehmen aus dem TGZ wegen ihrer marginalen "Sterblichkeit" nahezu aus der Grundgesamtheit *aller* gegründeten TGZ-Unternehmen stammen.[1] Während so bei den TGZ-Unternehmen wohl die Wahl zwischen ca. 90 Prozent aller Gründungen bestand, ist bei der Kontrollgruppe anzunehmen, daß nur noch etwa die erfolgreichsten 60 Prozent zur Auswahl standen.[2] Auch wenn dieser Effekt zahlenmäßig nicht erfaßbar ist, kann doch die Tendenz als sicher gelten und bei Interpretation der Ergebnisse berücksichtigt werden.

- Das Unternehmen hat den Standort außerhalb der TGZ-Stadt genommen oder den Firmennamen gewechselt. Beide Möglichkeiten hängen offenkundig nicht systematisch mit dem Erfolg zusammen, verzerren also die Erhebung nicht. Man könnte allerdings einwenden, daß ein Standortwechsel Unzufriedenheit mit dem TGZ andeutet und die fortdauernde Nutzung der dort gewonnenen Kontakte unterbindet. Ob diese These zutrifft, kann aber anhand der Stichprobe geprüft werden, indem wir dort Gründer mit geringer Entfernung ihres heutigen Firmensitzes zum TGZ mit solchen in großer Distanz vergleichen.

- Das TGZ verweigert die Herausgabe von Adressen der ausgezogenen Firmen. Auch in diesem Fall besteht kein Grund zu der Annahme, daß die ausgeschiedenen Firmen in ihrem Erfolg oder sonstigen Merkmalen von der Auskunftsbereitschaft des TGZ-Managements abhängen. Außerdem konnten i.d.R. auch bei Auskunftsverweigerung der TGZ-Leitung auf anderem Wege ausgezogene Firmen identifiziert werden.

---

1) Vgl. die Diskussion der Überlebensraten in den Teilen 1. und 2.

2) Vgl. die Kapitel 1. und 2. und die dort zitierte Literatur.

Abbildung 4-3: Konsequenz unterschiedlicher "Mißerfolgsquoten" in Untersuchungs-
und Kontrollgruppe für den Erfolgsvergleich

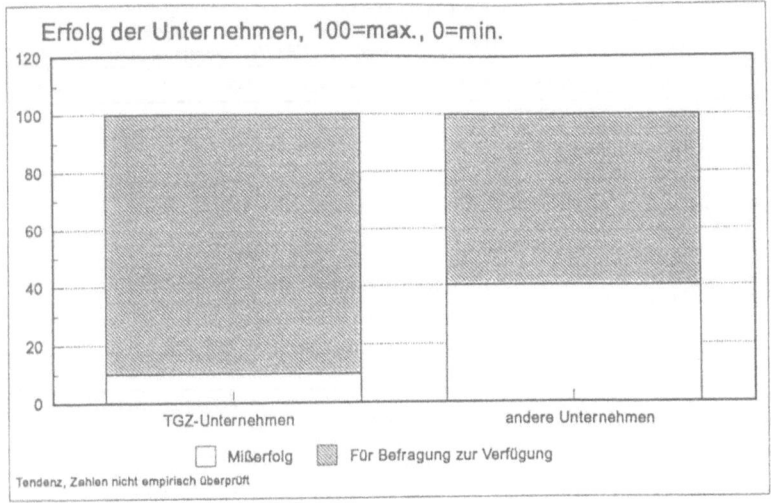

Es gibt also bei der ersten Stufe, der Adressenidentifikation, keinen Anlaß, schwerwie-
gende auswahlbedingte Verzerrungen zu erwarten.

Ein zweiter zu überprüfender Punkt in diesem Zusammenhang ist die Frage, ob zwischen den Rückläufen und den angeschriebenen Fällen systematische Verzerrungen vorhanden sind. Dies ist anhand bestimmter Variablen, z.B. der Branchenverteilung, zu
testen und kann anhand der von Sternberg gewonnenen Daten über alle Zentren geprüft
werden. Die Zusammensetzung der Unternehmen in den deutschen Technologiezentren
sah nach Sternberg 1986 so wie in der folgenden Tabelle wiedergegeben aus:[1]

---

1) Sternberg (1988:136). Die Wahl des Jahres 1986 als Referenzzeitpunkt erscheint
   deshalb gerechtfertigt, da die meisten der befragten Unternehmen damals gerade Mieter in
   einem TGZ waren.

Tabelle 4-1: Branchenverteilung in der Totalerhebung von Sternberg 1988.

Nr.	Branche/Technologie	vH
1	Daten- und Kommunikationstechnik	26,2
2	Verfahrens- und Fertigungstechnik, Maschinenbau	19.1
3	Meß-, Analyse-, Steuerungs- und Regeltechnik	17,9
4	Unternehmensberatung	3,4
5	Medizintechnik	4,0
5	Chemie	3,1
6	Biotechnologie	5,9
sonst.	Energieeinsparungs- und Umwelttechnik	4,6
	Verkehrstechnik	1,9
	Sicherheitstechnik	0,6
	Sonstiges	13,3

Quelle: Sternberg (1988:136), Reihenfolge umgestellt.

Es gilt also festzustellen, ob die hier zugrundeliegende Stichprobe eine vergleichbare Struktur aufweist (vgl. Tabelle 4-2).

Tabelle 4-2: Branchenverteilung in der Stichprobe

Nr.	Branche/Technologie	n	vH
1	Hardware-Computersysteme	12	17,5
	Hardware-Komponenten	5	7
	Software	11	16
2	Maschinen-/Anlagenbau	9	13
3	Meß- und Regeltechnik	13	19
	Optoelektronik (auch für Meßtechnik)	7	10
4	Beratung/Ingenieurdienstleistungen	5	7
5	Chemie-/Medizintechnik	4	6
6	Biotechnik	1	1,5
	Sonstiges	2	3
	Stichprobe:	n=69	100

Nummern "Nr.": Zuordnung zu den Bereichen in Tabelle 4-1.
Quelle: Eigene Erhebung 1991.

Aus der Tabelle ist ersichtlich, daß die Stichprobe in etwa mit der Gesamtheit vergleichbar ist, wenn man berücksichtigt, daß die von uns unter den Begriffen Hardware/Software zusammengefaßten Bereiche der Mikroelektronik in der Sternberg-Aufstellung noch nach Anwendungsgebieten (z.B.Sicherheitstechnik) getrennt sind. Außerdem kann die bei Sternberg dem Maschinenbau zugeordnete Fertigungs- und Verfahrenstechnik ebenso aus dem Bereich der Meß- und Regeltechnik, insbesondere der Optoelektronik, kommen. Auch mit der Branchenverteilung in der neueren Untersuchung von Bauer und Hannig stimmt unser Rücklauf nahezu überein.[1] Der Bereich Datenverarbeitung/Elektronik dominiert, der Maschinenbau stellt ein größeres Kontingent.

Ob sich die Unternehmen, die unseren Fragebogen beantwortet haben, in ihrem Erfolg von den Verweigerern unterscheiden, ist dagegen nicht überprüfbar.[2] Für unser Kontrollgruppendesign ist diese Frage im übrigen unerheblich, da sie beide Gruppen gleichermaßen betrifft und somit im Vergleich nicht zum Tragen kommt. Wir gehen davon aus, daß andere Faktoren als der Erfolg die Antwortbereitschaft bestimmen, z.B. die Zahl der bisher erhaltenen Anfragen, Einstellungen des Gründers etc., und daß im übrigen die ausgewerteten Fragebögen wegen der Vollerhebung und der guten Rücklaufquote einen akzeptablen Querschnitt aller Auszüge aus Technologiezentren in Deutschland darstellen.

4.5 Skalierung der Variablen

Die in der Erhebung verwendeten Items für die Messung der potentiellen Erfolgsfaktoren sind überwiegend auf einer sog. Rating-Skala[3] definiert, wobei eine Einteilung in fünf Intervalle gewählt wurde.[4] Die Werte 1-5 laufen von einem Extrem der Meßdimension zum anderen Extrem. Zusätzlich zu den angegebenen Werten sind die Endpunkte der Skala semantisch differenziert, bei Bewertungen z.B. mit den Begriffen "sehr gut" und "sehr schlecht". Nach herrschender Meinung können derartige Skalen nicht nur als ordinal, sondern sogar als intervallskaliert betrachtet werden: Die Abstände zwischen den einzelnen Ausprägungen werden also von den Befragten als etwa gleich groß wahrgenommen,[5] zumal dann, wenn ihnen wie hier Zahlen zugeordnet werden. Die einzelnen Werte sind bei Bewertungen nach dem Schulnoten-Schema angeordnet, was

---

1) Bauer/Hannig (1992:5).

2) Z.B. Pavia (1990:302) äußert die Vermutung, daß erfolgreiche Gründer eher antwortbereit sind.

3) Hammann/Erichson (1978:133).

4) Bei mehr als fünf Antwortkategorien, z.B. einer 7er Skala, nimmt nach Denz (1976:102) die Verständlichkeit und damit die Validität der Ergebnisse ab, so daß die Fünfer-Skala sich unter praktischen Bedingungen meist als optimal erweist.

5) Nach Holm (1975:40) kann eine derartige Skala als Intervallskala bezeichnet werden. Andere Autoren (z.B. Hammann/Erichson (1978:133) vertreten die Auffassung, daß es sich um Ordinalskalen handelt, die aber "Eigenschaften einer Intervallskala annimmt" und somit wie ein quantitatives Merkmal behandelt werden kann.

für Einstellungsfragen als vorteilhaft gilt.[1] Teilweise wurden Fünfer-Skalen auch für eigentlich metrisch meßbare Fakten verwendet, wenn z.b. erwartet wurde, daß die Befragten keine genauen Angaben machen können oder wollen.[2] Unter einem Skalenwert wurde dann also ein bestimmter Wertebereich für das metrische Merkmal als Klasse zusammengefaßt. Wenn diese Klassen äquidistant sind, können sie ebenfalls wie intervallskaliert behandelt werden.[3] In einigen Fällen ist auch bei nicht genau gleich großen Klassen die Interpretation als Intervallskala zu vertreten, wenn die Skala nach Klassenzahl und -einteilung fein genug ist.[4] In unserer Befragung trat dieses Problem etwa bei Variablen auf, deren Wertebereich keine natürliche Beschränkung nach oben besitzt, aber in der Realität eine bestimmte Obergrenze erwartet wird. Dies ist etwa bei den Variablen "Planungshorizont" der Fall. Um eine unsinnig hohe Zahl von Klassen zu vermeiden, wurde die obere Klasse offen "über fünf Jahre" formuliert. Die damit verbundene Abweichung von der Intervallskalierung kann aber als gering betrachtet werden, da auch in der oberen Klasse recht homogene Ausprägungen zu erwarten sind. Z.B. wird kaum jemand einen Horizont der schriftlich fixierten Planung von 10 Jahren haben. Über die Konsequenzen der bewußten Aufgabe der Äquidistanzannahme in Einzelfällen wird bei der Befundbewertung ggf. noch zu diskutieren sein.

Neben den beschriebenen Skalen wurden in einigen Fällen auch metrische Daten erhoben, so z.b. für Umsatz, Mitarbeiter, Gründungsjahr, Jahr des Auszugs aus dem TGZ und Entfernung zum TGZ.

Damit ist das Datenmaterial für die Anwendung der im folgenden Abschnitt beschriebenen statistischen Verfahren geeignet.

Nur in Ausnahmefällen und bei inhaltlicher Bedingtheit wurden auch ordinale und nominale Skalen verwendet.

4.6   Statistische Verfahren der Auswertung

Der im Abschnitt 3.1 beschriebene und in 3.2 operationalisierte theoretische Bezugsrahmen soll anhand der Daten auf seine reale Gültigkeit überprüft werden. Dazu sind neben deskriptiven Statistiken wie Häufigkeiten und Mittelwerten zur Überprüfung von Zusammenhängen geeignete Verfahren erforderlich. Welche Problemtypen liegen vor? Welche Verfahren können angewandt werden?

Die von uns in den vorangegangenen Abschnitten formulierten Hypothesen beinhalten

---

1) Holm (1975:40f.).

2) Nach einer Empfehlung von Holm (1975:33).

3) Holm (1975:43).

4) So jedenfalls Holm (1975:42f.).

Aussagen über die Zusammenhänge von Variablen*gruppen*, die nach logischen Kriterien gebildet wurden.

Um diese Zusammenhänge überprüfen zu können, kann eine Aggregation der Variablen zu Gruppen sinnvoll sein. Außerdem ist die Gruppenbildung auf ihre Haltbarkeit in der Realität zu überprüfen. Um diese Anforderungen zu erfüllen, bietet sich unter Berücksichtigung des Skalenniveaus[1] die Faktorenanalyse an, die im Abschnitt 4.6.2 näher beleuchtet wird. Als Ergebnis erhält man danach Bündel von Variablen, die durch aggregierte Faktoren ausgedrückt werden können und als Basis für weitere Hypothesentests zur Verfügung stehen. Dabei findet die Aggregation also innerhalb der anfangs gebildeten Variablengruppen statt.

Um nun deren Beziehungen untereinander auf Hypothesenkonformität zu testen, kommt in dieser Arbeit die Pfadanalyse zur Anwendung.

Damit lassen sich die Pfade, d.h. Wirkungsbeziehungen auch indirekter Art, des anfangs beschriebenen Bezugsrahmens auf ihre Existenz und Stärke im Vergleich zu anderen Beziehungen untersuchen. Auf die Anforderungen an die Anwendbarkeit und die Konsequenzen dieses statistischen Verfahrens wird im Teil 4.6.3 näher eingegangen.

Darüberhinaus werden wir aber anfangs auch bivariate Analysen zur Aufdeckung einfacher Zusammenhänge verwenden. Je nach Skalenniveau kommen dabei unterschiedliche gebräuchliche Maße in Betracht, die wir vor den multivariaten Verfahren kurz beschreiben werden.

4.6.1 Bivariate Analysen

Aufdeckung von Unterschieden zwischen Teilstichproben

Der Vergleich der Untersuchungs- und der Kontrollgruppe, also unabhängiger Stichproben,[2] kann - abhängig vom Skalenniveau - mit folgenden Verfahren erfolgen:

- t-Test für unabhängige Stichproben[3]

Hierfür ist die Voraussetzung der Intervallskalierung und der Normalverteilung zu erfüllen. Die Normalverteilung kann anhand des Kolmogorov-Smirnov-Test[4] geprüft werden. Bei diesem zeigt ein nicht signifikanter Wert an, daß die Normalverteilungsannahme nicht verworfen werden kann. Da beim t-verteilten Prüfkriterium die Varianz der beiden Gruppen eine wichtige Rolle spielt, ist die Annahme der Gleichheit der Varianzen durch einen F-Test zu überprüfen. Bei nicht unterschiedlicher Varianz

---

1) Zur Skalierung siehe Abschnitt 4.3.

2) Keine eindeutige paarweise Zuordnung, Fallzahl unterschiedlich.

3) Vgl. z.B. Bauer (1984:58ff.).

4) Vgl. zu diesem Verfahren z.B. Bauer (1984:52f.). Als Cut-off wird dort ein Signifikanzniveau von 0.10 vorgeschlagen. Niedrige Signifikanzwerte geben Hinweise auf die Verletzung der Normalverteilungsannahme.

kommt ein t-Wert für gepoolte Varianzen, sonst ein t-Wert mit Berücksichtigung der Einzelvarianzen zur Anwendung.[1]

- Mann-Whitney-Test[2]

Im Unterschied zum t-Test ist der Mann-Whitney-Test ein verteilungsfreies Verfahren, d.h. er kann auch angewandt werden, wenn die Normalverteilung der Variablen nicht gegeben ist. Hier werden den Ausprägungen der Variablen Rangzahlen zugeordnet, addiert und zwischen den Gruppen miteinander verglichen.[3] Darum ist auch ordinales Skalenniveau ausreichend.

- Median-Test

Bei schlecht verteilten intervallskalierten Variablen als Alternative zum t-Test anwendbar, wobei die Mediane verglichen werden.[4]

- Chi-Quadrat-Maß

Bei nominalen Daten anwendbarer Test, der prüft, ob die Häufigkeitsverteilung der Variablen sich zwischen beiden Stichproben unterscheidet.[5]

Zusammenhangsmaße

Abhängig vom Skalenniveau wenden wir folgende bekannte Verfahren an:
- zwei intervallskalierte Variablen: Produkt-Moment-Korrelation[6]
- eine intervallskalierte Variable: einfaktorielle Varianzanalyse[7]
- nur nominale/ordinale Merkmale: Chi-Quadrat-Statistik[8].

Die Verfahren werden unabhängig von der Erfüllung der Verteilungsannahmen verwen-

---

1) Brosius (1988:263-271; speziell: 268); Bauer (1984:58ff.). Für das von uns geforderte einseitige Signifikanzniveau von 95 Prozent werden angegebene zweiseitige Signifikanz-Werte von bis zu 0.099 akzeptiert.

2) Vgl. z.B. Bauer (1984:72ff.).

3) Brosius (1988:300), Bauer (1984:72ff.).

4) Brosius (1988:300f.), Bauer (1984:68ff.).

5) Brosius (1988: 217-221).

6) Z.B. Bauer (1984:167ff.): Neben der Intervallskalierung sollten die Variablen normalverteilt sein (zur Normalverteilung auch: Hartung/Elpelt (1984:144f.). Die Berechnung der Korrelationen ist hiervon jedoch nicht abhängig. Jedoch sind z.B. bei mehrgipfligen Verteilungen die Signifikanzaussagen nicht verwendbar (Bauer 1984:168).

7) Z.B. Tiede (1987:74-98): Neben dem Skalenniveau muß Varianzhomogenität bezüglich der abhängigen (intervallskalierten) Variablen für jede Ausprägung der unabhängigen gegeben sein. Des weiteren wird Normalverteilung der abhängigen Variablen gefordert. Die Verletzung dieser Annahme wird allgemein als wenig folgenreich angesehen, da die Varianzanalyse diesbezüglich als robust gilt (Bauer 1984:57; Tiede 1987:79).

8) S. Beschreibung oben.

det, da die Verfahren als robust gelten.[1] Implikationen hat dies v.a. für die Gültigkeit der Signifikanzaussagen.[2] Deswegen werden wir eine Konvention festlegen, die sich nicht ausschließlich auf die Signifikanzaussagen stützt.[3]

Nach Behandlung der bivariaten Methoden kommen wir nun zu den in der Arbeit verwendeten multivariaten Verfahren.

4.6.2 Faktorenanalyse[4]

4.6.2.1 Erläuterung des Verfahrens

Die Faktorenanalyse stellt ein Verfahren zur Datenreduktion dar, das auf Intervallskalen anwendbar ist. Mit ihm lassen sich inhaltlich verwandte Items zu neuen "Meta-Variablen", den sogenannten Faktoren zusammenfassen, die die Eigenschaft haben, voneinander statistisch unahängig zu sein. Es werden also Bündel von hoch miteinander zusammenhängenden Variablen gebildet, die von anderen Bündeln möglichst deutlich abgrenzbar sind. Faktorenanalysen können explorativ, d.h. strukturaufdeckend, oder hypothesengeleitet durchgeführt werden. Letzteres wird hier praktiziert, da es uns lediglich um eine Reduktion der Variablenzahl *innerhalb* der theoretisch bereits getrennten Blöcke von Erfolgsfaktoren geht.

Neben kardinalem Skalenniveau sollten die verwendeten Variablen normalverteilt sein.[5] Gegenüber der Verletzung dieser Annahme ist das Verfahren jedoch robust, so daß hier keine strenge Auswahl vorgenommen werden mußte: Problematisch können nach der Literatur lediglich Variablen mit sehr links- oder rechtssteiler Verteilung sein, da das Verfahren dazu neigt, solche mit anderen schlecht verteilten Variablen oder in Einzelfaktoren zu bündeln.[6] Solche Mängel sind der Faktorenlösung allerdings anzusehen. Es erschien in jedem Fall zweckmäßiger, bei der Variablenauswahl zunächst nach inhaltlichen Kriterien vorzugehen, bevor anhand statistischer Tests die Güte der Lösung beurteilt wurde. Nicht als intervallskaliert interpretierbare Variablen müssen aus der

---

1) Z.B. Bauer stellt dies für die Varianzanalyse (Bauer 1984:57) und für die Produkt-Moment-Korrelation fest (Bauer 1984:167f.). Lediglich bei gravierenden Problemen in der Verteilung wird ggf. deren Recodierung oder der Übergang auf verteilungsfreie Verfahren erfolgen. Darauf und auf die Variablen, die aufgrund ihrer Verteilung ganz ausgeschlossen werden müssen, werden wir in der Befunddokumetation noch eingehen.

2) Vgl. die entsprechenden Anmerkungen zur Korrelation und Varianzanalyse oben.

3) Näheres hierzu in Kapitel 5.

4) Die Ausführungen lehnen sich vor allem an folgende Literatur an: Brosius (1989:137-173); Ost (1984:575-626); Bauer (1984:202-247); Bortz (1977:627-695).

5) Da die Berechnung der Faktoren auf Basis von Korrelationsmatrizen erfolgt, gelten deren Verteilungs-Voraussetzungen. Siehe unter 4.6.1.

6) Bauer (1984:57,202).

Faktorenanalyse ausgeklammert und später ggf. getrennt untersucht werden. Darüberhinaus ist die Anforderung, daß die Fallzahl wesentlich größer als die Variablenzahl sein soll, zu beachten.[1]

Zu den weiteren Einzelheiten des Verfahrens der Faktorenanalyse, der Berechnung der Faktoren und der Extraktion sei auf die einschlägige Literatur verwiesen.[2] Hier nur die Angabe der verwendeten Verfahren und Kriterien, die allesamt zu den gebräuchlichen und in der Literatur empfohlenen zählen:

- Die Berechnung der Faktoren erfolgte nach dem Verfahren der Hauptkomponentenanalyse, bei dem die Annahme gilt, daß alle Kommunalitäten gleich 1 sind.[3] Vor der Extraktion entspricht damit die Faktorenzahl der Zahl der Variablen. Andere Verfahren weisen keine eindeutigen Vorteile zur Hauptkomponentenmethode auf und beinhalten darüberhinaus das Problem der ex-ante-Schätzung von Kommunalitäten.[4]

- Extraktion der Faktoren nach dem Kaiser-Kriterium, d.h. es werden nur Faktoren benutzt, die einen größeren Erklärungsbeitrag haben als einzelne Variablen.[5] Dies ist die Untergrenze der sinnvollen Faktorenextraktion. Unter dieser Bedingung erscheint die Verwendung eines Faktors noch nutzbringend. Andere Cut-off-Kriterien beinhalten dagegen z.T. willkürliche, weniger nachvollziehbare Entscheidungen.[6]

- Rechtwinklige Rotation nach dem Varimax-Verfahren:[7] Hierbei geht es um die Maximierung der erklärten Varianz über alle Faktoren, bei dem verwendeten Verfahren unter der Zielsetzung, die Variablen möglichst eindeutig einem Faktor zuzuordnen. Die Rotation verändert also die Ladungen der Variablen, ohne die gesamte erklärte Varianz zu verändern.[8] Gleichwohl ändern sich die Eigenwerte der Faktoren, die anfangs sehr hohen nehmen dabei ab, die der nachfolgenden Faktoren zu.[9] Als u.U. vorteilhaftere Rotationsverfahren kommen v.a. die schiefwinkligen Rotationen in

---

1) Bortz (1977:642).

2) Z.B. Bortz (1977:689-695) setzt sich ausführlich mit den Vor- und Nachteilen bestimmter Methoden auseinander.

3) Bortz (1977:689).

4) Z.B. Bauer (1984:208f.); Bortz (1977:689), der die Ansicht vertritt, daß bei rein deskriptiver, datenreduzierender Anwendung (wie hier) die Hauptkomponentenmethode angemessen ist.

5) Das Kriterium besagt, daß der Eigenwert der zu extrahierenden Faktoren mindestens eins sein soll. Vgl. z.B. Brosius (Advanced 1989:150ff.).

6) Z.B. die Verfahren, die bei Bauer (1984:211) beschrieben werden.

7) Z.B. bei Bortz (1977:679-688).

8) Nachweis bei Bortz (1977:659).

9) Diese Veränderung wird in den "Final Statistics" von SPSS fälschlicherweise nicht berücksichtigt (s. Anhang 4-1). Die tatsächlichen Eigenwerte nach der Rotation kann man sich leicht durch Addition der quadrierten Faktorladungen je Faktor errechnen.

Betracht, bei denen allerdings die Annahme der Orthogonalität der Faktoren aufgegeben wird.

Eine bessere Anpassung oder Interpretierbarkeit war in unserem Fall damit nicht erzielbar. Die Lösung erwies sich als weitgehend unempfindlich gegen verschiedene Rotationsverfahren.[1]

4.6.2.2 Konkrete Durchführung mit dem Datensatz

Zur Verdichtung der Daten sollten für die Blöcke mit besonders vielen Variablen, "Management" und "Person", Faktorenanalysen durchgeführt werden. Ein Weiterrechnen mit den Faktorwerten erwies sich im Bereich "Management" allerdings nicht als zweckmäßig: Die in der Faktorenanalyse ermittelten Faktoren überdecken zum großen Teil die Unterschiede zwischen den Gruppen, da trennende Variable und nicht trennende zusammengefaßt werden. Daraus ergeben sich für die Management-Variablen zwei Schlüsse:

- Die Faktorenanalyse ist für den hier verfolgten Analysezweck nicht geeignet.
- Die Faktorenanalyse gibt die Originaldaten nicht adäquat wieder, denn es werden Variablen zusammengefaßt, die in den Teilgruppen nicht hoch miteinander korrelieren.

Für die Variablen der Person erwies sich die Faktoranalyse dagegen als praktikabel: Anhand der im vorigen Abschnitt genannten Tests sind zunächst, ausgehend vom Ziel der Integration aller Variablen eines Blocks aus unserem Bezugsrahmen, ggf. einzelne Variablen aus der Analyse ausgeschlossen worden, bis sich eine nach allen Kriterien zufriedenstellende Lösung ergab. Es kann damit ausgeschlossen werden, daß die Faktorlösung gravierende Mängel beinhaltet.

Die Analyse verlief wie folgt:

- **Analyse mit allen Variablen des Blocks**, die von der Zahl vorhandener Werte und Skalenniveau in Betracht kamen. Dabei zeigten sich anhand der MSA-Werte erste Hinweise auf Variable, die nicht durch die Faktoren repräsentierbar waren.
- **Nach sequentiellem Ausschluß der betreffenden, nicht in die Lösung passenden Variablen** entstand eine Lösung, die in jeder Hinsicht zufriedenstellend war. Sechzehn Variablen konnten zu sechs Faktoren zusammengefaßt werden: Dabei werden noch 74 Prozent der Varianz der Ursprungsdaten erklärt.

---

1) In der Literatur wird ebenfalls auf die geringen Unterschiede zwischen Varimax- und schiefwinkligen Rotationen hingewiesen (vgl. Bortz (1977:679) und die dort zitierte Literatur).

Die Gütemaße sind sehr gut bzw. noch akzeptabel ausgeprägt.[1]

Ausgeschlossen werden mußten folgende Variablen:[2]

- Wegen nominalen Skalenniveaus:

Vorherige Selbständigkeit

Einzelne Ausbildungsabschlüsse

Inkubatororganisation

Kaufmännische Qualifikation

Komplementäre Qualifikation

- Wegen mangelnden "Fits" in der Faktoranalyse:

Bezug zu früherer Tätigkeit

Kundenkontakte vor Gründung

Einschätzungsgüte der Kundenbedürfnisse und Marktdynamik

Detaillierung des Konzepts in der Produktentwicklung

Der damit verbundene Informationsverlust ist gering: Es mußten lediglich fünf Variablen aus statistischen Gründen eliminiert werden, davon stammen drei aus Frage-Batterien, die noch durch andere Variablen in der Analyse vertreten waren.

Die nominalen Aussagen zur Qualifikation sind in den aggregierten Variablen "Qualifikationsgrad" und "technische Qualifikation" weitgehend enthalten und gehen so indirekt in die Verdichtung ein.

Für spätere multivariate Analysen bietet sich außerdem die Möglichkeit, die jetzt ausgeschlossenen Variablen separat einzubeziehen und auf ihre mögliche Relevanz zu testen. Es ist somit hier keine kritische Vorselektion erfolgt.

Nun zu den konkreten Befunden und zur Beschreibung der Faktoren und der zugrundeliegenden Variablen:[3]

---

1) Bartlett-Test: sign. < 0,00000, KMO-Wert >0,6. Von den sechzehn MSA-Werten liegen fünf unter 0.5, die elf übrigen deutlich darüber und sind als akzeptabel zu bezeichnen.Die Kommunalitäten haben alle Werte über 0.5, mit einer Ausnahme sogar deutlich höher, so daß von einer guten Anpassung der Faktoren an die Daten ausgegangen werden kann. Die Faktorstruktur ist eindeutig und damit gut interpretierbar. Die Variablen laden durchweg hoch, mit einer Ausnahme mit mehr als 0.5 auf einen, ansonsten auf keinen anderen Faktor.

2) Neben den ohnehin für multivariate Analysen wegen zu geringer Fallzahl oder mangelnder Streuung nicht verwendbaren Variablen. Siehe Befunddokumetation im Kapitel 5.

3) Es werden Variablen mit einer Faktorladung von 0.5 und mehr zitiert. Mit Angaben zu Cronbachs Alpha.

Faktor 1 "Markterfahrung"

Höhe der leitenden Position in der vorherigen Tätigkeit[1]

Güte der Einschätzung der Kundenzahl

Intensität der Einbindung in Marketingfragen (vor Gründung)

Güte der Einschätzung der Kommunikations-/Werbeanforderungen

Güte der Einschätzung der geeigneten Vertriebsformen[2].

Der Faktor enthält fast ausschließlich Aussagen über die Markt- und Marketingerfahrung des Gründers und wird daher von uns mit "Markterfahrung" gekennzeichnet. Die Höhe der leitenden Position läßt sich einbinden, da sie offensichtlich das Ausmaß der Beschäftigung mit den Marktaspekten bestimmt. Dies gilt umso mehr, als die Gründer in unserem Sample zum allergrößten Teil technisch qualifiziert sind. Die hier gekennzeichnete Erfahrung richtet sich in erster Linie auf den Kunden selbst und den Weg dorthin.

Cronbachs Alpha (standardisiert): .7268

Faktor 2 "Konzeptdetaillierung"

Konzeptdetaillierung bei Gründung hinsichtlich Investition, Finanzierung und Absatz/Marketing

Dieser Faktor muß "Konzeptdetaillierung" genannt werden. Mit Ausnahme des Produktentwicklungs-Konzepts sind hier alle Bereiche vereinigt: Wer auf einem Gebiet sorgfältig plant, tut dies auch auf den anderen. Dies ist Resultat einer bestimmten Einstellung des Gründers. Letztlich bedingen sich die Bereiche. Die genannte Ausnahme ist damit zu erklären, daß die notwendige Detaillierung dort stark vom Innovationsgrad des Produktes abhängig sein dürfte.

Cronbachs Alpha (standardisiert): .8285

Faktor 3 "Erfahrung"

Berufsjahre

Branchenjahre

Güte der Einschätzung der Markteintrittsbarrieren

Die Erfahrung führt zu besserer Einschätzung der Schwierigkeiten. Es verwundert nicht, daß die Gründer, die schon längere Zeit in einer Branche tätig sind, weniger Überraschungen beim Aufbau des eigenen Geschäfts - im selben Bereich - erleben. Dieser Faktor muß "Erfahrung" heißen.

Cronbachs Alpha (standardisiert): .7161

---

1) Es wurden konkrete, auch numerierbare Ebenen in der Hierarchie als Antwortmöglichkeiten vorgegeben, so daß man von Intervallskalenniveau ausgehen kann. So jedenfalls praktiziert bei Pugh/Hickson (1978/79:43-76. Hier: 52f.).

2) Diese Variable lädt nur mit 0.45581 auf den Faktor, aber auf alle anderen Faktoren niedriger.

Faktor 4 "Konkurrenzkenntnis"

Güte der Einschätzung von Konkurrentenzahl und -angebot

Güte der Einschätzung der Konkurrenzreaktion

Offenbar reicht abstrakte "Erfahrung" und Erfahrung im Marketing nicht aus, um auch eine - so werden wir den Faktor bezeichnen - gute "Konkurrenzkenntnis" aufzubauen. Dies kann nur durch die unterschiedlichen Marktgegebenheiten erklärt werden: Die Konkurrenzkenntnis hängt in allererster Linie mit dem Innovationsgrad des Produkts zusammen: Selbst erfahrene Gründer, die für ihr Produkt einen völlig neuen Markt erschließen müssen, finden hier naturgemäß neue Konkurrenzverhältnisse vor. In Abhängigkeit vom Wettbewerbsvorteil sind zwar die anzusprechenden Kunden u.U. bekannt, die Konkurrenten, die ähnlich hochwertige und innovative Produkte anbieten können, aber nicht.

Cronbachs Alpha (standardisiert): .7680

Faktor 5 "Qualifikation"

Grad der technischen Qualifikation

Grad der formellen Qualifikation (allgemein)

Dieser Faktor ist als "Qualifikation" zu bezeichnen. Da im Sample fast ausschließlich technisch qualifizierte Gründer sind, ist die Korrelation nicht überraschend.

Cronbachs Alpha (standardisiert): .6690

Faktor 6 "Teamgründung"

Zahl der Gründer

An diesem sog. Einzelrestfaktor[1] kann sich natürlich die Kritik entzünden, denn eigentlich sind solche Erscheinungen unerwünscht und im Hinblick auf die beabsichtigte Datenreduktion auch unbefriedigend. Auch ist die relativ schlechte, stark linkssteile Verteilung der Variablen "Teamgründung" eine mögliche Ursache für dies Ergebnis.[2] Wir führten deshalb die Faktoranalyse auch unter Weglassen dieses Faktors aus und stellten fest, daß dadurch die übrigen Faktoren nicht beeinträchtigt werden und auch deren Faktorwerte fast vollkommen identisch bleiben. Im weiteren Verlauf ist also ggf. ein Weiterrechnen mit der Ursprungsvariablen "Zahl der Gründer" statt mit diesem Faktorwert vorzuziehen.

Cronbachs Alpha (standardisiert): nicht berechenbar

---

1) Bauer (1984:208).

2) Bauer (1984:202-204).

Die Cronbachs Alpha liegen für alle Faktoren mit Ausnahme von Faktor 5 über dem in der Literatur genannten Richtwert von 0.7.[1] Somit können zumindest die ersten vier Faktoren als reliabel und für weitere Analysen geeignet bezeichnet werden. Faktor fünf weist nicht nur ein niedrigeres Alpha auf, er ist auch unter dem Gesichtpunkt des postulierten Intervallskalenniveaus kritisch und deshalb im folgenden unter Vorbehalt zu betrachten.

Es werden schließlich für die Faktorlösung Faktorwerte für spätere multivariate Analysen berechnet.[2]

4.6.3 Pfadanalyse[3]

Mittels der Pfadanalyse lassen sich Hypothesen über Kausalitäten zwischen Variablen auf ihre empirische Gültigkeit überprüfen, insbesondere bei Hypothesen über **indirekte** Beziehungen zwischen mehreren Variablen. Es liegt in der Regel ein theoretisches Modell vor, das erwartete Kausalbeziehungen zwischen den Variablen in einer festgelegten Richtung enthält. Dadurch entsteht eine Reihung von Variablen in einer bestimmten Richtung. Es sind alle Arten von Beziehungen denkbar, nur sollten **Feedback-Schleifen eliminiert** werden, da sie die eindeutige Berechnung der Zusammenhänge unmöglich machen würden.[4] Man spricht dann von einem **rekursiven** Modell. Die darin enthaltenen Abhängigkeiten können in Gleichungen umgeformt werden. Zur Überprüfung dient üblicherweise eine wiederholt angewandte multiple Regression,[5] bei niedrigerem Skalenniveau können auch andere Verfahren zur Berechnung verwendet werden,[6] so z.B. die Logit-Analyse bei dichotomen Merkmalen. Im ersten Schritt ist die in dem Kausalmodell am Ende stehende Variable, auf die also die übrigen Größen wirken, die abhängige Größe. Bei einem sogenannten **vollständig** rekursiven Modell, d.h. ohne Feedback-Schleifen und mit **Untersuchung _aller_ möglichen Beziehungen,**[7]

---

1) Bauer (1984:256).

2) Dabei kam die übliche Methode "Regression" zur Anwendung, bei der z-standardisierte Werte mit Hilfe der multiplen Regression bestimmt werden. Vgl. Möglichkeiten hierzu bei Brosius (1989:362). Auch: Bauer (1984:238f.).

3) Vgl. hierzu insbesondere die ausführliche Darstellung bei Holm (1977) zur Pfadanalyse mit Regressionsanalyse sowie Holm (1979: 140-144) für das allgemeine Pfadmodell. Zur Regressionsanalyse v.a. Kockläuner (1988) und Tiede (1987:142-364), Blalock (1971) und Draper/Smith (1981). Zur Logit-Analyse: Aldrich/Nelson (1989), Durchführung: SPSS for Windows (1992).

4) Vgl. Beispiel bei Holm (1977:15).

5) Holm (1977:20).

6) Holm (1979:140f.).

7) Bei gegebener Reihung der Variablen.

werden alle weiteren Variablen als Regressoren, also als mögliche Erklärungen, betrachtet. Beachtet man diese Vollständigkeit nicht, schließt man also von vornherein einige
denkbare Pfade als vorgeblich unbedeutend aus, erhält man u.U. falsche Ergebnisse.[1]
Werden nämlich Pfade, die real relevant sind, aufgrund theoretischer Überlegungen vernachlässigt, werden dadurch auch die Koeffizienten der übrigen Pfade verfälscht, i.d.R.
erheblich überschätzt. Das gesamte Modell ist dann nicht mehr aussagefähig. Die
Grundgleichung der Pfadanalyse, daß sich die Korrelationskoeffizienten der Variablen
durch die partiellen Korrelationen/Pfadkoeffizienten der direkten und indirekten Pfade
rekonstruieren lassen müssen, wäre verletzt.[2] Wir halten es also für unbedingt erforderlich, ex ante keine Pfade auszuschließen, die möglicherweise statistisch und inhaltlich
bedeutsam sind, auch wenn dadurch weniger eindrucksvolle Pfadkoeffizienten in Kauf
genommen werden müssen. Wir werden also auch die in unserem Hypothesengerüst
nicht spezifizierten Pfade berechnen und auf Signifikanz prüfen.

Das weitere Vorgehen der Pfadanalyse besteht also darin, die jeweils letzte Variable,
auf die die übrigen Variablen wirken (könnten), als abhängige, die übrigen als Regressoren in der Regressionsgleichung zu betrachten. Im nächsten Schritt wird dann die
gerade "letzte" Variable ausgeschlossen und die "vorletzte" in der Reihung als abhängige betrachtet. Die Prozedur ist abgeschlossen, wenn man bei der oder den Variablen
angelangt ist, die nicht mehr von anderen beeinflußt werden kann/können.

Als Ergebnis erhält man aus der Durchführung des Verfahrens sogenannte standardisierte partielle Regressionskoeffizienten für die einzelnen Pfade oder auch "Beta-Koeffizienten",[3] d.h. Angaben zu Stärke und Richtung der hypothetischen Zusammenhänge
zwischen den Variablen. Die Signifikanz dieser Koeffizienten kann mit Hilfe einer t-Sta-
tistik geprüft werden.[4]

Der wesentliche Unterschied zur einfachen multiplen Regression besteht darin, daß
Modelle überprüft werden können, bei denen einzelne Variablen untereinander sowohl
durch direkte als auch durch indirekte Beziehungen verbunden sind, wie z.B. nach den
Hypothesen dieser Studie die Variablengruppe "Geschäftsidee" mit dem Unternehmenserfolg. Bei der Ermittlung der Regressionskoeffizienten werden vom Verfahren auch die
Interkorrelationen der Variablen berücksichtigt und aus den Pfadkoeffizienten heraus-
partialisiert.[5]

Die gesamte Varianzerklärung des Pfadmodells entspricht dem multiplen Bestimmtheits-
maß der Regressionsanalyse auf der ersten Stufe. Der Totaleffekt für die einzelnen
Variablen läßt sich berechnen als Summe des indirekten und direkten Effekts, wobei der

---

1) Hierzu Holm (1977:15-17;60-65).

2) Die Gleichung findet sich bei Holm (1977:60f.).

3) Holm (1977:14;22).

4) Tiede (1987:157-166).

5) Holm (1977:27-30).

Bevor wir auf die statistisch signifikanten Unterschiede, die zwischen beiden Gruppen bezüglich der Erfolgsfaktoren und des Erfolges identifiziert werden konnten, im einzelnen eingehen, werden zunächst zur Orientierung die *absoluten* Werte der erhobenen Items zu den untersuchten potentiellen Erfolgsfaktoren, im dann folgenden Abschnitt die der Erfolgs- und Größenwerte dargestellt.

Die Beobachtungen in der gesamten Stichprobe zu den erhobenen Bereichen sahen wie folgt aus:[1]

5.1.1.1 Person[2]

Die - bis auf zwei Ausnahmen hauptberuflich tätigen - Gründer sind im Normalfall relativ berufs- und führungsunerfahren, verfügen aber über eine hohe technische und allgemeine Qualifikation, während kaufmännische Vorbildung ebenso wie Erfahrung im Marketing selten sind.[3] Komplementäre Qualifikationen liegen in Team- wie bei Einzelgründungen in 80 Prozent aller Fälle *nicht* vor, was nach früheren Befunden über technologieorientierte Gründungen nicht mehr überraschen kann.[4]

Bei Vorliegen von Berufserfahrung ist oft auch eine längere Tätigkeit in der für die Gründung gewählten Branche vorhanden mit dann häufig engem Bezug zur vorherigen Tätigkeit. 22 Prozent der Gründer kommen direkt aus staatlichen FuE-Einrichtungen. Damit entspricht der Anteil der Universitäts-Spin-outs etwa dem in anderen TGZ, die als stark technologieorientiert gelten, z.B. im Cambridge Science Park.[5] Ein Viertel der Gründer war bereits auf Geschäftsführungsebene tätig, immerhin 46 Prozent waren bereits mindestens einmal selbständig.

Die Einschätzung der Marktgegebenheiten ist auf den Dimensionen "Konkurrenz" und "Kundenbedürfnisse" zufriedenstellend oder gut - als Folge der Branchenerfahrung - in den Bereichen Kundenzahl, Werbung und Vertrieb, Marktdynamik und -eintrittsbarrie-

---

1) Die Argumentation erfolgt anhand der u.B.d. Verteilung markantesten Werte zur Beschreibung, also z.B. Mittelwert oder Median.
2) Fallengelassen werden wegen mangelnder Varianz oder Fallzahl die Variablen:
   - Hauptberufliche Gründung (nur in zwei Fällen negativ)
   - Komplementäre Qualifikation bei Teams: nur 45 gültige Antworten, die Variable wird im folgenden nur unabhängig von der Teamgründung betrachtet.
   - Berufsjahre und Branchenjahre des zweiten und dritten Gründers (nur 30 bzw. 15 Fälle).
   - Ausbildungsabschlüsse sonstige technische/kaufmännische und "andere" Qualifikation. Sie
   treten praktisch nicht allein auf und werden aus inhaltlichen Gründen nur noch in der aggregierten Variablen "Qualifikationsgrad" berücksichtigt.
3) 68 Prozent der Gründer verfügen über keine kaufmännische Qualifikation bzw. 54 vH sind ohne nennenswerte Marketingerfahrung, aber 58 vH mit technischem Studium.
4) Vgl. z.B. Kulicke (1987:138).
5) Vgl. Hodgson (1992) 275-285. Hier: 281.

ren eher mäßig oder schlecht, wohl bedingt durch das fehlende Marketing-Know-how.
Vor Gründung geknüpfte Kontakte zu Kunden haben heute für den Umsatz überwiegend
geringe Bedeutung.
In allen Feldern lag anfangs nur eine mittlere Konzeptdetaillierung vor, wobei am
wenigsten im Bereich Absatz vorbereitet wurde.

5.1.1.2 Idee[1]

Der Wettbewerbsvorteil der eigenen Produkte wird allgemein sehr hoch eingeschätzt,
obwohl die zugrundeliegende Technologie in der Regel nicht völlig neu ist. In mehr als
40 Prozent aller Fälle liegt auch kein Nachahmungsschutz vor,[2] und der Preiserhö-
hungsspielraum wird in etwa ebensovielen Fällen als gering angesehen; man hat es im
Median mit 10 Konkurrenten zu tun, die auf einem mit durchschnittlich mehr als 20
Prozent pro Jahr wachsendem Markt tätig sind.[3] Letzteres spricht für das allgemein
hohe Niveau der Innovativität der von uns untersuchten Gründungen. Als schwierig
werden die Märkte bezüglich der Akzeptanzgewinnung bei Kunden und bezüglich der
notwendigen Investitionssummen beschrieben, das Know-how ist vergleichsweise leichter akquirierbar. Diese Einschätzung ist aus der Perspektive der meist technisch qualifizierten Gründer verständlich. Staatliche Auflagen werden von der Mehrheit als
unbedeutend bezeichnet.

5.1.1.3 Ressourcen

Das Startkapital lag im Median bei 50-99 TDM.[4] Ein Eigenkapitalanteil von über 80
Prozent war dabei mit Abstand am häufigsten. Die finanzielle öffentliche Förderung
hatte nach Aussage der Gründer nur mäßige Bedeutung beim Aufbringen des Kapitals,
andere öffentliche Unterstützung erhielten 74 Prozent der Gründer nicht. Die Unterstützung durch Mitarbeiter mit komplementärer Qualifikation war anfangs gering; wenn
Angestellte mit komplementärer Kompetenz gesucht wurden, dann am ehesten in der
FuE und kaufmännischen Verwaltung.

---

1) Wegen zu geringer Fallzahl wurden die Aussagen zur Markteintrittsbarriere
   "Zwischenhandel" und zum Marktvolumen (39 bzw. 27 Antworten) fallengelassen.

2) In knapp 20 vH der Fälle liegt Patentschutz vor.

3) Median 15 Prozent.

4) Auch in der Untersuchung nicht-technologieorientierter Gründungen von
   Domeyer/Funder (1991:43) war diese Kategorie am häufigsten vertreten.

5.1.1.4 Management/Konzeption[1]

Die Gründer verfolgen überwiegend eine Strategie mit hoher Produktqualität und mittlerem bis hohem Preisniveau. Dabei ist eine beträchtliche Abhängigkeit von wenigen Kunden, gemessen am Umsatzanteil der fünf größten Abnehmer, gegeben.[2] Bezüglich der Zahl der Produktlinien und Kundengruppen liegt der größte Teil in der Klasse "mehr als zwei, verschiedene Kundengruppen". Es liegt also keine starke Fixierung auf ein Produkt und eine Zielgruppe (mehr) vor. Dennoch wird die Produkt-Weiterentwicklung durch *erhebliche* Modifikationen nur von einer Minderheit der Befragten konkret geplant, etwa drei Viertel beabsichtigen dagegen kontinuierliche Verbesserungen ihrer Produkte.

Die durchschnittliche Produktentwicklungsdauer bis zur Marktreife betrug 17 Monate bei einer beträchtlichen Standardabweichung, die im übrigen in beiden Teilstichproben annähernd gleich ist.[3] Da der Zukaufanteil bei fast zwei Drittel der Unternehmen nicht über 20 Prozent liegt, wird der Wechsel von Lieferanten als nicht besonders problematisch angesehen: Die Unternehmen erstellen wesentliche Teile der Leistung zweifellos selbst. Über die Hälfte der Firmen haben bisher eine Exportquote von 20 Prozent noch nicht überschritten, in Zukunft beabsichtigen aber fast 80 Prozent einen Export: Diese Situation kann im Vergleich mit anderen Studien als typisch für Gründungen in Technologiezentren gelten.[4] Die organisatorische Spezialisierung der Unternehmen im Marketing ist in der Regel gering. In gut zwei Drittel der Fälle existiert keine Stelle, die sich ausschließlich mit derartigen Aufgaben befaßt. Es sei an dieser Stelle vorweggenommen, daß die Marketingspezialisierung weniger ein Ausdruck guten oder schlechten Managements, sondern ganz überwiegend eine Funktion der Unternehmensgröße zu sein

---

1) Fallengelassen werden mußten die Aussagen zu (in Klammern Ursache):

- Planungsprioritäten Einkauf und Produktion, Zahl der Hochschulkontakte, Kontakte zu Zwischenhändlern, Priorität der Informationsbeschaffung über staatliche Auflagen, Vertriebskanäle "eigene Niederlassungen", "Großhandel", "direkt an Einzelhandel" und "sonstiges" (zu geringe Fallzahl),

- Informationsquellen Statistik und Konkurrenz, Ausmaß konzeptioneller Produktanpassungen, externe Beratung in Produktionsfragen (fast keine Varianz).

Die genannten Variablen tauchen im folgenden somit nicht mehr auf.

2) Median in der Klasse von 41-50 vH.

3) Gesamte Standardabweichung 13,24, in den Teilgruppen 12,97 bzw. 12,36 Monate.

4) Sehr ähnliche Ergebnisse erbrachte eine Untersuchung von New Technology-based Firms in Cambridge (Keeble (1993:5) und dort zitierte Literatur). Auch Sternberg (1988:229) kommt zu nahezu denselben Resultaten: 58 vH exportieren bisher nicht, im Durchschnitt liegt die Exportquote bei 11,8 vH.

scheint.[1] Der Vertrieb der Produkte erfolgt in den allermeisten Fällen zentral/direkt,[2] Handelsvertreter und eigene Reisende sind mit je etwa zwanzig Prozent die einzigen weiteren nennenswerten Bereiche, nur ca. jeder zehnte Betrieb vetreibt an Großhandel, über Verkaufsniederlassungen oder Einzelhandel nur fünf bzw. vier Firmen. Dies hängt mit der noch geringen Größe der Unternehmen zusammen und zeigt außerdem, daß es sich meist um erklärungsbedürftige Investitionsgüter mit hohem Dienstleistungsanteil handelt.

Die Planungshorizonte überschreiten in der Mehrheit der Unternehmen insgesamt ein Jahr nicht. Dabei ist die (Produkt-)Entwicklung noch der am langfristigsten geplante Bereich. Hier wird häufig auch bis zu zwei Jahren im voraus geplant. Das unterstreicht die Innovationsorientierung der befragten Betriebe. Es folgen in der Reihenfolge der Planungshorizonte die Bereiche Finanzierung und Investition, Absatz sowie die Personalplanung. In Einkauf und Produktion liegt, auch bedingt durch den geringen Zukaufanteil und die Vielzahl von Dienstleistungsunternehmen, häufig gar keine formalisierte Planung vor.[3] Insgesamt planen die weitaus meisten Gründer jedoch in der Mehrzahl der Bereiche regelmäßig schriftlich.[4] Neben der Fristigkeit der Planung ist die Bedeutung, die den einzelnen Bereichen beigemessen wird, ein wichtiges Charakteristikum des Managements. Hier steht der Absatzbereich an der Spitze, 40 Prozent der Unternehmen nehmen ihn als am wichtigsten wahr. An nächster Stelle folgen gemeinsam die Finanzierungs- und die Entwicklungsplanung. Es folgen die Bereiche Investition, Produktion und Personal, klar an letzter Stelle wird die Einkaufsplanung genannt. Es ist also festzuhalten, daß die Unternehmen zwar in bezug auf die Fristigkeit die Entwicklung an erste Stelle setzen, dies aber nicht als mangelnde Marktorientierung ausgelegt werden darf, denn diese kommt in der der Absatzplanung zugewiesenen Bedeutung zum Ausdruck.

Bei der Einbeziehung externer Berater sind die Gründer nach eigenen Angaben allgemein relativ zurückhaltend, es gibt aber beträchtliche Unterschiede zwischen den Bereichen: In der Entwicklung, Produktion und Personalfragen nahm jeweils eine große Mehrheit (von 60 vH und mehr) überhaupt keine Berater in Anspruch.[5] Im Grundsatz gilt dies auch für die Geschäftsplanerstellung, allerdings liegt hier eine größere Varianz vor, die interessante Befunde zur Verursachung und Erfolgswirkung der Beratung erwarten läßt. In den Bereichen Finanzierung und Gründung konsultierten dagegen mehr

---

1) Dies stimmt mit Befunden von Weigand (1963) überein (zitiert nach: Albach (1965:31ff.).

2) 81 Prozent.

3) 49 bzw. 38 Prozent.

4) Nur 11,1 vH der Gründer planen in mehr als der Hälfte der Bereiche ($> = 4$) nicht schriftlich. Unni (1981:56) stellte bei jungen Unternehmen eine noch geringere Planungsneigung fest: Nur 10-40 Prozent planten überhaupt regelmäßig.

5) Die Beratung in der Produktion ist so gering, daß diese Variable aus allen weiteren Analysen ausgeschlossen wird.

als zwei Drittel der Unternehmen Berater. Am stärksten ist die Konsultation in Rechts-fragen und der Buchhaltung; hier sind offenbar Spezialkenntnisse besonders wichtig, die bei den meist technisch ausgebildeten Gründern naturgemäß nicht selbst vorliegen. Es kann hier auch von Funktionsausgliederung gesprochen werden. Daß die Gründer gern mehr Beratung genutzt hätten, geht aus der nur schlechten bis mittelmäßigen Beurteilung des Gesamtangebots bei Gründung hervor.

Zum Informationsverhalten läßt sich folgendes festhalten: Die Zahl der genutzten Arten von Informationsquellen aus unserer Vorgabe liegt im Mittel bei etwa vier von zwölf möglichen. Von fast allen Unternehmen wurde die Quelle "Auswertung von Konkurren-zinformationen", von fast keiner die Auswertung amtlicher Statistiken genutzt. Offenbar sind die Tätigkeitsfelder so speziell und auch neu, daß Statistiken keine gute Hilfe dar-stellen. Beliebt sind die Informationsquellen Kunden, Lieferanten und Hochschulen, die jeweils von mehr als der Hälfte aller Befragten regelmäßig genutzt werden. Damit ent-spricht das Informationsverhalten in etwa dem bei kleinen und mittleren, besonders for-schungsintensiven, Betrieben üblichen.[1] Interessant ist, daß der Anteil der Firmen mit Hochschulkontakten in der Gesamtstichprobe mit 54 vH fast genau mit dem Befund einer europäischen Technologietransfer-Studie von Rothwell bei kleinen und mittleren Unternehmen entspricht.[2] Es folgen Konkurrenzkontakte (43 Prozent) und mit größe-rem Abstand Datenbanken und Behörden/Kammern (27 bzw. 22 vH). Weitere Quellen werden von 18 Prozent der Unternehmen verwendet. Eine spezielle Stelle für Informati-onsgewinnung besteht in fast keinem Unternehmen, es werden auch nicht gezielt neue Mitarbeiter als Informationslieferanten gesucht.

Analog zur Bedeutung der Absatzplanung hat die Informationsgewinnung über Kunden die größte Bedeutung für die Gründer, sie steht bei knapp der Hälfte der Gründer an erster Stelle, dicht gefolgt von der Technologie. Es folgen die Konkurrenz- und die Lie-feranteninformation, staatliche Auflagen haben nahezu keine Bedeutung, was nach der unter "Idee" festgestellten geringen Bedeutung staatlicher Auflagen nicht verwundert.

5.1.2   Erfolg: Absolute Werte für Wachstum und Größe[3]

Um sich ein Bild über die befragten Unternehmen zu machen, ist ein Blick auf deren absolute Größe und das absolute Wachstum von Nutzen. Dabei müssen die Zahlen jedoch vor dem Hintergrund des Unternehmensalters gesehen werden:

---

1) Z.B. in einer Studie von Böhler et al. (1989:41/99).

2) Rothwell (1991:93-112).

3) Vgl. Tabelle 5-3.

- Die meisten Unternehmen wurden 1985 gegründet, gefolgt von 1984 und '86.[1] Das Durchschnittsalter der Firmen beträgt etwa sechs Jahre. Bezüglich des Aufenthalts im TGZ ist die Frage zu stellen, ob und um wieviel ggf. sich der Gründungszeitpunkt vom Einzugszeitpunkt ins TGZ unterschied. Siebzehn Unternehmen, also praktisch die Hälfte, wurden im selben Jahr des Einzugs gegründet, zehn weitere im Jahr davor. Bei nur insgesamt acht Gründungen lag der Gründungszeitpunkt mindestens zwei Jahre vor Einzug ins TGZ. Diese Unterschiede werfen die Frage auf, ob sich die unterschiedlichen Zeitpunkte des Einzugs auch in Erfolgsdifferenzen niederschlagen, ob z.B. die schon gefestigten "älteren" Einzüge ein größeres Wachstum aufweisen oder überhaupt größer sind. Ein zu diesem Zweck durchgeführter t-Test ergab keine Hinweise auf Unterschiede.[2] Eine Korrelationsanalyse mit der Zahl der Jahre, die zwischen Einzug und Gründung lagen, ergab nur, daß die länger existierenden Unternehmen naturgemäß tendenziell größer sind,[3] aber auch keinen Bezug zum Wachstum. Ein Einfluß der unterschiedlichen Einzugszeitpunkte ist somit mit hoher Wahrscheinlichkeit auszuschließen.
- Die Größe der Unternehmen ist im Mittelwert zum Zeitpunkt der Befragung 27 Mitarbeiter bei 5 Mio. DM Umsatz, wobei allerdings der aussagefähigere Median jeweils deutlich geringer, nämlich 15 Mitarbeiter bei 2,5 Mio. DM Umsatz, ausfällt.
- Das Umsatzwachstum seit Gründung betrug p.a. im Mittel wie im Median über 30, der Mitarbeiterzuwachs sogar über 35 Prozent.[4]

Wie bereits oben erwähnt, könnte ein wichtiger Einflußfaktor die Art der Haupt-Geschäftstätigkeit sein. Signifikante Unterschiede ergeben sich für folgende Bereiche:[5] Unternehmen, die überwiegend eigene Fertigung betreiben, sind vom gleichen Ausgangsniveau wie Dienstleistungs-/Handelsbetriebe deutlich stärker gewachsen und demzufolge heute erheblich größer. Dies gilt für den Umsatz wie auch für die Mitarbeiterzahl. Hinsichtlich der Produktivitätsentwicklung gibt es dagegen keine signifikanten Differenzen. Der Umsatz pro Mitarbeiter ist bei Dienstleistern erwartungsgemäß -aber nicht signifikant- höher. Das höhere Wachstum von Unternehmen mit eigener Fertigung erklärt Pavia, die in einer Untersuchung über High-Tech-Gründungen zu denselben Ergebnissen kommt, so:[6] Die Eigenfertigung steht stellvertretend, als Indikator,

---

1) Mehr als 30 vH wurden 1985 gegründet. Vgl. auch Abb. 4-2 weiter oben.

2) Bei Bildung von zwei Gruppen, Einzug und Gründung im selben Jahr (ja/nein), ergibt sich bezüglich keiner Variablen der Größe (Umsatz oder Mitarbeiter) eine signifikante Beziehung.

3) Nach Mitarbeitern und Umsatz jetzt und im letzten Jahr.

4) Zum Vergleich: Bei Kulicke (1987:245) hatte die schnellwachsende Gruppe in den ersten fünf Jahren jährlich 34 vH Mitarbeiterzuwachs erzielt.

5) Vgl. Tabelle 5-3.

6) Pavia (1990:305).

für ein einzigartiges, technologisch überlegenes Produkt. Auch wenn diese pauschale Annahme nicht ohne Bedenken generalisierbar ist, erscheint es zumindest plausibel, daß mit dem Anteil zugekaufter Komponenten bei technologieorientierten Unternehmungen die Wahrscheinlichkeit für einen hohen Innovationsgrad abnimmt. Von Laub wird eine solche innovationsgradabhängige Ressourceneinbindungs-Strategie aus theoretischen Überlegungen heraus als effizient eingestuft.[1] Auch transaktionskostentheoretische Überlegungen sprechen für den Zusammenhang zwischen Zukaufanteil und Innovationsgrad.[2]

Tabelle 5-3:   Erfolgs- und Größenunterschiede zwischen Unternehmen mit Schwerpunkt Fertigung und solchen mit Schwerpunkt Dienstleistungen/Handel

Variable		Tätigkeitsschwerpunkt Dienstleistung und Handel | Produktion Mittelwert/Median	
GRÖSSE			
Mitarbeiter (MA) Gründung	MA	2.9/2	6.5/2
MA aktuell	MA	16.8/8	37.4/25
Umsatz Gründung	TDM	798/350	1104/350
Umsatz aktuell	TDM	3392/1700	6335/3000
WACHSTUM P.A.			
MA seit Gründung	vH	25.1/19.6	53.7/41.4
MA letztes Jahr	vH	16.8/ 7.1	32.8/21.5
Umsatz seit Gründung	vH	24.3/20.0	43.9/35.1
Umsatz letztes Jahr	vH	21.6/13.5	45.3/35.7
PRODUKTIVITÄT			
Zuwachs seit Gründung	vH	-0.5/-0.4	-4.6/-5.1
Zuwachs letztes Jahr	vH	16.6/17.6	18.0/.093
absolut aktuell	TDM/MA	211/156	153/128

fett=sign. Unterschiede (Median-Test)

Neben der Hauptgeschäftstätigkeit ist in dieser Studie natürlich die Frage zu stellen, ob der Aufenthalt im Technologiezentrum einen Unterschied in Wachstum oder Produktivität bringt oder ob womöglich schon die Ausgangsgröße und -produktivität, bedingt

---

1) Laub (1991:23-49, hier: 43).

2) Z.B. Schrader (1993:3) und die dort zitierte Literatur; zur Transaktionskostentheorie: Williamson (1981).

durch die Selektion durch das TGZ, voneinander abweichen. Hierzu ergibt die Überprüfung folgenden Befund (auch Tabelle 5-4):
Sowohl Umsatz als auch Mitarbeiterzahl sind bei Gründung außerhalb des TGZ anfänglich höher. Die TGZ scheinen also eher kleine Gründungen zu fördern.
Diesen Start-Vorteil gleichen die TGZ-Firmen bis zum Befragungszeitpunkt allerdings
durch höheres Wachstum, speziell im Umsatz, soweit aus, daß zumindest keine signifikanten Differenzen mehr festgestellt werden können. Während die TGZ-Gründer ihren
Umsatz seit Gründung im Jahr im Median um etwa 34 Prozent steigern konnten, kommen die Firmen der Kontrollgruppe hier nur auf ca. 24 Prozent. Auch bei der anfänglich geringeren Produktivität holen die TGZ-Unternehmen auf, allerdings ist der signifikante Vorsprung der unabhängigen Gründungen nach wie vor existent, einem Umsatz
von 143 TDM pro Mitarbeiter in der Kontrollgruppe stehen nur je 120 TDM im TGZ
gegenüber.[1] Zur Interpretation der Unterschiede im einzelnen und die dafür maßgebli-
chen Ursachen wird im Rahmen der Gruppenvergleiche (5.2), v.a. zum Bereich "Markt-
charakteristika/Geschäftsidee" näheres zu sagen sein.
Die Produktivität ist seit Gründung im Mittel der Gesamtstichprobe etwa gleichgeblie-
ben. Hinweise auf den allmählichen Übergang zu größerer Fertigungstiefe, z.B. auch
von Beratungsaktivitäten zu Eigenfertigung, gibt es somit nicht, obwohl die Arbeiten
zum Thema "Entwicklungslinien neugegründeter Unternehmen" zumindest teilweise
eine solche Vermutung nahelegten.[2] Beim Vergleich der letzten beiden Geschäftsjahre
ist jedoch in jedem Fall - besonders aber bei den ehemaligen TGZ-Mietern - eine deutlich positivere Produktivitätsentwicklung festzustellen, in der Höhe von immerhin sieben Prozent (Kontrollgruppe) bzw. 18 Prozent (TGZ-Firmen) im Median. Hier wirken
sich offenbar die in Form des Aufbau eines Mitarbeiterstamms erbrachten Vorleistungen
nun auch im Umsatz positiv aus.
Für die Hypothesentests und insbesondere im Hinblick auf das multivariate Modell werden wir wie angekündigt zusätzlich ein aggregiertes Maß verwenden, das die Einzeler-
gebnisse zu den wichtigsten oben genannten Erfolgsdimensionen zusammenfaßt und so
ein stabiles und übersichtliches Bild der Unternehmenssituation liefert. Es ist in Kapitel
3.2.1 im Detail beschrieben.

Eine Übersicht über alle Hypothesen findet sich in Anhang 3-3 Sie soll dem Leser als
Hilfsmittel beim Studium der folgenden Befunddokumentation dienen.

---

1) Median.

2) Vgl. z.B. Roberts (1991b:160-187). Auch: Van de Ven et al. (1984). Anders:
   Storey/Strange (1990:21f.), zu Science Park-Mietern: Kein Übergang von "Soft-" zu
   "Hard"-Produkten feststellbar.

Tabelle 5-4:   Erfolgs- und Größenunterschiede zwischen ehemaligen TGZ-Mietern
und Unternehmen aus der Kontrollgruppe

Variable		Standort außerhalb| Mittelwe	innerhalb des TGZ rt/Median	Gesamt- stichprobe
GRÖSSE				
Mitarb. (MA) Gründg.	MA	8/ 2	2/ 2	5/ 2
MA aktuell	MA	29/16	26/12	28/15
Umsatz Gründung	TDM	**1399/500**	**538/300**	**953/325**
Umsatz aktuell	TDM	4646/2600	5293/2300	4964/2500
WACHSTUM P.A.				
MA seit Gründung	vH	33/37	49/36	42/36
MA letztes Jahr	vH	22/20	31/21	27/20
Umsatz seit Gründung	vH	**31/24**	**41/34**	**36/31**
Umsatz letztes Jahr	vH	28/22	42/36	35/27
PRODUKTIVITÄT				
Zuwachs seit Grü.p.a.	vH	-1,7/-2.7	-4/-1,3	-2,9/-2,6
Zuwachs letztes Jahr	vH	**6/ 7**	**27/18**	**16/10**
absolut aktuell	TDM/MA	**205/143**	**151/120**	**178/134**

fett = sign. Unterschiede (t-, u- bzw. Median-Tests, s. auch Kap.5.2)

5.2   Unterschiede zwischen den Teilstichproben

Vom Vergleich der TGZ-Gründungen mit Unternehmen aus der Kontrollgruppe erwarten wir zunächst Aufschluß über Erfolgsunterschiede zwischen beiden Gruppen. Zu
deren Erklärung können Unterschiede in den potentiellen Erfolgs*faktoren* herangezogen
werden.

Die hier zu untersuchende Frage lautet also: Gibt es Differenzen in den Merkmalen und
der Unternehmensentwicklung zwischen TGZ- und Nicht-TGZ-Unternehmen, also
Untersuchungs- und Kontrollgruppe?

Tabelle 5-5: Signifikante Differenzen zwischen ehemaligen TGZ-Mietern und der
Kontrollgruppe

	-> Mittelwerte: Kontroll- gruppe	TGZ in TGZ-Gruppe...		Test
PERSON				
Berufsjahre des (1.) Gründers	11,6	weniger	9	MW
vorherige Selbständigkeit		seltener		Chi
Ebene der vorherigen Tätigkeit				
in leitender Funktion (0-3)	1,8	seltener	1,2	t
Ausmaß vorheriger Einbindung				
in Marketingentscheidungen (0-4)	2,1	weniger	1,3	t
Güte der Einschätzung der				
Kundenzahl (1-5)	3,2	schlechter	2,8	MW
Güte der Einschätzung der				
Konkurrenzintensität (1-5)	3,6	besser	4,0	t
Die Güte der Einschätzung				
der Marktdynamik (1-5)	3,6	schlechter	2,9	t
Investitionskonzept bei Gründung	3,0	detaillierter	3,6	t
GESCHÄFTSIDEE/MARKT				
Markteintrittsbarriere				
Investitionssumme	3,2	höher	3,7	t
Die Zahl relevanter				
Konkurrenten (Median)	34(18)	geringer	11(8)	t,MW
Marktwachstum (n=38)	14	höher	32	t
RESSOURCEN				
Öffentliche Förderung (1-5)	1,7	höher	2,7	t
MANAGEMENT/KONZEPTION				
Produktqualität	3,9	höher	4,2	t
Dauer bis z. Marktreife (Monate)	12,8	länger	21,4	t
*Zukaufanteil (1-5)	2,5	geringer	1,8	t
*Planungshorizont Einkauf	0,8	länger	1,3	t
...Entwicklung	1,9	länger	2,5	t
Priorität der				
Investitionsplanung (1-7)	3,1	niedriger	4,0	t
Einbeziehung externer Berater				
...für Geschäftsplan (1-5)	1,6	stärker	2,3	t
*...für Marketing (1-5)	1,6	stärker	1,9	t
Priorität der Informationsbe-				
schaffung ü. Lieferanten (1-5)	3,0	geringer	3,6	t
Informationsquelle Hochschule		häufiger		Chi
Regelmäßige Kundenbefragung		seltener		Chi

*
:-Der Skalenwert von "2" für den Zukaufanteil bedeutet "11-20 vH" vom Wert der Produkte,
 "3" bedeutet 21-40 vH,
-Planungshorizont von 1-5; "1"= < sechs Monate,"2"=6-12 Monate,"3"=13-24 Monate.
-bei Prioritäten steht "1" für die höchste Bedeutung.

Ziehen wir die zum TGZ gebildeten Hypothesen heran, kommen wir zu folgender Interpretation möglicher Differenzen:

Unterschiede in den Bereichen "Person" und "Idee" müssen definitionsgemäß der Selektion durch das TGZ (**HZ11 und 12**) oder aber Fehlern in der Stichprobenauswahl zugeschrieben werden, Unterschiede in den Punkten "Ressourcen", "Management" und
"Erfolg" können zumindest teilweise auf den TGZ-Aufenthalt selbst zurückgehen
(**HZ15,16,17**). Ferner kann ein Einfluß der TGZ-Selektion auf die Ressourcenausstattung nicht ausgeschlossen werden (**HZ13**). Ein Weg zur Überprüfung dieser Hypothesen

ist die Betrachtung der Mittelwertunterschiede[1] zwischen TGZ- und Kontrollgruppe. Man muß sich dabei vor Augen halten, daß für vorhandene Unterschiede aber immer auch Alternativinterpretationen, namentlich systematische oder zufällige Verzerrungen durch die Stichprobenauswahl, in Frage kommen. Wir werden bei den Mittelwertunterschieden auch immer darauf eingehen, ob die betreffende Variable einen (bivariat feststellbaren) Einfluß auf relevante Erfolgsgrößen hat.[2]

Die Variablen, die signifikante Differenzen zwischen den Gruppen aufweisen, werden im folgenden wiedergegeben. Für normalverteilte Variablen wurde ein t-Test, für nicht normalverteilte der Mann-Whitney (MW) bzw. Median (Me)-Test, für Nominalvariablen ein Chi-Quadrat-Test durchgeführt.[3] Die Ergebnisse sind - ohne die Erfolgsvariablen - in Tabelle 5-5 zusammengefaßt.

5.2.1 Erfolg: Gründungen im Technologiezentrum sind von niedrigerem Niveau ausgehend schneller gewachsen

Hier geht es um Unterschiede bezüglich Wachstum, Produktivität und der Rentabilitätseinschätzung. Sie sind zumindest teilweise mit HZ17 zu begründen, wonach das Image und vermittelte Geschäftskontakte direkt erfolgssteigernd wirken.

Unternehmen im TGZ geben an, im Konkurrenzvergleich größer zu sein als die Unternehmen in der Kontrollgruppe. Sie erreichen im Median etwa die Größe bis 39 Prozent des größten Konkurrenten in ihrem Markt. Diese sich in absoluter Größe nicht widerspiegelnden Aussagen können nur als Unterschiede im Markt, also in der Geschäftsidee, gedeutet werden. Dies wird durch den Befund im Bereich "Idee" bestätigt, wonach sich die TGZ-Unternehmen eher in innovativen Märkten mit weniger etablierter Konkurrenz bewegen.

Der derzeitige Umsatz pro Mitarbeiter ist bei den TGZ-Unternehmen geringer. Dieser Befund überrascht zunächst, weil die TGZ-Leistungen ja eigentlich eine Reduktion des "Overhead" bewirken sollten. Verständlich wird der Befund jedoch, wenn die im

---

1) Ggf. statt des Mittelwerts Verwendung von dem Skalenniveau und der Verteilung angemessenen Maße, U- und Mediantest (vgl. Methoden (Abschnitt 4)).

2) Die Zusammenhänge mit dem Erfolg sind in den Tabellen 5-7 und 5-8 weiter unten (Kapitel 5.3), die Beziehungen zur Unternehmensgröße in Anhang 5-1 wiedergegeben.

3) Vgl. für das jeweilige Verfahren die Tabelle. Für den t-Test ist als Anwendungsvoraussetzung die Normalverteilung zu fordern. Wenn diese Voraussetzung nicht erfüllt war, wurde ein (verteilungsfreier) u-Test durchgeführt. Stellte sich dabei heraus, daß beide Tests die gleichen Ergebnisse erbringen, kann davon ausgegangen werden, daß die Verletzung der Verteilungsannahme keine gravierenden Folgen für die Auswertung hat und somit die betreffende Variable für weitere Anwendungen unter der Normalverteilungsannahme hinreichend gut verteilt ist (in Anlehnung an die von Leker (1993:170f.) entwickelte Strategie).

Durchschnitt signifikant höhere Fertigungstiefe[1] der TGZ-Unternehmen berücksichtigt wird. Dafür war der Produktivitätszuwachs im letzten Jahr im TGZ größer.

Wie in absoluten Zahlen schon oben gesehen, ist der Umsatz bei Gründung im TGZ niedriger. Auch werden weniger Mitarbeiter bei Gründung beschäftigt.

Dieser Befund hat Implikationen für das weitere Vorgehen. In der Literatur herrscht nämlich keine Einigkeit über die Frage, ob Unternehmensgröße und -wachstum unabhängig voneinander sind. Nach der Theorie des sog. Gibrat's Law sollte es zwar keine Beziehung geben, empirische Studien kommen aber teilweise zu abweichenden Ergebnissen:[2] So läßt sich für bestimmte Größenklassen, und besonders für junge Firmen, ein negativer Zusammenhang zwischen Größe und Wachstum zeigen. Allerdings ist dieser für kleine Firmen weniger ausgeprägt.[3] Wegen dieser Einschränkung und den absolut geringen Größenunterschieden in unseren Stichproben ist hier nicht mit gravierenden Fehlern zu rechnen. Eine Korrelationsanalyse zeigt, daß in unserer Stichprobe kein signifikanter Zusammenhang zwischen anfänglicher Größe und Wachstumsvariablen besteht.[4]

Während der Umsatz im letzten Jahr im TGZ mit 1,8 Mio. gegenüber 2,4 Mio. DM im Median geringer ausfällt, ist jedoch ein stärkeres Umsatzwachstum seit Gründung festzustellen. In den letzten beiden Jahren unterscheiden sich die Wachstumsraten dagegen nicht mehr signifikant voneinander. Die anfangs kleineren TGZ-Unternehmen sind also während ihres Aufenthalts im Zentrum stärker gewachsen und haben gegenüber den unabhängigen Gründungen deutlich aufgeholt. Inzwischen, d.h. nach dem Auszug,[5] hat sich das Wachstumstempo aber normalisiert und dem in der Kontrollgruppe angeglichen.

Schließlich ist der Durchschnittswert des **Summenscores für das Wachstum** im TGZ signifikant höher, deutet also auch eine bessere Entwicklung der TGZ-Mieter an,[6] obwohl hier auch die Entwicklung des letzten Jahres eingeht, die wie gesehen, in beiden Gruppen ähnlich war.

Die übrigen Erfolgsgrößen unterscheiden sich nicht signifikant, doch ist die Streuung in der TGZ-Gruppe i.d.R. größer. Das deutet darauf hin, daß die *Ausgestaltung* der Zen-

---

1) Oder, wie in der Frage, umgekehrt formuliert: geringerer Zukaufanteil.

2) Vgl. zu dieser Diskussion Evans (1987: 657-674) und die dort zitierte Literatur.

3) Evans (1987:671).

4) Korrelationsanalyse.

5) Bis 1989, also zwei Jahre vor der Befragung, waren bereits mehr als 53 Prozent der Gründer aus dem TGZ ausgezogen.

6) Gebildet aus Wachstum nach Umsatz und Mitarbeitern für je zwei Zeiträume, seit Gründung und im letzten Geschäftsjahr, jeweils pro Jahr. Genaue Erläuterung des Summenscores siehe Abschnitt 3.2.1. Prüfung durch t-Test, p=0.092 (, Separate Variance Estimate wegen ungleicher Varianzen).

tren u.U. einen größeren Einfluß auf den Unternehmenserfolg hat als allein die *Tatsache* des TGZ-Aufenthalts! Dem werden wir in den Kapiteln 5.7ff. bei der Analyse der TGZ-Fälle allein noch nachgehen. Möglicherweise wirkt die TGZ-Unterstützung auch auf tendenziell weniger erfolgversprechende Gründungsvorhaben schwächer als auf solche mit hohem Potential. Zu den Variablen, die sich nicht unterscheiden, gehört auch die Einschätzung der Rentabilität im Vergleich zur Konkurrenz. Sie kann somit nicht für die weiteren Analysen herangezogen werden.

Tabelle 5-6:   Unterschiede zwischen TGZ- und Kontrollfällen mit Blick auf Erfolgs- und Größenvariablen

Erfolgsmaße: Wachstum, Produktivität, Rentabilitätseinschätzung und Größe -> Mittel:	NTGZ	TGZ in TGZ-Gruppe...	Test
Umsatzwachstum seit Gründung p.a.		höher	Me
Größe im Vergleich zur Konkurrenz (1-6)*	1,9	größer 2,7	t
derzeitiger Umsatz pro Mitarbeiter		geringer	t
Produktivitätszuwachs im letzten Jahr		größer	t
Umsatz bei Gründung		niedriger	MW
Mitarbeiter bei Gründung		weniger	MW
Umsatz(TDM) letztes Jahr, Median:	2400	geringer 1800	Me

*: "1"=weniger als 20 vH des Umsatzes des größten Konkurrenten, "2"=20-39 vH des ...

5.2.2   Person: Gründer im Technologiezentrum sind unerfahrener, aber sorgfältiger

Hier feststellbare Differenzen zwischen TGZ- und Kontrollgruppe sind nach HZ11 selektionsbedingt. Durch TGZ-Leistungen können sie definitionsgemäß nicht hervorgerufen werden.

- **Berufsjahre des (1.) Gründers:** Gründer im TGZ weisen weniger Berufserfahrung, im Median sieben statt 10 Jahre, auf.
- **Vorherige Selbständigkeit:** Im TGZ angesiedelte Gründer waren seltener vorher schon einmal selbständig.
- **Vorherige Tätigkeit in leitender Funktion:** Gründer im TGZ sind seltener in Führungspositionen erfahren.
- Als **Inkubatororganisation** treten bei den TGZ-Gründern mit einem Anteil von über 25 Prozent zwar doppelt so häufig staatliche FuE-Einrichtungen auf, allerdings sind die Unterschiede zur Kontrollgruppe insgesamt nicht signifikant.

- **Vorherige Einbindung in Marketing**: Auch hier bringen die Gründer im TGZ geringere Vor-Erfahrungen mit. Sie hatten i.d.R. nur selten, indirekt bzw. überhaupt nicht mit Marketing zu tun.

- **Güte der Einschätzung der Kundenzahl**: Im TGZ gegründete Unternehmen weisen eine schlechtere Einschätzung der Kundenzahl auf, sie war nach ihren Angaben im Durchschnitt nur knapp befriedigend.

- **Güte der Einschätzung der Konkurrenzintensität**: Die Befragten im TGZ empfanden ihre Einschätzung bezüglich der Konkurrenzverhältnisse relativ als besser, absolut im Durchschnitt als gut. Aber auch der Kontrollgruppe machte die Einschätzung dieses Aspekts offenbar wenig Schwierigkeiten.

- **Die Güte der Einschätzung der Marktdynamik** war im TGZ dagegen schlechter als in der Kontrollgruppe, sie war insgesamt nur schlecht bis befriedigend.

- **Detaillierung des Investitionskonzepts**: Ex-Mieter im TGZ verfügten über ein detaillierteres Konzept.

Keine der genannten Variablen erweist sich als bedeutend für den Erfolg.[1] Die hier vorliegenden Unterschiede lassen also zunächst keinen Schluß auf die Verursachung der Erfolgsunterschiede durch das TGZ zu. Oder anders: Die bivariaten Befunde ergeben keinerlei Hinweis darauf, daß die an Personenmerkmalen orientierte Selektion der TGZ-Gründer eine Erklärung für deren höheren Erfolg ist.

T-Test für Faktorwerte[2]

Für den Bereich "Person"[3] wurde, wie in Kapitel 4. ausführlich beschrieben wurde, eine Faktorenanalyse zur Datenverdichtung verwendet. Spiegeln sich auch in den Faktorwerten die Unterschiede zwischen den Teilstichproben wider? Ein dazu durchgeführter t-Test über die berechneten Faktorwerte ergibt folgende signifikante Differenzen zwischen den ehemaligen TGZ- und den Nicht-TGZ-Unternehmen:

---

1) Konvention: Mindestkorrelation r = 0.3 oder aber p ≤ 0.01 (kardinale Merkmale) bzw. p ≤ 0.10 (ggf. zweiseitig) bei niedrigerem Skalenniveau: Vgl. die genaue Erläuterung im Abschnitt 5.3.1. Die Befunde sind im einzelnen in Tabelle 5-7 (Kapitel 5.3 weiter unten) und Anhang 5-1 nachzulesen.

2) Alle Faktorwerte sind nach K-S-Test normalverteilt, sie können also einem t-Test unterzogen werden.

3) Die Lösung ist in Kapitel 4.6.2 ausführlich dargestellt.

Faktor 1   *"Markterfahrung"*: Leitende Funktion, Marketingerfahrung,
              Einschätzung der Kundenzahl: im TGZ weniger Erfahrung
              schlechtere Einschätzung der Marktaspekte

Faktor 2   *"Konzeptdetaillierung"*: im TGZ durchweg detaillierter

Faktor 3   "Erfahrung": Berufs- und Branchenjahre und Einschätzung der
              Markteintrittsbarrieren: keine signifikanten Unterschiede

Faktor 4   *"Konkurrenzkenntnis"*: im TGZ bessere Einschätzung

Faktor 5   "Qualifikation": keine signifikanten Unterschiede

Faktor 6   Zahl der Gründer: keine signifikanten Unterschiede

Bedeutende Wachstumsunterschiede zwischen TGZ- und Kontrollfällen begründen die
Unterschiede in den Faktoren nicht.[1]

Die auf den drei trennenden Faktoren (1,2,4) jeweils am stärksten ladenden Variablen
sind allesamt auch einzeln zwischen den Gruppen signifikant unterschiedlich, während
zu den übrigen Faktoren nur insgesamt eine solche Variable gehört. Es kann also
behauptet werden, daß die Faktorlösung, speziell die Faktoren 1,2 und 4, auch die
Unterschiede zwischen den Stichproben gut erfassen.

5.2.3 Geschäftsidee: Gründer im Technologiezentrum sind auf attraktiveren Märkten tätig

Nach HZ12 sind auftretende Unterschiede in der Geschäftsidee selektionsbedingt, sie
können aber auch zufällig oder durch systematische Verzerrungen in der Stichprobenauswahl hervorgerufen werden.

- **Markteintrittsbarriere Investitionssumme**: Die Gründer im TGZ empfanden diese
  Barriere als höher, absolut als hoch.
- **Die Zahl relevanter Konkurrenten** ist bei TGZ-Gründungen deutlich geringer.[2] Das
  erklärt deren bessere Einschätzung der Konkurrenzsituation.
- **Marktwachstum**[3]: TGZ-Unternehmen arbeiten auf Märkten mit deutlich höherem
  Wachstum. Je höher das Marktwachstum, desto größer ist erwartungsgemäß der Mitar-
  beiterzuwachs, Umsatzzuwachs und sogar der Produktivitätszuwachs im letzten Jahr.[4]
  Letzterer ist auch mit geringer Technologieverbreitung, also höherer Innovativität der
  Produkte verknüpft, ein deutlicher Hinweis auf den Lernkurveneffekt. Die TGZ-

---

1) Alle Korrelationen kleiner als r = 0.3.

2) Auch nach Elimination zweier extremer Ausreißer zeigen sich signifikante
   Unterschiede.

3) Hierzu lagen nur 38 Beobachtungen vor, also ca.45 vH Missing Values.

4) Vgl. Tabelle 5-7 in Kapitel 5.3 weiter unten.

Unternehmen verfügen hier also über einen Vorteil, der der Selektion zugeschrieben werden muß.

Die erfreulich geringen Unterschiede in diesem Bereich sind nicht zuletzt auf das durchgeführte, offensichtlich erfolgreiche Matching der Stichproben hinsichtlich der Produktpalette zurückzuführen.[1] Das höhere Marktwachstum und die geringere Konkurrentenzahl in der TGZ-Gruppe deuten allerdings auf die höhere Attraktivität der - jüngeren - Märkte hin.

5.2.4 Ressourcen: Gründer im Technologiezentrum wurden stärker öffentlich gefördert

Hier auftretende Unterschiede sind gemäß HZ13 und HZ15 entweder selektions- oder leistungsbedingt.

- **Öffentliche Förderung**: Unternehmen im TGZ beziehen ihr Anfangskapital zu einem höheren Anteil aus öffentlichen Fördermitteln. Interpretiert werden kann dieser Befund entweder als Hinweis auf im Durchschnitt bessere und damit förderungswürdigere Geschäftsideen, dann wäre die Selektion wirksam, oder durch verbesserten Zugang zu öffentlichen Fördermitteln durch das TGZ, dann wären die Leistungen wirksam. Unternehmen mit hoher öffentlicher Förderung weisen in der Regel einen geringeren derzeitigen Umsatz per Mitarbeiter auf.[2] Dies wird verständlich, wenn man berücksichtigt, daß es sich bei ihnen signifikant häufiger um Firmen mit neuerer, weniger verbreiteter Technologie und Fertigungsbetriebe handelt. Einen Erfolgsvorsprung begründet die höhere öffentliche Förderung im TGZ somit wider Erwarten nicht.

Weitere Unterschiede im Bereich Ressourcen traten nicht auf, so daß kein Zurechnungsproblem zu HZ13 oder 15 entsteht.

5.2.5 Management/Konzeption: Gründer aus dem Technologiezentrum zeigen besseres Planungs- und Beratungsverhalten

Unterschiede werden nach HZ16 durch die TGZ-Leistung hervorgerufen.

- **Die Produktqualität** wird von Gründern im TGZ höher, absolut als hoch, eingeschätzt. Hohe Produktqualität (und eine Hochpreisstrategie) weisen - wohl infolge des dann i.d.R. noch jungen Marktes - eine positive Beziehung zur Größe im Konkurrenz-

---

1) Vgl. dazu Kapitel 4.2.
2) Vgl. Tabelle 5-7 weiter unten in Kapitel 5.3.

vergleich auf.[1] Die Größe im Konkurrenzvergleich kann auch als relativer Marktanteil interpretiert werden. Damit stimmen die Befunde mit den Ergebnissen der PIMS-Daten überein, wonach ein kausaler Zusammenhang zwischen Produktqualität und Marktanteil besteht und auch die Preisstrategie mit diesen Variablen zusammenhängt.[2] Es bestätigt sich aber nicht die weiter oben geäußerte Erwartung, daß sich hohe Produktqualität in höherem Wachstum niederschlägt.[3] Die TGZ-Gründer sind also nicht wegen ihrer Qualitäts-Politik erfolgreicher.

- **Die Dauer bis zur Marktreife** ist im TGZ mit etwa 21 Monaten im Durchschnitt länger.

- **Der Zukaufanteil** ist im TGZ geringer. Bei *höherem* Zukaufanteil (b.g.) ist aber im allg. nicht nur erwartungsgemäß der augenblickliche Umsatz pro Mitarbeiter höher, auch kann die Hypothese über einen optimalen Eigenanteil gestützt werden:[4] Im Bereich von 60-79 vH Eigenanteil ist das Wachstum in den letzten zwei Jahren am größten gewesen, sowohl darüberliegende als auch darunterliegende Unternehmen verzeichneten schwächeres Wachstum.[5] Die relative Mehrheit der TGZ-Gründer liegt jenseits dieser Kategorie mit mehr als 80 Prozent Eigenanteil, verhält sich also "schlechter". Mit dem geringeren Zukaufanteil hängt der folgende Befund zusammen:

- **Die der Informationsbeschaffung über Lieferanten beigemessene Bedeutung** ist im TGZ geringer. Sie zählt nicht zu den wichtigsten Bereichen. Dieser Befund überrascht, weil das TGZ eigentlich über die Senkung von Transaktionskosten Lieferbeziehungen vereinfachen und stärken sollte. Bei hoher Priorität der Lieferanteninformation ergibt sich ein höherer Mitarbeiter-, aber niedrigerer Produktivitätszuwachs im letzten Geschäftsjahr.[6] Die Erwartung, daß die der Informationsbeschaffung über Teilbereiche beigemessene Bedeutung erfolgsrelevant ist, bestätigt sich somit. Mit der Fertigungstiefe oder mit dem Umstand der Eigenfertigung steht die Priorisierung der Lieferanteninformation erstaunlicherweise nicht in Beziehung. Es sei hier schon vorweggenommen, daß die Ausprägung der Variablen weder mit Personen- noch Ressourcenmerkmalen erklärt werden kann und sie ansonsten nur noch mit Marktwachstum einen Zusammenhang aufweist. Sie scheint also zum großen Teil nicht durch Sachzwänge, sondern bewußte Entscheidung bestimmt zu werden. Die Gründer im TGZ verhalten sich also "schlechter" als die in der Kontrollgruppe.

---

1) Vgl. Anhang 5-1, Tabelle zu HZ10.

2) Hildebrandt (1992:1079).

3) Vgl. Tabelle 5-8 weiter unten in Kapitel 5.3.

4) Varianzanalyse mit Vergleich der Einzel-Klassen durch Scheffe-Test (vgl. hierzu z.B. Brosius (1988:280).

5) Allerdings lag das Produktivitätswachstum seit Gründung in dieser Kategorie am niedrigsten. Vgl. Tabelle 5-8 weiter unten in Kapitel 5.3.

6) Vgl. Tabelle 5-8 weiter unten in Kapitel 5.3.

- **Der Planungshorizont im Einkauf und in der Entwicklung** ist im TGZ länger, beträgt im Durchschnitt bzw. Median aber kaum mehr als sechs Monate im Einkauf, in der Entwicklung im Median immerhin bis zu zwei Jahren. Ein längerer Planungshorizont in der Entwicklung ist zwar mit höherer Mitarbeiter-Zahl, aber auch geringerer Produktivität verbunden, wohl ein Hinweis auf entwicklungsbedürftige, noch nicht ausreichend am Markt durchgesetzte Produkte. Ein deutlicher Wachstumsvorsprung ist durch die beiden Variablen zum Planungshorizont allerdings wider Erwarten nicht ableitbar.[1]

- **TGZ-Unternehmen weisen der Investitionsplanung eine niedrigere Priorität zu.** Dies kann mit dem bei Aufenthalt in einem TGZ geringeren Investitionsbedarf erklärt werden. Eine niedrigere Planungspriorität im Investitionsbereich weisen allgemein Firmen mit höherem Produktivitätszuwachs und solche auf, die im Konkurrenzvergleich relativ groß sind.[2] Wachstumsrelevant ist diese Orientierung allerdings nicht.

- **Die Einbeziehung externer Berater zur Geschäftsplanentwicklung und in Marketingfragen** ist im TGZ stärker, absolut aber immer noch gering. Eine stärkere Einbeziehung externer Berater für Geschäftsplanerstellung (und Finanzierung) ist erwartungsgemäß positiv für den Unternehmenserfolg, hängt nämlich mit höherem jährlichem Mitarbeiterzuwachs seit Gründung zusammen, und allgemein ist bei stärkerer externer Beratung der Produktivitätszuwachs im letzten Jahr höher.[3] Beratung scheint sich also im Sinne der Hypothese auszuzahlen, und die TGZ-Gründer profitieren davon.

- **Beurteilung Gesamtangebot Beratung:** Interessant ist der Befund, daß die TGZ-Mieter das bei Gründung verfügbare Angebot an Beratung *nicht* als signifikant zufriedenstellender wahrnehmen als Nicht-TGZ-Firmen. Dies spricht entweder für unzureichende Qualität des TGZ-Beratungsangebots oder aber dafür, daß die Nicht-TGZ-Gründer nicht wissen, welchen Grad an Unterstützung sie - in einem TGZ - hätten haben können.

- **Kontakte zu Forschungseinrichtungen** treten bei TGZ-Firmen deutlich häufiger auf: 70,6 Prozent im TGZ, aber nur 38,2 Prozent der Unternehmen außerhalb geben an, daß sie regelmäßige Kontakte zu Forschungseinrichtungen/Hochschulen als Informationsquelle nutzen,[4] dafür werden weniger regelmäßige Kundenbefragungen durchgeführt. Die Nutzung der Hochschule als Informationsquelle weist einen positiven Zusammenhang mit Mitarbeiterzuwachs und Umsatz pro Mitarbeiter auf.[5] Da in der

---

1) Vgl. Tabelle 5-8 in Kapitel 5.3.

2) Vgl. Tabelle 5-8 (Kapitel 5.3) und Anhang 5-1.

3) Vgl. Tabelle 5-8 weiter unten in Kapitel 5.3.

4) Sternberg (1988:231) ermittelte bei 74 vH der TGZ-Mieter Kontakte zu Hochschulen.

5) Vgl. Tabelle 5-8 weiter unten in Kapitel 5.3.

Nutzung dieser Informationsquelle ein wesentlicher Unterschied zwischen TGZ-Fällen und Kontrollgruppe liegt, wurde hier gleich eine multivariate Prüfung unter Einbeziehung der Variablen "TGZ ja oder nein" durchgeführt.[1] Das Ergebnis zeigt, daß Hochschulkontakt in einer solchen Auswertung die TGZ-Variable dominiert. Die Nutzung der Kontakte zu Hochschulen scheint also ein wesentlicher Faktor zur Erklärung der möglichen Erfolgsunterschiede zwischen den Gruppen zu sein. Dieser Befund ist bei den weiteren Analysen zu beachten.

5.2.6 Zusammenfassung

Die Gründer im TGZ sind generell berufs- und management-unerfahrener, sie schätzten deswegen einige Marktaspekte schlechter ein.[2] Die nach Angabe der TGZ-Gründer vergleichsweise gute Einschätzung der Konkurrenzintensität könnte darauf zurückzuführen sein, daß in den Märkten der TGZ-Firmen generell weniger Konkurrenten tätig zu sein scheinen. Ihr Investitionskonzept war hingegen - vermutlich infolge der Aufnahmevoraussetzungen im TGZ - detaillierter. Dazu paßt, daß die Marktzutrittsschranke "Investitionsvolumen" von den Gründern im TGZ als vergleichsweise höher eingeschätzt wird, ohne daß deren Startkapital jedoch signifikant größer wäre. Der Investitionsplanung wird im TGZ sogar eine geringere Bedeutung als in der Kontrollgruppe beigemessen. Der Einzug ins TGZ scheint also tatsächlich eine Strategie zur Kapitalbedarfsreduktion darzustellen, die Probleme im Investitionsbereich merklich mindert. Im übrigen geben die TGZ-Mieter wie erwartet an, ihr Startkapital zu einem relativ größeren Teil durch öffentliche Finanzhilfen aufgebracht zu haben.

Eine Clusteranalyse, die sich zur Identifikation von Unternehmenstypen nach Personen-, Ideen- und evtl. Ressourcenmerkmalen angeboten hätte, erweist sich als nicht hilfreich: Die sich ergebenden Cluster trennen nicht zwischen TGZ- und Kontrollfällen. Es gibt also zwar Typen, aber diese sind für unser Untersuchungsziel nicht relevant. Daß heißt aber auch, daß die Unterschiede zwischen beiden Gruppen nicht so gravierend sein können, daß ein Vergleich unzulässig wäre.

Zu den Selektionshypothesen HZ11,12 und 13 ergibt sich zusammenfassend der Eindruck, daß unerfahrenere Gründer mit besonders innovativen Ideen bevorzugt in ein TGZ aufgenommen werden, ohne daß höhere Anforderungen an die Ressourcenausstattung bestehen. Man kann diese Praxis als durchaus dem Konzept des TGZ entsprechend bezeichnen, denn man wird sowohl dem Anspruch der Techno-

---

1) Dazu wurde eine multiple Regression mit den unabhängigen Dummy-Variablen "Hochschulkontakte" und "TGZ-Aufenthalt" durchgeführt.

2) Kundenzahl und Marktdynamik.

logieorientierung gerecht und fördert gleichzeitig Gründer, die Unterstützung in
nicht-technologischen Fragen gebrauchen können. Zur Einwirkung des TGZ auf
die Ressourcen (HZ15) sind bereits hier Indizien für den geminderten Ressourcenbedarf feststellbar. Eine Verbesserung der Kapitalbasis kann zwar nicht unmittelbar nachgewiesen werden, doch ist der höhere Anteil der öffentlichen Förderung
Indiz für die Hilfe des TGZ in diesem Bereich. Weiter unten werden wir zu dieser
Hypothese weitere Tests durchführen.[1]

Das Ausmaß der gefundenen Unterschiede zwischen beiden Gruppen rechtfertigt
insgesamt nicht die Aussage, durch die bewußte Selektion würden nur die heraus-
ragenden Projekte mit den größten Erfolgsaussichten für die TGZ herausgefiltert:
Die Personen- und Ressourcenvoraussetzungen lassen keinen Vorteil erkennen, die
Geschäftsidee ist allerdings wegen des höheren Marktwachstums attraktiver und
erfolgversprechender.

Im **Planungsverhalten** fallen die TGZ-Firmen durch einen längeren Planungshorizont
und geringere Beachtung der Bereiche Investitions- und Beschaffungsplanung und von
Informationen über Lieferanten auf. Letzteres korrespondiert mit dem Befund, daß die
Produkte der TGZ-Firmen einen geringeren Zukaufanteil haben. Die Dauer der Entwicklung des ersten Produktes bis zur Marktreife ist im TGZ länger, dafür wird die
Produktqualität als besser angesehen. Das spricht für den "längeren Atem", den die tgz-
geförderten Firmen gegenüber den sich unmittelbar im Markt behaupten müssenden
unabhängigen Betrieben haben, und ist eine Erklärung für die anfangs geringeren
Umsätze der TGZ-Firmen.

Im **Informationsverhalten** unterscheiden sich TGZ-Unternehmen dadurch, daß sie
Kunden seltener regelmäßig befragen und systematisch als Informationsquelle nutzen.
Externe Berater werden stärker einbezogen,[2] was auf das vorhandene Angebot der Zentren zurückzuführen sein kann. Gleiches gilt für die häufigere Zusammenarbeit mit Forschungseinrichtungen.

Bezüglich der Hypothese HZ16, wonach das TGZ einen positiven Einfluß auf
Management und Konzeption ausübt, kann festgehalten werden, daß dies besonders im Planungs- und Beratungsverhalten der Fall sein könnte. Darüberhinaus
wird die Produktqualität höher eingeschätzt. Lediglich auf die Nutzung der Kunden als Informationsquelle scheint das TGZ keinen positiven Einfluß zu haben.

---

1) Z.B. die Überprüfung, wie stark die Unterstützung des TGZ im Bereich Finanzierung
   aus Gründersicht war.

2) Marketing, Geschäftsplanerstellung.

Die TGZ-Unternehmen sind bei Gründung, gemessen am **Umsatz und der Beschäftig-tenzahl**, deutlich kleiner; diesen Nachteil gleichen sie infolge größeren **Wachstums** bis zum vorletzten Jahr vor der Befragung in bezug auf die Mitarbeiterzahl, allerdings erst im aktuellen Jahr beim Umsatz aus, da ihre **Produktivität** noch niedriger ist, doch hier ist auch im letzten Jahr ein stärkerer Zuwachs zu verzeichnen. Daß die im Vergleich zur Kontrollgruppe kleineren TGZ-Unternehmen sich trotzdem im Konkurrenzvergleich ver-gleichsweise als größer wahrnehmen, kann auf die zwischen beiden Gruppen unter-schiedlichen Marktgegebenheiten zurückzuführen sein.[1] Bis zum Befragungszeitpunkt hat sich das Wachstumstempo der TGZ-Fälle dem der übrigen weitgehend angeglichen. Das insgesamt und besonders anfangs höhere Wachstum seit Gründung kann aber nicht dadurch erklärt werden, daß kleine Gründungen generell schneller wachsen, denn ein solcher Zusammenhang existiert in der Stichprobe nicht.

Zur Hypothese, daß ein (direkter) Einfluß des TGZ auf den Erfolg besteht, kann somit hier noch keine abschließende Antwort gegeben werden, da auch andere Ein-flüsse wirksam sind. Das signifikant größere Wachstum der TGZ-Unternehmen, besonders in den ersten Jahren, deutet aber auf einen hypothesenkonformen Zusammenhang hin.

Wir halten weiter als Resümee der Mittelwertvergleiche fest:
Als möglicherweise **erfolgsrelevant und gleichzeitig zwischen beiden Gruppen unter-schiedlich ausgeprägt** müssen nach den bivariaten Befunden folgende Variablen im Auge behalten werden:
- aus dem Bereich "Idee" **das Marktwachstum,**
- die Ressourcenvariable **"öffentliche Förderung"** und die Managementvariablen **Hochschulkontakte, Einbeziehung externer Berater für Geschäftsplanerstellung und Marketing, die Planungshorizonte für Entwicklung und Einkauf, der Zukaufanteil, die Priorität der Investitionsplanung und der Infor-mationsbeschaffung über Lieferanten.**
Das höhere Marktwachstum ist nach der Theorie selektionsbedingt, der zweite Block dagegen durch die Wirkung des TGZ selbst erklärbar. Er steht damit im Mittelpunkt des Interesses. Auf der Suche nach dem Einfluß von TGZ sind die zuletzt genannten Varia-blen genau genommen im folgenden allein beachtlich. Es ist allerdings auch möglich, daß erst im multivariaten Design Effekte anderer Variablen zu Tage treten. Darum beschäftigt sich der folgende Abschnitt mit den zunächst scheinbar *nicht* dem TGZ-Ein-fluß unterliegenden Variablen.

---

1) S.o.: Geringere Konkurrentenzahl und höheres Marktwachstum.

5.3 Allgemeine, für die Erfolgserklärung zu berücksichtigende Zusammenhänge

5.3.1 Mögliche Alternativerklärungen: Störvariablen

Neben dem Einfluß des TGZ gibt es weitere Variablen, die als zusätzliche oder alternative Erklärungen für den Unternehmenserfolg in Betracht kommen. Dies können auch Variablen sein, die zwischen den Stichproben keine Unterschiede aufweisen. Da sie im späteren multivariaten Modell aber auch als Störgrößen wirksam werden können, sind sie im folgenden aufgeführt. Die Darstellung folgt den Hypothesen aus Kapitel 3.1.

Als Maßstab für relevante Zusammenhänge greifen wir bei den intervallskalierten Variablen auf eine Mindestkorrelation von 0.3 (Produkt-Moment-Korrelationskoeffizient) zurück. Dabei ist ein Signifikanzniveau von mindestens fünf Prozent sichergestellt.[1] Auf hoch signifikante Beziehungen[2] wird darüberhinaus hingewiesen, auch wenn der Korrelationskoeffizient 0.3 nicht erreicht. Ausgeschlossen wurden Beziehungen, zu deren Überprüfung nicht mindestens für die Hälfte der Fälle Beobachtungen vorliegen. Wenn aufgrund des Skalenniveaus keine Produkt-Moment-Korrelation errechnet werden kann, wurden entweder Varianzanalysen oder ggf. Chi-Quadrat-Tests angewandt, die ab einem Signifikanzniveau von 5 Prozent zitiert werden.[3]
Zu Erfolgsmaßen zählen hier nicht die absoluten Umsatz-, Mitarbeiter- und Produktivitätswerte bei Gründung, sie sind vielmehr Ausdruck für bestimmte Typen der Gründung. Wir werden trotzdem immer dann darauf eingehen, wenn Befunde dazu für die Interpretation der übrigen Befunde relevant scheinen.
Hinter den Variablen werden wir durch Kürzel die Bestätigung der formulierten Erwartungen aus 3.2.2 oder ihre Ablehnung wie folgt angeben:

- *b.g. = Bestätigung einer gerichteten Hypothese*
- *b.u. = Bestätigung einer ungerichteten Hypothese*
- *n.b. = nicht bestätigt oder hypothesenkonträr*

Die einzelnen Befunde zu Zusammenhängen mit Wachstum, Produktivität und Einschätzung der Rentabilität im Konkurrenzvergleich sind in den Tabellen 5-7 (Person, Idee, Ressourcen) und 5-8 (Management/Konzeption) enthalten, die zum Zusammenhang mit Unternehmensgröße in Anhang 5-1.

---

1) Einseitiger Test wegen gerichteter Hypothesen. Wegen der unterschiedlichen Fallzahlen erscheint eine Ausrichtung am Korrelationskoeffizienten sinnvoller als ein Kriterium auf Basis des Signifikanzniveaus; nach Bauer (1984:167) sind Zusammenhänge unter 0.3 als schwach anzusehen. Eine Stützung auf Korrelationen hat außerdem den Vorteil, unabhängig von der Normalverteilung der Variablen zu sein, während Signifikanzniveaus strenggenommen nur bei Normalverteilung gültig sind.

2) Wahrscheinlichkeit größer 99 Prozent.

3) Ggf. einseitig, wenn Skalenniveau zweiseitigen Test ausschließt.

Tabelle 5-7: Bivariate Befunde zum Zusammenhang zwischen potentiellen Erfolgsfaktoren und Erfolg

	Erfolg Wachstum p.a. Mitarbeiter... seit Gründung	letztes Jahr	vorletztes Jahr	Umsatz letztes Jahr	Produktivität derzeit	Zuwachs letztes Jahr	Zuwachs seit Gründung p.a.	Rentab. i. Vgl. Konkurrenz
Beziehungen zwischen Person und Erfolg								
Person								
Teamgründung				+				
Zusammenarbeit im Team							+	
Branchenerfahrung								.3012*
Inkubatororganisation								
Marketingerfahrung								
(F)HS-Reife	-		-		+			+
Techn. Ausbildung	+						-	
Promotion					+			
Kfm. Ausbildung		+				-		
Komplem. Qualifikation		+						
Güte der Einschätzung...								
Vertrieb								
Konkurrenzreaktion			.3175*					
HZ 8: Beziehungen zwischen Idee und Erfolg								
Idee								
Technologieverbreitung						.3760*		
Marktwachstum			.5738**	.4349*		.5876**		
HZ 9: Beziehungen zwischen Ressourcen und Erfolg								
Ressourcen								
Eigenkapitalanteil	-.2924*							
Öffentliche Förderung					-.3320*			
Ergänzung durch Mitarbeiter...								
Kfm. Verwaltung	.3042*						-.3527	
Absatz							-.3089	
Durchschnitt	.2816*							

Feldinhalte: Korrelationskoeffizienten bei zwei kardinalen Merkmalen (p (zweiseitig) <0.01 oder r>=0.3), sonst Richtung des Zusammenhangs (anhand von Varianz- und Chi-Quadrat-Analysen p<0.10)

5.3.1.1 Person: Qualifizierte, erfahrene und Teamgründer sind erfolgreicher[1]

Die Tests zu diesem Bereich entsprechen zwar nicht den Hypothesen für das angestrebte Pfadmodell, das nach dem oben dargestellten Bezugsrahmen getestet werden soll. Danach gibt es keine direkte kausale Beziehung zwischen Person und Erfolg. Das heißt aber nicht, daß im bivariaten Test keine Korrelationen auftreten können. Sie geben Hinweise auf die Vorteilhaftigkeit bestimmter Attribute der Gründer. Deswegen werden diese Analysen hier wiedergegeben. Ob eine direkte Beziehung im kausalen Pfadmodell besteht, ist damit nicht gesagt und bleibt später multivariat zu prüfen.

---

1) Tabelle 5-7 und Anhang 5-1.

- Teamgründung (b.g.)

  Mit der Zahl der Gründer steigt die Größe bei Gründung, gemessen an Umsatz und Beschäftigtenzahl; differenziert nach dem Umstand der Teamgründung[1] ergibt sich, daß die Teamgründungen im letzten Jahr nach Umsatz signifikant stärker gewachsen sind als Einzelgründungen. Hat das Team vor Gründung schon zusammengearbeitet[2], wirkt sich dies in einer schneller ansteigenden Produktivität aus.

- Ausbildungsabschluß (Fach-)Hochschulreife (b.u.)

  Mit der Existenz dieses Abschlusses gehen eine bessere Rentabilitätseinschätzung, geringerer Mitarbeiterzuwachs seit Gründung und zuletzt geringerer Umsatzzuwachs einher. Ist dies der einzige Abschluß, gelten die Beziehungen jedoch nicht.

- Bei einer technischen Berufsausbildung (b.u.) sind ein höheres Wachstum seit Gründung, aber ein geringerer jährlicher Produktivitätszuwachs festzustellen. Dies gilt auch, wenn diese Ausbildung die einzige vorhandene Berufs-Qualifikation ist, also ein relativ niedriger Ausbildungsgrad vorliegt.

- Gründer mit kaufmännischer Qualifikation (b.u.) haben heute mehr Mitarbeiter und erzielen höhere Umsätze, einen höheren Mitarbeiterzuwachs, haben aber einen geringeren Produktivitätsanstieg zu verzeichnen.

- Eine komplementäre Qualifikation (b.g.) erweist sich als positiv für den Mitarbeiter-Zuwachs im letzten Jahr.

- Die Branchenerfahrung des (1.) Gründers (b.g.) wirkt sich positiv auf die Einstufung der Rentabilität im Vergleich zur Konkurrenz aus.

- Eine gute Einschätzung der Konkurrenzreaktion (b.g.) korreliert mit stärkerem Beschäftigungswachstum.

Nur mit absoluten Werten, nicht mit Wachstum oder Rentabilität korreliert sind folgende Variablen, die damit wohl als Erfolgsursachen ausscheiden: Bei einer Promotion (b.u.) liegen die Mitarbeiterzahl des vorletzten Jahres und die Produktivität höher. Gründer mit vorheriger Tätigkeit in Privatunternehmen (Nicht-FuE, b.u.) beschäftigen derzeit mehr Mitarbeiter. Eine bessere Einschätzung der Vertriebserfordernisse ist mit höherer Mitarbeiterzahl (vorletztes Jahr) verbunden.

---

1) Statt "Zahl der Gründer" also: "Teamgründung ja/nein".

2) Die Variable wird im folgenden so recodiert, daß nur nach dem Umstand, nicht - wie ursprünglich erhoben - nach der Dauer der Zusammenarbeit differenziert wird.

Entgegen den Erwartungen bivariat *nicht* im geforderten Maß erfolgsrelevant sind folgende Personenvariablen:
- vorherige Selbständigkeit
- Erfahrung in leitender Funktion
- Berufsjahre
- Erfahrung im Marketingbereich
- das Vorhandensein eines (detaillierten) Konzepts bei Gründung.

5.3.1.2 Geschäftsidee (HZ 8): Kein Zusammenhang zwischen Innovationsgrad und Erfolg[1]

Hohe Markteintrittsbarrieren bezüglich der Know-how-Gewinnung (n.b.) hängen zusammen mit hoher Mitarbeiterzahl (letztes und vorletztes Jahr) und Größe im Konkurrenzvergleich.

Damit bestätigen sich nicht die erwarteten Beziehungen mit dem Wettbewerbsvorteil, Nachahmungsschutz, der Preisempfindlichkeit und der Anbieterzahl. Varianzanalysen ergaben, daß es auch keine Anhaltspunkte für einen umgekehrt u-förmigen Zusammenhang zwischen den Variablen des Innovationsgrads und dem Erfolg gibt.[2] Das Marktwachstum ist die einzige Variable im Bereich der Geschäftsidee, die mit dem Wachstum der Unternehmung zusammenhängt. Schon jetzt kann also festgestellt werden: Die Geschäftsidee und damit der Markt sind - jedenfalls in dieser Stichprobe durchweg technologieorientierter Unternehmen - nicht die Hauptursache für Erfolgsunterschiede.

5.3.1.3 Ressourcen (HZ 9): Gründungen mit höherem Fremdkapitalanteil sind erfolgreicher[3]

Ein hoher Eigenkapitalanteil (b.g.) ist mit geringerem Wachstum verbunden. Es überrascht nicht: Hohes Wachstum scheint also höheren Fremdkapitaleinsatz zu erfordern.

Die Ergänzung durch Mitarbeiter speziell in der kaufmännischen Verwaltung (b.g.) ist positiv mit dem Beschäftigtenzuwachs seit Gründung, allerdings negativ mit dem Produktivitätszuwachs verbunden. Letzterer wird auch von der Beschäftigung zusätzlicher Mitarbeiter im Absatzbereich ungünstig beeinflußt: In den kleinen Unternehmen unserer Stichprobe führt also die Einstellung zusätzlicher Mitarbeiter, noch dazu in nicht unmit-

---

1) Vgl. Befunde in Tabelle 5-7.
2) Wegen zu geringer Fallzahl konnte der Zusammenhang mit dem Marktvolumen nicht überprüft werden.
3) Vgl. Befunde in Tabelle 5-7 und im Anhang 5-1, Tabelle HZ 9.

telbar der Leistungserstellung dienenden Bereichen, zunächst zwangsläufig zu einer merklichen Verschlechterung der Umsatz/Mitarbeiter-Relation. Es überrascht, daß das verfügbare Startkapital offenbar keinen nachweisbaren Einfluß auf den Erfolg hat.

5.3.1.4 Management (HZ10): Gutes Planungs- und Informationsverhalten sind Schlüssel zu höherem Erfolg[1]

a. Planungsverhalten

Der Planungshorizont (b.g.) weist vielfältige Beziehungen zum Erfolg der Unternehmen auf; er scheint eine der bedeutendsten Größen zu sein:

- Allgemein wachstumsrelevant sind die Planungshorizonte in allen Bereichen außer Entwicklung und Personal; die Finanzplanung ist nur mitarbeiterwachstums-wirksam.

Daß ein signifikanter Zusammenhang zwischen Planungsverhalten und Größe bei Gründung nicht vorhanden ist, entkräftet den Einwand, Planung sei in erster Linie durch Größe bedingt, die Kausalität also umgekehrt.

- Bei hoher Priorität der Personalplanung[2] (b.u.) ist die Rentabilität nach Aussage der Befragten höher.

- Je mehr Bereiche des Geschäftssystems schriftlicher Planung[3] (b.g.) unterliegen, desto stärker sind die Unternehmen, vor allem in den letzten Jahren, gewachsen.[4]

---

1) Vgl. Befunde in Tabelle 5-8 und im Anhang 5-1, Tabelle HZ 10.

2) Hierzu lagen nur 42 Beobachtungen vor, also fast 40 vH fehlende Werte.

3) Die Zahl der Bereiche, in denen *keine* schriftliche Planung vorliegt, wird hier abweichend von unserem ursprünglichen Vorhaben, ohne die Bereiche "Einkauf und "Produktion" ermittelt, da sich bei diesen eine starke Abhängigkeit von der Hauptgeschäftätigkeit herausstellte. Um diese Verzerrungen aus den Ergebnissen herauszuhalten, wurde daher auf diese Bereiche verzichtet.

4) Auch die Befunde für alle anderen Wachstumsmaße sind auf 5 Prozent-Niveau (einseitig) signifikant. Den vielleicht vermuteten Zusammenhang mit der Größe des Unternehmens bei Gründung gibt es nicht.

b.   Marketing und Strategie

- Je geringer die Abhängigkeit von wenigen Kunden war, desto größer war das Unternehmenswachstum im letzten Jahr.[1]

- Eine hohe Exportquote (b.g.) haben vor allem Unternehmen mit hoher Mitarbeiterzahl. Der Umstand, daß die Quote nur mit Größe, nicht mit Wachstum verbunden ist, sollte als Caveat bei der kausalen Interpretation beachtet werden: Möglicherweise ist die Größe Erklärung für Exportverhalten, nicht so sehr Manifest guten Managements!

- Die Exportabsicht (b.g.) ist bei "größeren" und zuletzt stark wachsenden Unternehmen stärker ausgeprägt.

- Der Grad der Spezialisierung im Marketing (b.g.) hängt positiv mit dem aktuellen Umsatz - was auf Größenabhängigkeit der Marketingorganisation hindeutet - aber auch mit der Rentabilitätseinschätzung zusammen.

- Der Vertriebskanal Direktverkauf (b.u.) weist zwar einen negativen Zusammenhang mit dem jährlichen Produktivitätszuwachs seit Gründung auf, jedoch ist der Befund der Varianzanalyse mit Vorsicht zu interpretieren, da keine Varianzhomogenität vorliegt.[2] Die Unterschiede könnten somit auch zufällig sein.

- Die Vertriebskanäle eigene Reisende und Handelsvertreter (b.u.) werden von erfolgreichen Unternehmen häufiger verwendet: Sie weisen einen positiven Zusammenhang mit Umsatzwachstum seit Gründung auf, eigene Reisende auch mit der derzeitigen Produktivität. Für "eigene Reisende" muß allerdings die Einschränkung gemacht werden, daß diese Variable mit *allen* Größenvariablen, auch bei Gründung, in engem Zusammenhang steht: Eine kausale Interpretation ist also wohl nicht sinnvoll, vielmehr ist davon auszugehen, daß (fast nur) größere Unternehmen den für rentablen Einsatz eigener Reisender erforderlichen Mindestumsatz erzielen. Die Wahl des Vertriebskanals "Handelsvertreter" ist dagegen von der Größe unabhängig und kann insofern als "echter" Erfolgsfaktor angesehen werden.

---

1) Abhängigkeit von Kunden gemessen durch den Umsatzanteil der fünf grööößten Abnehmer, Wachstum in diesem Fall in Mitarbeitern.

2) Bartlett-Box-Test p = 0.012 (vgl. zu diesem Test z.B. Bauer (1984:83)).

Tabelle 5-8: Beziehungen zwischen Management und Erfolg (HZ10)

Management	Erfolg Wachstum p.a. Mitarbeiter... seit Gründung	letztes Jahr	vorl. Jahr	letzte 2 Jahre	Umsatz seit Gründg.	Produktivität derzeit	Zuwachs letztes Jahr	Rentabilität im Konkurr.-vergleich
Produktqualität								
Preisstrategie								
Zukaufanteil						.4003*		
Exportquote								
Exportabsicht			+					
Umsatzkonzentration	-.3429*							
Planungshorizont in...								
Einkauf		.4672**		.4791**				
Produktion		.3747*	.3105	.3631*				
Finanzierung		.3013*						
Investition		.4188**	.3903**	.3339*				
Entwicklung						-.3462*		
Absatz	.3481*	.4092**	.4328**	.3701*				
Personal								
Durchschnitt		.4324**	.3711*	.4363**				
Planungspriorität in...								
Finanzierung								
Investition							.3744	
Entwicklung								
Personal								-.3164
Zahl nicht$ ge-planter Bereiche		-.3774*	-.3364*					
Marketingorganisat.								+
Vertriebskanal								
Direktverkauf							-	
Eigene Reisende	+					+		
Handelsvertreter	+							
Weiterentwicklung								
Externe Beratung...								
Gründung								
Geschäftsplan	.3759**							
Finanzierung	.3690**							
Durchschnitt							.3116*	
Informationsquellen...								
Datenbanken	+				+			
Konkurrenzkontakte	+				+			
Hochschulen			+			+		
Lieferanten						+		
Behörden/Kammern		+					+	
Quellenzahl					.3110*			
Prio.Liefer.inform.	-.3550*						.4093**	

$: ohne Bereiche Einkauf und Produktion
Feldinhalte: Korrelationskoeffizienten bei zwei kardinalen Merkmalen (p (zweiseitig) <0.01 oder r>=0.3), sonst Richtung des Zusammenhangs (anhand von Varianz- und Chi-Quadrat-Analysen p<0.10)

Als - hypothesenwidrig - wirkungslos erweisen sich der Grad der Abhängigkeit von Lieferanten, die Zahl der Produktlinien und Kundengruppen sowie die Weiterentwicklungsabsichten für die Produkte.[1]

---

1) Die Frage der Wirkung schon vorgenommener Produktanpassungen auf den Erfolg konnte mangels Varianz in dieser Variablen nicht untersucht werden.

c.   Informationsverhalten

-   Die Nutzung der Informationsquellen "Datenbanken" und Kontakte zur Konkurrenz
    (b.u.) hat einen positiven Zusammenhang mit dem Umsatzzuwachs seit Gründung,
    erstere außerdem mit Mitarbeiterwachstum im gleichen Zeitraum.
-   Die Nutzung der Informationsquelle Behörden/Kammern (b.u.) ist positiv korreliert
    mit letztjährigem Mitarbeiter- und Produktivitätszuwachs.
-   Die Zahl der genutzten Informationsquellen (b.g.) ist bei Unternehmen, die im Ver-
    gleich zur Konkurrenz relativ groß sind und seit Gründung höhere Umsatzsteigerun-
    gen erzielten, oft höher.
-   Die Informationsquelle Lieferanten (b.u.) hat eine positive Beziehung zum Umsatz
    pro Mitarbeiter. Hierzu ist festzustellen, daß diese Unternehmen mit höherer Ver-
    flechtung mit Lieferanten auch einen höheren Zukaufanteil haben.[1] Die höhere Pro-
    duktivität überrascht dann nicht mehr.

5.3.1.5 Zusammenfassung

An den Befunden zur Erfolgsrelevanz bestimmter Variablen wird deutlich, daß neben
zahlreichen Personen-Merkmalen vor allem das Management für den Erfolg verantwortlich ist. Im Hinblick auf das Wachstum sind aus den Bereichen "Idee" und "Ressourcen"
lediglich das **Marktwachstum und ein höherer Fremdkapitalanteil** wirksam. Bei der
Ergänzung durch kaufmännisch qualifizierte Mitarbeiter ist dagegen nicht ganz klar, ob
diese eher als Ursache oder Wirkung des höheren Wachstums anzusehen ist.
Bei den Personenvariablen ist hervorzuheben, daß eine **Teamgründung** offenbar vorteilhaft und erwartungsgemäß auch sowohl **kaufmännische als auch komplementäre
Qualifikationen** von Nutzen sind. Die **Dauer der Branchenerfahrung** ist im Gegensatz zur bloßen Berufserfahrung ebenfalls erfolgswirksam.
Beim Management sind vor allem das **Planungsverhalten, Informationsverhalten und
der Grad der Konsultation externer Berater** wachstumsrelevant. Bei der Nutzung
bestimmter Vertriebskanäle und beim Exportverhalten ist Skepsis bezüglich der Wirkungsrichtung angebracht: Sie könnten ebensogut Folge höheren Wachstums sein.

5.3.2   Befunde zu den allgemeinen Zusammenhangshypothesen (HZ 1-6)[2]

Der Bezugsrahmen umfaßt neben den Aussagen zum TGZ auch Hypothesen über gene-

---

1) Sign. 0.087.
2) Test für metrische Variable: Korrelation, nominal-metrisch: Varianzanalyse, sonst: Chi
   Quadrat. Die Befunde zu diesem Abschnitt finden sich im Anhang 5-1.

relle Beziehungen zwischen den einzelnen Erfolgsfaktoren. Ihre Kenntnis ist für das Verständnis der TGZ-Einwirkung unerläßlich. Deswegen wurden alle nach den Hypothesen möglichen Beziehungen getestet. Da die allgemeinen Zusammenhänge aber nicht zentrales Thema dieser Arbeit sind, beschränken wir die Darstellung auf eine knappe Zusammenfassung der Befunde. Dabei werden wir jeweils die Verknüpfung mit den oben festgestellten Mittelwertunterschieden herstellen, um die Relevanz der allgemeinen Zusammenhänge für die Interpretation der TGZ-Wirkung zu zeigen. Die einzelnen bivariaten Zusammenhänge sind aber selbstverständlich für den interessierten Leser im Anhang 5-1 vollständig dokumentiert.

Als Maßstab für relevante Zusammenhänge greifen wir auf die eingangs dieses Abschnitts in 5.3.1 festgelegten Standards zurück.

5.3.2.1 Person: Unerfahrene, technisch qualifizierte Gründer sind innovativer und aufgeschlossener für externe Hilfe

Innerhalb des Blockes "Person" bestätigt sich die Erwartung, daß die Qualifikation und Erfahrung der Gründer positiv auf die Einschätzung der Marktgegebenheiten sowie die Konzeptdetaillierung wirken.

HZ 1: Person → Idee[1]

Technisch hoch qualifizierte, relativ unerfahrene Gründer, die zumeist aus dem FuE-Bereich kommen (das sind gleichzeitig typische Merkmale von Teamgründern), bringen eher Produkte mit hohem Innovationsgrad auf den Markt. Dadurch ist ihre Markteinschätzung bezüglich der Kunden oft schlechter, im Hinblick auf die noch spärliche Konkurrenz aber besser. Die Durchsetzung am Markt gilt als schwieriger und bedingt eine höhere Konzeptdetaillierung. Entschädigt werden die Gründer durch einen stärker expandierenden Markt. Diese Merkmale treffen auch weitgehend auf TGZ-Gründer zu: Sie sind bekanntlich oft unerfahren und verfügen zwar über eine schlechtere Markteinschätzung, aber detailliertere Konzepte. Dahinter verbergen sich aber oft ein innovativeres Produktkonzept und ein Markt mit höherem Wachstum, so daß die Gründer im TGZ von ihrer Produktidee her letztlich über bessere Erfolgsvoraussetzungen verfügen.

HZ 2: Person → Ressourcen

Besonders technisch (hoch)qualifizierte und Teamgründer suchen selten die Ergänzung durch qualifizierte Mitarbeiter und verschenken damit einen möglichen höheren Erfolg. Auch nutzen sie weniger die Wachstumschancen, die sich aus der Aufnahme von

---

1) Alle kardinal skalierten Variablen sowie der Einfluß der Inkubatororganisation wurden getestet.

Fremdkapital ergeben können. Dafür können sie wegen ihrer innovativen Ideen stärker auf öffentliche Unterstützung zurückgreifen. Für die Interpretation der TGZ-Einflüsse ist festzuhalten, daß ein detailliertes Konzept und hohe öffentliche Förderung, beide im TGZ höher ausgeprägt, eng miteinander zusammenhängen.

HZ 3: Person → Management/Konzeption[1]

Im Bereich "Management" erkennen die technisch hoch qualifizerten Gründer offenbar ihre Defizite und sind allgemein aufgeschlossener gegenüber externer Beratung und Information. Dies läuft der ursprünglich formulierten Erwartung zuwider. Der daraus erwachsende Nutzen spiegelt sich in der dann i.d.R. besseren Markteinschätzung wider.[2] Die Transaktionskosten-Überlegungen zum aktiveren Informationsverhalten erfahrener Gründer bestätigen sich nicht.[3] Andererseits zeigen die Daten auch, daß eine anfänglich bereits gute Einschätzung der Gegebenheiten - durchaus rational - auch zu geringerem Beratereinsatz führen kann. Hohe Konzeptdetaillierung - dies ist auch ein Kennzeichen von TGZ-Gründern - ist Indikator für Gründer, die stark für externe Informationen aufgeschlossen sind. Diesen Gründertypus könnte man als "sorgfältigen Informationssammler und -aufbereiter" bezeichnen. Erfahrene Gründer - das sind i.allg. *nicht* die TGZ-Gründer - sind in Information und Planung weniger technologie- und stärker marktorientiert, letzteres ist durchaus positiv im Hinblick auf den Unternehmenserfolg.[4]

5.3.2.2 Geschäftsidee: Attraktive innovative Projekte wurden stärker öffentlich gefördert

Nach dem Bezugsrahmen können Beziehungen zu den Bereichen "Ressourcen" und "Management/Konzeption" sowie zum Erfolg auftreten.

HZ 4: Idee → Ressourcen

Im Hinblick auf die Analyse der TGZ-Wirkung ist vor allem der Zusammenhang zwischen öffentlicher Förderung und hohem Marktwachstum festzuhalten, beides Variablen, die im TGZ höher ausgeprägt sind: Öffentliche Förderung scheint besonders für

---

1) Bei den Informationsquellen wurden die erhobenen Kategorien "Konkurrenzkataloge etc." und "Amtliche Statistik" nicht gesondert geprüft, da erstere von ca. 90 Prozent genutzt, letztere von dem gleichen Anteil nicht genutzt wurde.

2) Dieser Befund steht im Widerspruch zu der von Samson/Gurdon (1993:69), wonach gerade technisch qualifizierte Gründer sehr stark auf technologische Aspekte fixiert sind. Sie bestätigen jedoch, daß eine offene und selbstkritische Haltung der Gründer den Erfolg begünstigt.

3) Vgl. Picot/Laub/Schneider (1989:221ff.).

4) Nach den Befunden im Abschnitt 5.3.1.

innovative Projekte mit hohen Wachstumschancen verfügbar zu sein. Man kann den
Zusammenhang aber auch so interpretieren: Sonstige, private Kapitalquellen sind für
risikoreiche Projekte mit hohem Innovationsgrad schwerer erschließbar. Es findet eine
teilweise Substitution statt.

HZ 5: Idee → Management/Konzeption[1]

Die Zusammenhänge des Managements mit den vor allem den Innovationsgrad messenden Ideen-Variablen zeigen, daß bei innovativen Produkten allgemein eine stärkere
Technologie- (und Produktions-)Orientierung vorherrscht, i.d.r. aber auch eine größere
Offenheit für externe Beratung und Information. Letzteres könnte durch die mit hohem
Innovationsgrad einhergehenden Personenmerkmale bedingt sein (vgl. deren Diskussion
weiter oben). Für die TGZ-Fälle sind folgende Beziehungen relevant: Bei hohem Marktwachstum, wie häufig im TGZ, werden mehr Informationen genutzt, allerdings Lieferanteninformation zu wenig beachtet. Für den Marktzutritt notwendige hohe
Investitionen bedingen stärkere Beratung bei Geschäftsplanerstellung, die wiederum
erfolgssteigernd wirkt.

5.3.2.3 Ressourcen: Stark öffentlich geförderte Gründer zeigen stärkere Außenorientierung und besseres Planungsverhalten

HZ 6: Ressourcen → Management/Konzeption

Gründer mit hoher öffentlicher Förderung (das ist typisch für TGZ-Gründer) und/oder
hohem Fremdkapitalanteil sind generell offener in ihrem Informations- und Beratungsverhalten. Sie tendieren zu langfristigerer Planung.

Es kommt nicht etwa zu einer Substitution eigener Mitarbeiter durch externe Berater,
die ja im TGZ besonders gut möglich sein müßte. Die Gründer, die stark auf fähige
Mitarbeiter setzen, lassen sich im Gegenteil auch stark beraten. Somit ist die starke
Ergänzung durch Mitarbeiter als Indikator - weniger als Ursache - für starke Außenorientierung anzusehen. Den dahinterstehenden Gründertyp könnte man als "selbstkritisch-
offen" bezeichnen. Er ist damit abzugrenzen von Gründern, die ganz auf eigene Fähigkeiten und Ressourcen vertrauen.

Damit ist ein Überblick über die Wirkungszusammenhänge geschaffen, der die Interpretation des nun folgenden Pfadmodells zum Unternehmenserfolg erleichtern wird.

---

1) Es wurden alle Idee-Variablen auf ihre Beziehungen zu Vertriebskanälen, Organisation
   des Marketing, Informations-, Planungs- und Beratungsverhalten sowie alle weiteren
   kardinalskalierten Daten untersucht.

5.4   Pfadanalyse[1]

5.4.1   Vorgehen und Ergebnisse

Die hier dargestellte Analyse hat, im Unterschied zu den Tests der Einzelhypothesen im letzten Abschnitt, das Ziel, den tatsächlichen Einfluß des Technologiezentrums nach Herauspartialisieren *aller* miterhobenen möglichen Störgrößen zu ermitteln. Das heißt, es kommt hier nicht darauf an, mit *allen* Erfolgsfaktoren im Bezugsrahmen ein allgemeines Modell für den Unternehmenserfolg aufzustellen. Vielmehr interessieren hier nur noch die Variablen und Faktoren, die Unterschiede zwischen beiden Gruppen aufweisen, die also entweder durch das TGZ oder durch die Stichprobenauswahl beeinflußt wurden. Das sind vor allem die in Abschnitt 5.2 identifizierten Variablen. Ein Beispiel verdeutlicht, was gemeint ist:

Unternehmen, die überwiegend Eigenfertigung betreiben, sind stärker gewachsen und deutlich größer als Dienstleistungsunternehmen.[2] Die Geschäftstätigkeit ist also ein relevanter Erfolgsfaktor für technologieorientierte Unternehmensgründungen. Dennoch ist die Variable hier zu vernachlässigen, denn eingangs wurde festgestellt, daß diesbezüglich keinerlei Unterschiede in beiden Stichproben vorliegen.[3] Ein Modell, das den Einfluß des TGZ abbildet, ist also in keinem Fall durch die Variable "Produktion vs. Dienstleistung" verzerrt.

Im Modell bleibt demnach bewußt Varianz im Erfolg unerklärt, nämlich die Varianz, die *innerhalb der Gruppen* auf die durch Selektion kontrollierten Variablen zurückgeht, z.B. eben den Einfluß der Hauptgeschäftstätigkeit oder Branche. Das heißt allerdings nicht, daß keinerlei andere, nicht signifikant unterschiedliche, Faktoren einbezogen werden müssen:

Zum Beispiel könnte der Planungshorizont in beiden Gruppen etwa gleich sein; insofern kann durch ihn auch kein Erfolgsunterschied zwischen den Gruppen erklärt werden. Dennoch könnte er für unser Modell relevant sein: Wenn nämlich gilt, daß der Planungshorizont in der Regel bei erfahrenen Gründern länger ist, die Gründer im TGZ aber unerfahrener sind, ist offenbar ein Einfluß des Technologiezentrums vorhanden, der zu beachten und erst im multivariaten Modell erkennbar ist.

Zusammenfassend geht es also hier darum zu prüfen,
- ob sich der sich in den bisherigen Tests andeutende höhere Erfolg der TGZ-Gründer auch bestätigen läßt, wenn man die Alternativeinflüsse rechnerisch kontrolliert, und
- auf welche Erfolgsfaktoren das TGZ einen direkten Einfluß hat.

---

1) Die Lösung findet sich im Anhang 5-2.

2) Vgl. die Befunde in Abschnitt 5.1.2.

3) Vgl. 5.1.

Die Implikationen, die sich aus den Feststellungen für die Modellkonstruktion ergeben, werden im folgenden erläutert.

Auf der Basis des im Kapitel 3.1 entwickelten theoretischen Bezugsrahmens wurden bekanntlich zunächst die einzelnen Variablen zu inhaltlich definierten Blöcken zusammengefaßt, Person/Erfahrung, Geschäftsidee, Ressourcen und Management/Konzeption. Die zwischen diesen Blöcken existierenden Beziehungen sollen mit Hilfe der Pfadanalyse überprüft werden.[1] Innerhalb der Bereiche bestehende Zusammenhänge interessieren dagegen nur am Rande. Wenn möglich sollte dort eine Datenreduktion in dem Sinne vorgenommen werden, daß zusammenhängende Variablen zusammengefaßt werden. Im Gegensatz zum Management stellte sich für den Bereich "Person" eine Faktorlösung ein, die nicht nur effektiv Daten reduziert, sondern dabei auch die Unterschiede zwischen den Gruppen gut wiedergibt: Drei von sechs ermittelten Faktoren unterscheiden sich signifikant und beinhalten gerade die trennenden Variablen. So kann (allein) in diesem Bereich mit Faktorwerten weitergerechnet werden, denn wegen geringerer Variablenzahl in den übrigen Blöcken war dort die Beibehaltung der Variablen angemessen.[2] Als Maß für den Erfolg, die durch das Pfadmodell zu erklärende Größe, verwenden wir das Unternehmenswachstum, ausgedrückt durch den bekannten Summenscore[3], im folgenden "Wachstum" oder "Erfolg" genannt. Die Pfadkoeffizienten wurden durch wiederholte Anwendung der multiplen Regression ermittelt, wobei im Bezugsrahmen rückwärts vorangeschritten wird, also von rechts nach links.

Die **Pfadanalyse** verlief demnach wie folgt:[4]

Im Grundsatz ist zunächst eine Regression mit allen relevanten Variablen aus den Blöcken mit dem Wachstum als abhängige Variable erforderlich. Die zu große Variablenzahl erfordert jedoch eine Vorselektion nach Relevanz. Dafür müssen eindeutige Kriterien bestimmt werden. Fisher fordert eine Regelfestsetzung für die Auswahl der "Eligible Variables" , z.B. nach der Enge ihres kausalen Zusammenhanges mit der abhängigen Variablen und der Unabhängigkeit von anderen für die Gleichung verwendeten Regressoren.[5] An diesen Richtlinien orientiert, sah im konkreten Fall der mehrstufige Auswahlprozeß hier wie folgt aus (vgl. auch die folgenden Abb. 5-1 bis 5-3):

---

1) Vgl. Hypothesen im Kapitel 3.1.

2) In z-standardisierter Form. Vergleiche auch die Erläuterungen in Kapitel 5.2.

3) Vergleiche die Erläuterungen im Abschnitt 3.2.1 und Anhang 3-1. Die Variable ergibt sich als Summenscore von Wachstumsraten von Umsatz und Mitarbeitern für je zwei Zeiträume (seit Gründung und im letzten Jahr), die Daten sind jeweils standardisiert. Es ist somit eine Gleichgewichtung und Robustheit gegen Meßfehler (z.B. Gründungsumsatz) sichergestellt.

4) Vgl. die folgenden Abbildungen 5-1 bis 5-3 mit Ablaufdiagrammen und Entscheidungsregeln.

5) Fisher (1971:260ff.).

a)   Elimination der Variablen aus dem Bereich "Management/Konzeption", die bezüg-
     lich des Erfolgs nicht signifikant sind. Dabei wurden durch wiederholte Regressio-
     nen die Variablen ermittelt, die für weitere Schritte interessant sind: Zunächst
     wurden alle trennenden[1] und dann - in einem zweiten Schritt - die übrigen Varia-
     blen geprüft, die nur dann hinzu genommen wurden, wenn sie multivariat einen
     signifikanten *zusätzlichen* Erklärungsbeitrag leisteten.
     Daraus ergab sich folgende Liste relevanter Einflüsse:

- Umsatzkonzentration auf wenige Kunden
- Planungshorizont Entwicklung
- Einbeziehung externer Berater für die Geschäftsplanerstellung[2]
- Priorität der Informationsbeschaffung über Lieferanten
- regelmäßige Hochschulkontakte als Informationsquelle
- regelmäßige Nutzung von Datenbanken als Informationsquelle.

Nur die letzte Variable ist in der Kontrollgruppe nicht signifikant anders ausgeprägt, erklärt aber weitere Varianz im Erfolg. Die bivariat erfolgsrelevanten Variablen, die nicht in der Liste enthalten sind, waren entweder multivariat nicht mehr
signifikant, darüberhinaus wurden sie aber ggf. auch ausgeschlossen, wenn sie
infolge der Multikollinearität andere, zwischen den Gruppen trennende Variablen
verdrängt hätten. Letzteres gilt insbesondere für die nicht genannten Variablen zum
Planungsverhalten und zur externen Beratung, während andere Variable zum Informationsverhalten, Vertrieb, Produktqualität und Preisstrategie multivariat keinen
Einfluß mehr aufweisen. Die Variablenextraktion deutet an, daß das Informationsverhalten der Hauptschlüssel für die Erklärung der Erfolgsunterschiede sein könnte:
Vier Variablen kommen aus diesem Bereich, je eine aus den Bereichen Planung und
Strategie.

---

1) Bezüglich des verwendeten Erfolgsmaßes "Wachstum" zwischen Untersuchungs- und
   Kontrollgruppe.
2) Der für sich auch signifikante Einfluß der externen Beratung im Marketing wird bei
   Verwendung der genannten Variablen n.s., also überdeckt.

Abbildung 5-1: Auswahl der Variablen aus dem Bereich "Management/Konzeption"

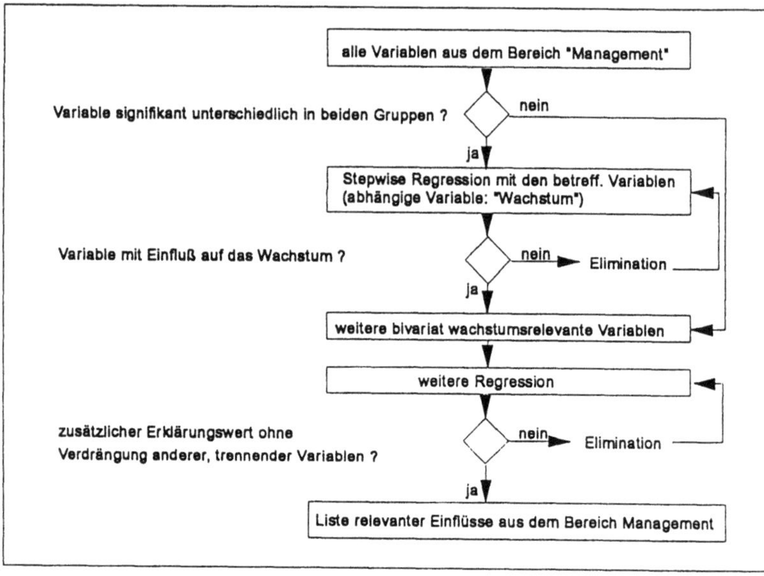

b) Eine weitere ex-ante Datenreduktion wird durch Elimination der Faktoren aus dem
    Bereich "Person" möglich, die keine Unterschiede zwischen den Gruppen aufwei-
    sen: Da sie ganz am Anfang im Bezugsrahmen stehen, sind sie für die Erklärung
    der Erfolgsunterschiede nicht heranzuziehen und somit hier irrelevant. Es verblei-
    ben deshalb nur die Faktoren:[1]
    - Markterfahrung (Faktor 1)
    - Konzeptdetaillierung (Faktor 2)
    - Konkurrenzkenntnis (Faktor 4).

c) Nach dem Bezugsrahmen und den Erklärungen in b) sind im Bereich "Idee" nur die
    Variablen zurückzuhalten, die entweder selbst signifikante Unterschiede zwischen
    den Gruppen aufweisen oder aber von den verbliebenen Person-Faktoren beeinflußt
    sind. Das erste Kriterium gilt noch für die Variablen "Markteintrittsbarriere Investi-
    tion" und "Zahl relevanter Konkurrenten", das zweite wird von keiner weiteren
    Variablen erfüllt.

---

1) Vgl. zur Faktorenbildung und -interpretation: Kapitel 4.6.2.2.

Abbildung 5-2: Auswahl der Variablen aus dem Bereich "Idee"

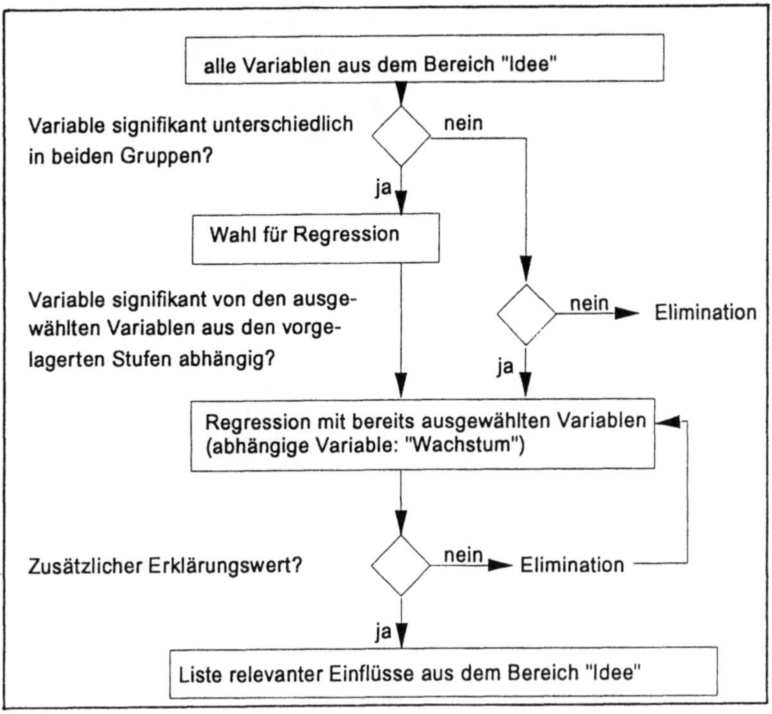

d) Schließlich bleibt die notwendige Reduktion im Bereich "Ressourcen" übrig. Zu fordern ist entweder wieder ein signifikanter Unterschied oder eine signifikante Beeinflussung durch die verbliebenen trennenden Variablen aus den vorgelagerten Bereichen. Diese Kriterien erfüllen nur die Variablen

- Ausmaß öffentlicher Förderung und
- Ergänzung durch Mitarbeiter in der Produktion und im Durchschnitt.

Für die multivariate Gesamtanalyse muß wegen hoher Korrelation zwischen den beiden Variablen zur Mitarbeiterergänzung eine Auswahl getroffen werden: Nach statistischer Prüfung wird die Variable "Ergänzung in Produktion" u.a. wegen schlechter Verteilung eliminiert. Inhaltlich ist die Variable "Durchschnittliche Ergänzung" darüberhinaus aussagefähiger. Hervorzuheben ist, daß der Umfang der verfügbaren finanziellen Ressourcen weder zur Erklärung des Erfolgs an sich noch im Zusammenhang mit den Unterschieden der TGZ- und der Kontrollgruppe eine Rolle spielt. Dieser Befund steht im Widerspruch zu vielen bisherigen Befunden anderer Studien.[1]

1) Vgl. Hypothesenformulierung in Kapitel 3.1.

Abbildung 5-3: Auswahl der Variablen aus dem Bereich "Ressourcen"

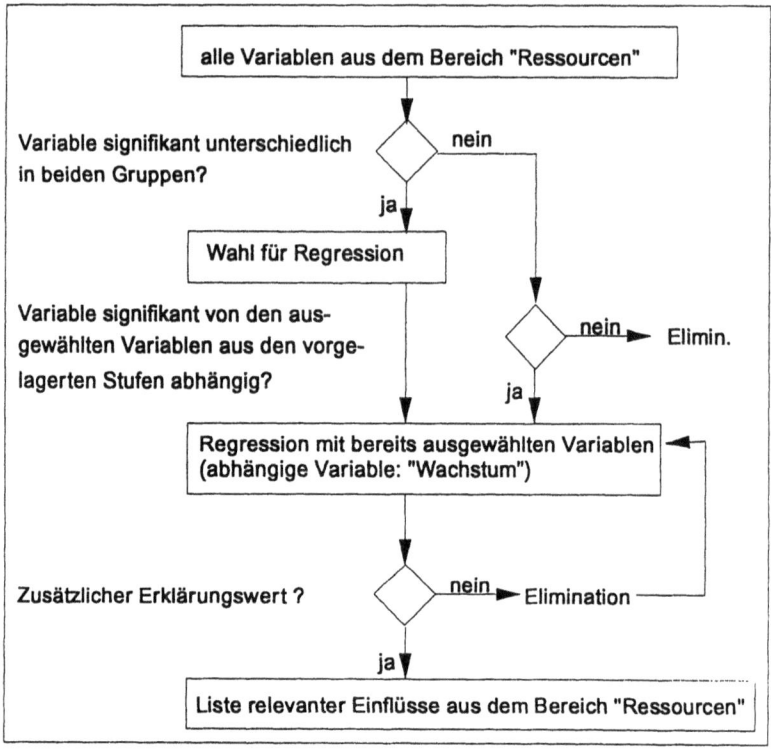

Eine allgemeine Einschränkung muß an dieser Stelle gemacht werden: Nicht alle Variablen, die zwischen beiden Gruppen Unterschiede aufweisen, konnten berücksichtigt werden: Diejenigen mit vielen fehlenden Werten (weniger als 60 von 69 Beobachtungen)
wurden eliminiert, da andernfalls eine zu starke Verzerrung der Ergebnisse befürchtet
werden muß. Im einzelnen betrifft das die Variablen **Marktwachstum**[1] aus dem Bereich
"Idee" und aus dem "Management" den **Planungshorizont Einkauf** sowie den **Zukaufanteil**. Besonders die letztgenannte Variable hat auch multivariat einen nennenswerten
positiven Einfluß auf das Wachstum, wie eine probeweise Berechnung ergab. Das würde
bedeuten, daß die TGZ-Unternehmen hier eine schlechtere Strategie verfolgen (vgl.
Kapitel 5.2, Mittelwertunterschiede).

---

1) Hohes **Marktwachstum** hängt bivariat außerdem mit den Pfadvariablen "geringe
Markterfahrung", "hohe öffentlicher Förderung" und "niedrige Bedeutung der
Lieferanteninformation" zusammen. Hohe Konzeptdetaillierung und gute
Konkurrenzkenntnis sind außerdem mit **neuerer Technologie** verbunden (vgl. Anhang 5-1).
All dies bestätigt, daß die TGZ-Gründungen auf innovativeren Produkten beruhen. Da aber
weder geringe Markterfahrung, öffentliche Förderung, Priorisierung der
Lieferanteninformation, noch gute Konkurrenzkenntnis oder hohe Konzeptdetaillierung im
Pfadmodell einen höheren Erfolg bewirken, kann ein hoher Innovationsgrad nicht als
erfolgsfördernd angesehen werden. Er fehlt somit zu Recht im Modell.

e) Mit den Schritten a)-d) ist die notwendige Vorabreduktion der Daten abgeschlossen.
Es kann jetzt ein vollständig rekursives Pfadmodell berechnet werden. Einschließlich der dichotomen Variablen "TGZ: ja/nein" liegen 13 Variablen vor.

Bevor jedoch das weitere Vorgehen geschildert wird, soll kurz auf die Frage eingegangen werden, welche Erwägungen die Einbeziehung der Variablen "TGZ" notwendig erscheinen lassen: Die Hypothesen besagen, daß das TGZ seine Wirkung
über die Auswahl der erfolgversprechendsten Projekte (nach Idee und Person) sowie
über die Verbesserung der Ressourcen und des Managements, also indirekt, entfaltet. Es stellt sich folgende Frage: Wenn nun in die Gleichung bereits alle - relevanten - trennenden Variablen eingehen, können dann nicht die Erfolgsunterschiede auf
diese unterschiedlichen Ausprägungen zurückgeführt werden? Wozu braucht man
noch explizit die TGZ-Variable?

Nun, es gibt mehrere Gründe, die die explizite Aufnahme erfordern:

- Es kann nach HZ17 über die indirekten Effekte hinaus einen direkten Einfluß des
  TGZ geben.

- Die Unterschiede zwischen den Gruppen könnten im mehrstufigen, multivariaten
  Pfadmodell nur teilweise durch den TGZ-Aufenthalt erklärt werden: So sind möglicherweise die Differenzen in der Produktqualität weniger auf das TGZ als auf die
  Ausbildung und Erfahrung des Gründers zurückführbar. Erst die explizite Einbeziehung der Variable "TGZ" läßt die Aufteilung der Erklärung auf das TGZ und
  andere Ursachen zu.

- Die Berücksichtigung der Variable "TGZ" ergibt Aufschluß darüber, wie die
  tatsächlichen Wirkungsketten aussehen, z.B.: Ist die verstärkte Nutzung von
  Hochschulen als Informationsquelle eine direkte Folge des TGZ-Aufenthalts? Dann
  wären die Kontaktvermittlungen durch das TGZ wirksam. Oder sind
  Hochschulkontakte eher durch die Ausbildung und Inkubatororganisation des
  Gründers vorbestimmt? Dann wäre die Selektion durch das TGZ verantwortlich für
  das andere Informationsverhalten. Gibt es beide Einflüsse nebeneinander?

Man sieht, daß viele Fragen dieser Untersuchung die unmittelbare Einbeziehung der
dichotomen TGZ-Variablen unentbehrlich machen.

Der Ablauf der statistischen Untersuchung vollzieht sich nun wie folgt:

f) Die abhängige Variable "Wachstum" wird in der multiplen Regression mit den
übrigen Variablen als Regressoren in Beziehung gesetzt. Dabei zeigt sich, daß zwischen den Variablen "Planungshorizont in der Entwicklung" und "Einbeziehung
externer Berater für die Geschäftsplanerstellung" ein Interaktionseffekt besteht, d.h.
keine Additivität vorliegt: Bei Aufnahme beider Variablen und eines Interaktions-

terms[1] ist lediglich dieser signifikant; eine Gleichung mit dem Term weist eine deutlich höhere Varianzerklärung auf. Wir entscheiden uns daher für die Berücksichtigung des Interaktionseffekts anstelle der einzelnen Variablen, zumal so die Verletzung der Linearitätsannahme vermindert bzw. vermieden werden kann.[2] Die neu gebildete Interaktionsvariable kann so interpretiert werden: Bei enger Einbeziehung externer Berater für die Geschäftsplanerstellung und gleichzeitig langem Planungshorizont in der Entwicklung weist die Variable einen besonders hohen Wert auf, wenn nur eines der beiden Merkmale gering ausgeprägt ist oder fehlt, ist der Wert sehr gering.[3] Um die Wirkung auf den Erfolg zu erzielen, scheint also eine Kombination beider Merkmale erforderlich zu sein, oder: Eine Variable verstärkt den Effekt der anderen auf den Erfolg. Dies ist ein nicht uninteressanter Befund, da zwischen beiden Variablen nur eine schwache, nicht signifikante Korrelation besteht,[4] ein gemeinsames Auftreten hoher Werte für beide Items also nicht typisch, offensichtlich aber sehr vorteilhaft ist. Eine an Rothwell angelehnte Argumentation hilft, die Logik hinter dem beobachteten Effekt zu verstehen:[5] Der Planungshorizont in der Entwicklung repräsentiert starke Technikorientierung und hohes technologisches Niveau. Dieses kann aber nur voll zum Nutzen des Unternehmenswachstums umgesetzt werden, wenn eine Reihe *komplementärer* Faktoren ebenfalls verfügbar sind. Darunter fällt u.a. die kompetente Beratung in der Geschäftsplanerstellung: Hier werden technische und wirtschaftliche Ziele in Einklang gebracht.

g) Bei den dann im nächsten Schritt, mit der Interaktionsvariablen, neu durchgeführten Regressionen sind die verbliebenen Faktoren des "Management"-Blocks als zu erklärende, also abhängige, Variablen zu betrachten.[6] An dieser Stelle zeigt sich, daß die erfolgsrelevante Management-Variable "Informationsquelle Datenbanken" von keiner der anderen Variablen signifikant beeinflußt wird. Sie ist also im Hinblick auf das Untersuchungsziel entbehrlich. Wir berechneten deshalb die Pfadkoeffizienten auf Stufe f) ohne diese Variable noch einmal neu.

Auf der Stufe der Erklärung des Managements ergibt sich weiter, daß von den Variablen der Geschäftsidee und der Ressourcen lediglich die Größe "öffentliche Förderung" im Modell verbleiben muß. Alle übrigen tragen weder zur Erklärung

---

1) Multiplikation der Variablen miteinander, wie z.B. bei Tiede (1987:204f.) und Draper/Smith (1980:380-411), zur Modellierung speziell 386ff.

2) Eine Gleichung, in der statt einer Ursprungsvariablen der Interaktionseffekt eingesetzt wird, findet sich z.B. bei Draper/Smith (1980:386).

3) Minimalwert: eins.

4) Die Korrelation beträgt .1597, n.s. auf 5 vH-Niveau.

5) Rothwell (1991:102).

6) Anstelle der Regression wurde bei den dichotomen Merkmalen eine Logit-Analyse mit SPSS durchgeführt, vgl. nähere Angaben dazu in 4. (allgemein) und Anhang 5-2.

des Erfolgs noch des Managements/der Konzeption bei. Sie können also aus der Pfadanalyse eliminiert werden. Es handelt sich um:

- die Markteintrittsbarriere Investition und die Zahl relevanter Konkurrenten aus dem Bereich "Idee"[1] und

- die Mitarbeiter-Variablen (s.o.) aus dem Bereich "Ressourcen".

Somit gibt es aus dem Bereich "Idee" offenbar keine Variablen, die in der Stichprobe Erklärungswert im Hinblick auf den Erfolg oder das Verhalten besitzen. Die Gesamtanalyse vereinfacht sich durch Weglassen der genannten Variablen weiter; es muß allerdings noch einmal ein Rück-Sprung zum Punkt f), d.h. der Regression auf den Erfolg, durchgeführt werden. Dafür verbleiben jetzt lediglich neun Variablen, nämlich die drei Faktoren aus dem Bereich "Person", die Ressourcenvariable "öffentliche Förderung" sowie die genannten fünf Managementvariablen einschließlich Interaktionsterm.

h) Die dritte Regression erfolgt mit den Ressourcen, also der "öffentlichen Förderung", als abhängige Variable. Die Personen-Faktoren und die TGZ-Variable werden zu ihrer Erklärung als Regressoren herangezogen.

i) Ein vierter Durchlauf, bei dem der Block "Idee" als abhängig, der Block "Person" als unabhängig in die Rechnung eingeht, erübrigt sich mangels relevanter abhängiger Variablen im Bereich "Geschäftsidee".

In jede der bisherigen Rechnungen ging auch der Aufenthalt im TGZ als möglicher Einfluß ein.

j) Schließlich wird der Einfluß des TGZ auf die Personen-Variablen durch einfache (Dummy-)Regressionen bzw. gleichwertige Korrelationsanalysen untersucht.[2]

Nach Durchführung der formal somit komplett beschriebenen Pfadanalyse können die Ergebnisse in Form der Beta-Koeffizienten in ein Pfadmodell eingetragen werden, wie es die folgende Abbildung 5-4 dokumentiert.

---

1) Für die Variable "Zahl relevanter Konkurrenten" wurde festgestellt, daß eine zunächst vorliegende Korrelation allein auf zwei einflußreiche Ausreißer zurückzuführen ist. Sie wurde daher nicht weiter berücksichtigt.

2) Vgl. hierzu die Begründung im Anhang 5-2.

Abbildung 5-4: Das Pfadmodell mit TGZ-Einfluß

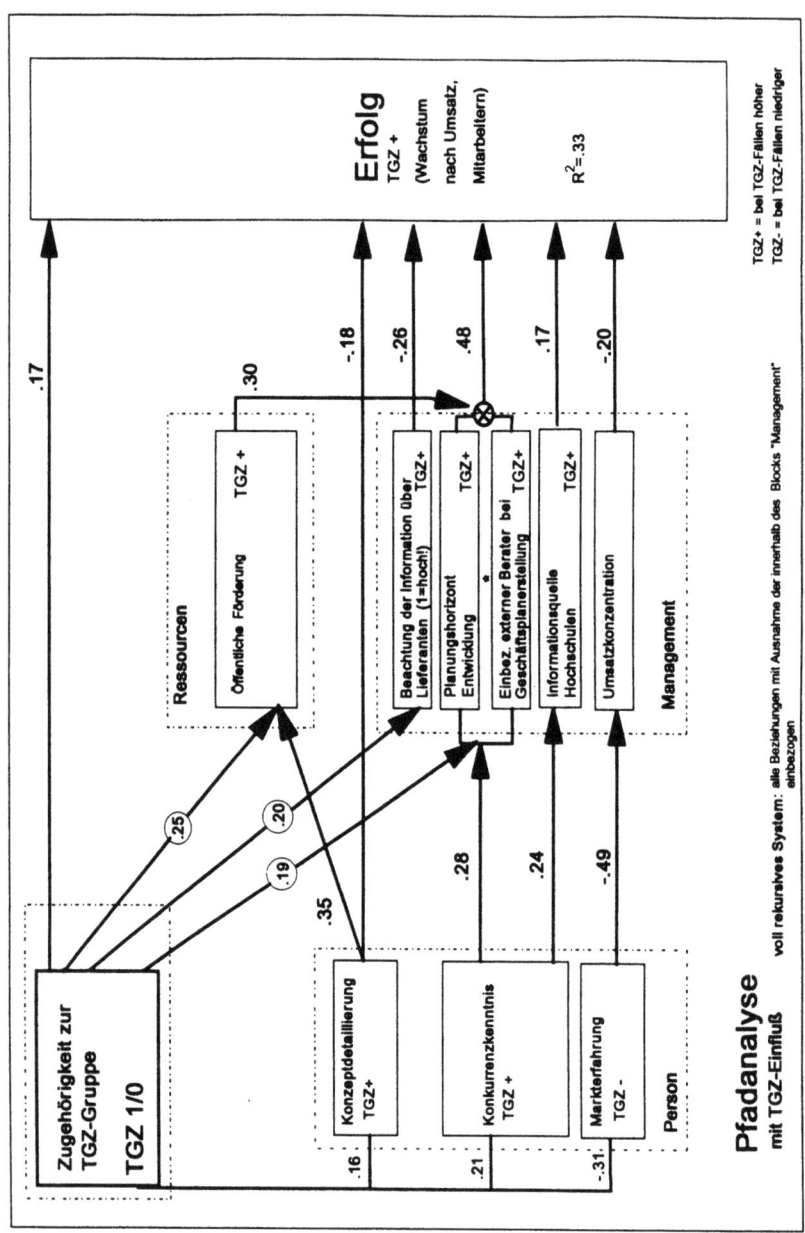

In der Abbildung wurden der Übersicht halber i.d.R. Pfade nur bis zu einem Signifikanzniveau von 10 Prozent eingezeichnet.[1] Dabei ist zu beachten, daß hier ein im
Grunde vollständig rekursives Modell vorliegt,[2] d.h. auch die nicht signifikanten Pfade
in die Berechnung der Beta-Koeffizienten eingehen. Überprüfungen ohne die nicht signifikanten Beziehungen zeigen ausnahmslos sehr ähnliche Resultate, die sogar leicht
höhere Beta-Werte und natürlich bessere Signifikanzen erbringen.

Das Modell erklärt in der vollständigen Form auf der letzten Stufe über 33 Prozent der
Varianz im Erfolg,[3] Angesichts der Tatsache, daß das Modell nicht auf Maximierung
der Erfolgserklärung, sondern nur auf den Beitrag des TGZ zum Erfolg ausgerichtet ist,
erscheint der erklärte Varianzanteil hoch.

Das durch Regressions- und Logitanalysen erstellte Pfadmodell wurde bezüglich der
Erfüllung der statistischen Anforderungen auf Gültigkeit und Verallgemeinerungsfähig-
keit geprüft. Auf die zugrundegelegten Signifikanz- und Effektstärke-Anforderungen
wurde bereits im letzten Abschnitt eingegangen. Es ergibt sich, daß die Modellannah-
men der Verfahren nicht oder nicht gravierend verletzt wurden:[4] Hinsichtlich Zahl der
Prädiktoren, Linearität der Zusammenhänge, Freiheit von Multikollinearität, Homoske-
dastizität (Varianzhomogenität), multivariater Normalverteilung (der Residuen) und
Autokorrelation der Residuen konnten keine nennenswerten Einschränkungen entdeckt
werden. Bezüglich der Verletzung der Normalverteilung bei einzelnen Variablen und
Skalierungsproblemen erweist sich die Lösung als robust. Nach der statistischen Prüfung
kann also zusammenfassend festgehalten werden, daß die Annahmen weitgehend erfüllt
sind bzw. ihre Verletzung im Einzelfall keine Beeinträchtigung der Interpretierbarkeit
bedeutet. Die Resultate können also für Schlußfolgerungen verwendet werden.

---

1) Einseitiges Signifikanzniveau: Wegen gerichteter Hypothesen konnte das vom
Programm ausgewiesene zweiseitige Niveau für den t-Test der einzelnen Koeffizienten
halbiert werden. Ein härteres Kriterium hätte dazu geführt, daß sich die Gesamtwirkung
des TGZ, die sich aus mehreren Pfaden addiert, nicht mehr vollständig nachvollziehbar
gewesen wäre. Holm (1977:57f.) empfiehlt, bei der Elimination von Pfaden pragmatisch
vorzugehen und sich nicht starr an Signifikanzniveaus zu orientieren; gleichwohl sollten
Pfade, die nicht signifikant und damit i.d.R. auch schwach sind, ggf. bei der Darstellung
ausgeschlossen werden, inhaltliche Gesichtspunkte sollten dabei ausschlaggebend sein.

2) Vgl. auch den Abschnitt 4.4. Objektiv liegt keine vollständige Rekursivität vor, da die
Beziehungen der Variablen innerhalb der Blöcke vernachlässigt werden: Eine
Korrelationsanalyse zeigt allerdings keinerlei signifikante Beziehungen in den Bereichen
"Ressourcen" und "Management", im Bereich "Person" sind sie wegen der Faktorisierung
ausgeschlossen.

3) Varianzerklärung mit der Variablen "Informationsquelle Datenbanken" sogar 39
Prozent, allerdings ist diese weder direkt noch indirekt vom TGZ beeinflußt und wird
deshalb weggelassen. Nach Korrektur für die Zahl der Prädiktoren ("Adjusted R Square")
beträgt die Varianzerklärung immerhin noch über 23 Prozent (vgl. Erklärung des "Adjusted
R Square" bei Kockläuner (1988:27f.): Eine Anpassung des Bestimmtheitsmaßes wird für
die Zahl der Freiheitsgrade vorgenommen, die mit der Zahl der Prädiktoren steigt.).

4) Vgl. zu den Annahmen auch die Ausführungen im Kapitel 4.

Nach der formalen Erläuterung soll nun auf die inhaltliche Interpretation der gefundenen
Pfade eingegangen werden.

Unmittelbar nennenswert positiv **zum Erfolg tragen** in der Reihenfolge ihrer Bedeutung
bei:

- Die **enge Einbeziehung externer Berater** für die Geschäftsplanerstellung, verbunden
  mit

- einem **langen Planungshorizont in der Entwicklung**,

- eine verhältnismäßig **hohe Beachtung** der **Informationsbeschaffung über Lieferanten**,

- eine **geringe Umsatzkonzentration** auf wenige Kunden,

- eine **relativ geringe Konzeptdetaillierung** bei Gründung,

- die Nutzung von **Hochschulen als Informationsquelle** sowie

- die **Zugehörigkeit zur TGZ-Gruppe**.

Die Vorteilhaftigkeit enger Beraterunterstützung, der Hochschulkontakte und langer Planung in der Entwicklung ist unmittelbar nachvollziehbar und hypothesengerecht. Auch
die Vorteile geringer Abhängigkeit von einzelnen Kunden wurden erwartet. Es überrascht aber zunächst die Aussage über die positive Wirkung geringer Konzeptdetaillierung und der hohen Bedeutung der Lieferanteninformation. Bei näherem Hinsehen gibt
es aber auch hier plausible Erklärungen, wenn man auch die bivariaten Befunde der
Korrelationsanalyse einbezieht. Zur Rolle der **Konzeptdetaillierung** ist zu sagen, daß
schon die bivariaten Befunde gezeigt haben, daß sie **allein keinen Erfolgseffekt** hat. Sie
hat auch keinen Einfluß auf die wichtigeren Planungsvariablen. Zwar führt hohe Detaillierung auf indirektem Wege über dann besseren Zugang zu öffentlicher Förderung und
engere Einbeziehung externer Berater für Geschäftsplanerstellung zu höherem Erfolg.
Das Modell zeigt jedoch, daß hohe Konzeptdetaillierung *allein* kein Erfolgsrezept ist.
Sie hat im Gegenteil bei Abwesenheit der anderen Faktoren sogar eine dysfunktionale
Wirkung. Wir interpretieren diesen Befund so: Wenn Konzeptdetaillierung zu öffentlicher Förderung führt und externe Berater an der Geschäftsplanerstellung mitwirken, ist
dies ein Hinweis darauf, daß auch die *Qualität* des Konzepts hoch ist. Andere Gründer
wiederum bereiten zwar ein detailliertes Konzept vor, das aber qualitativ nicht die Voraussetzungen für die Umsetzung und damit höheren Erfolg mitbringt. Es kommt also
wie so oft auf die Qualität, weniger auf die Quantität an. Bei den Befunden ist ferner zu
beachten, daß die Ergebnisse nach Herauspartialisieren des TGZ-Einflusses gelten, d.h.
die höhere Konzeptdetaillierung im TGZ bereits rechnerisch eliminiert wurde.[1]

Zur positiven Wirkung der Beachtung von Lieferanteninformation ist zum einen festzu-

---

1) Die hier nicht einzeln berücksichtigte Variable "Konzeptdetaillierung in der
   Entwicklung" ist ausdrücklich von dieser Interpretation ausgenommen. Sie wirkt positiv
   auf die Planung, verkürzt die Dauer der Produktentwicklung und ist somit erfolgsfördernd.
   Sie wurde aus der Analyse ausgeschlossen, da sie nicht zwischen TGZ- und Kontrollfällen
   trennnt.

stellen, daß dies der Theorie der Effizienz der Interaktion zwischen Hersteller und Zulieferer entspricht: Lieferanten können danach wertvolle Know-how-Quellen sein.[1] Auf die wirtschaftliche Bedeutung der Beachtung dieses Bereichs weist Laub hin.[2] Die bivariaten Analysen in Abschnitt 5.2.5 haben gezeigt, daß die Beachtung der Lieferanteninformation eine *bewußte* Entscheidung darstellt, hinter der sich keine anderen Variablen, z.B. der Geschäftsidee, verbergen.[3]

Der direkte Einfluß der TGZ-Variablen ist auf der ersten Stufe mit einem Beta von ca. .17 relativ gering. Dies ist dadurch zu erklären, daß die Erfolgsunterschiede gut durch die Managementvariablen und die Konzeptdetaillierung aufgeklärt werden. Die Variablenauswahl erweist sich somit als zweckmäßig und problemgerecht. Es kann gezeigt werden, daß ein großer Anteil der Erfolgsunterschiede auf das "Management" zurückgeht, das sich seinerseits aber im Sinne von HZ16 auch als Resultat des TGZ-Aufenthalts erweist, wie die nun folgenden Befunde dokumentieren.

Als Resultate der zweiten Stufe der Pfadanalyse, also der Ermittlung von **Erklärungsgrößen für das Management,** sind festzuhalten:

- Die **Priorität der Informationsbeschaffung über Lieferanten** wird allein vom TGZ-Aufenthalt nennenswert beeinflußt: Gründer im TGZ schenken der Lieferanteninformation weniger Beachtung. Die TGZ-Gründer verlassen sich also stärker auf die eigene Leistung und vergeben damit einen bei engerer Einbindung des Lieferanten-Know-hows möglichen höheren Erfolg. An dieser Stelle sei außerdem auf den bivariat festzustellenden Zusammenhang zwischen hohem Marktwachstum und geringer Beachtung von Lieferanten hingewiesen.[4] Bei starkem Wachstum auf dem Absatzmarkt wird dieser stärker beachtet, es besteht eine Tendenz zu gewisser Vernachlässigung der Input-Seite. Da hohes Marktwachstum auch eine Besonderheit der TGZ-Gründungen ist, liegt hierin womöglich ein Teil der Erklärung für ihr Verhalten gegenüber Lieferanteninformation.

In jedem Fall ist der geschilderte Pfad für die Befragten aus der TGZ-Gruppe jedoch *negativ* erfolgswirksam.

- Der Interaktionseffekt aus **Einbeziehung externer Berater bei der Geschäftsplanentwicklung und Planungshorizont Entwicklung** hängt positiv mit **Konkurrenzkenntnis** und **Konzeptdetaillierung bei Gründung** zusammen. Letztere ist Indikator für ein aktives, offenes Informationsverhalten, das sich in den drei Variablen gleichermaßen manifestiert. Die kausale Interpretation muß somit hier mit Vorbehalt gesehen werden.

---

1) Z.B. Schrader (1993:8f.) und die dort zitierte Literatur.

2) Laub (1991:44).

3) Lediglich schwach positive Beziehungen zum Zukaufanteil und der Technologieverbreitung, die aber nicht auf 5 vH-Niveau signifikant sind.

4) Marktwachstum → Bedeutung der Lieferanteninformation r = .3458.

Die Konkurrenzkenntnis andererseits erlaubt erst die genaue Planung und ist somit schon kausal als Vorbedingung für langfristige Planung zu sehen. Da sowohl die Konzeptdetaillierung als auch die Konkurrenzkenntnis im TGZ stärker ausgeprägt sind als in der Kontrollgruppe, liegt in diesem Zusammenhang eine Erklärung für das höhere Wachstum der ehemaligen TGZ-Mieter. Darüberhinaus hat aber der Aufenthalt im TGZ einen eigenständigen positiven Einfluß: Das TGZ trägt auch dazu bei, daß die Gründer über die personenbedingten Unterschiede hinaus sorgfältiger planen, und zwar nicht nur zu Beginn (Geschäftsplan), sondern auch in der Folge im laufenden Geschäftsbetrieb (Entwicklung). Dies kann entweder auf die Einwirkung des TGZ auf das Verhalten der Gründer, aber im Bereich "Geschäftsplan" auch auf die höheren Anforderungen des TGZ zurückgeführt werden, die eine Konsultation erforderlich machten.

Den überhaupt stärksten positiven Effekt auf die Planung in der Entwicklung und die Geschäftsplanerstellung mit Hilfe externer Berater hat das Ausmaß der finanziellen öffentlichen Förderung. Man kann dies eher als Hinweis auf die Innovationsorientierung der Förderung als als Ursache für Planungsverhalten auffassen, jedoch auch auf die Anforderungen, die für den Erhalt öffentlicher Förderung zu erfüllen sind: Die Erarbeitung eines detaillierten Geschäftsplans, oft auch unter der Auflage der Konsultation von Unternehmensberatern, gehört zweifelsfrei dazu.

- Die geringere Abhängigkeit von wenigen Kunden, gemessen durch den **Umsatzanteil der fünf größten Kunden,** wird relativ stark durch die Markterfahrung der Gründer bestimmt: Je erfahrener die Gründer sind, desto geringer ist ihre Abhängigkeit von wenigen Kunden. Sie sind also offenkundig leichter in der Lage, neue Kunden zu akquirieren. Daß davon das Wachstum des Unternehmens profitiert, überrascht nicht. Die Analyse zeigt auf, worin sich die Erfahrung manifestiert und welches die Mechanismen sein können, die den als "Alltagsweisheit" bekannten Zusammenhang von Erfahrung und Erfolg erklären. Die Gründer im TGZ, die in bezug auf den Markt im Durchschnitt unerfahrener sind, neigen also zu höherer "Umsatzkonzentration", was wiederum das Wachstum mindert. Hier liegt also ein für TGZ-Gründer durchgehend negativer Pfad vor. Das TGZ bewahrt die Gründer in diesem Fall also *nicht* vor Fehlverhalten, das durch ihre geringe Erfahrung verursacht wird. Mit anderen Worten: Wenn die Gründer im TGZ markterfahrener wären, wäre ihr Wachstumsvorsprung gegenüber Nicht-TGZ-Gründungen vermutlich noch größer.[1]

- Schließlich ist die **Nutzung der Informationsquelle "Hochschulen"** (positiv) von der **Konkurrenzkenntnis** abhängig. Eine Logit-Analyse ergibt nur für diese Variable einen signifikanten Einfluß, während das TGZ überraschend keinen direkten Effekt mehr hat. Der Einfluß der Konkurrenzkenntnis ist einmal mit dem sich dahinter bekanntlich oft verbergenden höheren Innovationsgrad des Produkts zu erklären, zum

---

1) Dies stellen auch Monck et al. (1988:223) fest.

anderen durch eine bei diesen Gründern allgemein höhere Informationsaktivität vor wie nach der Gründung.[1]

Überraschend ist, daß der bivariat so deutliche Zusammenhang zwischen dem TGZ-Aufenthalt und regelmäßigen Hochschulkontakten bei Hinzunahme anderer Variablen nicht mehr gilt.[2] Der Einfluß ist nurmehr indirekt, eben über die Konkurrenzkenntnis, existent. Damit wird zugleich die weiter oben geäußerte Vermutung bestätigt, daß die Rolle des TGZ bei der Vermittlung der Hochschulkontakte eher beschränkt ist, und wir können festhalten: Die Hochschulkontakte werden vom Hintergrund der Person und von den Erfordernissen der Geschäftsidee bestimmt, kaum aber von der Vermittlung durch das TGZ! Die diesbezüglichen Unterschiede zur Kontrollgruppe sind somit nicht auf den TGZ-Aufenthalt, sondern auf die anderen Personenmerkmale der TGZ-Gründer zurückführbar.

Die einzige verbliebene **Ressourcenvariable**, "**öffentliche Förderung**", wird vom **TGZ-Aufenthalt** positiv beeinflußt und erfordert bekanntlich **hohe Konzeptdetaillierung** als Vorbedingung. Ein wichtiger Befund ist, daß Gründer im TGZ auch bei gleicher Konzeptdetaillierung bessere Möglichkeiten haben, an öffentliche Förderung zu gelangen. Dies ist aus den Beta-Koeffizienten abzulesen. Es liegt also kein Selektionseffekt vor, vieles spricht für einen Einfluß des TGZ-Aufenthalts auf die Bewilligung von Fördermitteln.

Für den **Bereich "Person"** gibt es folgende Zusammenhänge mit dem TGZ als einzige vorgelagerte Variable:
- Die Konzeptdetaillierung ist schwach positiv mit der Aufnahme ins TGZ verbunden. Damit gehen, wie oben gesehen, ein positiver und ein negativer Effekt auf den Erfolg einher, die sich insgesamt nahezu ausgleichen. Die höhere Detaillierung kann den Aufnahmeanforderungen zugeschrieben werden.
- Die Konkurrenzkenntnis der TGZ-Mieter ist höher. Die Gründe dafür wurden bei den Mittelwertvergleichen bereits diskutiert und sind wohl vor allem in der neueren Technologie und den neueren Märkten mit der geringeren Konkurrentenzahl zu suchen. Hohe Konkurrenzkenntnis geht mit besserem Informations- und Planungsverhalten in Form der Einbeziehung externer Berater bei Geschäftsplanerstellung, längerem Planungshorizont in der Entwicklung und stärkerer Nutzung von Hochschulen als Informationsquellen einher und wirkt damit indirekt positiv auf den Erfolg.
- Die Markterfahrung ist im TGZ deutlich geringer. Dadurch entsteht die Neigung oder der Zwang, sich von relativ wenigen Kunden abhängig zu machen und so nur geringe-

---

1) Vgl. die Befunde zu HZ 1, Kapitel 5.3.2.1.
2) Vgl. die Befunde in 5.2.5: TGZ-Gründer haben zu über 70 vH, andere Gründer unter 40 vH regelmäßige Hochschulkontakte.

res Wachstum zu realisieren. Dieser Pfad ist für die TGZ-Fälle negativ. Das TGZ bevorzugt also offensichtlich unerfahrenere Gründer.

Zum Bereich "Person" ist noch die Feststellung wichtig, daß die genannten tgz-typischen Personenfaktoren geringe "Markterfahrung", hohe "Konzeptdetaillierung" und gute "Konkurrenzkenntnis" und die ihnen zugrundeliegenden Einzelvariablen allesamt mit einem höheren Innovationsgrad in Verbindung stehen. Dies belegen zahlreiche bivariate Zusammenhänge mit Variablen der Geschäftsidee, z.B. Technologieverbreitung, Marktwachstum oder Konkurrentenzahl. Daß damit aber nicht der höhere Erfolg der TGZ-Gründungen zu erklären ist, zeigen die im Pfadmodell negativen Beziehungen der Personenvariablen zum Erfolg ebenso wie die bivariaten Beziehungen zwischen Idee und Erfolg.[1] Lediglich das Marktwachstum ist, wie oben bereits erwähnt, unternehmenswachstumsrelevant.[2]

Das geschilderte Pfadmodell mit TGZ-Einfluß zeigt nun recht detailliert, welchen Einfluß ein Technologiezentrum auf Merkmale und den Erfolg der befragten Gründungen hat. Es zeigt allerdings nur vom TGZ verursachte *Niveauunterschiede* an, z.B. im Planungshorizont. Offen bleibt die Frage, ob die *Zusammenhänge*, die durch die Koeffizienten angedeutet werden, z.B. zwischen Planung und Erfolg, auch in den beiden Teilstichproben gelten. Dies ist aber für die Interpretation wichtig. Es gibt verschiedene Hinweise auf die Unterschiedlichkeit bestimmter Korrelationen zwischen TGZ- und Nicht-TGZ-Fällen. Deswegen untersuchten wir alle Zusammenhänge, die im Pfadmodell als für die Gesamtstichprobe gültig aufgezeigt wurden, in Form einfacher Korrelationen für beide Gruppen. Das Ergebnis läßt nur in zwei Fällen deutliche - signifikante oder annähernd signifikante - Unterschiede erkennen:[3]

- In der TGZ-Gruppe besteht ein eindeutiger, stark positiver Zusammenhang zwischen der engeren Einbeziehung externer Berater bei der Geschäftsplanerstellung und dem Erfolg. In der Kontrollgruppe gilt dies nicht. M.a.W.: Mit Beratern erstellte Geschäftspläne scheinen im TGZ erfolgversprechend zu sein, bei unabhängigen Gründungen reichen sie allein nicht aus. Dieser interessante Befund läßt folgende zugegeben spekulative Schlußfolgerung zu: Werden im TGZ Geschäftspläne durch enge Einbeziehung externer Beratung entwickelt, weisen diese eine höhere Qualität auf und tragen damit zum Erfolg bei. Im übrigen wird die Umsetzung der Geschäftspläne im

---

1) Vgl. Tabelle 5-7 in Kapitel 5.3.

2) ...konnte aber wegen der zu hohen Zahl fehlender Werte multivariat nicht berücksichtigt werden (s. Anmerkung weiter oben).

3) Zur Technik des Korrelationsvergleichs siehe Anhang 5-3, Diskussion an anderer Stelle. Tabelle mit den Befunden im Anhang 5-4. Die Analyse dient auch gleichzeitig zur Überprüfung der Modellannahme, daß die in der Regression ermittelten Beziehungen unabhängig von der Ausprägung der dichotomen Variablen sind, d.h. in den hier geschilderten beiden Fällen werden die Annahmen nicht eingehalten (vgl. Tiede 1987:277ff.).

TGZ erfolgreicher vollzogen, womöglich deswegen, weil die bei der Erstellung behilflichen Berater auch im laufenden Prozeß weiterhin zur Verfügung stehen. Außerhalb gilt dies nicht: Entweder ist also die Qualität der Berater schlechter, oder es fehlen die Fähigkeiten und die Unterstützung bei der Umsetzung der Geschäftspläne. Die entdeckte Diskrepanz ist als deutlicher Hinweis auf einen Interaktionseffekt zu verstehen: TGZ-Aufenthalt und externe Beratung bei Geschäftsplanerstellung sind nicht additiv miteinander verknüpft. Diese Annahme wurde in einer weiteren Regressionsanalyse überprüft und durch die Befunde untermauert: Bei Durchführung der Regression auf den Erfolg unter zusätzlicher Einbeziehung des genannten Interaktionsterms ist dieser hochsignifikant und erklärt zusätzlich vier Prozent Varianz.[1] Dann ist der TGZ-Einfluß allein nicht mehr signifikant, ja sogar negativ, was auf die hohe Erklärungsstärke des Interaktionseffekts hindeutet und die Schlußfolgerung nahelegt, daß **die Förderwirkung des TGZ - mehr als von allem anderen - maßgeblich von der Unterstützung bei der Geschäftsplanerstellung und -umsetzung abhängt.**

- Bei der Untersuchung der Korrelationen fällt ein weiterer wesentlicher Unterschied zwischen beiden Gruppen auf: Die Existenz regelmäßiger Hochschulkontakte ist nur im TGZ stark mit hoher Konkurrenzkenntnis verbunden:[2] TGZ-Gründer mit besonders guter Einschätzung der Konkurrenz nutzen die Hochschulen also deutlich stärker. Da das eine nicht Ursache des anderen sein kann, deutet dieser Befund im Zusammenhang mit der im TGZ durchschnittlich viel stärkeren Nutzung von Hochschulen darauf hin, daß nur eine bestimmte - nämlich von sich aus offene und außenorientierte - Gruppe von Gründern durch das TGZ die Möglichkeit zu verstärkten Kontakten nutzt, daß es aber nicht generell gelingt, allein durch die Bereitstellung des Informations*angebots* auch entsprechende Nachfrage zu erzeugen. In diesen beiden zuletzt geschilderten Befunden liegt ein Stück der Erklärung dafür, daß die Streuung der Wachstumswerte im TGZ deutlich höher liegt als in der Kontrollgruppe: Nur Gründer, die die Leistung des TGZ richtig zu nutzen verstehen, profitieren in dem gewünschten und möglichen Ausmaß davon. Diesen Gedanken müssen wir in den Abschnitten 5.7ff. weiterverfolgen, wenn Unterschiede innerhalb der TGZ-Gruppe erklärt werden sollen.

---

1) Der Interaktionseffekt wurde durch Multiplikation bei einer Kodierung der TGZ-Variablen von 0/1 modelliert. So ergeben sich 4 vH mehr Varianzerklärung, auf gesamt 37,2 Prozent. Der Interaktionseffekt ist hochsignifikant (P <0.01).

2) Korrelationstest; vgl. Anhang 5-4. Eine zusätzliche Überprüfung der Varianzhomogenität für die TGZ-Gruppe ergibt, daß die Annahme der Varianzhomogenität nicht abgelehnt werden kann. Schlußfolgerungen sind somit zulässig.

5.4.2 Schlußfolgerungen aus dem Pfadmodell: TGZ übt eigenständigen Einfluß auf die Unternehmensentwicklung aus[1]

Aus dem dargestellten Pfadmodell können nun Schlußfolgerungen für die Aufklärung unserer zentralen Fragestellung gezogen werden: Welchen Einfluß hat das TGZ auf den Erfolg und wie übt es ihn aus? Bei der Beantwortung dieser Frage hilft eine Aufspaltung der Erfolgseffekte auf

- den direkten, tgz-bedingten Effekt
- den indirekten, über Management und/oder Ressourcen wirksamen, also nach der Theorie von den Leistungen verursachten Effekt und
- den indirekten, über Person und Geschäftsidee laufenden Einfluß des TGZ, der der Selektion zugeschrieben werden muß.

Indirekte Effekte werden durch Multiplizieren der beteiligten Pfade berechnet. Der totale Effekt ergibt sich durch Addition der indirekten und direkten Pfade. Die folgende Tabelle 5-9 enthält die entsprechenden Ergebnisse.

Die Berechnung legt folgende Schlußfolgerungen nahe:

1. Eine positive Erfolgswirkung des TGZ ist im Vergleich mit anderen Einflüssen feststellbar (signifikanter Mittelwertunterschied) und auch im Pfadmodell signifikant. Unternehmen im TGZ wachsen schneller.
2. Die Erfolgswirkung läßt sich nicht allein mit Unterschieden in den erhobenen Stichprobenmerkmalen erklären, gleichgültig ob es sich um zufällige, erhebungsbedingte oder durch die TGZ-Selektion hervorgerufene handelt. Der ermittelte Effekt des TGZ ist frei von allen erfolgsrelevanten Verzerrungen durch Unterschiede in den Stichproben. Selektionsbedingte Unterschiede sind größtenteils negativ wirksam (Konzeptdetaillierung und Markterfahrung) und vergleichsweise schwach.
3. Der *nicht* durch die Unterschiede in den bei Gründung bereits feststehenden Merkmalen "Person" und "Idee" direkt oder indirekt erklärbare Erfolgsbeitrag des TGZ macht nahezu 100 Prozent des Gesamteffekts im Pfadmodell aus (I+II in Tabelle 5-9). Dabei ist der *direkt* durch das TGZ erklärte Anteil größer als der *indirekt* durch Beeinflussung des Managements oder der Ressourcen hervorgerufene. Es sind also offenbar die "intangiblen" Faktoren wie Kontaktherstellung und Image, die vor allem zum höheren Erfolg der TGZ-Gruppe beitragen.
4. Im Management besteht der stärkste positive Einfluß des TGZ auf die Entwicklungsplanung und die Einbeziehung externer Berater bei Geschäftsplanerstellung. Alle übrigen Managementvariablen sind von der Gründerperson stärker als vom TGZ bestimmt. Die Befunde lassen eine Bestätigung, daß Hochschulkontakte maßgeblich durch das TGZ verursacht werden, nicht zu. Es zeigt sich vielmehr, daß es auf den Gründer ankommt, wenn es darum geht, die Möglichkeiten des TGZ voll auszunutzen.
5. Im Zugang zu öffentlicher Förderung liegt ein weiterer wichtiger Einfluß des TGZ.

---

1) Befunde im Anhang 5-2.

Tabelle 5-9:   Direkter, indirekter und totaler Effekt des TGZ-Aufenthalts
(in Abb. 5-4 verzeichnete Pfade und die vom TGZ
ausgehenden Pfade >0.10).

```
I. Direkter Effekt, der nicht durch andere Variablen erklärbar ist:

TGZ ─────────────────────────────────────────── Erfolg      .16944


Summe I.   = nach Hypothesen: Image- und Kontakteffekt    .16944

II. TGZ-bedingt, über Management und/oder Ressourcen wirksam:
                                                   Erfolg
          ──────────────── Planungshorizont Entwicklung/        .09292
          │                Ext.Ber. Gesch.plan (Interakt.)- .48150
          │                .19297
          │
          │──────────────  Priorität Informations-            -.05312
TGZ ──────┤                beschaffung über Lieferanten ── -.26026
          │                .20410
          │
          │──────────────  Umsatzkonzentration*  ──────── -.20132    .02343
          │                -.11637
          └Öffentliche Förderung-Interaktionsvariable(s.o.)- .48150   .03557
          .24552           .30091


Summe II.   = nach Hypothesen: Effekt der Leistungen    .09880

Zwischensumme I+II                              .26824

III. TGZ-bedingt, über Idee und/oder Person wirksam
                                                   Erfolg
         ┌ Konkurrenzkenntnis  -Hochschulkontakte ────── .18440    .00921
         │ .2125               .235
         │
         ├ Konzeptdetaillierung ────────────────── -.17537   -.02806
         │ .1600
         │
         ├ Konzeptdetaillierung-Interaktionsvariable ─── .48150   .01273
         │ .1600               .16525
         │
TGZ ─────┤ Konzeptdetaillierung-öffentliche Förderung
         │ .1600               .34947
         │                     └ Interaktionsvariable - .48150     .00810
         │                       .30091
         │
         ├ Konkurrenzkenntnis-  Interaktionsvariable ──── .48150   .02860
         │ .2125               .27952
         │
         └ Markterfahrung      -Umsatzkonzentration ──── -.20132  -.03036
           -.3065             -.49210


Summe III.   = nach Hypothesen: Selektionseffekt    .00022

Gesamt I-III                                     .26846
```

*: nicht signifikanter Effekt, der Vollständigkeit halber dennoch zur
Berechnung erforderlich

Es bestätigt sich somit der schon eingangs bei den Mittelwertvergleichen entstandene
Eindruck, daß das Technologiezentrum mit seinen *Leistungen* v.a. im Planungs- und
Beratungsverhalten einen positiven Beitrag leistet.

Wenn man sich also mit der Reihung der Variablen einverstanden erklärt, läßt die Ana-
lyse den Schluß zu, daß das TGZ einen nennenswerten *eigenständigen* Einfluß auf das
Verhalten der Gründer und damit auf deren Erfolg hat. Sie unterscheiden sich in
Managementaspekten von unabhängigen Gründungen, ohne daß diese Unterschiede
umfassend durch Ideen- oder Personenmerkmale erklärt werden könnten, auf die das
TGZ keinen Einfluß hätte.

Die Effekte, die durch die Selektion hervorgerufen werden, sind dagegen weniger
durchschlagend. Gründer außerhalb von TGZ weisen in den meisten Bereichen ähnliche
Merkmale auf, die vorliegenden Unterschiede sind nicht nachhaltig für den Erfolg verantwortlich. Die Merkmale der TGZ-Gründer sind sogar oft als vergleichsweise negativ
zu bezeichnen.

5.5   Kompensiert der Aufenthalt im Technologiezentrum Defizite der Gründer?

Nach der Diskussion des multivariaten Modells zur Erklärung des Unternehmenserfolgs
soll nun untersucht werden, ob Beziehungen, die in der Gesamtstichprobe gelten, auch
bei getrennter Analyse der beiden Teilgruppen nachweisbar sind. Aus Unterschieden
können sich interessante Hinweise auf die Wirkungsweise des TGZ ergeben. Wenn das
TGZ nämlich zur Kompensation von Defiziten im Sinne der Hypothesen beiträgt, müßte
sich dies in folgenden Korrelationsdifferenzen niederschlagen:[1]

- Der Erfolg wird durch die TGZ-Unterstützung von den personellen Defiziten oder
  Nachteilen abgekoppelt. Auch Gründer mit schlechteren Voraussetzungen können
  erfolgreich sein. Diese Frage wird im Abschnitt 5.5.1 untersucht. Dafür können
  direkte oder indirekte Erfolgswirkungen des TGZ verantwortlich sein.
- Die seitens der Person und evtl. auch der Geschäftsidee vorliegenden Voraussetzungen
  werden vom Managementverhalten teilweise abgekoppelt. Das TGZ vermindert fehler-
  haftes Verhalten, dessen Ursprung in personellen Defiziten liegt (5.5.2).
- Die Beziehung zwischen Ressourcen und Erfolg vermindert sich. Sind im Normalfall
  hohe finanzielle und personelle Ressourcen für die Erzielung eines hohen Erfolgs
  erforderlich, so sollte durch das TGZ über eine Verminderung des Ressourcenbedarfs
  eine Verbesserung der Erfolgsaussichten auch bei schlechterer Ausstattung gelingen
  (5.5.3).

Diese drei Punkte sollen nun im folgenden Abschnitt als abschließende Analyse auf
Basis beider Stichproben vorgenommen werden, bevor wir zur Betrachtung nur der
TGZ-Fälle übergehen.

Eine Methode zum Vergleich von Korrelationskoeffizienten findet sich bei Bortz.[2]

---

1) Vgl. Hypothesenformulierung in Kapitel 3.1.
2) Bortz (1984:495-497). Erläuterungen auch im Anhang 5-3.

**5.5.1   Kompensation personeller Defizite im Hinblick auf den Erfolg
ist nur sehr beschränkt nachweisbar**[1]

Es soll hier zunächst allgemein überprüft werden, ob durch das TGZ eine **Entkopplung
des Unternehmenserfolgs**, gemessen am Wachstum, von bestimmten **Personenvariablen** nachweisbar ist, ob also bestimmte Eigenschaften, die sich bei unabhängigen Gründungen, also in der Kontrollgruppe, als nachteilig erweisen, in der TGZ-Gruppe keinen
Einfluß mehr haben. Dies wäre dann der Fall, wenn durch Beratung und Service eine
positive Verhaltensänderung (**HZ16**) herbeigeführt wird, eine bessere Ausstattung mit
Ressourcen erfolgt (**HZ15**) oder durch gutes Image und Kontaktvermittlung eine direkte
Erfolgssteigerung ermöglicht würde (**HZ17**). Zur Untersuchung dieses Effekts wird ein
Korrelationsvergleich durchgeführt, um signifikante Unterschiede zwischen den Korrela-
tionen in den Teilstichproben aufzudecken. Es ergeben sich dazu folgende Befunde:[2]
- Insgesamt sind die Zusammenhänge zwischen Person und Erfolg im TGZ in elf Fällen
deutlich schwächer als in der Kontrollgruppe. Da gleichzeitig 17 mal der umgekehrte
Fall auftritt, ist die Entkopplungs-Hypothese nicht generell haltbar.[3] Vielmehr sind die
Erfolge im TGZ demnach offenbar oft stärker von der Person abhängig als außerhalb.
Eine mögliche Erklärung für diesen zunächst verwirrenden Befund ist, daß Gründer
mit bestimmten Eigenschaften, die auf das TGZ-Angebot treffen, dieses optimal aus-
nutzen können und so ihren Erfolg im Vergleich zu einer unabhängigen Gründung steigern. Gründer mit anderen Eigenschaften dagegen, z.B. mit einer geringeren
Qualifikation, sind dagegen nicht in der Lage, den erwarteten Nutzen aus dem TGZ-
Angebot zu ziehen, etwa die Beratung und Kontakte entsprechend für sich zu nutzen.
So wäre auch die festgestellte höhere Streuung des Erfolgs in der TGZ-Gruppe zu
erklären. Diese Interpretation für die nicht hypothesenkonformen Befunde ist zugege-
benermaßen spekulativ. Da sie sich aber auch schon bei der Interpretation der Pfadanalyse andeutete,[4] sollte sie jedenfalls im Auge behalten werden, wenn weitere Analysen
zur Wirkungsweise des TGZ vorliegen.

---

1) Wiedergabe der Befunde im einzelnen im Anhang 5-5.

2) Bortz (1984:495-497); Bauer (1984:173); Bortz (1985): Die Methode ist außerdem
im Anhang 5-3 beschrieben. Wir legen ein einseitiges Signifikanzniveau von 5 vH
zugrunde, entsprechend einer Mindesteffektstärke q von 1,65. Die Befunde sind im
Anhang unter 5-5 verzeichnet.

3) In weiteren fünf Fällen sind die Korrelationen in beiden Gruppen gerade umgekehrt
bei ähnlicher absoluter Stärke.

4) Vgl. auch die Diskussion der Auslöser der Hochschulkontakte unten in Kapitel 5.7.2.

5.5.2 Das Technologiezentrum kompensiert Defizite im Management-verhalten in vielen Bereichen[1]

Wenn die Korrelationen zwischen Person und Idee einerseits und *erfolgsrelevanten* Managementvariablen andererseits in der Untersuchungsgruppe von denen der Kontroll-gruppe signifikant abweichen, kann auf einen Sondereinfluß des TGZ geschlossen wer-den. Ein Beispiel soll das Vorgehen verdeutlichen: Wenn z.B. in der Kontrollgruppe festgestellt wurde, daß das Planungsverhalten stark von der Erfahrung des Gründers abhängt, dies im TGZ aber nicht der Fall ist, spricht dies für den Beitrag des TGZ zu gutem Planungsverhalten. Es werden also alle *erfolgswirksamen*[2] Managementvariablen getrennt für beide Gruppen mit den Ideen- und Personenmerkmalen in Beziehung gesetzt.

Die These lautet: Das Verhalten der Gründer in der Kontrollgruppe ist als "typisch" für technologieorientierte Gründungen anzusehen und somit Referenzpunkt für die TGZ-Gruppe. Zwischen Management-Verhalten und Personen- sowie Ideeneigenschaften bestehen bestimmte typische Beziehungen. Dies war die Aussage der Hypothesen **HZ 3 und 5**.

Im TGZ werden nun gegenüber der Kontrollgruppe Abweichungen des Management-Verhaltens durch unmittelbaren Einfluß des TGZ auf das Verhalten erwartet. Gibt es diesen in Hypothese **HZ16** formulierten Einfluß, muß damit gleichzeitig aber eine teil-weise Loslösung von bestimmten gründerspezifischen Defiziten stattfinden. Damit ver-mindert sich die Abhängigkeit von der Gründerperson und den Eigenschaften der Idee.

Die Befunde ergeben nach Abzug der wegen schlechter Verteilung oder Fallzahl nicht auswertungsfähigen Variablen dazu folgendes Bild:[3]

- in 29 Fällen liegt im TGZ ein deutlich stärkerer Zusammenhang des Managements mit der Person oder Idee vor als in der Kontrollgruppe,[4]

- 22 mal tritt der hier v.a. interessierende Fall auf, daß im TGZ eine weitgehende Abkopplung vom bei unabhängigen Gründungen vorhandenen Zusammenhang zwi-schen Person/Idee und Management stattfindet.[5]

Die Ergebnisse zeigen also, daß es offensichtlich einen eigenständigen TGZ-Einfluß gibt. Die Befunde der Kontrollgruppe spiegeln dabei das "normale" Verhalten von Gründern wider, die TGZ-Befunde das durch Beratung etc. verbesserte Verhalten.

---

1) Die Befunde finden sich im Detail im Anhang 5-6.

2) Siehe Konventionen für Erfolgswirksamkeit in Kapitel 5.3.

3) Einseitiges 5prozentiges Signifikanzniveau für Korrelationsunterschiede, vgl. Bortz (1985:264) und Anhang 5-3.

4) Diese Aussagen sind hypothesenkonträr, insofern ist der durchgeführte einseitige Test nur bedingt gültig.

5) In ca. 40 Fällen gibt es darüberhinaus gegenläufige Beziehungen von etwa gleicher absoluter Stärke.

Es ergeben sich im einzelnen folgende signifikante Unterschiede auf dem Fünf-Prozent-Niveau, wobei nur die Erfahrungsmerkmale und Ausbildung, nicht die Konzeptdetaillierung und die Güte der Markteinschätzung untersucht wurden und nur die Zusammenhänge, bei denen eine Entkopplung oder Verbesserung des Managements stattfindet, vollständig wiedergegeben werden:

Produktqualität

Im Normalfall, also in der Kontrollgruppe, ist ein höherer Ausbildungsgrad mit einer geringeren relativen Produktqualität verbunden. Dies ist im TGZ nicht der Fall. Andererseits hängt ein hoher Wettbewerbsvorteil bei TGZ-Gründern stark mit einer hohen Qualität zusammen, wird also offenbar durch diese erzielt. In der Kontrollgruppe ist dies nicht der Fall, die Wettbewerbsvorteile liegen dort offenbar in anderen Gebieten, nämlich im Preis, wie der folgenden Befund bestätigt:

Preisstrategie

Bei Vorliegen eines technischen Hochschulstudiums wird in der Kontrollgruppe eine vergleichsweise niedrige - und damit unvorteilhaftere - Preissetzung betrieben, im TGZ ist die Preisstrategie dagegen weitgehend unabhängig von einem Studium. Das TGZ scheint hier also erfolgreich eine Entkopplung des Verhaltens vom Qualifikationshintergrund zu erreichen: Es wird die im Fall kleiner Unternehmen und innovativer Produkte vorteilhafte qualitätsorientierte Wettbewerbsstrategie gefördert, die Tendenz zum Preiswettbewerb gemindert.

Umsatzkonzentration

- Liegt eine Teamgründung vor, ist die Tendenz zu starker Konzentration des Umsatzes auf wenige Abnehmer in der Kontrollgruppe wesentlich größer; im TGZ besteht dagegen kein Zusammenhang. Das TGZ scheint also der Neigung, sich - vielleicht auch notgedrungen - auf wenige Kunden zu stützen, entgegenzuwirken.
- Gründer mit geringem oder keinem Produkt-Nachahmungsschutz weisen außerhalb des TGZ eine vergleichsweise hohe Umsatzkonzentration auf wenige Kunden auf, während im TGZ kein nennenswerter Zusammenhang gegeben ist. Durch die Kontaktherstellung des TGZ wird also offenbar eine Entkopplung der Kundenabhängigkeit vom Innovationsgrad des Produktes ermöglicht, wogegen bei unabhängigen Gründungen weniger innovative Produkte die Unternehmen eher in eine Abhängigkeit von wenigen Kunden gelangen lassen.
- Je schwieriger die Kundengewinnung ist, desto größer ist in der Kontrollgruppe die Abhängigkeit von wenigen Kunden. Im TGZ gibt es diesen Zusammenhang nicht: Auch bei schwierigen Märkten wird ein gleichermaßen breiter Kundenkreis bedient. Dies ist wie gesehen vorteilhaft.

Zukaufanteil

Im Normalfall, nicht aber im TGZ, kaufen branchenunerfahrene Gründer und solche ohne kaufmännische Ausbildung weniger zu. Hier scheint sich doch noch die transaktionskostentheoretische Überlegung von Picot/Laub/Schneider zu bewähren:[1] Das TGZ senkt durch Bereitstellung des Kontaktnetzwerks die Transaktionskosten des Einkaufs und erlaubt damit einen höheren Zukaufanteil auch für Gründer, für die mangels eigener Kontakte und Erfahrung sonst hohe Transaktionskosten anfielen.

Planungshorizonte in verschiedenen Bereichen

Ein hoher technischer Ausbildungsgrad, technische Berufsausbildung, lange Berufserfahrung, vorherige Selbständigkeit und/oder längere Führungserfahrung führen in der Kontrollgruppe zur Vernachlässigung der Planung; im TGZ wird dieser Tendenz erfolgreich entgegengewirkt: Gründer planen weitgehend unabhängig von diesen Merkmalen gleichermaßen langfristig.

Planungshorizont Absatz

- Bei starker Bedeutung von Kundenkontakten vor Gründung für den heutigen Umsatz herrscht in der Kontrollgruppe offenbar die Überzeugung vor, der Absatz sei auf absehbare Zeit gesichert; es wird weniger langfristig geplant. Im TGZ wird auch in dieser Situation genauso langfristig bzw. sogar langfristiger geplant als sonst.

- Bei schwieriger Kundengewinnung wird im Absatzbereich weniger lange vorausgeplant. In der TGZ-Gruppe gilt dies nicht.

Auf die Darstellung der Befunde zu Vertriebskanälen verzichten wir wegen deren Größen- und Produktabhängigkeit.[2]

Einbeziehung externer Berater Geschäftsplanerstellung

Mit höherem Grad der Ausbildung nimmt in der Kontrollgruppe die Neigung ab, sich durch externe Berater bei der Geschäftsplanerstellung helfen zu lassen, möglicherweise aufgrund hoher Selbsteinschätzung. Im TGZ wird ein umgekehrter Zusammenhang festgestellt und damit die Voraussetzung für höheren Erfolg geschaffen.

---

1) Picot/Laub/Schneider (1989:221ff.).

2) Vgl. die Aussagen in Kapitel 5.3, Tabelle zu HZ10 im Anhang 5-1. Befunde zur Entkopplung vgl. Tabelle im Anhang 5-6.

Einbeziehung externer Berater Finanzierung

- Bei hohen Marktzutrittsschranken, besonders bezüglich der Kundenakzeptanz, wird bei unabhängigen Gründungen weit weniger auf Beratung in der Finanzierung zurückgegriffen, während im TGZ kein Zusammenhang besteht.

- Ein besonders vorteilhaftes Verhalten wird bei den TGZ-Gründern bei hoher Markteintrittsbarriere wegen hoher Investitionserfordernisse beobachtet: Sie bemühen sich stärker um externe Unterstützung in der Finanzierung. In der Kontrollgruppe ist dieser Zusammenhang nicht feststellbar.

Informationsquelle Datenbanken

Diese Informationsquelle wird bei hohen Markteintrittsbarrieren in der Kontrollgruppe seltener genutzt, im TGZ nicht. Das kann mit der mangelnden Kenntnis über Quellen problemspezifischen Wissens in der Kontrollgruppe zusammenhängen, während im TGZ die stärkeren Kontakte den Zugang zu den entsprechenden Medien erleichtern.

Informationsquelle Hochschulkontakte

- Bei langer Führungserfahrung wird normalerweise (bei den Kontrollfällen) weniger auf Hochschulkontakte zurückgegriffen, im TGZ dagegen sogar stärker.

- Geringere Technologieverbreitung ist für die Gründer im TGZ Anlaß, verstärkt auf Hochschulkontakte zurückzugreifen, in der Kontrollgruppe aber nicht. Die TGZ-Gründer verhalten sich also "vernünftiger".

Informationsquelle Behörden/Kammern

- Bei promovierten Gründern und solchen mit höherem Ausbildungsgrad ist üblicherweise eine verstärkte Nutzung von Behörden- und Kammerinformation zu verzeichnen, im TGZ greifen auch nicht promovierte und geringer qualifizierte gleichermaßen auf diese Informationsquelle zurück. Dies kann als Verdienst der TGZ gewertet werden.

- Die Gründer, die die Kundengewinnung als schwierig ansehen, informieren sich im Normalfall seltener bei Behörden und Kammern. Im TGZ greifen auch diese ebenso häufig auf diese Quelle zurück.

Die Analysen lassen also durchaus den Schluß zu, daß das Technologiezentrum in vielfältiger Form *direkt* Einfluß auf das Verhalten der Gründer nimmt und so zu deren Erfolg beiträgt. Dies gilt sowohl im strategischen Bereich wie im Planungs-, Informations- und Beratungsverhalten. Bemerkenswert sind vor allem die Befunde zum normalerweise "schlechteren" Planungs-, Beratungs- und Informationsverhalten erfahrener Gründer und teilweise solcher mit hoher technischer Qualifikation, das vom TGZ tatsächlich wettgemacht zu werden scheint. Dies unterstreicht und ergänzt die Ergebnisse der Pfadanalyse eindrucksvoll, nach denen gerade dieser Bereich der wesentliche Einfluß des TGZ ist. Auch wenn das vorliegende Design den schlüssigen Nachweis nicht unmittelbar zuläßt, gibt es doch für unsere Folgerungen deutliche Hinweise durch die unterschiedlichen Verhaltensweisen der Gründer in beiden Gruppen bei gleichen Personen- und Ideenmerkmalen. Eine zuverlässigere Bestätigung könnte nur mit Hilfe einer Längsschnittuntersuchung mit wiederholter Beobachtung oder Befragung der im TGZ angesiedelten Unternehmen gewonnen werden.

5.5.3 Entkopplung des Erfolgs von der finanziellen Ressourcenbasis ist nicht nachweisbar[1]

Zum Einfluß des TGZ auf die Ressourcen wurden in Kapitel 3.1 zwei Wirkungsrichtungen diskutiert (HZ15): Einmal sollte das TGZ zur Erhöhung der Ressourcenbasis (besonders im finanziellen Bereich), zum anderen aber auch zur Minderung des Kapitalbedarfs beitragen. Während wir den ersten Zusammenhang bereits weiter oben anhand der Mittelwertvergleiche mit der Kontrollgruppe getestet haben, ist die zweite Wirkung schwieriger zu messen. Es geht um die Frage: Trägt der TGZ-Aufenthalt zu einer zumindest teilweisen Entkopplung des Unternehmenserfolgs von der finanziellen Ausstattung bei Gründung bei? Zur Beantwortung betrachten wir die entsprechenden Korrelationen in der Kontroll- und in der TGZ-Gruppe. Sie werden miteinander verglichen und auf signifikante Unterschiede untersucht.[2] Dabei ergeben sich nur wenige Anhaltspunkte für die These:

In beiden Gruppen finden sich je sieben signifikante Korrelationen von finanziellen Ressourcenvariablen mit dem Erfolg. Der Befund ist interessant, daß es sich zwischen den Gruppen dabei durchweg um verschiedene Variablen handelt. Die These der Entkopplung läßt sich so jedoch nicht stützen. Lediglich für die öffentliche Förderung scheint sie zu gelten: Im Sinne unserer These interpretiert, zeigt sich, daß bei unabhängigen Gründungen schon anfangs relativ große Betriebe bevorzugt werden.[3] Dieses allgemeine Prinzip stellen auch Albach/Albach fest:[4] Am Anfangskapital gemessen größere Gründungen werden weit häufiger auch öffentlich gefördert. Einen solchen Zusammenhang gibt es aber im TGZ nicht, d.h. **die Mieter erhalten unabhängig von ihrer Größe den Zugang zu Fördermitteln,** der, wie bei den Mittelwertvergleichen gesehen,[5] zudem

---

1) Zu Details vgl. die Einzelbefunde im Anhang 5-7.

2) Nach der in den beiden letzten Abschnitten verwendeten Methode, vgl. Anhang 5-3.

3) Nach Umsatz und Mitarbeitern.

4) Albach/Albach (1990:97).

5) Vgl. Abschnitt 5.2.

generell besser ist. Alle anderen festgestellten signifikanten Korrelationsunterschiede zwischen beiden Gruppen sind nicht hypothesengerecht, gleichwohl interessant für die Beurteilung der TGZ-Wirkung: Unternehmen, die, am Umsatz gemessen, jetzt relativ groß sind und ein hohes Wachstum aufweisen,[1] haben bei Gründung in der TGZ-Gruppe einen vergleichsweise höheren Fremdkapitalanteil. TGZ-Unternehmen wuchsen bei hoher öffentlicher Förderung im vorletzten Jahr häufig stärker,[2] trotz des meist in diese Zeit fallenden Auszugs. Die beiden letzten Befunde lassen entgegen der ursprünglichen Annahme eher den Schluß zu, daß die Ressourcenausstattung *im* TGZ eine größere Rolle spielt als außerhalb. Hier könnten nicht beobachtete Unterschiede zwischen den verschiedenen Zentren die Ursache sein. Es ist aber auch denkbar, daß vorhandene Ressourcen im TGZ infolge qualifizierter Unterstützung besser eingesetzt werden können und deswegen dort eine höhere Hebelwirkung entfalten.

5.6   Zwischenbilanz nach Vergleichen mit Kontrollgruppe und offene Fragen

Das dargestellte Pfadmodell widerlegt, wie gesehen, mögliche Einwände, daß Unterschiede im Erfolg (allein) durch Selektionseffekte hervorgerufen werden und damit eine Förderung des TGZ-Gedankens keine zusätzlichen positiven Effekte brächte. Als die Hauptelemente einer wirkungsvollen Unterstützung kristallisieren sich die Unterstützung durch Kontakte und durch Beratung heraus, die sich in besserem Planungs- und Informationsverhalten der Mieter niederschlagen. Daneben spielt der verbesserte Zugang zu öffentlicher Förderung eine wesentliche Rolle.

Bei dem ermittelten Effekt ist noch nicht einmal der Umstand der geringeren Mißerfolgswahrscheinlichkeit der TGZ-Gründungen berücksichtigt.[3]

Die Korrelationsvergleiche (5.5) stützen in Einzelbereichen Wirkungsvermutungen aus dem Pfadmodell, machen aber auch darauf aufmerksam, daß in manchen Fällen bestimmte Gründervoraussetzungen notwendig sind, um den gewünschten Erfolg zu erzielen.

---

1) Für Umsatzwachstum keine signifikanten, aber in der Tendenz deutlichen Korrelationsunterschiede.

2) Wachstum nach Mitarbeitern.

3) Vgl. die Diskussion der sich aus unterschiedlichen Ausfallquoten ergebenden Konsequenzen für den Gruppenvergleich in Kapitel 4.4 (auch Abb. 4-3).

Als offene Fragen, also Aufgaben für die weitere Analyse, bleiben nun noch

- die Aufklärung der großen Varianz im Erfolg innerhalb der TGZ-Gruppe, die auf große Unterschiede zwischen den einzelnen Zentren hinweist,
- die genauere Untersuchung der sich aus dem Korrelationsvergleich ergebenden These, daß erst bestimmte Voraussetzungen bei den Gründern die optimale Nutzung der gebotenen Leistungen erlauben,
- die Sammlung weiterer Indizien für die Wirksamkeit der Selektion, d.h. der Nachweis, daß die Unterschiede zwischen den Gruppen auf bewußte Auswahl der Gründer durch das TGZ-Management zurückgehen,
- die Untersuchung der Wirksamkeit bestimmter Leistungen mit der Frage, worauf diese Leistungen Einfluß nehmen und wovon ihre Wirksamkeit abhängt,
- eine über das Pfadmodell hinausgehende Differenzierung zwischen direkten und indirekten Erfolgswirkungen, getrennt nach verschiedenen Aspekten des TGZ und
- die Auszugsfolgen, gemessen an bestimmten Problemen und an Veränderungen des Erfolgs.

Um diese speziellen Fragen zu klären, gehen wir vom Vergleich mit der Kontrollgruppe nun zur Detailanalyse innerhalb der TGZ-Fälle über, denn es kommt jetzt darauf an, Unterschiede zwischen verschiedenen TGZ zu betrachten, um so Aussagen über die Wirksamkeit einzelner TGZ-Merkmale machen zu können.

5.7   Beurteilung der Technologiezentren durch die ehemaligen Mieter

In diesem Abschnitt wird untersucht, wie die Mieter die Leistungen im TGZ und den Aufenthalt insgesamt bewerten. Da wir im Fragebogen subjektive Urteile erhoben haben, stellt sich zunächst die Frage, ob die gewonnenen Aussagen eher die Eigenschaften des Gründers und seiner Unternehmung oder das tatsächlich vorgefunde Umfeld im TGZ widerspiegeln. Dies ist das Thema des nun folgenden Unterabschnitts. Nachdem diese Frage geklärt ist, werden dann Aussagen zu der Gesamtbeurteilung der Zentren gemacht.

5.7.1   Interpretationsvarianten der erhobenen Beurteilung des Technologiezentrums: Bewertung hängt auch von Gründermerkmalen ab

Wie oben schon angedeutet, sind die in der Folge wiedergegebenen Zusammenhänge mit Vorsicht zu interpretieren: Es gibt mindestens **drei Alternativerklärungen** für eine gute (oder schlechte) Bewertung eines TGZ durch einen Gründer. Um richtige Schlüsse ziehen zu können, müssen diese erkannt, typisiert und getrennt werden:

(a) **Der "Halo-Effekt"**:[1] Es ist nicht auszuschließen, daß eine gute Einschätzung bestimmter TGZ-Aspekte weniger ein Indikator für eine tatsächlich gute und damit erfolgserhöhende Unterstützung ist, sondern vielmehr mit der allgemeinen Zufriedenheit mit der Geschäftsentwicklung zu tun hat. Dann wäre aber die umgekehrte Wirkungsrichtung entscheidend: Ein weniger erfolgreicher Gründer bewertet die TGZ-Leistung als vergleichsweise schlecht, er attribuiert seinen Mißerfolg extern.[2] Diese Argumentation wird von den Befunden von Bauer und Hannig gestützt, die eben diesen Zusammenhang in ihrer Mieterbefragung feststellten, allerdings nicht weiteruntersuchten, worauf dieser Effekt zurückführbar ist.[3] Der Halo-Effekt ist bei den Beziehungen zwischen TGZ-Bewertung und Erfolg auf jeden Fall zu beachten, er kann aber auch in den anderen Bereichen - Person, Idee, Ressourcen - zu Verzerrungen führen.

Er gilt für alle Aspekte des TGZ, einschließlich Image und Auszug.

(b) **Der "Es-kommt-darauf-an-was-man-daraus-macht-" oder kurz "Interaktions-**
-Effekt": Situation wie in (a): Zwei Gründer beurteilen die objektiv gleiche Leistung verschieden. Diese Beobachtung könnte auch damit zusammenhängen, daß sich bestimmte Leistungen nur mit aktiver Mitwirkung des Gründers, also in

---

1) Der aus der Psychologie stammende Begriff bezeichnet eine Tendenz, unter bestimmten Umständen die Bewertung eines Objekts auf ein anderes, damit verbundenenes, zu übertragen (Herkner 1987:353).

2) Vgl. Attributionstheorie der Psychologie: Sie behandelt Strategien der Ursachen-Zuschreibung für bestimmte Ereignisse (Bierhoff 1987:122).

3) Bauer/Hannig (1992:11).

Interaktion mit dem TGZ, erschließen. Ein kommunikationsfreudiger Gründer profitiert beispielsweise stärker von den Kontaktmöglichkeiten als ein weniger offener
Typ. Aber auch unterschiedliche Geschäftsideen spielen eine Rolle: Ein Unternehmen, das selbst produziert und einen hohen Zukaufanteil hat, profitiert womöglich
stärker von Lieferantenkontakten, die mit Hilfe des TGZ zustandekommen. Daß
unterschiedliche Gründer unterschiedliche Beurteilungen abgeben, wäre in diesem
Sinn folgerichtig und - anders als bei (a) - keine Verzerrung.

Dieser Effekt ist also vor allem für die Beziehungen TGZ-Bewertung → Person und
→ Idee relevant.

Er gilt für alle Aussagen über das TGZ, auch über Image und Auszug.

(c) Der "eigentlich beabsichtigte" Effekt: Das TGZ unterstützt die Gründer stark und
wird darum auch positiv bewertet. Die Unterstützung trägt zur verbesserten Res-
sourcensituation, zur Verbesserung des Managements/der Konzeption der Gründung
und direkt oder indirekt zur Erfolgssteigerung bei.

Der direkte Effekt betrifft nach der Theorie vor allem das Image und die Aspekte
der Kontaktherstellung (HZ17),[1] während der indirekte, der über die Ressourcen
und das Management zum Tragen kommt, durch *konkrete Leistungen*, Räume, Service und Beratung, wirkt.

Wie kann nun eine Trennung der rein statistisch zunächst nicht zu unterscheidenden
Effekte erfolgen? Der verzerrende Halo-Effekt (a) ist streng genommen nur dann als
wahrscheinlich anzusehen, wenn sich herausstellt, daß die Gründer in Abhängigkeit von
ihrem Erfolg alle Leistungen/Aspekte des TGZ etwa gleich gut oder gleich schlecht
beurteilen. Dies werden wir am Ende des Abschnitts überprüfen. Zumindest der dritte
Effekt (c) kann relativ klar isoliert werden: Er unterscheidet sich von den beiden anderen durch die Voraussetzung, daß verschiedene Gründer das gleiche Zentrum ähnlich
oder gleich beurteilen. Nur bei hoher intersubjektiver Übereinstimmung können überhaupt Aussagen über die Wirksamkeit gemacht werden. Auch wenn eingeräumt werden
muß, daß Intersubjektivität nicht mit Objektivität gleichgesetzt werden kann, so kann sie
doch als klarer Anhaltspunkt für die Richtigkeit der einzelnen Aussagen gewertet werden. Ziel muß es also sein, zunächst die Variablen zu identifizieren, bei denen eine
genügend hohe Übereinstimmung (Konsistenz) bezüglich der Ausprägung von TGZ-
Merkmalen zwischen den Mietern einzelner Zentren besteht.

Eine statistisch aussagekräftige Überprüfung der Zuverlässigkeit der Gründer-Angaben
kann wegen der geringen Fallzahlen innerhalb desselben TGZ nicht vorgenommen werden. Gleichwohl kann man durch Vergleich der Varianzen der Beurteilungen innerhalb
eines TGZ mit denen über die entsprechende Variable insgesamt Anhaltspunkte gewinnen, ob eine Konsistenz der Antworten vorliegt, oder ob die Beurteilung in erster Linie

---

1) Vgl. Kapitel 3.1 und Tabellen 2-2, 3-3.

vom Individuum abhängt.[1] Dazu sind mehrere Beobachtungen pro Zentrum erforderlich. Aus sieben Zentren standen hierfür immerhin zwei Drittel der Fälle, 23 Gründungen, zur Verfügung. Wir führten diese Analysen für alle relevanten TGZ-Variablen im
Fragebogen durch und kamen zu folgendem Ergebnis:[2]

**Eine sehr hoch übereinstimmende Bewertung ("volle Konsistenz") weisen folgende
Variablen der TGZ-Bewertung auf:**

Volle Konsistenz heißt: Für *jedes* TGZ gilt Gruppen-Standardabweichung kleiner als
Gesamt-Standardabweichung.

- Durchschnittliche Höhe der Aufnahmebarriere und
- durchschnittliche Imagebewertung und Imagewert für Kontakte zu sonstigen Partnern.

**Eine hohe Übereinstimmung ("hohe Konsistenz") ist für die folgenden Variablen zu
konstatieren:**

Hohe Konsistenz heißt: In lediglich einem TGZ war die Streuung der Urteile zwischen
den Mietern größer als die Gesamt-Streuung.

- die Aufnahmeanforderungen bezüglich der finanziellen Ausstattung,
- die Förderwirkung bei Hochschulkontakten,
- der durchschnittliche TGZ-Einfluß (Förderwirkung),
- die Beurteilung des Service bzgl. Konferenzräumen und Datenbankzugang sowie die
  durchschnittliche Service-Bewertung,
- die Bewertung des Imagewerts bei der Kundengewinnung,
- die Beeinträchtigung der Leistungserstellung durch den Auszug, die, wie noch gezeigt
  werden wird, durchweg als extrem gering empfunden wird,[3]
- und schließlich die Hilfe des TGZ bei der Finanzmittelbeschaffung.

---

1) Das Kriterium lautet: Ist die Varianz in der Gruppe (= in einem TGZ) kleiner als die in
   der Gesamtstichprobe, also über alle Gruppen? Dasselbe Kriterium (sog. F-Test) wird als
   Homogenitäts-Gütetest in der Clusteranalyse verwendet, vgl. Backhaus et al.
   (1990:149f.).
2) Vgl. die Einzelbefunde in Anhang 5-8.
3) Vgl. Kapitel 5.10.

Für zwei TGZ nicht konsistent waren eine ganze Reihe von Variablen, die wir deswegen noch einmal nach Erheblichkeit der Konsistenzstörung differenziert haben. Die folgenden Variablen weisen danach noch eine befriedigende Übereinstimmung (Konsistenz) zwischen den meisten Mietern eines TGZ auf (vgl. Abbildung 5-5):[1]

- Aufnahmekriterien "Dauer bis zur Marktreife" und "detaillierter Geschäftsplan",
- Förderwirkung Datenbankzugang
- Gesamtbeurteilung Service und Beratung
- TGZ-Image gegenüber Kapitalgebern
- Unterstützung bei anderen Kontaktvermittlungen.

Damit sind die Variablen, die mit konservativen Maßstäben noch als konsistent gelten können, aufgezählt. Bei ihnen kann eine starke subjektive Verzerrung im oben diskutierten Sinn ausgeschlossen werden. Hier liegen tatsächlich Aussagen über die Leistung der einzelnen TGZ vor. Mit ihnen kann der eigentlich beabsichtigte Effekt (c) untersucht werden. Davon zu unterscheiden sind die Variablen, die aufgrund ihrer starken Streuung innerhalb einzelner TGZ als stark von der Situation des betreffenden Gründers und seines Unternehmens anzusehen sind. Ihre Interpretation kann ebenso interessant sein, deswegen hier zunächst eine Liste der Variablen, bei denen Inkonsistenzen nach obiger Definition in mehr als der Hälfte der Fälle, also vier von sieben Zentren festgestellt wurden:

- Die Gesamtbeurteilung der Unterstützung in technischen Fragen,
- die Gesamtbeurteilung des Kontakt-Nutzens zu anderen Gründern im TGZ
- und die Förderwirkung des TGZ bei Kontakten zu anderen Unternehmen
werden von Gründern desselben Zentrums oft sehr unterschiedlich wahrgenommen.

Die maximale (theoretische) Zahl von Inkonsistenzen nach obiger Definition betrug sieben, da für soviele TGZ mehrere Beobachtungen vorlagen. Es ergibt sich also insgesamt der Eindruck, daß die Gründer sich in vielen Fällen in der Beurteilung einig sind, wie die Tatsache, daß die Standardabweichung in allen Fällen (deutlich) kleiner als der Mittelwert ist, unterstreicht.[2]

---

1) Variablen, bei denen beide Inkonsistenzen in den drei Zentren mit mehr als drei auswertbaren Antworten auftreten, werden als ungeeignet betrachtet; wenn dagegen inkonsistente Aussagen mit maximal einer Ausnahme in den Zentren mit sehr wenigen Fällen beobachtet werden (zwei oder drei Fälle), kann nicht unbedingt auf gravierende Bewertungsverzerrungen geschlossen werden, denn es gibt mindestens zwei Zentren mit relativ vielen Fällen, in denen konsistente Beurteilungen vorliegen. Diese Einteilung ist natürlich angreifbar, wir halten sie jedoch noch für konservativ. Im übrigen werden wir die betreffenden Variablen, die hier zunächst noch als geeignet klassifiziert werden, bei der späteren Interpretation mit dem Vorbehalt der Inkonsistenz betrachten.-

2) Vgl. Anhang 5-8, Tabelle 4.

Besonders verläßlich sind offenbar die Aussagen über die Aufnahmebarrieren, die Bewertung des Images, der Hochschulkontakte und des Services. Auch über die Hilfe bei der Finanzierung und selbst die gesamte (durchschnittliche) Förderwirkung besteht weitgehende Übereinstimmung innerhalb der einzelnen Zentren. Hier können also aussagefähige Vergleiche zwischen den einzelnen Zentren vorgenommen werden.

Abbildung 5-5: Entscheidungsvorgang bei der Konsistenzbeurteilung

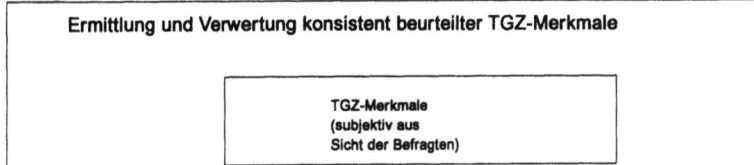

Wir werden in der Folge die extrem inkonsistenten Variablen durch ein Symbol in eckigen Klammern [ik] kennzeichnen, da dies Attribut eine zentrale Rolle bei der Interpretation der jeweiligen Befunde spielen.

Von den übrigen Bewertungen sind besonders die Kontaktvariablen zu anderen Unternehmen und die Aussagen zur technischen Unterstützung mit Vorbehalt zu betrachten. Die Inkonsistenzen lassen sich jedoch plausibel erklären: Bei den Kontaktaspekten kann vermutet werden, daß hier die Person des Gründers eine wesentliche Rolle spielt: Die Möglichkeiten für Kontakte sind gegeben, sie müssen aber vom Gründer wahrgenommen werden. Die Erschließung technischer Unterstützung hängt ebenso von der Aufgeschlossenheit des Gründers wie von seinem Informationsbedarf ab, der u.a. vom Produkt-Innovationsgrad und der technischen Qualifikation bestimmt wird.

Auch bei den Variablen mit mittlerer Inkonsistenz, die keiner der beiden genannten
Gruppen eindeutig zugeordnet werden können, lassen sich Erklärungen zu den Bewer-
tungsunterschieden finden:

Die Urteile über den Auszug weisen mit Ausnahme der Einschätzung der Beeinträchtigung der Leistungserstellung einige Inkonsistenzen auf. Daraus kann geschlossen werden, daß die Schwierigkeiten beim Auszug von den Merkmalen des Unternehmens
mitgeprägt werden, wie z.B. dem Umfang der Produktionstätigkeit oder der Verflechtung mit externen Partnern. Der Wert des Images gegenüber Lieferanten wird zweifellos
vom Zukaufanteil/von der Bedeutung von Lieferanten abhängen.

Die Analyse hat in jedem Fall wertvolle Hinweise gegeben, wie Korrelationen, die zwischen Aussagen über das TGZ und Variablen des Unternehmens festgestellt werden, im
folgenden zu interpretieren sind.

Ebenfalls zur Untersuchung der objektiven Interpretierbarkeit möglicher Befunde führen
wir noch eine Analyse der Beziehungen von Variablen innerhalb des Blocks "TGZ"
durch. Hiervon versprechen wir uns Aufschluß über folgende Fragen:

- Wir hatten oben festgestellt, daß von einem **"Halo"-Effekt (a)** dann ausgegangen werden muß, wenn die Antworten auf allen TGZ-Dimensionen stark korrelieren. Es muß
  also geprüft werden, ob die Befragten die einzelnen Dimensionen trennen können.

- Falls wir feststellen, daß verschiedene Dimensionen der TGZ-Gestaltung von den einzelnen Gründern gleichmäßig beurteilt werden, kann dies aber auch Hinweis auf
  bestimmte, so werden wir sie nennen, **"Cluster-Effekte"** sein: Zentren, die auf einer
  Dimension gut sind (z.B.: Image), sind meistens auch auf einer anderen leistungsfähig
  (z.B.: Service). Zwischen dem "Halo"- und dem "Cluster"-Effekt werden wir im
  Zweifel anhand der Konsistenz der Beurteilung unterscheiden: Bei inkonsistenten
  Variablen ist eher der erste, bei konsistenten wohl eher der zweite zutreffend.

- Werden hingegen Beziehungen zwischen *globalen* Urteilen über die TGZ-Vorteilhaf-
  tigkeit und der Bewertung einzelner *Teilleistungen* festgestellt, ist dies ein Hinweis auf
  die Rolle, die diese Leistungen aus Sicht der Gründer spielen: Teilaspekte, die hoch mit
  der Gesamtbewertung korrelieren, sind mutmaßlich besonders wichtige Merkmale für
  ein erfolgreiches TGZ.

Zum **ersten Aspekt** (**"Halo"**- und **"Cluster"-Effekt**) ergibt sich:[1]

- Die positive Gesamtbeurteilung der Beratung geht oft mit positiver Einschätzung der TGZ-Hilfe bei Finanzierung[2] einher. Da es sich um konsistente Beurteilungen handelt, scheint hier ein "Cluster-Effekt" vorzuliegen, der auf ein allgemein gutes TGZ hindeutet. Dagegen weist die Gesamtbeurteilung des Service keine bedeutende Korrelation mit der Beratungsbeurteilung auf, deswegen ist ein Bias offenbar nicht gegeben: Die Gründer können zwischen Güte der Beratung und Güte des Service unterscheiden.

- Für je besser das TGZ-Image für die Finanzierung gehalten wird, desto positiver wird das TGZ auch bei der Vermittlung externer Berater eingestuft. Offensichtlich handelt es sich hier um Zentren, die den Gründern allgemein gute Kontakte zu externen Partnern vermitteln.

- Bei besserer Beurteilung des Sekretariatsservices und des Empfangs werden oft auch die Kontakte zu anderen Gründern als bedeutender bewertet. Man könnte dies als Clustereffekt interpretieren oder auch eine kausale Beziehung zwischen gut funktionierenden Gemeinschaftseinrichtungen "Empfang/Sekretariat" und der Gelegenheit, mit anderen Gründern in Kontakt zu treten, herstellen. Diese Interpretation scheint von dem Befund unterstützt zu werden, daß gute Bewertung der Gemeinschaftseinrichtung "Telekommunikation" vielfach mit höherer Förderwirkung bezüglich Unternehmenskontakten einhergeht. Auf die Gültigkeit der Cluster-Interpretation weist dagegen wieder die stark positive Beziehung zwischen Bewertung der Beratungsleistungen und Telekommunikationsservice hin. Klare Cluster-Effekte sind auch die positiven Zusammenhänge zwischen gutem Konferenzraumangebot und einem positiven TGZ-Image bei Kontakten mit "sonstigen" Partnern sowie mit hoher Unterstützung in technischen Fragen.

- In die Cluster-Interpretation eingereiht werden müssen auch die Zusammenhänge zwischen der TGZ-Förderwirkung bei der Beratervermittlung und der Beurteilung des Beratungsangebots mit der Hilfe des TGZ bei der Kapitalbeschaffung. Letztere war zudem öfter vorhanden, wenn auch die Telekommunikationseinrichtungen positiver beurteilt wurden.

---

1) ..., wobei wir die innerhalb von Itembatterien auftretenden Beziehungen außer acht lassen. Für Einzelbefunde vgl. Anhang 5-9. "Itembatterien" sind die innerhalb einer Frage zusammengefaßten Teilaussagen, z.B. zum Imagewert bezüglich verschiedener Partner. Diese Beziehungen sind aufgrund der inhaltlichen Nähe nicht überraschend, aber auch nicht so stark, daß man von einer mangelnden Diskriminierung durch die Gründer sprechen kann.

2) Die Variable wurde infolge schlechter Verteilung wie folgt dichotomisiert:
- Wert "0" bei keiner,
- "1" bei erfolgter Unterstützung. Diese Codierung gilt für alle hier dokumentierten Befunde.

Zur **zweiten Gruppe von Einflüssen**, wonach die Zusammenhänge von Gesamtbeurteilung und Teilurteilen Aufschluß über die Bedeutung bestimmter Angebote geben, fanden wir folgende Ergebnisse:

- Gesamtbewertung Beratung

  Mit besserer Gesamtbewertung der Beratung wird oft auch die Förderwirkung bei Kontakten zu anderen Unternehmen höher eingeschätzt, die ja auch beratende Funktion haben können. Dieser Zusammenhang erweist sich als stark von der Gründerperson abhängig, d.h. hier drückt sich auch die Fähigkeit, Beratung und Kontakte zu nutzen, aus.[1]

- Wenn die Unterstützung in technischen Fragen besonders gut ausfällt, ist damit oft auch eine positive Bewertung der Kontaktherstellung zu anderen Unternehmen und auch des Images gegenüber Lieferanten verbunden. Dies kann als Hinweis auf die Bedeutung anderer Unternehmen und konkret der Lieferanten für die Lösung technischer Probleme gewertet werden und unterstreicht die Bedeutung der Kooperation für den Innovationsprozeß.[2]

- Je positiver die Gesamtbeurteilung des Beratungsumfangs, die Förderwirkung bei der Beratervermittlung und bei Kontakten zu anderen Unternehmen ausfällt, als desto zufriedenstellender wird auch die Unterstützung in betriebswirtschaftlichen Fragen gesehen. Die Beratung und externe Kontakte spielen also offensichtlich vor allem im betriebswirtschaftlichen Bereich eine Rolle. Schließlich ist auch eine gute Bewertung der Konferenz- und Telekommunikations-Einrichtungen ein Einflußfaktor für eine positivere Einstufung der betriebswirtschaftlichen Unterstützung.

- Eine bessere Beurteilung des TGZ bezüglich Kontakten zu anderen Gründern geht erwartungsgemäß einher mit einer höheren Bewertung der Förderwirkung bei Unternehmenskontakten und einer besseren Imagebewertung gegenüber sonstigen Kooperationspartnern.

- Die Beurteilung des TGZ bezüglich "anderer" Kontaktvermittlungen weist vielfältige Beziehungen zu anderen TGZ-Merkmalen auf: Die Förderwirkung bei der Ver-

---

1) Der Zusammenhang ist bei Durchschnittsbildung für die einzelnen Zentren nicht mehr signifikant.

2) Vgl. die entsprechende Diskussion weiter oben in 5.3 und die dort zitierte Literatur, z.B. Schrader (1993).

mittlung externer Berater und von Unternehmenskontakten, die Verfügbarkeit der Beratung und Hilfe bei der Finanzierung werden ebenso positiver gesehen wie das Image, besonders gegenüber Kunden und "sonstigen" Partnern. Dies ist ein starker Beleg für die Bedeutung, die die Kontaktvermittlung durch das TGZ hat und für die Notwendigkeit, als Vorbedingung dafür ein gutes Image zu schaffen.

Schließlich gibt es eine Reihe von interessanten Beziehungen zwischen dem Image und der Bewertung einiger TGZ-Aspekte:

- Eine gute Image-Einstufung, besonders gegenüber sonstigen Kooperationspartnern, geht oft mit einer positiveren Beurteilung der Förderwirkung bei Hochschulkontakten einher. Auch für die Beratervermittlung scheint ein positives Image des TGZ wertvoll zu sein. Dagegen führt ein hoher Nutzen des TGZ-Images gegenüber Lieferanten und Kunden *nicht* zu positiverer Gesamtbewertung des TGZ.

Die Befunde zu den internen Beziehungen der TGZ-Merkmale/-Bewertungen zeigen folgendes:
- **Aus den Korrelationen der Einzelbeurteilung bestimmter TGZ-Aspekte mit der Gesamtbewertung kann gefolgert werden, daß aus Gründersicht vor allem folgende Punkte wichtig sind:**
  - **die Gewährung von Hilfe bei der Finanzierung**
  - **ein gutes Image gegenüber sonstigen Partnern und ein auch im Durchschnitt gutes Image und dies zusammen mit einer guten Rolle bei der Herstellung von Kontakten zu Partnern aller Art. Dabei stehen nicht etwa Kundenkontakte, sondern solche mit anderen Gründern, Hochschulen, Beratern, Kapitalgebern etc. im Vordergrund.**
- **Es treten nur wenige verzerrende Effekte auf. Die Gründer waren durchaus in der Lage, unterschiedliche TGZ-Aspekte in der Beurteilung voneinander zu trennen. Der Halo-Effekt kommt also eindeutig *nicht* als wichtigste Erklärung für die unterschiedliche Bewertung der TGZ-Leistungen in Betracht. Die Gründer können offensichtlich sehr wohl zwischen den einzelnen TGZ-Leistungen differenzieren.**

Nach Untersuchung der Interpretationsmöglichkeiten der von uns erhobenen TGZ-Beurteilung und der Generierung erster Anhaltspunkte für die relevanten Aspekte des TGZ-Angebots können wir zur Untersuchung der Frage, wie die Merkmale des TGZ mit dem Erfolg und den verschiedenen Ausprägungen der Erfolgsfaktoren in Beziehung stehen,

übergehen. Vorher werfen wir aber noch einen Blick auf die absoluten Werte der von
den Gründern abgegebenen TGZ-Beurteilungen.

5.7.2 Absolute Werte der Beurteilungsvariablen: Image, Service und informelle Kontakte werden positiv beurteilt

In diesem Abschnitt erfolgt ein Überblick über die absoluten Ausprägungen der TGZ-
Beurteilung durch die Gründer, um die Frage zu klären, ob der Aufenthalt insgesamt als
lohnend gewertet wurde.

Die Einschätzung des TGZ-Aufenthalts fällt bei den ehemaligen Mietern keineswegs
euphorisch aus. Die Befragten gaben zu den folgenden Dimensionen auf einer 5er-Skala
Urteile ab; die Darstellung ist nach Themenbereichen gegliedert, innerhalb eines
Bereichs nach Bedeutung:

Zur Rolle anderer Unternehmen im TGZ ist zunächst zu sagen, daß diese weder in nen-
nenswertem Umfang als Kunden noch als Lieferanten auftraten.[1] Dieser Befund widerspricht den in der Literatur geäußerten Erwartungen und auch einigen Befunden.[2] Es
kann aber hier festgehalten werden, daß der Nutzen, den die Befragten aus dem TGZ-
Aufenthalt zogen, auf keinen Fall in Lieferbeziehungen mit anderen Mietern lag.

- Sehr geringe Förderwirkung wird dem TGZ beim Datenbankzugang[3] attestiert. Der
  Nutzungsgrad betrug nur etwa 50 Prozent.
- Geringfügig höher, aber immer noch gering wird die Unterstützung bei der Vermittlung externer Berater eingeschätzt, selbst die Kontakte zu anderen Unternehmen [ik]
  werden offenbar nicht wesentlich durch das TGZ gefördert. Da diese Variablen, wie
  oben gesehen, individuell selbst im gleichen Zentrum sehr unterschiedlich beurteilt
  werden, ist hier offenbar auch die Gründerperson mit entscheidend für den Nutzen der
  Förderung.
- Als etwas höher sehen die Gründer die Förderwirkung bei der Herstellung von Hochschulkontakten an, die Bewertungsunterschiede zwischen den einzelnen Zentren sind
  hier aber größer als bei den anderen Dimensionen. Gleichwohl ist der durchschnittli-

---

1) Die Beziehungen sind so gering, daß sie für keinerlei statistische Auswertungen in
   Betracht kommen.

2) Anders die Ansicht von Bauer/Hannig (1992:15); nach Sternbergs (1988:182) Befunden hatten immerhin 40 vH der Befragten Lieferbeziehungen mit anderen Mietern, was
   allerdings noch nichts über die wirtschaftliche Bedeutung dieser Beziehungen aussagt.

3) Da diese Serviceleistung nur von 18 Mietern überhaupt in Anspruch genommen
   wurde, und die weitaus meisten anderen Mieter die Leistung als wenig hilfreich einstuften,
   wird die Variable im folgenden nicht weiter untersucht.

che Einfluß nach ihrer Auffassung auf den genannten Dimensionen insgesamt durchweg gering,[1] wie die folgende Abbildung verdeutlicht. Das gilt im Prinzip auch für die Hilfe des TGZ bei der Finanzmittelbeschaffung, die oft (22 Fälle) gar keine Rolle spielte, jedoch erhielten 30 Prozent der Unternehmen durch das TGZ Zuschüsse oder Darlehen. Die Unterschiede zwischen den Zentren sind hier relativ groß.

Abbildung 5-6

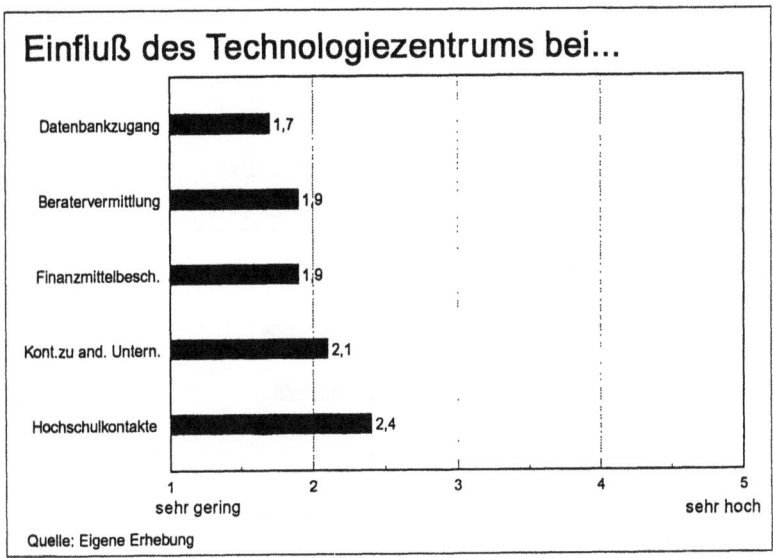

Einfluß des Technologiezentrums bei...

- Servicebeurteilung

Am besten wird allgemein der Service auf den Gebieten Konferenzräume, Telekommunikationseinrichtungen und Sekretariat angesehen. Diese Leistungen scheinen relativ problemlos zu sein und führen zu einer im Durchschnitt befriedigenden Bewertung.[2] Der Datenbankservice bekommt dagegen nur eine mäßige Beurteilung, wird aber auch nur selten genutzt.[3] Der Service wird insgesamt als positiv angesehen, wobei besonders die Standardeinrichtungen voll akzeptiert werden. Sie wurden allerdings nicht von allen Gründern genutzt.[4]

---

1) Gesamtdurchschnitt 2,1.

2) Durchschnitt 3,3.

3) Von ca. 51 Prozent der Gründer.

4) Die Nicht-Nutzung von Gemeinschftseinrichtungen wird in der Literatur mit "Konkurrenz- und Geheimhaltungsproblemen" und "Kostenzurechnungsprobleme[n]" erklärt (Bullinger 1991:120f.).

Etwas schlechter schneidet die Beratung im Urteil der Gründer ab: Sie erreicht nur
einen mittleren Wert auf der Skala, es bleiben offensichtlich deutlich mehr Wünsche
offen als beim Service, wie Abbildung 5-7 zeigt.

Die Servicebereiche "Labor" und "Rechner" werden nur äußerst selten überhaupt
genutzt und dann auch fast ausnahmslos als wenig hilfreich gewertet. Die Befunde von
Sternberg werden damit genau bestätigt.[1] Nicht nur der Realisierungsgrad, sondern
vor allem der Nutzungsgrad solcher Einrichtungen liegen so niedrig, daß ihre Notwendigkeit grundsätzlich in Frage zu stellen ist. Eine weitergehende Auswertung der
Variablen ist aufgrund der Fallzahl nicht möglich.[2]

Abbildung 5-7

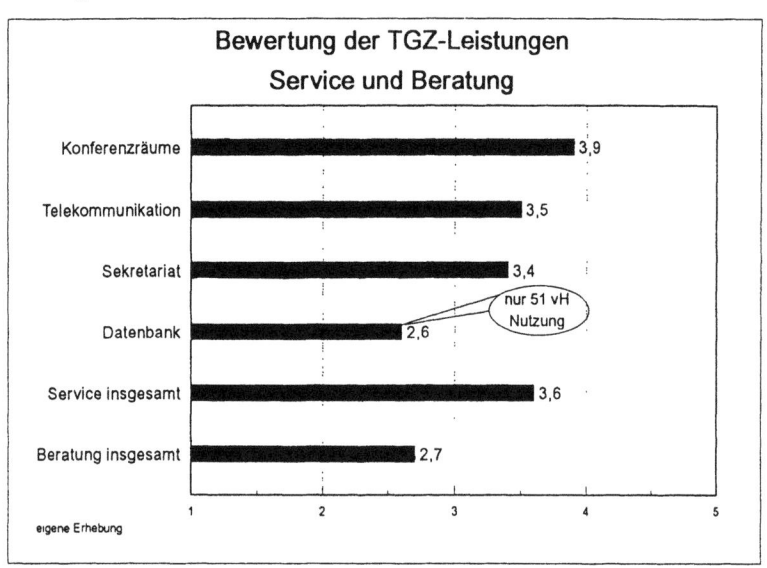

Bewertung der TGZ-Leistungen
Service und Beratung

- Imageeffekt (vgl. Abbildung 5-8): Ein möglicher Ansiedlungsgrund kann neben den
materiellen Leistungen die positive Wirkung des Images eines TGZ sein. Wertvoll
erscheint das Image gegenüber Kapitalgebern und Kunden sowie gegenüber sonstigen
Partnern bzw. Gruppen, die in der Antwortvorgabe nicht erfaßt wurden. Lediglich
gegenüber Lieferanten wird die Image-Bedeutung als etwas weniger wichtig bezeichnet, die Bewertung hängt hier stark vom Individuum ab. Die genauen Befunde sind in
der folgenden Abbildung 5-8 wiedergegeben. Insgesamt wird das Image jedoch gegen-

---

1) Vgl. Sternberg (1988:186).

2) Labore wurden nur in neun, gemeinsame Rechner in 10 Fällen genutzt, bei nur einer
Angabe "sehr gut".

über allen relevanten Adressaten als nützlich angesehen,[1] besonders für die Finanzierung. Im Image-Bereich sind die Standardabweichungen im Vergleich zu allen anderen TGZ-Aspekten am geringsten. Das deutet auf die auch über die verschiedenen Zentren hinweg fast gleich hohe Einschätzung dieses Aspekts hin. Am stärksten schwankt die Imagebewertung zwischen verschiedenen Zentren noch bezüglich des Nutzens gegenüber Kunden. Das Image scheint insgesamt jedoch nur wenig abhängig von der Gestaltung des TGZ oder dessen Standort zu sein.[2]

Abbildung 5-8

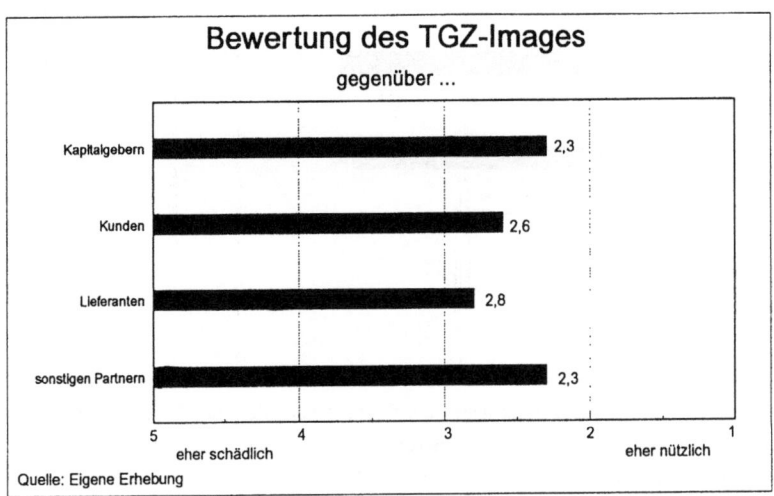

Auf die Frage, welche Aspekte der TGZ-Leistung ihnen im Nachhinein als wertvoll erschienen, sehen die Antworten der Gründer wie folgt aus: Die Kontakte zu anderen Gründern [ik] werden vor anderen Kontaktvermittlungen als wichtig bezeichnet, eine mittlere Bedeutung wird der Unterstützung in betriebswirtschaftlichen und technischen Fragen [ik] beigemessen, so daß eine mittlere bis positive Gesamtbeurteilung herauskommt.[3] Als gut werden demnach vor allem die informellen Kontakte zu anderen Gründern empfunden. So überrascht es, daß diese als Kunden und Lieferanten zu vernachlässigen sind.[4] Die Abbildung 5-9 zeigt die genauen Werte.

---

1) Durchschnitt 2,5.

2) Die Image-Bewertungen zählen zu den Variablen mit der geringsten Varianz, vgl. Anhang 5-8.

3) Durchschnitt 2,8.

4) Mit Durchschnitten von 1,2 bzw. 1,1. Diese Variablen werden wegen mangelnder Varianz im folgenden ausgeklammert.

Abbildung 5-9

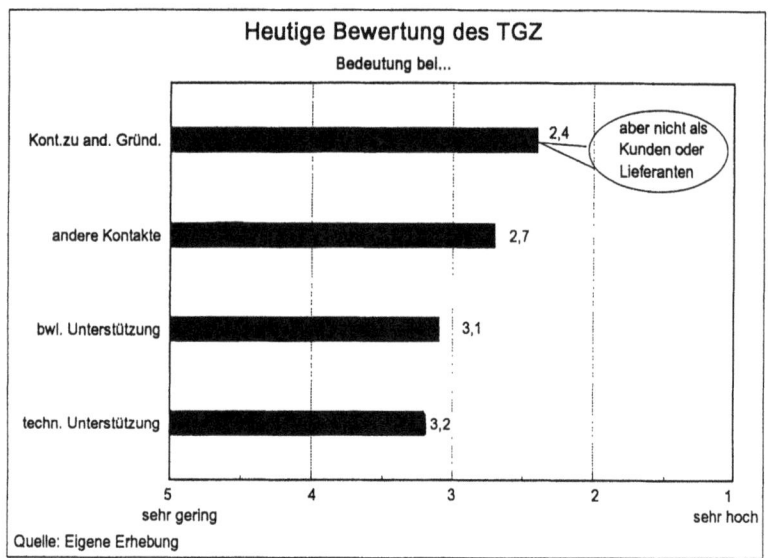

Zusammenfassend läßt sich zum TGZ-Einfluß folgendes festhalten: Bei insgesamt als gering empfundener Bedeutung heben die Gründer vor allem **das Image, den Service und die informellen Kontakte zu anderen Gründern als nützlich** hervor. Die Bedeutung der informellen Kontakte bestätigt die Aussage von Kulicke, "daß primär der Aspekt der Standortgemeinschaft von Firmen mit vergleichbaren Problemlagen im Entwicklungsprozeß und der Erfahrungsaustausch darüber"[1] die positive Wirkung des TGZ ausmachen.

Erstaunlich ist vor allem die **niedrige Bewertung der Vermittlung von Hochschulkontakten**, obwohl doch der Technologietransfer eine der wesentlichen Komponenten des TGZ sein sollte. Eine Erklärung hierfür ist, daß die Gründer die Hochschulkontakte selbst mitbringen, da diese häufig noch aus der Zeit vor der Gründung stammen. Dies ist für kleine und mittlere Unternehmen nicht untypisch: Corsten konnte z.B. in einer empirischen Studie zeigen, daß zwei Drittel aller Hochschulkontakte durch persönliche Beziehungen entstehen.[2] Die Gründer sind damit nicht auf die Hilfe des TGZ in diesem

---

1) Kulicke (1991:41).

2) Vgl. Corsten (1987:61): Befragung von 225 kleinen und mittelgroßen Unternehmen in Deutschland. Zu ähnlichen Aussagen kommen auch: Quintas/Wield/Massey (1992:170) und Lowe (1985:112ff.).

Bereich angewiesen.[1] Daran ändert auch das TGZ wenig. Die **Technologietransfer-funktion** des TGZ ist damit umzubewerten: Sie liegt nicht so sehr im - institutionalisier-ten - Informationsaustausch, sondern **im Personaltransfer**, der mit der Spin-off-Grün-dung auftritt. Die Förderung dieses Transfers ist Hauptaufgabe des TGZ. Personaltrans-fer wird ohnehin in der Literatur, u.a. unter Transaktionskosten-Gesichtspunkten, als die effektivere Form der Übertragung bei komplexem und innovativem Know-how angesehen.[2] Für das TGZ folgt daraus, seine Leistungen stärker an den Defiziten der Gründer zu orientieren, und die liegen - wie gesehen - eher im betriebswirtschaftlichen und im Managementbereich sowie in der Markterschließung.

Im folgenden Abschnitt ist zu untersuchen, ob sich die hier wiedergegebene *subjektive* Einschätzung der Befragten mit der Realität deckt, d.h. ob objektive Erfolgswirkungen der TGZ-Gestaltung auftreten. Daraus können weitere Hinweise auf notwendige Lei-stungen gewonnen werden.

5.8 Zusammenhänge von Technologiezentrums-Merkmalen mit Unternehmens-merkmalen und -erfolg

Welche Zusammenhänge zwischen TGZ und Unternehmensmerkmalen sind im Sinne unserer Fragestellung bedeutsam und müssen deswegen geprüft werden? Nach den Hypothesen können hier - nach Kategorien der TGZ-Aspekte - hier folgende Zusam-menhänge auftreten:[3]

- **Beratung und Service** wirken auf das Management und damit (nur) indirekt auf den Erfolg (HZ16).
- Der **Umfang des genutzten Service** hängt darüberhinaus mit u.U. geringer Ressour-cenausstattung zusammen (HZ15).
- **Kontaktaspekte** können mit verbesserter Ressourcenausstattung (HZ15), verbessertem Management (HZ16) und auch direkt höherem Erfolg in kausaler Beziehung stehen (HZ17).
- Ein gutes **Image** kann zu verbesserter Ressourcenausstattung und direkt zu höherem Erfolg (HZ17) beitragen.

Soweit der "eigentlich beabsichtigte Effekt".

- Zusätzlich können selektionsbedingte oder "Interaktions"-Effekte zwischen TGZ-

---

1) In einer Studie zu innovativen mittelständischen Unternehmen erwarteten die Befragten selbst von einer Innovationsberatungsstelle in fast der Hälfte der Fälle *keine* Kontaktvermittlung zu Forschungseinrichtungen (Franke et al. 1987:484ff.).

2) Vgl. z.B. die Schlußfolgerungen der Studie von Davies (1993:99).

3) Vgl. Kapitel 3.2.2 und Tabelle 2-2.

Aspekten und allen[1] Erfolgsfaktoren, besonders denen der Person und Idee, und auch dem Erfolg auftreten.

Zur Überprüfung werden wir nun die von uns im Rahmen der Gründerbefragung erhobenen TGZ-Variablen mit den Merkmalen der Gründungen einschließlich ihres Erfolgs in Beziehung setzen. Dabei gehen wir nach Blöcken vor wie unter 5.3: Wir betrachten also getrennt die Zusammenhänge der TGZ-Beurteilung mit den Personen-, Idee-, Ressourcen- und Managementvariablen. Um zwischen den eingangs erläuterten Effekten zu unterscheiden, schlagen wir folgenden, an den im theoretischen Teil formulierten Hypothesen orientierten Weg ein:[2]

- Die Variablen, die sich als konsistent erwiesen haben, also von uns als Indikatoren für die tatsächliche TGZ-Qualität interpretiert werden, werden im Sinne der formulierten TGZ-Hypothesen nur in ihrer Abhängigkeit mit den Ressourcen, dem Management und dem Erfolg betrachtet.[3] Auf die Person und die Geschäftsidee hat die TGZ-Gestaltung keinen Einfluß. Um die trotzdem noch vorhandenen subjektiven Verzerrungen aufzudecken bzw. zu eliminieren, werden - falls pro Zentrum mehrere Beobachtungen vorliegen - zur Kontrolle Durchschnittswerte für die Beurteilung eingesetzt.[4] Nur wenn auch die Berechnung auf Basis der Durchschnittswerte signifikante Ergebnisse bringt, werden diese hier wiedergegeben. Auf das Management oder die Konzeption können Image-Einflüsse nicht wirken.[5] Sie brauchen deshalb dort nicht betrachtet zu werden. Inkonsistente Variablen, also solche, bei denen die Gründermerkmale eine wesentliche Rolle für die Beurteilung bzw. die effektive Ausnutzung der Leistungen spielen, werden dagegen mit allen Blöcken korreliert. Sich dabei ergebende Befunde müssen auf den Halo- und Interaktionseffekt (a/b) zurückgeführt werden, eine Zuordnung ist dann im Einzelfall erforderlich. Je nach Grad der Inkonsistenz kann auch ein Anteil von Effekt (c), also des "eigentlich beabsichtigten", hinzukommen.

Einen ersten Hinweis auf die Bedeutung des Gestaltungseinflusses kann die Untersuchung folgender Frage bringen:

Sind die Unterschiede im Erfolg der Unternehmen *zwischen* den TGZ größer als *innerhalb*? Zur Untersuchung wenden wir die Methode aus der Konsistenzbeurteilung an, also den Vergleich der Varianzen in der Gesamtstichprobe mit denen innerhalb der Zen-

---

1) "Interaktions"-Effekte erscheinen für den Bereich Ressourcen allerdings nicht plausibel.

2) Vgl. Kapitel 3.1, Tabelle 3-3.

3) Dies gilt nicht für die Aufnahmebarrieren, die in einem gesonderten Abschnitt weiter unten behandelt werden.

4) Mehrere Beobachtungen liegen für sieben der neunzehn Zentren mit insgesamt 23 Mietern vor, d.h. für ca. 2/3 aller Fälle.

5) Vgl. Kapitel 3.1, Tabelle 3-3, nach HZ14.

tren mit mehreren Beobachtungen.[1] Die Befunde zeigen, daß die wichtigsten Erfolgsmaße, Mitarbeiter- und Umsatzwachstum seit Gründung und im letzten Jahr, innerhalb
der TGZ erstaunlich homogen ausgeprägt sind. Maximal in zwei Fällen ist die Varianz
in der Gruppe größer als die zwischen den Gruppen. Lediglich der Mitarbeiterzuwachs
im vorletzten Jahr,[2] die ohnehin als recht unzuverlässig angesehene Rentabilitätseinschätzung und die Größe im Konkurrenzvergleich weisen in mindestens vier Fällen
innerhalb der einzelnen Zentren eine größere Varianz auf als zwischen den TGZ. Mit
anderen Worten, im allgemeinen kann die Annahme nicht verworfen werden, daß die
einzelnen TGZ-Standorte einen Einfluß auf den Erfolg, insbesondere das Unternehmenswachstum haben. Es ist also sinnvoll, Analysen über die *Wirkung bestimmter TGZ-
Merkmale* anzustellen.

5.8.1   Beziehungen der Technologiezentrums-Merkmale zum Erfolg: Kontakte, Finanzierungshilfen und betriebswirtschaftliche Unterstützung sind wirksam

Die im folgenden geschilderten Beziehungen zwischen den TGZ-Merkmalen aus Sicht
der ehemaligen Mieter und ihrem Erfolg genügen alle den in Kapitel 5.3 dokumentierten
Konventionen.[3] Bei den konsistenten Variablen wird außerdem gefordert, daß die
Zusammenhänge auch bei Durchschnittsbetrachtung je TGZ signifikant sein müssen,[4]
um rein subjektiv bedingte Varianz hier weitgehend auszuschließen. Die Tabelle 5-10
gibt die Zusammenhänge mit Wachstum, Produktivität und Einschätzung der Rentabilität wieder.[5]
Zusammenfassend lassen sich folgende wichtige Beziehungen zum Erfolg, besonders
zum Unternehmenswachstum, feststellen:
- Eine positive Rolle des TGZ bei Hochschulkontakten, Vermittlung externer Berater,
  Kontakten zu anderen Gründern, anderen Unternehmen und sonstigen Partnern ist mit
  höherem Wachstum verknüpft. Daß auch ein gutes Image sich als förderlich erweist,
  überrascht hierbei nicht, denn die übrigen genannten Variablen haben ausnahmslos mit
  Kontakten zu tun. Die in 3.2.2 formulierten Erwartungen werden für diese Variablen
  also bestätigt.

---

1) Vgl. Anhang 5-8: Es stehen sieben Zentren mit mehreren Beobachtungen zur
   Verfügung, insgesamt 23 befragte Unternehmen.

2) Hier könnte die unterschiedlichen Auszugszeitpunkte eine Rolle spielen.

3) Zur Erinnerung: Bei Korrelationen mindestens 0.3 und Signifikanz von 10 vH
   (zweiseitig), bei anderen Analysen ebenfalls 10 vH (ggf. zweiseitig).

4) S. Erklärung im Abschnitt 5.7.1.

5) Befunde zum Zusammenhang mit der Unternehmensgröße finden sich in Anhang 5-1,
   Tabelle "TGZ → Erfolg".

- Die Hilfe des TGZ bei der Finanzmittelbeschaffung ist, wie erwartet, (umsatz-)wachstumsrelevant.
- Auch bessere Unterstützung in betriebswirtschaftlichen Fragen ist mit höherem Wachstum verbunden. Gute Unterstützung in technischen Fragen ist dagegen statistisch als Wachstumsursache auszuschließen, was den Erwartungen zwar zuwiderläuft, nach den bisherigen Befunden aber nicht mehr sonderlich überrascht.
- Als besser werden Serviceleistungen vor allem von anfangs kleineren Unternehmen, die aber in der Folge ein höheres Produktivitätswachstum verzeichnen, bestätigt.

Tabelle 5-10: Beziehungen zwischen TGZ und Erfolg

TGZ	Erfolg									
	Wachstum p.a.						Produktivität p.a.			Rentab.
	MA seit Gründg.	.letztes Jahr	.vorletzt. Jahr	.letzte zwei Jahre	Umsatz seit Gründg.	.letztes Jahr	derzeit	Zuwachs letztes Jahr	.seit Gründung	i.Konk.-vergleich
Förderwirkung...										
°HS-Kontakte	.3717									(-.3093)
°Datenbankzugang			-	-		(-)				
Beratervermittl.	.3788				.4407*					
Untern.kontakte										
°Durchschnitt										(-.3584)
Servicebewertung...										
Sekretariat		-.3215					.5063*			
Telekommunikation									.4268	
°Durchschnitt									.3953	
°Ges.bew.Service										
Image-Bedeutung gegenüber...										
°Finanziers					-.3054					
Lieferanten										
°Kunden					(-.3074)			-.3788		
°Sonstige	-.4371*				-.3598					
°Durchschnitt					-.3559					
Unterstützung in...										
techn. Fragen							.3485			
BWL-Fragen					-.3242					
Gründerkontakte			-.3488	-.3775		-.3313	-.3087			
°and. Kontakte	-.4198(-.3901)		-.3591	-.3895			-.3173			
°Finanz.beschaff.					+					(-)

°=konsistente Beurteilung innerhalb der einzelnen Zentren
()=bei Durchschnittsbildung über ein Zentrum nicht mehr relevant (=Korr.>0.3, sign. 5 vH)

Feldinhalte: Korrelationskoeffizienten bei zwei kardinalen Merkmalen (p (zweiseitig) <0.01 oder $r>=0.3$), sonst Richtung des Zusammenhangs (anhand von Varianz- und Chi-Quadrat-Analysen p<0.10)

Neben den Kontaktaspekten sind es also erwartungsgemäß vor allem die Finanzierungshilfen und die betriebswirtschaftliche Unterstützung, die Unternehmen in TGZ stärker wachsen lassen. Wichtig ist die Feststellung, daß entgegen den Erwartungen *nicht* Kundenkontakte im Mittelpunkt stehen und daß die technische Unterstützung keinen nennenswerten Einfluß hat. Letzteres korrespondiert mit dem Befund in Kapitel 5.7.2, daß die Hochschulkontakte von den Gründern meist selbst

**hergestellt wurden und der These, daß gerade die informellen Beziehungen eine
besondere Rolle für den Erfolg spielen.[1]**

5.8.2 Beziehungen zwischen Bewertung des Technologiezentrums und anderen Variablen: Offene und außenorientierte Gründer profitieren am stärksten[2]

Person und Idee

Nach der Identifikation der möglicherweise erfolgsrelevanten Variablen der TGZ-
Gestaltung ist im Sinne unserer Hypothesen die Frage zu stellen, inwieweit die Erfolgsunterschiede auf die Einwirkung des TGZ auf *Erfolgsfaktoren* der Gründungen zurückzuführen sind.[3] Dazu wird wieder auf die aus dem vorigen Teil bekannten Blöcke von
Erfolgsfaktoren zurückgegriffen, die mit den TGZ-Variablen korreliert werden.

Bevor wir auf die ersten beiden Bereiche (Person und Idee) eingehen, sind einige grundsätzliche Bemerkungen zur Interpretation angebracht.

Da beide Bereiche definitionsgemäß nur von der Selektion abhängen,[4] kann eine Überprüfung der Beziehungen zwischen der TGZ-Bewertung und den Personen-/Ideenmerk-
malen naturgemäß keine Befunde zu der jeweiligen Wirkungshypothese (HZ11 bzw. 12)
bringen. Was sagen die Befunde dennoch aus? Wenn Beziehungen zwischen Person/Idee
und TGZ-Beurteilungen gefunden werden, dann sind zwei weiter oben bereits dargestellte Interpretationen möglich, die hier noch einmal in Erinnerung gerufen werden sollen. Für beide lassen sich plausible Beispiele finden:

- Interaktionseffekt (objektive Ursachen): Die Nutzung der TGZ-Leistungen ist von
  bestimmten Personen- oder Ideenmerkmalen abhängig. Da die positive Wirkung der
  Leistungen immer auch[5] von der tatsächlichen Inanspruchnahme abhängig ist, nicht
  allein von der Existenz, erscheint diese Interpretation zulässig. Beispiel: Ein technisch
  gering qualifizierter Gründer mit einer besonders innovativen Idee benötigt verstärkt
  Hochschulkontakte und ist damit u.U. zufriedener mit der entsprechenden Leistung des
  TGZ.

- "Halo"-Effekt (subjektive Verzerrung): Gründer mit bestimmten Personen- oder Ide-

---

1) Sternbergs (1988:231) Befund untermauert die Aussagen: Über 70 Prozent der
   Gründer verfügten über Hochschulkontakte, aber nur gut 50 Prozent der TGZ. Zur
   Bedeutung der informellen Kontakte z.B. Segal (1986:198).

2) Dokumentation der Zusammenhänge in Anhang 5-1. Die Befunde zu den Folgen des
   Auszugs, den Aufnahmebarrieren und den Standortmerkmalen sind in gesonderten
   Abschnitten erfaßt.

3) Vgl. Kapitel 3.1 und dort Tabelle 3-3.

4) siehe Abschnitt 3.1, Tabelle 3-3.

5) Abgesehen von wenigen "zwangsläufig" genutzten Vorteilen, z.B. der niedrigeren
   Miete.

merkmalen neigen zu einer bestimmten, besonders positiven oder negativen, Bewertung. Dies kann damit zusammenhängen, daß diese Gründer/Ideen besonders erfolgreich sind und ihre Zufriedenheit sich auf die Bewertung überträgt. Beispiel: Ein hoch qualifizierter Gründer mit einer innovativen Idee ist erfolgreich und deswegen gegenüber den Leistungen des TGZ weniger kritisch.

Beide Interpretationen müssen im folgenden berücksichtigt und im Einzelfall auf ihre Plausibilität überprüft werden.

Anmerkung: Im folgenden werden die nach den oben festgelegten Konventionen erfolgsrelevanten Merkmale unterstrichen (gilt nicht für TGZ-Variable). Damit soll sich der Leser einen schnellen Überblick über die möglicherweise erfolgsrelevanten TGZ-Einflüsse verschaffen können. Die inkonsistenten TGZ-Merkmale sind weiterhin mit "[ik]" gekennzeichnet.

TGZ → Person[1]

Hier nun die Befunde zu den Beziehungen zwischen Aussagen der Gründer zu den TGZ-Leistungen und den Personenmerkmalen. Hier sind nur die *in*konsistent beurteilten TGZ-Merkmale wiedergegeben, d.h. solche, bei denen davon ausgegangen werden kann, daß ihre Beurteilung stärker vom Gründer/der Gründungsunternehmung als vom TGZ abhängt.[2]

- Teamgründern wurden häufiger durch das TGZ Zuschüsse oder Darlehen gewährt. Hierin könnte eine Erklärung für das höhere Wachstum der Teamgründungen gerade *in* TGZ liegen.
- Der Einfluß des TGZ bei der Vermittlung externer Berater wird bei relativ detailliertem Absatzkonzept als höher angesehen.
- Bei hoher Einschätzung der Förderwirkung des TGZ für Kontakte zu anderen Unternehmen [ik] lag häufig eine bessere Einschätzung der Kundenbedürfnisse und Marktdynamik, eine technische Qualifikation und/oder eine Teamgründung vor.

Die letzten beiden Punkte unterstreichen die schon oben diskutierte Vermutung, daß ein bestimmter "offener" und umsichtiger Gründertyp einen generellen Einfluß auf das Informationsverhalten ausübt und die entsprechenden Angebote gut auszunutzen versteht.

Bewertung des Services und der angebotenen Beratung[3]

Die Einzelbefunde zur Service- und Beratungsbeurteilung lassen sich in wenigen Worten zusammenfassen: Eine *gute Beurteilung* der Telekommunikationseinrichtungen kommt

---

1) Daten in Anhang 5-1.

2) Begründung vgl. 5.7.1.

3) Für Details siehe Tabelle im Anhang 5-13.

insbesondere zustande, wenn Gründer *technisch* statt kaufmännisch *ausgebildet* sind
und/oder eine gute anfängliche *Markteinschätzung* hatten.

Bewertung des Image-Nutzens

Wie für die Service-Beurteilung lassen sich die Zusammenhänge zwischen empfunde-
nem Image und den Gründercharakteristika klar zusammenfassen:[1] Bei empfundener
hoher Bedeutung liegt oft eine (hohe) technische Qualifikation und/oder Branchenerfahrung mit Kundenkontakten vor Gründung vor.

Gesamtbewertung des TGZ-Aufenthalts

- Unterstützung in technischen Fragen [ik]

  Gründer, die auch über eine kaufmännische Qualifikation verfügen, beurteilen die
  Unterstützung des TGZ in technischen Fragen besser als solche ohne entsprechende
  Ausbildung. Dieser Befund überrascht nicht, da die allein technisch qualifizierten
  Gründer hierin zweifellos anspruchsvoller sind. So kann im übrigen auch die bereits
  oben konstatierte Inkonsistenz der Urteile von Mietern eines Zentrums bezüglich
  der technischen Unterstützung erklärt werden. Die zufriedenen Gründer schätzten
  darüberhinaus bereits anfangs die Kundenzahl und den Markt insgesamt besser ein.
  Aus der Analyse der allgemeinen Beziehungen wissen wir, daß die genannten Cha-
  rakteristika oft Gründungen mit relativ niedrigem Innovationsgrad und dadurch eher
  schlechteren Erfolgsaussichten charakterisieren. Es mag also ein relativ niedriges
  Anspruchsniveau maßgeblich für die gute Beurteilung der technischen Hilfe sein.

Tabelle 5-11: Bewertung der TGZ-Unterstützung in technischen Fragen

	kfm. Qualifikation n.v.	vorhanden	
Technische Qualifikation n.v.	n=4 4,75	n=3 4,0	Gesamtmittel: 2,96 (Schulnote 1-5)
vorhanden	n=20 3,3	n=6 1,85	

- Unterstützung in betriebswirtschaftlichen Fragen

  Wie bei der Image-Beurteilung zeigt sich ein positiver Zusammenhang mit der
  Markt-Kompetenz des Gründers: Bessere Einschätzung der Kundenzahl, Kundenbedürfnisse, der Vertriebserfordernisse und bessere durchschnittliche Güte der Markteinschätzung zeichnen die zufriedenen gegenüber den eher unzufriedenen Befragten

---

1) Vgl. Anhang 5-10.

aus. Außerdem war bei ihnen die Detaillierung des Investitionskonzepts höher.

- Kontakte zu anderen Gründern [ik]

  Je wichtiger die Kontakte zu anderen Gründern eingestuft werden, desto besser wurden am Anfang viele Aspekte des Marktes eingeschätzt. Dahinter steht offenkundig eine starke Außenorientierung des Gründers, die es ihm erst ermöglicht, die möglichen Kontakte auszuschöpfen.

  Bei positiver Bewertung liegt häufig eine längere Erfahrung in leitender Funktion vor.

- Durchschnittliche Gesamtbeurteilung TGZ

  Eine positive Bewertung ist verbunden mit besserer Einschätzung der Kundenbedürfnisse, der Kundenzahl, der Vertriebserfordernisse und einer durchschnittlich besseren Markteinschätzung. Sie geht oft mit der Existenz einer kaufmännischen und auch mit einer technischen Qualifikation einher.

Zusammenfassung:

Die Befunde unterstützen im großen und ganzen die These, daß die "besseren" Gründer die Leistungen des TGZ - wie oben schon gemutmaßt - besser zu nutzen verstehen. Auch deutet sich an, daß bestimmte Defizite (etwa der Techniker im betriebswirtschaftlichen Bereich) eine positivere Beurteilung der speziellen Leistungen bewirken, die auf diese Defizite eingehen.

Trotz der weitgehend plausiblen und hypothesengerechten Befunde sollte eins nicht übersehen werden: Es kann auch nicht ganz ausgeschlossen werden, daß durch die bessere Selektion der besseren TGZ Korrelationen zwischen "vorteilhaften" Personenmerkmalen und guter TGZ-Beurteilung zustande kommen.

Diese wichtige Frage muß weiter unten noch diskutiert werden.

TGZ → Idee[1]

Auch hier sind *nur* die TGZ-Merkmale, die von uns als inkonsistent bezeichnet werden, berücksichtigt. Die Frage lautet also: Von welchen Ideen-Merkmalen hängt es ab, ob ein Gründer aus seiner Sicht vom TGZ profitiert?

- Bei höherer empfundener Förderwirkung bei Kontakten zu anderen Unternehmen [ik] liegt häufig ein geringerer Nachahmungsschutz vor.

- Gründer, die mit dem Service zufrieden sind, geben generell geringere Markteintrittsbarrieren an. Darüberhinaus bieten die zufriedeneren Gründer Produkte an, die auf relativ neuen Technologien beruhen.

---

1) Vgl. Details in Anhang 5-1.

- TGZ-Image gegenüber Lieferanten

  Bei Vorliegen eines rechtlich gesicherten Nachahmungsschutzes[1] wird die Bedeutung des TGZ-Images gegenüber Kunden höher eingeschätzt. Hier wirkt der Aufenthalt im TGZ offenbar der Skepsis bei den (Markt−)Partnern gegenüber dem innovativen Produkt entgegen und trägt zur höheren Glaubwürdigkeit der Unternehmen bei.

- Unterstützung bei Finanzmittelbeschaffung

  Je neuer die dem Produkt zugrundeliegende Technologie war, desto öfter wurde vom TGZ eine Hilfe bei der Beschaffung von Kapital geleistet. Dies ist aus theoretischer Sicht positiv zu werten, da gerade dann die Kapitalbeschaffung schwierig sein müßte.

Zusammenfassung:
Innovativere Unternehmen bewerten die TGZ-Unterstützung insgesamt als wertvoller. Sie profitierten im Vergleich zu anderen in besonderem Maße von der Beratung wie auch von der Kontaktvermittlung. Image und Kontakte helfen bei der Markterschließung und Finanzmittelbeschaffung. Insofern scheinen die TGZ für diese Gruppe im großen und ganzen effektiv zu arbeiten. Dies stimmt mit der oben bereits -in vielen Bereichen- festgestellten Zufriedenheit besonders der technisch hoch qualifizierten und damit in der Regel besonders innovativen Gründer überein.

Ressourcen und Management/Konzeption

Im Unterschied zu den Faktoren "Person" und "Idee" werden nach den Hypothesen die Ressourcen und das Management von den Leistungen des TGZ auch kausal beeinflußt. So ist es hier durch Inbeziehungsetzen mit der TGZ-Bewertung möglich, Aussagen über die Wirkung bestimmter Leistungen zu erhalten. Z.B. kann erwartet werden, daß bei höherem Startkapital oder öffentlicher Förderung die Förderwirkung des TGZ bei der Finanzmittelbeschaffung stark war und vom Gründer auch so bewertet wird. Auch in diesen Bereichen ist allerdings zu beachten, daß die Aussagen subjektiv verzerrt sein können und die Befunde somit nur mit Vorsicht interpretiert werden dürfen. Deswegen wenden wir hier die explizite Differenzierung zwischen konsistenten und inkonsistenten Variablen an (konsistente Variable sind **fett** gekennzeichnet). Bei ersteren überwiegt der Anteil der objektiven Wirksamkeit, bei letzteren der individuelle Einfluß durch den Gründer. Da eine Wirkung des Images auf das Management nach den Hypothesen nicht besteht, wird dieser Bereich dort ausgeklammert.

---

1) Varianzanalyse mit Kontrast zwischen rechtlichem und sonstigem Schutz.

TGZ → Ressourcen (HZ13 und Z15)[1]

Die einzelnen signifikanten Zusammenhänge lassen sich wie folgt einfach zusammenfassen:[2]

Ein positives Image und hohe Unterstützung des TGZ in allen Bereichen gehen generell stark mit einer guten Ressourcenausstattung einher, sowohl im finanziellen Bereich wie auch bei der Ergänzung durch Mitarbeiter. Hierin kann sich eine Hilfe des TGZ bei der Ressourcengewinnung zeigen. Die besonders hohe Bewertung des Images bei höherer öffentlicher Förderung und bei hohem Startkapital deutet darauf hin, daß der Zugang zu Förderung und Kapitalquellen überhaupt durch das (gute) TGZ-Image erleichtert werden kann. Öffentliche Förderung wird häufig durch das TGZ vermittelt und ist ganz offenbar eines seiner zentralen Elemente. Dies korrespondiert mit den Befunden von Bauer und Hannig, wonach Gründer öffentliche Förderung in der Regel erst nach der Aufnahmeentscheidung ins TGZ erhalten.[3] Es ist allerdings auch denkbar, daß die "guten" TGZ mit gutem Image Gründer mit besserer Ressourcenaustattung vorziehen.[4] Tatsächlich ergibt eine Überprüfung zahlreiche signifikante Zusammenhänge zwischen hohen Aufnahmeanforderungen und gutem Image,[5] u.a. auch zwischen hohen Anforderungen an die Finanzausstattung und durchschnittlichem Image.

Daß schließlich die Gründer mit geringem Fremdkapitalanteil eine positive Bewertung der Serviceleistungen vornehmen, spricht gegen die Gültigkeit des oben formulierten Einwands, daß nur Gründer mit erfolgsfördernden Merkmalen dem TGZ positiv gegenüberstünden: Diese Gruppe ist offenbar besonders auf Unterstützung angewiesen.

TGZ → Management (HZ14 und HZ16)[6]

Aufschlußreich können in diesem Bereich bestimmte *gezielte* Analysen sein, z.B. zum Zusammenhang zwischen Beurteilung der Beratung und Kontaktherstellung und dem Beratungsverhalten. Wie oben schon diskutiert, werden die Imagevariablen hier als kausale Einflüsse ausgeschlossen.

---

1) Vgl. Anhang 5-1.

2) Mit Ausnahme der Variablen Beratervermittlung, Servicebewertung bei Sekretariat und Telekommunikation sind alle Urteile als konsistent anzusehen, eine Interpretation kann also schwerpunktmmäßig auf objektiven Ursachen aufbauen. Fast alle Zusammenhänge erweisen sich auch nach Durchschnittsbildung je Zentrum für die konsistenten Variablen als wirksam (vgl. Anhang 5-1).

3) Bauer/Hannig (1992:25).

4) Vgl. zur Argumentation die Zusammenfassung zu HZ 6, Abschnitt 5.3.2.3.

5) Vgl. Anhang 5-12.

6) Vgl. Anhang 5-1.

- Eine durchschnittlich bessere Beurteilung der Förderwirkung hängt mit folgenden Faktoren zusammen:
  - einer höheren Zahl genutzter Informationsquellen, höherer Priorität der Kunden- und Konkurrenzinformation,
  - geringerer Priorität der Investitionsplanung,
  - engerer Einbeziehung von Beratern bei der Geschäftsplanerstellung
  - sowie einer Hochpreisstrategie.

Die Förderwirkung scheint also vor allem im Beratungs- und Informationsverhalten, aber auch in der Strategie ihren Niederschlag zu finden, wie auch die Befunde zu den Teilbereichen illustrieren:

- Förderwirkung des TGZ für Hochschulkontakte
  - Gründer mit höherer Planungspriorität für die Entwicklung nehmen die Hochschul-Kontaktherstellung als deutlich weniger wichtig wahr, ohne deswegen seltener über solche Kontakte zu verfügen. Das deutet darauf hin, daß stark technisch orientierte Gründer in diesem Bereich weniger stark auf die Hilfe des TGZ angewiesen sind; sie verfügen womöglich bereits über eigene Hochschulkontakte.
  - Wichtiger sind die Hochschulkontakte aber bei längerer Produkt-Entwicklungszeit, also technologisch wohl komplexeren Produkten.

- Förderwirkung des TGZ bei der Vermittlung externer Berater
  - Bei hoher Bewertung der Förderung ist eine engere Einbeziehung externer Berater im Marketing und in der Entwicklung, aber überraschend eine deutlich *geringere* in der Buchhaltung festzustellen, ein Indiz für eine selektive Strategie der betroffenen Gründer, sich auf hochwertige Leistungen zu orientieren. Es liegt eine bessere Beurteilung des Gesamtangebots an Beratung vor.
  - Es wird eine ausgeprägte Hochpreisstrategie bei deutlich höherer Produktqualität und ebenfalls deutlich längerem Planungshorizont in der Produktion[1] verfolgt, was bekanntlich positiv erfolgswirksam ist.

- Die Förderwirkung des TGZ für Kontakte zu anderen Unternehmen [ik] wird als höher beurteilt, wenn der Lieferantenwechsel unproblematisch ist, eine Hochpreis-strategie verfolgt wird und/oder viele Informationsquellen genutzt werden, also eine aktive Informationssuche vorliegt. Hier liegt ganz klar ein "Interaktions-Effekt" (b) vor, der eine bestimmte Haltung des Gründers voraussetzt.

Die Bewertung des Service ist nach dem Bezugsrahmen nicht mit dem Management verknüpft und wird deswegen hier nicht wiedergegeben.

---

1) Nur 48 Beobachtungen, also ca. 30 vH Missing Values.

Tabelle 5-12: Beziehungen zwischen TGZ und Management (HZ14)

Tabelle 5-12: Befunde zu HZ14, Beziehungen zwischen TGZ und Management

TGZ	Management Prod.-qualität	Preis-strategie	Umsatz-konzentration	Dauer bis zur Markt-reife	Liefe-ranten-wechsel	Planungshorizont Einkauf	Pro-duktion	Finan-zierung	In-vesti-tion	Ent-wicklg.	Absatz	Per-sonal	Durch-schnitt	Planungsprioritäten In-vesti-tion	Ab-satz	Perso-nal	Zahl nicht geplanter Bereiche $
Förderwirkung...	.4208																
°HS-Kontakte		.5949**		(.3296)			.4219	.3220			.3152			.5994*			+
°Datenb.zugang																	
Beratervermitt.		.4817*															
Unt.kontakte		.5075*			-.3369									(+)			
°Durchschnitt																	
°Ges.bew.Beratg.			-.4259*	-.4225			(.4404)		.5009*					.4620			
Unterstützung in...																	
techn. Fragen		-.3674		.3773			-.3202	-.4812*		-.3922		-.3355	-.4800*				
BWL-Fragen		-.5674**		.3293			-.3432	-.3906	-.4011*		-.5641**	-.4576*	-.4354*	.4038			
Gründerkontakte		-.5189*						-.5431**	-.3040		-.5034*		-.3985				
°and. Kontakte		-.4789*					-.3265	-.5217**	-.3897		-.3854	-.4033*	-.5040*	.4958			
Durchschnitt					(-.3706)												
°Finanz.besch.					(+)									(+)			

$: ohne Bereiche Einkauf und Produktion

Fortsetzung

TGZ	Management des Orga.- Marke-ting	Zahl d. Prod.-linien	Export-absicht	Weiter-entwik-klungs-konzept	Externe Beratung .Gründg.	.Gesch.-plan	.Ent-wickl.	.Finan-zierg.	.Buch-haltung	.Recht	Durch-schnitt gesamt	.Durch-Beurt. schnitt	Inform.quellen Kunden-befra-gung	Zahl	Informationsprioritäten über..	Liefe-ranten	Kunden Kon-kurr.
Förderwirkung...	(.3532)																(-.3046)
°HS-Kontakte					.5674**	.3304	-.3069						(+)	.4777*	-.3796		
°Datenb.zugang														.4675*	-.3687		
Beratervermitt.					.3274									.5520**	-.5201*	.4601*	-.3389 .3163
Unt.kontakte					.3074		.4281*	.4035*			.4854*	.4131*			-.3822		
°Durchschnitt							.4491*									-.4185	
°Ges.bew.Beratg.																-.3162	
Unterstützung in...																	
techn. Fragen							-.3604										
BWL-Fragen				-.3071			-.4465*	-.3487			.4295*	-.4729*					
Gründerkontakte								-.5293*				(-.4241)					
°andere Kontakte							-.3367	-.4226*			.4723*	-.3583					
Durchschnitt																	
°Finanzbeschaff.	+		+		(+)			+			+	+		+		-	

*=konsistente Beurteilung innerhalb der einzelnen Zentren
()=bei Durchschnittsbildung über ein Zentrum nicht mehr relevant (=Korr.>0.3, sign.5 vH)

Bewertung der Beratung

Bei guter Gesamtbeurteilung der Beratung sind i.d.R. die Umsatzkonzentration und die Dauer bis zur Marktreife geringer, der Planungshorizont in der Entwicklung länger, es werden mehr Informationsquellen genutzt, es findet erwartungsgemäß eine engere Einbeziehung externer Berater in vielen Bereichen statt, die zudem besser beurteilt werden. Die Priorität der Informationsbeschaffung über Lieferanten ist höher.

Es sieht aus, als habe sich die Beratung tatsächlich positiv ausgewirkt.

Gesamtbeurteilung des Aufenthalts im TGZ

Die Befunde zu diesem Bereich lassen sich wie folgt zusammenfassen:[1]

Eine gute Bewertung des Aufenthalts geht mit einem generell positiven, d.h. erfolgversprechenden, Managementverhalten in vielen Bereichen einher. Folgende wichtige Managementmerkmale sind mit einer guten Bewertung des TGZ verknüpft: Eine längere und umfangreichere schriftliche Planung, stärkerer Beratereinsatz in juristischen Fragen, Nutzung von mehr Informationsquellen und eine relative Hochpreisstrategie gehen mit nach Aussage der Gründer guter TGZ-Unterstützung einher. Die kürzere Produktentwicklungsdauer bei besserer technischer und betriebswirtschaftlicher Beratung darf als Hinweis für die Wirksamkeit der Unterstützung verstanden werden, ebenso die Nutzung von mehr Informationsquellen und Beratern, wenn das TGZ bei der Kontaktvermittlung hilfreich war. Das Management kann zwar nicht kausal vom Image *beeinflußt* werden, allerdings kann im Sinne der "Interaktions"-Erklärung ein gegebenes Management-, besonders Informationsverhalten, von einem guten Image *profitieren*: Tatsächlich zeigt sich ein Zusammenhang zwischen gutem TGZ-Image und stärkerer Beraterkonsultation, und wenn die Lieferanteninformation stärker beachtet wird, empfindet man das TGZ-Image gegenüber Lieferanten als besonders hilfreich.

Trotz der plausiblen Befunde kann leider nicht schlüssig gezeigt werden, zu welchem Anteil die genannten Befunde auf die *Verbesserung des Managements* durch das TGZ zurückgehen ("eigentlich beabsichtigter Effekt"), und wie stark die positive Beurteilung von der Fähigkeit des Gründers abhängt, die Leistungen optimal zu seinem Vorteil zu nutzen ("Interaktions"-Effekt).[2]

---

1) Details in der Tabelle im Anhang 5-11.

2) Halo- und Mildeeffekte scheiden jedenfalls als einzige Erklärung aus, da die Zusammenhänge sich auch bei konsistenten Variablen zeigen. Darüberhinaus ist wiederum ein Zusammenhang zwischen "gutem" TGZ und gutem Management, der letztlich auf die Selektion zurückgeht, denkbar. Dagegen spricht aber die Erkenntnis, daß die Variablen der Gesamtbeurteilung allesamt nicht konsistent sind.

Zusammenfassung:

Die Befunde machen deutlich, daß auch im Bereich "Management/Konzeption" oft der Zusammenhang von erfolgversprechendem Managementverhalten und guter Beurteilung des TGZ gilt. Nur kann er hier nicht, wie in den Bereichen Idee und Person, leicht auf einen Bias in der Wahrnehmung durch die Gründer zurückgeführt werden. Auch bei konsistenten Variablen zeigten sich die entsprechenden Beziehungen, so daß die theoretische Wirkungsbehauptung, daß das Management ein Resultat guter TGZ-Unterstützung ist, nicht von der Hand gewiesen werden kann. Zahlreiche plausible und logische Zusammenhänge zwischen TGZ-Einfluß und daraufhin besserem Verhalten sprechen dafür. Wenn dadurch der Erfolg gesteigert wird, verbessert sich naturgemäß die Bewertung durch die Gründer. Gleichwohl bleibt die Möglichkeit, daß unterschwellige Selektionseffekte hier für das Zusammentreffen eines "guten" TGZ mit "guten" Gründern sorgen, denn es zeigt sich, daß die Leistungen des TGZ insbesondere von den managementmäßig stark außenorientierten, beratungs- und informationssuchenden Gründern positiv gesehen werden. Damit wiederholen sich in ähnlicher Form die Befunde in den anderen Bereichen[1] und man könnte wiederum feststellen, daß es offensichtlich ein bestimmter Gründertyp ist, der das TGZ-Angebot am besten zu nutzen versteht und damit begrüßt ("Interaktions"-Effekt). Mit anderen Worten, das Angebot allein reicht also nicht aus, um Wirkung zu entfalten, es muß eine bestimmte Einstellung des Gründers hinzutreten. Vielleicht läßt sich so die verhältnismäßig große Streuung im Erfolg innerhalb der TGZ-Stichprobe erklären.

5.8.3 Fazit zu den Beziehungen zwischen Unternehmensmerkmalen und der Bewertung des Technologiezentrums

Es setzt sich die Erkenntnis durch, daß die TGZ-Bewertung ebenso Resultat der Merkmale der Person, der Idee und der Ressourcen ist wie Indikator für den tatsächlichen Nutzen der durch das TGZ gebotenen Leistungen. Das heißt nicht, daß subjektive Verzerrung die tatsächlichen Zusammenhänge überdeckt: Die Zusammenhänge können nicht allein durch den "Halo"-Effekt erklärt werden. Stärker als dieser ist der im Erscheinungsbild ähnliche "Interaktions"-Effekt, d.h. eine Reihe von Leistungen des TGZ können nur optimal wirken, wenn sie auf entsprechend offene Gründer treffen, die sie auszuschöpfen verstehen. Bei bestimmten Leistungen, besonders im Kontaktherstellungs-Bereich, ist die stark unterschiedliche Bewertung auch innerhalb einzelner Zentren

---

1) Z.B. bei Ressourcen.

Hinweis darauf, wie sehr es auch von der Person des Gründers abhängt, ob die Leistungen adäquat genutzt werden. Dies ist eine wichtige Erkenntnis, die Implikationen für die Aufnahmestrategie neuer Mieter durch die Technologiezentren hat.

Darüberhinaus deuten zahlreiche positive Beziehungen zwischen Erfolg und konsistent beurteilten TGZ-Merkmalen aber an, daß auch der "eigentlich beabsichtigte Effekt" wirksam ist, daß ein genereller positiver Einfluß der TGZ-Leistungen besteht.

Um eine endgültige Bewertung vornehmen zu können, ist jedoch erst die Analyse der Beziehungen zu *objektiven* Angebotsmerkmalen der TGZ und ihrer Standorte abzuwarten.

5.8.4 Aufnahmebarrieren des Technologiezentrums: Zusammenhang zwischen hohen Aufnahmeanforderungen und "besseren" Unternehmen festzustellen

Wie schon in Kapitel 3.1 erläutert und zu Anfang des Abschnitts 5. durch Mittelwertvergleiche auch teilweise überprüft wurde, ist eine mögliche Erklärung für den größeren Erfolg der Gründer in der TGZ-Stichprobe und für dessen Streuung die Art und die Höhe der Aufnahmebarrieren für neue Firmen, also der Selektionsprozeß. Deswegen soll diesem Bereich ein besonderer Abschnitt gewidmet werden. Ansatzpunkte für die Selektion sind gemäß den Hypothesen HZ11-HZ14 in erster Linie die Bereiche "Person" und "Idee", u.U. auch die Ressourcen. In diesem Abschnitt sollen die Zusammenhänge zwischen der subjektiv empfundenen Höhe der Aufnahmeanforderungen und den genannten Erfolgsfaktoren sowie dem Erfolg untersucht werden. Z.B. erwarten wir, daß bei hohen Anforderungen an die Person bei den Gründern auch höhere Werte bezüglich der Qualifikation und Erfahrung erreicht werden. Es ist dann zu prüfen, ob die Variablen, die durch die Selektion offenbar beeinflußt werden, sich i.allg. tatsächlich als erfolgsrelevant erweisen. Bevor die Befunde zu den einzelnen Bereichen präsentiert werden, sind in der folgenden Abbildung zunächst die absoluten Werte dargestellt, um einen Eindruck von der generellen Bedeutung bestimmter Aufnahmebarrrieren aus Sicht der Gründer zu erlangen:

Hohe Bedeutung wird dem Aufnahmekriterium "Innovationsgrad", gefolgt von den Marktchancen beigemessen. Mittlere Bedeutung erreicht noch der Lebenslauf/die Erfahrung des Gründers. In Kenntnis dieser offenbar bedeutendsten Aufnahmekriterien erscheinen die gemessenen Unterschiede zwischen TGZ- und Kontrollgruppe umso leichter erklärbar: Die geringere Zahl relevanter Konkurrenten deutet auf einen höheren Innovationsgrad, das hohe Marktwachstum auf gute Marktchancen und die zahlreichen Unterschiede in den Personenmerkmalen auf besondere Beachtung des Lebenslaufs/der Erfahrung hin. Letztere ist allerdings im TGZ bekanntlich eher niedriger ausgeprägt, so

daß ein hohes Aufnahmekriterium nicht in dem Sinne "hohe Barriere = hohe Erfahrung" interpretiert werden darf. In jedem Falle deutet die Auswertung der wichtigsten
Aufnahmekriterien an, daß die zwischen Untersuchungs- und Kontrollgruppe festgestellten Unterschiede weniger zufällig als tgz-selektionsbedingt sind.

Abbildung 5-10

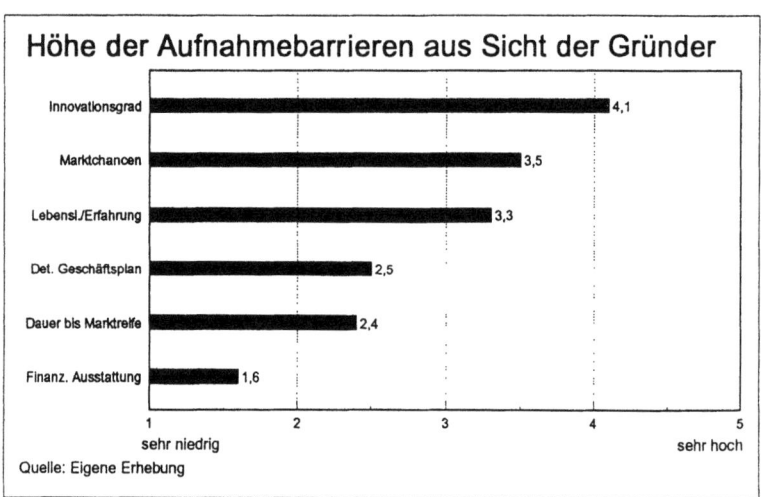

Höhe der Aufnahmebarrieren aus Sicht der Gründer

Innovationsgrad 4,1
Marktchancen 3,5
Lebensl./Erfahrung 3,3
Det. Geschäftsplan 2,5
Dauer bis Marktreife 2,4
Finanz. Ausstattung 1,6

1 sehr niedrig 2 3 4 5 sehr hoch

Quelle: Eigene Erhebung

Dem Vorliegen eines detaillierten Geschäftsplans und eines schnell marktreifen Produk-
tes werden nur mittlere Relevanz bescheinigt. Sehr gering ist die Bedeutung des Aufnah-
mekriteriums "finanzielle Ausstattung". Nach Aussage von mehr als der Hälfte der
Gründer hatte es keinen Einfluß auf die Aufnahmeentscheidung.
Erwartungsgemäß weisen also v.a. der Innovationsgrad, die Marktchancen sowie die
Gründermerkmale die höchste Bedeutung bei der Mieterwahl, zumindest aus Sicht der
Betroffenen, auf.
Bevor wir zu den Zusammenhängen zwischen Selektion und Unternehmermerkmalen
kommen, soll zunächst die Frage geklärt werden, ob überhaupt Anhaltspunkte für einen
Zusammenhang mit dem Erfolg bestehen:

Aufnahmebarrieren → Erfolg:
Auch wenn hierzu keine Hypothese gebildet wurde, kann nach den Ergebnissen des letzten Bereichs ein insgesamt positiver Zusammenhang zwischen hohen Anforderungen
und Erfolg erwartet werden. Dies bestätigen die folgenden Einzelbefunde:

- Werden Anforderungen an die finanzielle Ausstattung[1] gestellt, und bei höheren Ansprüchen bezüglich der Gründerperson, eines detaillierten Geschäftsplans, Marktchancen und der Dauer bis zur Marktreife sind die geförderten Unternehmen in der Gegenwart nicht nur häufig größer,[2] mit höheren Anforderungen an den Geschäftsplan und die Gründerperson ist außerdem höheres Wachstum seit Gründung verbunden. Bei höheren Anforderungen bezüglich der Marktreife wuchsen die Unternehmen im letzten Jahr stärker (Umsatz).

- Das Aufnahmekriterium "Innovationsgrad" weist zwar einen positiven Zusammenhang mit der Mitarbeiterzahl der letzten Jahre auf, ist aber nicht bedeutend mit dem Wachstum verbunden.

Die Aufnahmeanforderungen in fast allen Bereichen erfüllen also die Erwartung, mit höherem Unternehmenswachstum verbunden zu sein.

Aufnahmebarrieren → Person (HZ11):
Zunächst sind erwartungsgemäß hohe Aufnahmekriterien mit besonders hoher Konzeptdetaillierung, am stärksten im Absatzbereich, verbunden.[3] Dies gilt für alle Arten von Aufnahmekriterien. Darüberhinaus ergeben sich weitere Zusammenhänge mit den erhobenen Gründermerkmalen, die die Hypothese insgesamt stützen.

Die Befunde erweisen sich als insgesamt hypothesengerecht. Von den erfolgswirksamen Merkmalen werden hohe Branchenerfahrung, Konzeptdetaillierung und Markteinschätzung als selektionsrelevant identifiziert. Die letzten beiden sind im übrigen gerade zwischen Kontrollgruppe und TGZ-Fällen diskriminierende Variable, die Ergebnisse stützen also die Hypothese, daß der TGZ-Erfolg zumindest teilweise auf die Auswahl der "richtigen" Mieter zurückgeht.

---

1) Es erfolgte wegen schlechter Verteilung die Umcodierung auf die Ausprägungen 0 = keine Bedeutung und 1 = Bedeutung vorhanden für diese Barriere.

2) Daß dies nicht etwa auf die Selektion bereits anfangs größerer Firmen zurückgeht, belegt die Tatsache, daß ihre Anfangs-Mitarbeiterzahl deutlich kleiner war.

3) Vgl. Tabelle im Anhang 5-12.

Aufnahmebarrieren → Idee (HZ12):[1]

- Je höher die Aufnahmebarrieren und speziell die Anforderungen an die finanzielle Ausstattung sind, desto neuer ist erwartungsgemäß die Technologie und desto höher der Nachahmungsschutz (gilt auch für das Kriterium Lebenslauf/Erfahrung des Gründers). Die Marktzutrittsbarriere "Investition" ist zudem in der Tat höher.

- Hohe Anforderungen an den Neuigkeitsgrad der Geschäftsidee sind tatsächlich mit allen wichtigen Merkmalen hoher Innovativität verbunden: geringer Diffusion der Technologie, starkem Nachahmungsschutz, hohem Wettbewerbsvorteil und geringer Zahl relevanter Konkurrenten[2].

- Bei besonderer Bedeutung des Aufnahmekriteriums "Marktchancen" ist tatsächlich ein höheres Wachstum der Märkte, auf denen die Gründer tätig sind, festzustellen.

- Das Aufnahmekriterium "detaillierter Geschäftsplan" hängt positiv mit Nachahmungsschutz und der Marktzutrittsschranke "Investition" zusammen, steigert also in der Tat das Niveau der Mieter.

Hohe Aufnahmeanforderungen tragen nach den Befunden vor allem zu einem höheren Innovationsgrad der geförderten Geschäftsideen bei. Sie erfüllen damit ihren Zweck.

Aufnahmebarrieren → Ressourcen (HZ13):[3]

TGZ mit hohen Aufnahmebarrieren stellen erwartungsgemäß höhere Anforderungen an die - finanzielle wie personelle - Ressourcenausstattung:
- Aufnahmekriterium Finanzielle Ausstattung
  Bei höheren Aufnahmekriterien scheinen Gründungen mit einem höheren Fremdkapitalanteil bevorzugt zu werden.

- Bei hoher Bedeutung des Aufnahmekriteriums "Lebenslauf/Erfahrung" sind die Ergänzung durch Mitarbeiter in der Produktion, im Absatzbereich und über alle Bereiche höher. Dies ließe sich aus den hohen Anforderungen an die Kompetenz ableiten.

---

1) Befunde im Detail im Anhang 5-12.

2) Auch bei Elimination der drei schlimmsten Ausreißer hochsignifikant.

3) Befunde im Detail im Anhang 5-12.

- Hohe Aufnahmeanforderungen, besonders an Innovationsgrad und Marktchancen, sind stark mit hoher öffentlicher Förderung und Ergänzung durch Mitarbeiter verbunden.

- Stellte das TGZ hohe Anforderungen an die Marktreife des Produkts, wurden häufiger FuE-Mitarbeiter eingestellt.

- Mit hohen Ansprüchen an einen detaillierten Geschäftsplan waren das Startkapital und der Fremdkapitalanteil oft höher, es wurde stärkere öffentliche Förderung in Anspruch genommen. Die Ergänzung durch Mitarbeiter in FuE, Produktion und Absatz war ausgeprägter.

Im "Widerstreit" der Hypothesen HZ13 und HZ15 zu den Ressourcen läßt sich aus diesen Befunden nur schließen, daß bei der Ressourcenausstattung die Selektion eine nicht unerhebliche Rolle spielt: Die bessere Ressourcenausstattung ist nicht zuletzt Folge der Aufnahmeanforderungen. Im Fall der öffentlichen Förderung entsteht aber der Eindruck, daß es sich hierbei *nicht* um eine Voraussetzung, sondern eher ein "Nebenprodukt" oder Korrelat der Aufnahme-Selektion handelt: Die innovativeren und aussichtsreicheren Projekte bekommen häufiger öffentliche Förderung und gleichzeitig auch leichter Zugang zu einem TGZ. Die Gewährung der Förderung kann dabei durchaus mit Hilfe des TGZ zustandegekommen sein.

Aufnahmebarrieren und Management (HZ14):[1]
Nach den Hypothesen gibt es keinen kausalen Zusammenhang zwischen Aufnahmebarrieren und Management, denn das Management ist ja am Anfang definitionsgemäß nicht beobachtbar.[2] Gleichwohl müßte eine "gute" Auswahl anhand der Kriterien Person, Idee und evtl. Ressourcen die Wahrscheinlichkeit guten Managements erhöhen. Deswegen haben wir auch diesen Aspekt mit untersucht, und es lassen sich in der Tat zahlreiche Zusammenhänge zwischen den Aufnahmebarrieren und dem Management feststellen, die auf die Wirksamkeit der Zugangs-Selektion hindeuten:
Insgesamt läßt sich sagen, daß sich die Unternehmen in anspruchsvollen Zentren durch "gutes" Management auszeichnen.[3]

---

1) Einzelne Befunde nicht im Anhang erfaßt.

2) Auch bei beim Einzug in das TGZ schon "älteren" Unternehmen wird das Management kaum Gegenstand der Aufnahmeentscheidung sein; es entzieht sich der direkten Beobachtung.

3) Vgl. die Befunde zur Beziehung "Management → Erfolg" in 5.3.1.4.

Zusammenfassung der Befunde zur Beziehung zwischen den Aufnahmebarrieren und der Ausprägung der Erfolgsfaktoren bzw. dem Erfolg:
Nachdem wir schon durch Vergleich zwischen TGZ- und Kontrollgruppe deutliche Indizien für die Existenz einer Selektionswirkung in den Bereichen Person, Idee und Ressourcen (HZ11,12,13) feststellen konnten, verfestigt sich dieser Eindruck durch die Auswertung der innerhalb der TGZ-Gruppe vorliegenden Unterschiede: Bei hohen Aufnahmebarrieren werden Gründer mit innovativeren Ideen und damit wachstumsträchtigeren Märkten bevorzugt, andererseits aber auch mehr Erfahrung und detailliertere Konzepte verlangt, die sich wiederum in besserem Management niederschlagen. Im Bereich "Ressourcen" gilt dieser Zusammenhang ebenfalls.

Eine positive Wirkung höherer Aufnahmebarrieren auf den Erfolg ist aufgrund der Ergebnisse zwar nicht von der Hand zu weisen, jedoch bietet sich eine Alternativerklärung an: Besonders gute TGZ haben auch höhere Aufnahmebarrieren, der höhere Erfolg ihrer Mieter ist aber auf die gebotenen Leistungen zurückführbar ("Cluster"-Erklärung). Um diese Erklärung testen zu können, werden im folgenden die Aufnahmebarrieren mit der TGZ-Beurteilung in Beziehung gesetzt.

Beziehungen zwischen der Höhe der Aufnahmebarrieren und der TGZ-Beurteilung:[1]
Ganz allgemein läßt sich feststellen, daß die Gründer in Zentren mit hohen Aufnahmebarrieren ausnahmslos positiver über die Unterstützung urteilen. Sie nennen dabei ein in allen Bereichen besseres Image, bessere Kontaktvermittlung gegenüber Hochschulen und Beratern, höhere Förderwirkung, ausgenommen im Bereich "Kontakte zu anderen Unternehmen", stärkere Unterstützung hinsichtlich der Finanzierung und höheren Gesamteinfluß. Die Leistungen des TGZ werden auch heute noch öfter genutzt. Eine hohe Aufnahmebarriere scheint also auch Indikator für Technologiezentren zu sein, die eine aktivere und positivere Rolle bei der Unternehmerförderung spielen. Insofern kann an dieser Stelle noch nicht eindeutig entschieden werden, ob und inwieweit die Aufnahmebarrieren tatsächlich Ursache für höheren Erfolg der Mieter sind, da ja auch deren bessere Unterstützung zum Erfolg beiträgt.

---

1) Details siehe Tabelle im Anhang 5-12.

5.8.5   Technologiezentrums- und Standort-Charakteristika[1] und Erfolg der ehemaligen Mieter

Nach der Untersuchung der mehr oder minder subjektiven Aussagen der ehemaligen Mieter zum TGZ, die mit den genannten Unsicherheiten behaftet sind, sollen nun objektive TGZ-Charakteristika zur Klärung der Frage hinzugezogen werden, ob TGZ-Merkmale einen Einfluß haben, oder ob der Aufenthalt allein zur Gewährleistung höheren Erfolgs ausreicht. Dabei greifen wir auf Daten zurück, die bei einer früheren Erhebung des Verfassers durch Befragung der TGZ-Leiter gewonnen wurden, sowie Material der statistischen Ämter und Angaben aus dem Verzeichnis der deutschen Technologiezentren.[2] Zu den möglichen Einflußfaktoren zählen auch die Standortmerkmale, die nicht vom TGZ beeinflußbar sind, so z.B. ihre Zentralität und Infrastruktur. Ihren Einfluß auf den Erfolg hatten wir in Hypothese HZ 18 behauptet. Außerdem gilt es, die Frage zu klären, ob bestimmte TGZ-Merkmale üblicherweise mit besonderen Standortcharakteristika einhergehen. Dies war die Aussage von Hypothese HZ19.

5.8.5.1 Zentrums-"interne" Merkmale: Schwerpunktsetzung auf Existenzgründungen und nach Technologiebereichen zahlt sich aus[3]

Wie weiter oben bereits erläutert wurde, kann vermutet werden, daß die Ausgestaltung des TGZ eine Bedeutung für den Erfolg der Unternehmensgründungen hat. Wir haben dies bereits weiter oben anhand der von uns erhobenen TGZ-Merkmale nach Aussage der Gründer untersucht. In diesem Abschnitt verwenden wir darüberhinausgehend TGZ-Charakteristika, die frei von subjektiver Verzerrung die im Jahr 1989 herrschenden Verhältnisse in den an der Untersuchung beteiligten TGZ erfassen.[4] Es konnten folgende Variablen auf einen Zusammenhang mit dem Erfolg hin (mit den Erfolgsvariablen zum Wachstum und zur Produktivität) getestet werden:[5]

Anmerkung: Signifikante Befunde sind fett hervorgehoben!

---

1) Die Variablen und Daten stammen aus einer früheren Erhebung des Verfassers im Jahre 1989. Erläuterung der Variablen im Anhang 3-1.

2) Steinkühler (1989), 39 Zentren. ADT-Handbuch 1987 und 1989.

3) Befunde siehe im Anhang 5-13.

4) Aus der früheren Erhebung des Verfassers bei Technologiezentrums-Managern (Steinkühler 1989) und aus Angaben verschiedener Jahrgänge des ADT-Handbuchs, Erklärung vgl. auch Anhang 3-1.

5) Varianzanalyse, signifikante Befunde sind **fett** hervorgehoben.

a) Selektionskriterien:

- Voraussetzung "Technologieorientierung" der um Aufnahme nachsuchenden Gründungen: kein Einfluß auf Erfolg
- Möglichkeit der Produktion im TGZ: kein Einfluß auf Erfolg
- Existenz einer Mietdauerbegrenzung: kein Einfluß auf Erfolg
- **Schwerpunkt Existenzgründungen**: Ist dieser Schwerpunkt nach Aussage der TGZ-Leiter gegeben, verzeichnen die Mieter tatsächlich einen geringeren Umsatz bei Gründung, ein Indiz für die Wirsamkeit des Selektionseffekts. Allerdings ist auch ein geringerer Mitarbeiterzuwachs seit Gründung zu verzeichnen. Die Zahlen sind nur beschränkt aussagefähig, da nur wenige Zentren *nicht* den Schwerpunkt auf Existenzgründungen legen. Ein Zusammenhang zwischen dem im TGZ gegebenen "Mix" zwischen Gründern und jungen Unternehmen auf der einen und dem Erfolg der Mieter auf der anderen Seite ist nicht nachzuweisen.[1] Die jährlichen Produktivitätszuwächse der Gründungen sind bei primärer Ausrichtung der Zentren auf Existenzgründungen zwar höher, doch läßt die geringe Zahl von Fällen, die diese Ausrichtung nicht besitzen, keine Verallgemeinerung dieses Befundes zu.
- Unternehmen aus **Zentren mit einem konkreten technologischen Schwerpunkt** weisen einen größeren Umsatzzuwachs seit Gründung und eine höhere Produktivität auf, sie sind also erfolgreicher.
  Die Schwerpunktbildung bewährt sich also offenbar.

b) Leistungen, dazu zählt auch die Trägerschaft:[2]
- **Die Bezuschussung der Betriebskosten des TGZ**[3] erweist sich nicht nur nicht als positiv, Gründungen aus Zentren, die ohne Bezuschussung auskommen, sind sogar erfolgreicher. Sie sind in den letzten zwei Jahren schneller gewachsen.
- volle Umlage der Service-Kosten auf Mieter: kein Befund
- **Miethöhe**: Beim Vergleich der ortsüblichen mit der vom TGZ berechneten Miete zeigt sich, daß die Unternehmen in **Zentren mit** vergleichsweise **hohen Mieten** sich signifikant *besser* entwickelt haben als andere.[4]
  Hier bestätigt sich die schon in einer früheren Untersuchung aufgekommene These,

---

1) In Kategorien von 1 = nur Gründer bis 4 = nur junge Unternehmen eingeteilt.
2) Die aktiven Träger können Einfluß auf die Qualität und den Umfang der Leistungen nehmen, so z.B. Beteiligung Hochschulen den Zugang zu externem technischen Know-how verbessern.
3) Zum Zeitpunkt der Befragung Frühjahr 1989.
4) Korrelation ca. 0.5 mit Umsatz- und Beschäftigungswachstum seit Gründung, sign. auf 10 Prozent-Niveau.

daß subventionierte Mieten die Entwicklung der Unternehmen nicht verbessern.[1] Dieser Befund kann allerdings insofern mit der allgemein höheren Güte der Standorte mit hohen Mieten erklärt werden, da zwischen absolut hoher Miete (="guter" Standort) und der hier verwendeten Mietdifferenz im Vergleich zum ortsüblichen Niveau ein extrem starker Zusammenhang besteht.

- **Kapitalhilfe für Firmen**: deutliche positive Zusammenhänge mit Mitarbeiterzahl, Mitarbeiterzuwachs, Umsatzwachstum und Produktivitätszuwachs seit Gründung: Offensichtlich wirkt sich die Bereitstellung von Finanzierungshilfen vorteilhaft aus.

- Hauptberuflicher Leiter: kein signifikanter Zusammenhang[2] Die Qualifikation des Leiters hat ebenfalls keinen Einfluß auf den Erfolg der Mieter. Weiter wurde der Zusammenhang zwischen hauptberuflichem Leiter und dem TGZ-Image getestet, da Sternberg feststellte, daß die Beurteilung des TGZ stark von der Existenz eines hauptamtlichen Leiters abhängt:[3] Insbesondere wird das Image für die Finanzierung bei hauptberuflichem Leiter als besser empfunden.

- Hochschulkontakte seitens des TGZ[4] und Intensität der Kooperation: kein Befund

- Durchführung von Personaltransfer: kein Befund

- Dienstleistungsumfang: kein monotoner Zusammenhang feststellbar, d.h. es kann nicht von einem höheren Erfolg bei höherem Dienstleistungsniveau gesprochen werden.

- Beratungsumfang: Das im TGZ oder extern vorgehaltene Beratungsangebot in Gründungs-, betriebswirtschaftlichen oder technischen Fragen hat in keinem Fall die erwartete positive Wirkung auf den Erfolg der Mieter: Dieser Befund steht in scheinbar krassem Widerspruch zu den im vorigen Abschnitt ermittelten Beziehungen zwischen Beurteilung der Beratung durch die Mieter und Erfolg. Er deutet an, daß nicht der nominelle Umfang vorhandener Leistungen, sondern vielmehr deren Qualität für den Erfolg ausschlaggebend ist.

- Ansiedlung spezieller Service-Firmen im TGZ: kein Befund

- Bei der Trägerschaft erweist sich ein **Trägergespann** aus mindestens drei verschiedenen Organisationen als positiv für das Unternehmenswachstum.[5] Außerdem wurde hierzu geprüft, ob Beziehungen zum Image des Zentrums aus Sicht der Gründer oder zur Höhe der Aufnahmebarrieren bestehen:

---

1) In einer Untersuchung von 39 TGZ im Jahr 1989 stellte sich heraus, daß eine Subventionierung für die Akquisition neuer Mieter keine hinreichende Bedingung ist (Steinkühler 1989:230ff.).

2) Unter Umständen infolge geringer Zellenbesetzung (n = 5).

3) Vgl. Sternberg (1988:191).

4) Hier ist die prinzipielle "Vorhaltung" durch das TGZ gemeint, zur tatsächlichen Existenz und Wirksamkeit von Kontakten siehe die Befunde weiter oben.

5) Signifikante Ergebnisse für Mitarbeiterzuwachs seit Gründung und den Summenscore "Wachstum". Die Trägergespanne setzen sich aus den vier möglichen Gruppen "Öffentliche Träger", "IHK", "Private Unternehmen", "Hochschulen" zusammen.

Die Trägerschaft ohne Beteiligung der öffentlichen Hand oder in einem Zweiergespann mit Beteiligung entweder einer Hochschule oder der IHK erweist sich als positiv für das Image und trägt zur Erhöhung der Aufnahmeanforderungen bezüglich finanzieller Ausstattung, Innovationsgrad, Marktreife und Geschäftsplan bei.

Die Zusammensetzung der Träger aus drei oder vier verschiedenen Gruppen (s.o.) hängt mit dem Image ebenso positiv zusammen wie mit den Aufnahmebarrieren.

Positiv für das Unternehmenswachstum ist die Beteiligung einer IHK an der Trägerschaft, aber auch einer Hochschule. Hierbei ist jedoch zu beachten, daß die Trägerschaft ohne öffentliche Beteiligung fast ausschließlich in Standorten mit sehr hohem FuE-Potential auftritt. Wechselwirkungen sind also nicht auszuschließen.

Ergebnis:

Es bestätigen sich Befunde einer früheren Erhebung des Verfassers,[1] daß eine Subventionierung des TGZ-Betriebs unwirksam ist. Hochschulkontakte seitens des TGZ haben keinen bedeutenden Einfluß. Bemerkenswert ist der Befund zur Finanzhilfe, die mit allen Erfolgskategorien positiv zusammenhängt. Die Einbindung der relevanten lokalen Akteure erweist sich offensichtlich als vorteilhaft. Das Image ist von der Beschäftigung eines hauptberuflichen Leiters ebenso abhängig wie von der Trägerstruktur. Die Beteiligung einer Hochschule und IHK als Träger ist vorteilhaft.

Es bleibt die "Gefahr", daß die genannten Merkmale stellvertretend für bestimmte günstige Standortbedingungen stehen, die nicht vom TGZ bestimmbar sind, aber mit bestimmten Merkmalen von TGZ korrelieren: Z.B. könnte man mutmaßen, die Bildung eines technologischen Schwerpunkts sei nur in Städten mit einem bestimmten qualifizierten FuE-Potential denkbar. Aus diesem Grund und wegen dessen möglicherweise zusätzlichen Einflusses auf den Unternehmenserfolg werden wir nun auch auf die allgemeinen Standortmerkmale eingehen.

5.8.5.2 "Externes" Merkmal Standort: Kein Einfluß der Standortgüte auf Unternehmenserfolg[2]

Zur Überprüfung der Erfolgsrelevanz des Standorts wurde auf folgende Variablen zurückgegriffen:

---

1) Aus einer Befragung der TGZ-Leiter. Steinkühler (1989).

2) Befunde siehe Anhang 5-13, Variablenbeschreibung Anhang 3-1.

- Zentralität:[1] kein Einfluß auf Erfolg. Es mag überraschen, daß die Standortgünstigkeit, gemessen an der Zentralität, offenbar keinerlei Einfluß auf die Erfolgsaussichten
technologieorientierter Gründungen hat. Daß dies kein tgz-spezifischer Befund ist, verdeutlicht die gleiche Analyse in der Kontrollgruppe: Auch dort ist kein Vorteil der
Unternehmen an zentralen Standorten gegenüber solchen in Rand- und peripheren
Lagen auszumachen. Dieser Befund zur Standortbedeutung wird vom folgenden noch
erhärtet:

- Auch das Gesamt-FuE-Potential[2] weist keinerlei Einflüsse auf den Erfolg auf, d.h. die
Unternehmen an infrastrukturell weniger begünstigten Standorten entwickeln sich
überraschend *nicht* schlechter als die an guten. Auch spielt es keine Rolle, ob sich die
Hochschule, mit der kooperiert wird, in unmittelbarer Nähe oder an einem anderen
Standort *innerhalb* der Stadt befindet.[3]

Es wurde außerdem geprüft, ob eine Beziehung zwischen FuE-Potential einerseits und
Bewertung des TGZ, besonders des Images, der Höhe der Aufnahmebarrieren oder aber
mit der Zusammensetzung der Träger andererseits besteht:

Es gibt *nicht* den vielleicht zu erwartenden monotonen Zusammenhang zwischen Image
und allgemeiner Standortgüte.[4] Bezüglich der Aufnahmebarrieren ist lediglich ein
Unterschied im Bereich "Dauer bis zur Marktreife" festzustellen. Besonders anspruchs-
voll sind hier Zentren in Gebieten mit sehr hohem FuE-Potential. Die Annahme über
die Existenz eines Zusammenhang zwischen Trägerstruktur und dem FuE-Potential kann
ebenfalls nicht widerlegt werden: Es gibt deutliche Unterschiede, z.B. befinden sich
Zentren mit ausschließlich privaten Trägern allesamt in Gebieten mit sehr hohem FuE-
Potential.

---

1) Bade (1986:699) legt auf Basis bestimmter Indikatoren eine Einteilung der
   Bundesrepublik Deutschland in Räume unterschiedlicher "Zentralität" vor, wobei fünf
   Kategorien von "Kern I" bis zu "peripheren Gebieten" auftreten. Auch bei
   Zusammenfassung der in unserer Erhebung schwach besetzten Klassen ergeben sich
   keinerlei Anhaltspunkte für einen Einfluß der Zentralität.

2) Zahl der in der FuE an einem Standort (Stadt des TGZ) tätigen Beschäftigten in der
   staatlichen Forschung (u.a. wissenschaftliches Personal der technisch-naturwissenschaftlichen Bereiche an Hochschulen) und der privaten FuE. Vgl. Steinkühler (1989:97-99) und
   dort zitierte Statistiken. Auch bei Zusammenfassung der schwach besetzten Klassen ist
   die Hypothese von einem Einfluß des FuE-Potentials mit hoher Wahrscheinlichkeit
   zurückzuweisen.

3) Es konnten keine Fälle ausgewertet werden, bei denen keine Hochschule in der Stadt
   exisitierte.

4) Klassifikation des FuE-Potentials in fünf Kategorien, davon besonders positiv:
   - Kategorien 2 und 3 ("niedrig/mittel"): 501 bis 2000 Beschäftigte in der staatlichen und
     privaten FuE an einem Standort.
   - Kategorie 5 ("sehr hoch"): mehr als 5000 Beschäftigte.

Zusammenfassend ist aber festzuhalten, daß ein Einfluß der Standortgunst auf den Unternehmenserfolg ganz eindeutig widerlegt werden kann. Mögen eine schlechte Infrastruktur und niedriges wissenschaftliches und technologisches Potential auch die Erfolgsaussichten der TGZ beeinträchtigen,[1] so ist doch das einzelne Unternehmen davon überhaupt nicht betroffen. Dies erscheint uns eine wesentliche Feststellung für die Standortdiskussion im Zusammenhang mit TGZ zu sein. Die Aussage über die "Footlooseness" technologieorientierter Unternehmen wird bestätigt, Aussagen über die essentiell notwendige enge Bindung an Standorte mit großen FuE-Kapazitäten dagegen widerlegt.[2]

5.8.5.3 Größe des Technologiezentrums ist für Unternehmen nicht erfolgsrelevant[3]

Für den Erfolg und die Merkmale der in TGZ angesiedelten Gründungen ist u.U. die Größe des TGZ von Bedeutung, denn ein häufig genannter Nutzenaspekt sind die "Fühlungsvorteile" zu anderen Firmen.[4] Deswegen wurde eine mögliche Beziehung zwischen sämtlichen Firmenmerkmalen, dem TGZ-Standort und den TGZ-Merkmalen einerseits und der Größe des TGZ, gemessen an der Zahl der angesiedelten Unternehmen,[5] andererseits untersucht. Es bestehen folgende signifikante Zusammenhänge:

Erfolg
Je größer die Technologiezentren, gemessen an der Zahl ihrer Mieter, sind, desto mehr Mitarbeiter beschäftigen die befragten ehemaligen Mieter heute, desto stärker war auch das jährliche Mitarbeiterwachstum in den letzten zwei Jahren und im letzten Jahr, nicht aber das Mitarbeiter- oder Umsatzwachstum seit Gründung. Daraus auf einen Effekt der Größe zu schließen, erscheint uns allerdings zumindest gewagt, denn die Unterschiede in den anderen Bereichen wie Hochschulzusammenarbeit oder lokalem FuE-Potential, aber auch z.B. im Management, bieten sich als Alternativerklärungen an. Daß gerade in den letzten beiden Jahren das stärkere Wachstum eingetreten ist, bekräftigt diese These: *Nach dem Auszug* aus dem TGZ scheinen die Standortvoraussetzungen in den größeren

---

1) Es gibt z.B. deutliche Hinweise, daß die Zahl der akquirierbaren TGZ-Mieter in peripheren Standorten erheblich geringer ist (Steinkühler 1989:180ff.). Viele Autoren äußern sich skeptisch über TGZ-Standorte in strukturschwachen Gebieten (z.B. Eisbach 1985; Bruch 1988:335f.).

2) Vgl. z.B. die Diskussion bei Sternberg (1988:73-79).

3) Befunde im einzelnen im Anhang 5-14.

4) Vgl. Diskussion bei Rappa et al. (1988:10f.).

5) Zahl der Mieter laut Angaben des ADT-Handbuchs 1987: Das Jahr 1987 fällt für nahezu alle Befragten in den Zeitraum ihres Aufenthalts.

Städten das Wachstum zu begünstigen. Ein Test auf einen möglicherweise nicht-linearen Zusammenhang ergab keine Hinweise für eine möglicherweise optimale Größe.[1]

Standort

Erwartungsgemäß zeichnen sich die Standorte mit großen TGZ durch ein höheres Gründerpotential und mehr qualifizierte Arbeitskräfte für technologieorientierte Unternehmen aus, angezeigt u.a. durch Beschäftigtenzahlen in der FuE, im Verarbeitenden Gewerbe und die Zahl der Studenten im technisch-naturwissenschaftlichen Bereich.

Die größten Zentren liegen in Gebieten hoher Zentralität, gefolgt von denen mit sehr hoher Zentralität;[2] Zentren in peripheren Lagen sind im Durchschnitt deutlich kleiner. Diese Standortbesonderheiten sollten im Blickfeld bleiben, wenn die Rolle der Variable "TGZ-Größe" für den Erfolg der Gründungen betrachtet wird.

TGZ-Merkmale

Größere Zentren wurden häufiger bezuschußt, sie haben häufiger einen hauptberuflichen Leiter und pflegen öfter Hochschul-Zusammenarbeit.[3] Ihr Image wird nicht als besser angesehen. Sie sind erwartungsgemäß im Durchschnitt älter als die kleineren Zentren; das gilt jedoch nicht - und das ist hier letzlich entscheidend - für die befragten Firmen!

Selektion

In großen TGZ verfügen die Gründer häufiger (auch) über eine kaufmännische Qualifikation und es ist seltener Produktion zulässig. Hinsichtlich einer technologischen Schwerpunktbildung unterscheiden sich große und kleine TGZ nicht. Ihre Aufnahmebarrieren werden von den Gründern nicht als höher eingeschätzt.

Management der Mieter

Die Mieter in größeren Technologiezentren haben einen deutlich längeren <u>Planungshorizont</u>. Sie beurteilen die Unterstützung durch das TGZ in technischen Fragen positiver [ik].

Insgesamt läßt sich mit den Befunden nicht bestätigen, daß die Größe des TGZ eine besondere Rolle für die Mieter und ihren Erfolg während des Aufenthalts im TGZ spielt. Innerhalb der beobachteten Grenzen, von sieben bis zu 36 Mietern im Jahre 1987, ist ein Optimum für die Größe nicht auszumachen. Demnach kommen die Fühlungsvorteile und Kooperationen mit anderen Gründern auch in kleinen TGZ bereits in ausreichenden Umfang zum Tragen.

---

1) Varianzanalyse mit drei Größenklassen: 0-15/16-30/31-45 Mieter.

2) Kategorien nach Bade (1986:699).

3) Tatbestand "Bezuschussung" und andere Variablen nach eigener Erhebung im Jahr 1989 (Steinkühler 1989), vgl. Definitionen in Anhang 3-1.

5.9 Zusammenfassende Auswertung der Variablen des Technologiezentrums

Nach der anfangs ausführlichen Beschäftigung mit den Erfolgsunterschieden zwischen TGZ-Mietern und Kontrollgruppe wenden wir uns nun in einer multivariaten Analyse *der TGZ-Gruppe allein* zu. Die darin feststellbaren Unterschiede im Erfolg waren, wie gesehen, beachtlich, z.B. deutlich größer als in der Kontrollgruppe.[1] Es muß also geklärt werden, wodurch sich diese Unterschiede ergeben.

Nachdem in den vorherigen Abschnitten bivariate Zusammenhänge zwischen TGZ-Aspekten und den Merkmalen geförderter Gründer dargestellt wurden, erscheint eine zusammenfassende multivariate Auswertung notwendig, um zusätzliche Informationen über die relative Bedeutung der einzelnen Variablen zu gewinnen. Es geht also vor allem darum festzustellen, welche der genannten Variablen den stärksten Einfluß auf den Erfolg haben. Auch soll die Frage beantwortet werden, ob sich ein Großteil der Varianz im Erfolg innerhalb der TGZ-Fälle durch die unterschiedliche Ausgestaltung der TGZ erklären läßt: Sind die Gestaltung des TGZ und die richtige Standortwahl wichtig im Vergleich zum Aufenthalt im TGZ (egal in welchem) an sich?

Wir wählen zur Überprüfung der Fragestellung den Weg der (linearen) Regressionsanalyse, da sie die präzisesten Aussagen über Stärke und Richtung der Zusammenhänge zuläßt und dem Skalenniveau der meisten Variablen (dichotom oder intervallskaliert) entspricht. Auf eine Reihung von Variablen im Sinne eines mehrstufigen Pfadmodells wird hier allerdings verzichtet, da die bisherigen Erkenntnisse keine zuverlässigen Aussagen über genaue Wirkungsweisen zulassen und außerdem die Zahl der Freiheitsgrade bei der Betrachtung nur der TGZ-Stichprobe begrenzt ist und komplexe Modelle nicht zuläßt. So sollte denn auch das hier vorzustellende Regressionsmodell weniger als Erklärungs- oder gar Prognosemodell als vielmehr als Instrument zur Generierung vorläufiger Aussagen über die Bedeutung bestimmter von uns erhobener Einflüsse gewertet werden.

Als Variablen kommen die in den vorherigen Abschnitten als bivariat erfolgswirksam erkannten Größen des TGZ-Standorts und der Gestaltung, die nicht aus der Befragung der Gründer stammen, zum Tragen. Darüberhinaus verwenden wir die Items aus dem Fragebogen, bei denen sich eine konsistente Beurteilung durch die Mieter der jeweiligen Zentren zeigte. Sie repräsentieren offenbar tatsächliche Ausprägungen der gebotenen Leistungen und haben gegenüber den übrigen, objektiven Merkmalen den wertvollen Vorteil, auch Aussagen über die Qualität bestimmter TGZ-Leistungen zuzulassen, nicht nur über die bloße Existenz. Für die nach unseren Kriterien konsistenten Merkmale wurden für die Zwecke der nun folgenden Analyse Durchschnittswerte je Zentrum

---

1) Vgl. Kapitel 5.2.1 zum Gruppenvergleich.

zugrundegelegt, um intersubjektiv bedingte Varianz von vornherein auszuschalten.[1] Aus dem Fragebogen wie auch aus der früheren Erhebung verwenden wir auch die erfolgsrelevanten Variablen der Selektion, also Angaben über die Höhe der Aufnahmebarrieren und bestimmte Anforderungen bezüglich der Geschäftsidee.

Im Erfolgsvergleich zwischen anspruchsvollen und weniger anspruchsvollen Zentren liegt die Chance zur Klärung der bisher nur unbefriedigend beantworteten Frage, ob der Selektionseinfluß oder der Einfluß der Unterstützung im TGZ überwiegt. Am Resultat der folgenden Regressionsanalysen wird sich die relative Bedeutung beider Faktoren ablesen lassen.

Die Analyse wurde mit einer stufenweisen Regression eingeleitet, die Aufschluß über die dominierenden Einflüsse bietet und die gleichzeitige Einbeziehung aller genannten Variablen erlaubt.

Wegen der teilweise starken Abhängigkeiten unter den TGZ-Variablen und der begrenzten Zahl möglicher Prädiktoren[2] erschien es notwendig, die Toleranzschwelle recht hoch festzusetzen.[3] So werden nur Variablen aufgenommen, die einen starken *eigenen* Erklärungsbeitrag leisten und nicht schon durch andere Modellvariablen weitgehend erklärbar sind.

Es ergibt sich eine Lösung,[4] die mit nur fünf Regressoren immerhin fast 64 Prozent der Varianz erklärt und den wichtigsten statistischen Anforderungen genügt.[5]

Das Ergebnis ist in der folgenden Abbildung 5-11 wiedergegeben.

---

1) Vgl. zu Kriterien der Konsistenz Abschnitt 5.7.1; die Durchschnittsbildung gilt nicht für die Variable "Aufnahmekriterium Finanzielle Ausstattung", da hier nur eine dichotome Skala verwendet wurde und die Durchschnittsbildung nicht sinnvoll wäre.

2) Wegen der Fallzahl von nur 35 Fällen ist aus statistischen Gründen nur die Einbeziehung weniger Prädiktoren in die Regression möglich.

3) Festgesetzter Mindestwert 0.6. Die Toleranz ist ein auf den Wertebereich von 0 bis eins normiertes Maß für die Kollinearität, für den Varianzanteil, der bei einem weiteren Regressor *zusätzlich* erklärt werden kann. Hohe Werte zeigen geringe Kollinearität an. Hierzu und zu weiteren Einzelheiten vgl. Kockläuner (1988:125-130).

4) Dokumentation im Anhang 5-15.

5) Varianzhomogenität und Normalverteilung der Residuen, Variablen mit relativ ausgewogener Verteilung (dichotome Merkmale) bzw. ohne gravierende Abweichung von der Normalverteilung/ohne besonders schiefe Verteilung. Zu Voraussetzungen vgl. Kapitel 4.6.3 (Pfadanalyse) und die dort angegebene Literatur.

Abbildung 5-11: Einflüsse der TGZ-Merkmale auf den Erfolg der Mieter

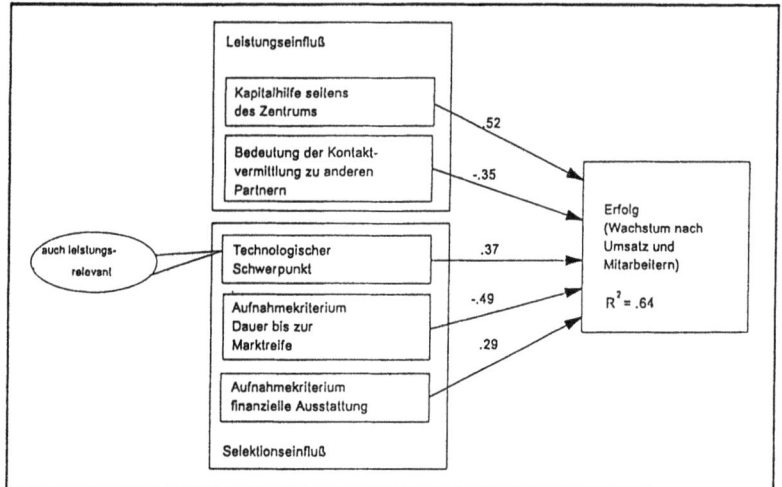

Die wichtigsten eigenständigen Einflüsse sind in der Reihenfolge ihrer Bedeutung:

1) **Angebot von Kapitalhilfe seitens des Zentrums:** Diese Aussage stammt aus einer vom Verfasser im Jahr 1989, also während des Aufenthalts der meisten Firmen im TGZ, durchgeführten Befragung der Leiter dieser Zentren. Sie wurden nach besonderen Formen/Programmen der Finanzierung für die Mieter im TGZ gefragt. Die Existenz solcher Finanzierungsangebote erweist sich nun als der wichtigste "Erfolgsfaktor" für das Wachstum der angesiedelten Unternehmen. Es wurde in diesem Zusammenhang der mögliche Einwand untersucht, daß die betreffenden Zentren sich z.B. an Standorten mit besserer Infrastruktur befinden, was sich allerdings im direkten Vergleich als nicht bedeutsam erwies, auch wenn in den betreffenden Städten ein höheres FuE-Potential vorliegt.[1] Es muß also davon ausgegangen werden, daß die Kapitalhilfe eine wirkliche Rolle für den Erfolg von TGZ-Mietern spielt. In der Tat verfügen die Gründer ein höheres Startkapital, das zum größeren Teil aus Fremdkapital (n.s.) besteht und haben eine, allerdings nicht signifikant höhere öffentliche Förderung bezogen.

2) **Aufnahmekriterium Dauer bis zur Marktreife:**[2] Dies ist ein sehr interessanter Befund, denn es zeigt sich, daß die Orientierung der TGZ-Träger auf kurzfristig kommerzialisierbare, marktreife Produktionen sich nicht auszahlt: Zumindest bis

---

1) Definition FuE-Potential vgl. Anhang 3-1.

2) Durchschnitt je Zentrum, da konsistente Beurteilung.

zum Befragungszeitpunkt, also nach durchschnittlich sechs Jahren seit Gründung,[1] zeigen die Unternehmen, die keiner höheren Aufnahmebarriere bezüglich der Marktreife ihres Produkte ausgesetzt waren, signifikant stärkeres Wachstum. Zentren sollten also von diesem Standpunkt aus durchaus innovative, noch nicht unmittelbar marktreife Produktionen fördern.

Gibt es nun einen Zusammenhang mit den Merkmalen der Geschäftsidee/Produkte? Es zeigt sich, daß mit einem hohen Anspruch bezüglich der Zeit bis zur Marktreife die Existenz eines rechtlichen Nachahmungsschutzes eng verbunden ist. Womöglich wird die Existenz dieses Schutzrechts als Nachweis für die Reife des Produkts eingestuft. Außerdem war die Detaillierung des Absatzkonzepts bei Gründung höher, was ebenfalls für eine höhere Umsetzungsreife der Geschäftsidee spricht. Hier ist anzumerken, daß Unterschiede bei den übrigen Aufnahmebarrieren - mit der unten unter 5) aufgeführten Ausnahme - im Vergleich keinen Erklärungswert für den Erfolg haben (Person des Gründers) oder vergleichsweise unbedeutend sind (Innovationsgrad/Marktchancen).

3) **Technologischer Schwerpunkt:** Mieter in Zentren, die nach Aussage ihrer Manager einen bestimmten technologischen Schwerpunkt verfolgen, sind im Sinne von Wachstumsraten erfolgreicher. Als Erklärung hierfür könnten die dann leichtere und effektivere Orientierung der Leistungen an den Bedürfnissen der Mieter sowie der effektivere Erfahrungsaustausch mit den anderen Mietern herangezogen werden.[2] Besonders im Kontakt- und Imagebereich dürfte die Profilierung als kompetenter Partner in einem bestimmten Technologiebereich auch positive Effekte haben.

Auch hier stellt sich wieder die Frage, ob die Zentren mit technologischem Schwerpunkt an vergleichsweise begünstigten Standorten stehen und der Standorteffekt demnach die Schwerpunktbildung überlagert. Dies trifft, gemessen am FuE-Potential des Ortes, nicht zu und stellte sich in der multivariaten Analyse im übrigen als vergleichsweise unwichtig heraus.

Gibt es aber Zusammenhänge mit dem Innovationsgrad der Geschäftsideen/Produkte? Beziehungen zu den Variablen der Idee sind nicht feststellbar; der technologische Schwerpunkt wirkt also nicht über eine Steigerung des Innovationsgrads, sondern ganz offenbar, wie oben beschrieben, durch Verbesserung des Umfeldes für die Unternehmensgründer. Damit ist er eigentlich nicht im eigentlichen Sinne als Selektionseffekt, sondern als Leistungs- und Kontakteffekt wirksam: Die Grün-

---

1) Siehe Stichprobenbeschreibung in Kapitel 5.1.2.

2) Dieser Befund steht im Gegensatz zu den Befunden von Bauer/Hannig (1992:15), wonach die Mieter im TGZ ungern mit Konkurrenten zusammen sind, was bei einem technologischen Schwerpunkt naturgemäß wahrscheinlicher ist. Vgl. auch die Diskussion bei Beck (1985:82ff.).

der sind nicht deswegen erfolgreicher, weil sie in einem bestimmten technologischen Bereich tätig sind, sondern weil ihre zentrumsinternen Kontakte wegen der homogenen Mieterzusammensetzung fruchtbarer sind. Die "vergleichbaren Problemlagen im Entwicklungsprozeß"[1] erweisen sich also als vorteilhaft.

4) Bedeutung der Kontaktvermittlung zu anderen Partnern:[2] Als je wichtiger die Rolle des TGZ für die Kontaktvermittlung angesehen wird, desto stärker sind die Unternehmen bisher gewachsen. Dieser Befund unterstreicht die Bedeutung der Kontakte generell. Die "sonstigen" Kontakte beinhalten nach der Fragestellung sämtliche Kontakte zu externen Partnern, u.a. auch Kapitalgebern, Hochschulen und Kunden.[3] Die Frage ist, ob sich die hohe Einschätzung auch in den Variablen des Informationsverhaltens und der externen Beratung niederschlägt. Die Gründer arbeiten tatsächlich wesentlich enger mit externen Rechtsberatern zusammen, nutzen mehr Informationsquellen und konsultieren auch häufiger Konkurrenten. Das Image gegenüber anderen Partnern wird ebenfalls als besser gewertet.

Interessant ist weiter, daß die übrigen Variablen der TGZ-Gesamtbeurteilung[4] sich im direkten Vergleich als nicht so erklärungsstark wie die Beurteilung der Kontaktvermittlung erweisen: Der Kontaktaspekt ist also, wie sich schon mehrfach andeutete, einer der wichtigsten des TGZ-Aufenthalts. Hierin unterscheiden sich gute besonders stark von schlechteren TGZ.

Gibt es nun Merkmale von Technologiezentren, mit denen eine besonders gute Rolle bei der Kontaktvermittlung einhergeht? Mit welchen Gestaltungselementen kann man also die Kontaktvermittlung fördern? Eine Korrelationsanalyse mit den übrigen Standort- und TGZ-Merkmalen ergibt, daß insbesondere eine hohe Zahl von Trägern und die Beteiligung einer IHK zu besserer Kontaktvermittlung beitragen.[5] Eine umfassende Einbindung der lokalen Akteure erhöht also die Wahrscheinlichkeit, mit externen Partnern fruchtbare Beziehungen herzustellen. Dies hat zweifellos etwas mit Vertrauenswürdigkeit, aber auch mit besserer Information über mögliche Partner auf beiden Seiten, zu tun.

5) Aufnahmekriterium finanzielle Ausstattung: Ehemalige Mieter in Technologiezentren, die dieses Kriterium verwendeten, sind erfolgreicher. Tatsächlich verfügten die Gründer in diesen Zentren oft über ein höheres Startkapital mit höherem Fremd-

---

1) Kulicke (1991:41).

2) Durchschnitt je Zentrum, da konsistente Beurteilung.

3) Vgl. Fragebogen Anhang 3-2, Frage B.11.

4), die im übrigen nicht konsistent sind.

5) $r = -.6960$ bzw. $-.6583$.

kapitalanteil.[1] Wenn man bedenkt, daß mangelnde Finanzmittelausstattung häufig als Engpaß beim Wachstum angesehen wird, erscheint der Befund plausibel. Er widerspricht allerdings der Forderung, TGZ müßten auch Gründer mit unzureichender Finanzmittel-Ausstattung aufnehmen und ihre Defizite beseitigen.

Nach der Beschreibung und Kommentierung der in die Gleichung eingegangenen Variablen ist es für die Beurteilung der optimalen Zentren-Gestaltung ebenso interessant, sich die Größen anzusehen, die entweder nicht signifikant sind oder einen zu geringen zusätzlichen Erklärungswert haben,[2] um aufgenommen zu werden.

Dabei fällt überraschend auf, daß die Aussagen zum Image und Beratungsumfang und die Servicebeurteilung bei höherem Erfolg negativer ausfallen, während die Zusammenhänge im bivariaten Fall meist umgekehrt sind. Auch ist im multivariaten Fall allgemein eine hohe Aufnahmeanforderung, besonders bezüglich eines detaillierten Geschäftsplans, negativ. Diese zunächst unplausiblen Befunde müssen wie folgt interpretiert werden: Im allgemeinen gilt der positive Zusammenhang mit dem Unternehmenswachstum. Kontrolliert man aber für alle in der Gleichung verwendeten Variablen, die oft mit gutem Image, guter Beratung etc. einhergehen, bleibt ein Resteffekt. Dieser Effekt ist, allerdings nicht signifikant, negativ. Das Umschlagen des Vorzeichens ist auch auf die geringe Toleranz zurückzuführen.

Weitere multivariat *nicht* relevante Variablen sind:

Die Trägerstruktur hat keinen zusätzlichen Erklärungswert,[3] tritt also hinter die Gestaltungsvariablen zurück. Gleiches gilt für die Größe des TGZ. Sie ist offensichtlich - wie bereits vermutet - kein eigenständiger Einfluß. Das Ausmaß der in Anspruch genommenen Finanzhilfe durch das TGZ ist dagegen ein bedeutender Faktor, wird aber wegen seiner hohen Korrelation mit der Beurteilung des TGZ hinsichtlich der Kontaktvermittlung schließlich ausgeschlossen. Dies ist gleichzeitig Hinweis darauf, daß hinter der positiven Beurteilung der Kontaktherstellung nicht zuletzt auch Kontakte zu Kapitalgebern stehen. Die Vermittlung von Hochschulkontakten erweist sich dagegen, wie bereits weiter oben anhand der absoluten Bewertung vermutet, als nicht bedeutsam für den Erfolg der Gründer. Zur Standorgunst, gemessen am Arbeitskräfte- und FuE-Potential, ergibt eine zusätzlich durchgeführte Clusteranalyse, daß sich bei drei Typen von TGZ die Standorte mit dem höchsten und die mit dem niedrigsten Potential hinsichtlich des

---

1) Signifikanz (einseitig) .081 bzw. .064.

2) Der zusätzliche Erklärungswert wird durch das Toleranzkriterium sichergestellt.

3) Kontrast: Öffentliche Hand allein oder im Zweiergespann vs. Private allein oder drei oder vier Träger.

Unternehmenserfolgs nicht unterscheiden.[1] Die bivariaten Befunde werden also noch
einmal bestätigt: Der Standort ist zweifellos nicht die entscheidende Erklärungsgröße für
Erfolgsunterschiede.

Nun abschließend zur Klärung der Frage, welcher Anteil am Erfolg mutmaßlich der
Selektion und welcher den Leistungen des TGZ zuzuschreiben ist: In der Regressionsanalyse verteilt sich die Varianzerklärung zu etwa 56 Prozent auf die drei Variablen zur
Selektion (Aufnahmebarrieren) und zu 44 Prozent auf die beiden Variablen der Leistung, Kapitalhilfe und Kontaktvermittlung.[2] Der Anteil der Selektion ist real sogar
noch kleiner, denn der technologische Schwerpunkt ist, wie oben gesehen, nur formal
diesem Bereich zuzuordnen, inhaltlich handelt es sich um einen Leistungseffekt. Obwohl
es also nicht von der Hand zu weisen ist, daß auch die Selektion eine Rolle für den
Erfolg der Unternehmen im TGZ spielt, sind die eigentlichen Leistungen in nicht unbe-
trächtlichem Umfang wirksam. Das entspricht der Aussage des Pfadmodells, das sich
aus dem Vergleich mit der Kontrollgrupppe ergab. Darüberhinaus kann man jetzt aber
auch sagen, daß es für die TGZ noch erhebliche Verbesserungsmöglichkeiten gibt, mit
denen der Erfolgsvorsprung der geförderten Unternehmen vergrößert werden könnte.

5.10   Befunde zu den Folgen des Auszugs (HZ20)[3]

Eine der wesentlichen Fragestellungen dieser Arbeit ist zu klären, inwieweit der Auszug
aus dem TGZ Probleme aufwirft, die die offenbar vergleichsweise gute Entwicklung der
TGZ-Unternehmen beeinträchtigen oder gar ihre Überlebensfähigkeit in Frage stellen.
Deswegen wurden bereits ausgezogene TGZ-Unternehmen befragt und
Fragen zu den Folgen des Auszugs gestellt. Die Beurteilung des Auszugs wurde mit den
Merkmalen der Unternehmen und mit der Unternehmensentwicklung in Beziehung
gesetzt, soweit ein plausibler Zusammenhang bestehen könnte.[4] Für alle Auszugsvaria-

---

1) Die Clusteranalyse (vgl. zum Verfahren: Vogel 1975) wurde mit den aus der
   beschriebenen Regressionsanalyse bekannten fünf erfolgswirksamen TGZ-Variablen
   durchgeführt. Da es sich um Variablen mit dichotomer und solche mit kardinaler Skalierung
   handelte, kam ein von Kaufmann/Pape (1984:386f.) vorgeschlagenes
   Distanzberechnungsverfahren zum Einsatz, bei dem für die dichotomen und die
   intervallskalierten Merkmale je eine Distanzmatrix berechnet und diese anschließend (mit
   der Variablenanzahl gewichtet) addiert werden. Klassifikationsverfahren: Ward. Cut-off für
   die Drei-Cluster-Lösung: relative, standardisierte Distanz knapp über 12,5 (Skala von 0-
   25).

2) Errechnet aus Addition der quadrierten partiellen Korrelationskoeffizienten, vgl.
   Anhang 5-15. Der technologische Schwerpunkt wird hier zwar der Selektion zugerechnet,
   ist aber, wie oben gesehen, eigentlich als Leistungseffekt wirksam.

3) Befunde zu diesem Kapitel im Detail im Anhang 5-16.

4) Die Fragen, ob heute noch TGZ-Leistungen in Anspruch genommen werden und die
   des Grundes für den Auszug wurden deswegen nicht mit Ressourcen- und
   Managementvariablen in Beziehung gesetzt.

blen wurde zunächst untersucht, ob sich zwischen der Beurteilung der Folgen und dem
Erfolg eine Beziehung ergibt oder ob ein Einfluß auf die Beurteilung des TGZ in anderen Fragen besteht. Wenn dies der Fall ist, werden darüberhinaus die Korrelationen zu
den Unternehmensmerkmalen betrachtet, um erkennen zu können, ob diese möglicherweise eine intervenierende Wirkung haben.

Es ergibt sich folgendes Bild:[1]

- Die Frage, ob heute noch Leistungen des TGZ in Anspruch genommen werden,
  bejahten 30 Prozent der Befragten, 70 Prozent antworteten mit "nein". Je größer
  die Entfernung zum TGZ, desto seltener werden heute noch dessen Leistungen
  genutzt.[2]

  Die Leistungsnutzung hängt nicht von der positiven oder negativen Gesamtbeurteilung des TGZ ab. Auch mit den Erfolgsvariablen läßt sich kein Zusammenhang
  ermitteln.

- Wachstum war für die Hälfte der Befragten der entscheidende Auszugsgrund, demgegenüber führten 44 Prozent andere Gründe an.[3]

  Es gibt tatsächlich einen positiven Zusammenhang mit der derzeitigen Unternehmensgröße sowie dem Mitarbeiterzuwachs in den letzten zwei Jahren; d.h. die
  Unternehmen, die aus Wachstumsgründen aus dem TGZ ausgezogen sind, wachsen
  i.d.R. auch schneller und sind größer.

  Ist das TGZ in ein Ansiedlungskonzept, z.B. einen Technologiepark oder andere
  Erweiterungsflächen, eingebunden, erfolgt der Auszug signifikant seltener aus
  Wachstumsgründen.[4] Hier macht sich die Verfügbarkeit von Erweiterungsflächen
  bemerkbar.

- Wurden die ehemaligen Mieter bei der Planung des Auszugs vom TGZ unterstützt?
  Die Unterstützung wird im Durchschnitt als sehr gering beschrieben.

  Eine Unterstützung hängt positiv mit dem Umsatz- und Produktivitätszuwachs im
  letzten Jahr zusammen, d.h. der Geschäftsbetrieb ist dann offensichtlich geringeren
  Störungen ausgesetzt. Zentren, die beim Auszug Hilfe leisten, scheinen *insgesamt*

---

1) Für die Variablen "Unterstützung bei der Planung", "Beeinträchtigung durch
   Auszugskosten", "Beziehungsabbruch" und "Beeinträchtigung der Leistungserstellung"
   wurde neben/statt der Korrelation eine Dichotomisierung angewandt: Wurde eine
   Beeinträchtigung empfunden oder nicht? Dies wurde aufgrund der geringen Zahl von
   Antworten mit stärkerer Beeinträchtigung erforderlich, da bei den extrem ungleichmäßigen
   Verteilung der Antworten eine Korrelation kaum noch aussagefähig sein kann.

2) Befund nicht signifikant.

3) Keine Angabe: Sechs Prozent.

4) Angaben zu Ansiedlungskonzepten aus früherer Erhebung des Verfassers (Steinkühler
   1989). Zusammenhang mit Chi-Quadrat-Test signifikant, P = .0270.

eine aktivere Unterstützung anzubieten, denn dem TGZ wird eine höhere Bedeutung
bei der Beratung und Beratervermittlung zugeschrieben.

- Werden die mit dem Auszug verbundenen Kosten als Beeinträchtigung wahrgenommen? Bei einem Mittelwert von $1,8^1$ wird die Beeinträchtigung durch den Auszug
  als gering angesehen.
  - Zum Erfolg ergeben sich keine Beziehungen.
  - Dem TGZ wird eine höhere Bedeutung bei der Vermittlung externer Berater, aber
    ein schlechteres Service-Angebot attestiert, wenn eine Beeinträchtigung vorlag.

- Der Beziehungsabbruch zu Partnern außerhalb des TGZ wird nur von sehr wenigen
  Unternehmen beklagt. Bei ihnen handelt es sich um Gründungen mit geringer Mit-
  arbeiterzahl, die jetzt jedoch recht groß sind und in den letzten beiden Jahren stär-
  ker gewachsen sind.
  - Das TGZ beurteilen sie hinsichtlich der technischen Unterstützung als schlechter
    und sie verließen es häufiger aus Wachstumsgründen wieder.
  - Es handelt sich um Gründer mit weniger Marketingerfahrung, mehr Ergänzung
    durch Mitarbeiter in der FuE, aber weniger im kaufmännischen Bereich, also im
    großen und ganzen um stark technisch orientierte, in betriebswirtschaftliche Fragen
    unerfahrene Personen. Daß gerade ihnen der Auszug Probleme bereitet, deutet dar-
    auf hin, daß externe Unterstützung vor allem im kaufmännischen Bereich relevant
    ist. Naturgemäß sind Gründer, die weniger mit Hochschulen in Kontakt stehen,
    weniger vom Auszug betroffen.

- Auch die Beeinträchtigung der Beziehungen zum TGZ selbst wird als nur gering
  empfunden.
  - Zum Erfolg besteht kein Zusammenhang.
  - Wer dennoch diesbezügliche Probleme beklagt, zeichnet sich durch weniger Erfah-
    rung in der Branche und im Marketing und geringere Beziehung zur früheren Tätig-
    keit, geringere Konzeptdetaillierung und geringeres Startkapital aus. Das TGZ wird
    also von den Gründern als wichtig empfunden, die bei Gründung über schlechtere
    Erfolgsvoraussetzungen hinsichtlich Erfahrung, Konzept und Ressourcen verfügten!
  - Das TGZ wird bei gegebener Beeinträchtigung als schlechter bezüglich des Images
    gegenüber Lieferanten, die Förderwirkung als höher empfunden.

- Auszug: Beeinträchtigung der Leistungserstellung
  Auch hier liegt eine sehr geringe wahrgenommene Beeinträchtigung vor. Es gibt
  eine starke positive Beziehung zur Produktivität, d.h. wenn eine Beeinträchtigung

---

1) Median: 1.

vorlag, ist die absolute Produktivität größer, was möglicherweise durch die starke Verflechtung dieser Unternehmen mit externen Transaktions-Partnern erklärt werden kann. Sie sind außerdem heute größer. Die beeinträchtigten Unternehmen weisen weiter folgende Merkmale auf:

- geringeres Ausbildungsniveau der Gründer, schlechtere Einschätzung der Marktdynamik und der Marktzutrittsschranken, die zudem als höher beschrieben werden, geringere Verbreitung der Produkttechnologie), also innovativere Produkte,
- geringere Konsultation von Beratern in der Buchhaltung und von Behörden und Kammern als Informationsquellen, aber stärkere Nutzung regelmäßiger Kundenbefragungen,
- längere Produktentwicklungsdauer sowie
- höheres Startkapital und geringerer Eigenkapitalanteil.
- Der TGZ-Service und das Image gegenüber Lieferanten werden als schlechter beurteilt.

Abschließend wurde zum Thema "Auszug" noch die Frage untersucht, ob dadurch möglicherweise eine Verschlechterung des Wachstums eingetreten ist. Dazu verglichen wir die Differenz von Wachstum im letzten Geschäftsjahr und im jährlichen Durchschnitt seit Gründung zwischen beiden Gruppen.[1] Es ergeben sich keine annähernd signifikanten Unterschiede zwischen den Gruppen, d.h.: Es gibt offenbar **keinen Sondereinfluß des TGZ-Auszugs auf die Entwicklung junger technologieorientierter Unternehmen!** Ein genauer Test durch Vergleich der Wachstumsraten vor und nach dem Auszug ist wegen der unterschiedlichen Auszugszeitpunkte mit den vorliegenden Daten nicht möglich. Es wurde stattdessen noch geprüft, ob es eine Korrelation zwischen Auszugsjahr und der Differenz der unterschiedlichen Wachstumsraten gibt: Weder für Umsatz- noch für Mitarbeiterwachtum ergibt sich ein signifikanter Befund.[2] Damit ist für die Stichprobe auch auszuschließen, daß die Unternehmen, die erst vor kurzem ausgezogen sind, womöglich größere Probleme haben als die schon länger tgz-unabhängigen. Zur Erhärtung dieser Aussage wurden weiter folgende mit dem Auszug und dessen Folgen zusammenhängende Variablen getestet:

- **Aufenthaltsdauer im Zentrum:** Wenn sich der Aufenthalt im TGZ positiv auswirkt, müssen dann nicht die länger dort ansässigen Unternehmen seit Gründung die bessere Entwicklung genommen haben, also stärker gewachsen sein? Ist ihr Wachstum vielleicht nach dem Auszug umso stärker beeinträchtigt worden? Die empirischen Befunde

---

1) Umsatz und Mitarbeiterzahl.

2) Korrelation (Umsatzwachstum letztes Jahr-Umsatzwachstum seit Gründung) mit (Auszugsjahr) n.s. (p = .864), entsprechender Wert für Mitarbeiterwachstum: p = .392 (zweiseitig).

bestätigen diese Vermutungen nicht.[1] Eine lange Aufenthaltsdauer wirkt sich allerdings positiv auf die Produktivitätsentwicklung seit Gründung aus. Zumindest in diesem Punkt scheint ein positiver Einfluß des TGZ bestehen. Zudem zeichnet sich keineswegs überraschend ab, daß kleinere Unternehmen zu längeren Aufenthaltsdauern im TGZ neigen.

- **Die Entfernung des heutigen Standorts vom TGZ**, die im Durchschnitt nur 16,9 km beträgt,[2] ist nicht erkennbar vom jeweiligen TGZ abhängig, dazu reicht auch die Zahl der Beobachtungen nicht aus. Allerdings ergibt sich der hochinteressante Befund, daß Unternehmen in näherem Umkreis vom TGZ nach dem Auszug, nämlich in den letzten zwei Jahren, signifikant stärker gewachsen sind als Unternehmen in weiterer Entfernung.[3] Dies ist umso bemerkenswerter, als dieser Unterschied nicht im jährlichen Wachstum seit Gründung nachweisbar ist. Es wird also die Vermutung gestützt, daß Unternehmen, die auch nach dem Auszug in der TGZ-Nähe bleiben, davon - in Form eines höheren Wachstums - profitieren.[4]

Zusammenfassend ist somit festzuhalten, daß der Auszug aus dem Technologiezentrum offensichtlich nicht die von einigen Kritikern befürchteten negativen Auswirkungen hat, sondern vielmehr - zumindest für die befragten Unternehmen - einen selbstverständlichen und unproblematischen Schritt in der Unternehmensentwicklung darstellt. Die betroffenen Unternehmen haben zum Zeitpunkt ihres Auszugs die "Krisen im Gründungsstadium"[5] offensichtlich bereits überstanden. Problematisch scheint der Auszug noch am ehesten für unerfahrene Gründer und solche mit starker technischer Ausrichtung zu sein. Am Kapital gemessen kleine Unternehmen beklagen eher den Beziehungsabbruch, große dagegen eher die Beeinträchtigung ihrer Leistungserstellung.

---

1) Vgl. Tabelle im Anhang 5-17.

2) Hohe Standardabweichung von 33,24.

3) Mitarbeiterzuwachs

4) Vgl. Anhang 5-17.

5) Albach (1976:688), vgl. auch: Albach/Bock/Warnke (1985:8ff.).

6. Schlußfolgerungen und Ausblick

Das von uns praktizierte zweistufige Vorgehen, nach dem Vergleich mit der Kontrollgruppe auch die Unterschiede zwischen den TGZ-Fällen zu untersuchen, brachte ein umfassendes Bild von Technologiezentren als Förderer technologieorientierter Gründer: Nicht nur die Tatsache, daß Unternehmen im TGZ erfolgreicher sind, sondern auch Aussagen über die mögliche bessere Gestaltung der Technologie- und Gründerzentren ließen sich so ableiten. Zum höheren Erfolg ergibt sich, daß die Unternehmen im TGZ ihren Umsatz seit Gründung deutlich stärker steigern konnten als die in der Kontrollgruppe. Allerdings wachsen sie von einem niedrigeren Niveau aus, und ihre jährlichen Wachstumsraten gleichen sich mit der Zeit, namentlich nach dem Auszug, denen der Kontrollfälle an. TGZ-Unternehmen haben sich also besonders in der kritischen Anfangsphase besser entwickelt. Allerdings gibt es innerhalb der TGZ-Gruppe erhebliche Unterschiede, die auf die weitere Verbesserungsfähigkeit der Unterstützung in einigen Zentren hinweisen.

Es zeigt sich, daß der höhere Erfolg der ehemaligen TGZ-Mieter keinesfalls allein Resultat des Auswahlprozesses ist. Im Gegenteil, in vielen Fällen verfügen die TGZ-Gründer sogar über eigentlich schlechtere personelle Voraussetzungen. Vielmehr sind es die beratende Unterstützung und die Erleichterung von Kontakten, die auf das Verhalten der meist unerfahrenen Gründer einen positiven Einfluß haben. Die Senkung von Transaktionskosten der Informationssuche spielt dabei die wohl entscheidende Rolle. Je mehr Träger in das Technologiezentrum eingebunden sind, je größer also das zugängliche Netzwerk ist, desto größer ist der Nutzen für die Gründer. Das Pfadmodell zeigte, daß Gründer im TGZ nicht nur umfangreicher, sondern auch besser planen. Ihre Strategie ist vorteilhafter, und sie zeigen ein besseres Informationsverhalten. Andere Gründer im Technologiezentrum werden als Partner im Erfahrungsaustausch sehr geschätzt, Lieferbeziehungen entwickeln sich dagegen nur selten. In diesem Bereich ist die Unterstützungsmöglichkeit durch das TGZ insgesamt begrenzt: Die Kunden muß sich jeder Gründer auf seinem speziellen Markt selbst suchen. Gegenüber anderen Partnern, besonders Kapitalgebern, wird das positive TGZ-Image dagegen sehr geschätzt. Es schafft offensichtlich Vertrauen und erleichtert so die Aufnahme von Kontakten. Überhaupt erweist sich die Unterstützung bei der Kapitalbeschaffung und speziell Akquisition öffentlicher Fördermittel als einer der Hauptvorzüge des TGZ gegenüber einer eigenständigen Gründung. Es verschafft "kleinen" Gründungen Zugang zu öffentlicher Förderung, die allgemein oft vor allem großen Gründungen vorbehalten ist. Die zweifellos wirksame, tgz-bedingte Reduktion des Kapitalbedarfs kann dagegen erstaunlicherweise nicht als Einflußfaktor identifiziert werden, auch ist das Ausmaß der subventionsbedingten Verbilligung der Leistungen nicht bedeutsam. Nur kleine Unternehmen scheinen von den günstig angebotenen Service-Leistungen merklich zu profitieren. Insgesamt werden

die Standard-Serviceangebote begrüßt, Spezialeinrichtungen werden aber nur selten
genutzt und auch nicht positiv gesehen. Dazu sind die Bedürfnisse der Gründer zu unterschiedlich. In der vom TGZ gebotenen Beratung gibt es deutliche von den Gründern be-
klagte Defizite. Hier liegt ein Schlüssel zur weiteren Verbesserung des positiven TGZ-
Umfelds. Es sollte nach den Befunden vor allem der allgemeine betriebswirtschaftliche
Bereich gestärkt werden, denn dort liegen die größten Defizite der technisch hoch kom-
petenten Gründer. Eine gute betriebswirtschaftliche Betreuung hat einen nachweisbaren
Einfluß auf den Erfolg. Über die für die technische Seite der erfolgreichen Unternehmensgründung notwendigen Informationen verfügen die Gründer dagegen selbst. Darüberhinaus sind sie aber meist auch in ein selbst hergestelltes Netzwerk eingebunden,
das ihnen den Zugang zu zusätzlich benötigtem Know-how sichert. Das TGZ hat hier
ganz offensichtlich nur sehr beschränkte Möglichkeiten der Unterstützung, es wird auch
hierfür eben kaum in Anspruch genommen. Das gilt auch und besonders für Hochschulkontakte.

Es muß eingeräumt werden, daß die Kontakte zu Forschungseinrichtungen als Know-
how-Lieferanten ebenso wie der Zugang zu öffentlicher Förderung zwischen den Zentren große Unterschiede aufweisen. Überhaupt ist der Erfolg der Mieter zwischen verschiedenen TGZ stark unterschiedlich. Die Behauptung, daß diese Unterschiede in erster
Linie auf die Günstigkeit des TGZ-Standortes, etwa dessen Infrastruktur, zurückgingen,
kann eindeutig, auch für die Kontrollgruppe, widerlegt werden.[1] Nicht diese Standortfaktoren, sondern die TGZ-Gestaltung und natürlich auch die Gründer selbst, entscheiden, wie erfolgreich sich ein gefördertes Unternehmen entwickelt. Auch die Größe des
Technologiezentrums, also die Zahl der Mieter, spielt nur eine untergeordnete Rolle.
Zentren mit zehn Mietern können ebenso vorteilhaft sein wie solche mit vierzig.

Ein Faktor, der für eine erfolgreiche TGZ-Unterstützung wesentlich wichtiger ist als der
"richtige" Standort, wurde unerwartet identifiziert: Es kann in großem Umfang nachgewiesen werden, daß nicht allein die objektive Existenz einer Leistung zur Erfolgssteigerung der TGZ-Mieter ausreicht. Es ist vielmehr eine bestimmte aufgeschlossene Haltung
der Gründer, die hinzutreten muß, damit die Leistungen ihre volle Wirkung entfalten.
Dies gilt besonders bei allen informations- und außenkontaktbezogenen Aktivitäten.
Wenn also eine Empfehlung für eine Selektionsstrategie für neue TGZ-Mieter abgege-
ben werden kann, dann die, daß man solche Personen bevorzugt, die ein offenes, selbst-
kritisches Verhalten an den Tag legen, von denen man eine aktive Nutzung der
gebotenen Kontaktmöglichkeiten erwarten kann. Die Untersuchung zeigt, daß dies häufig *nicht* die erfahrenen Gründer sind: Diese neigen oft dazu, ihre eigene Kompetenz als

---

1) Eine mit den wichtigsten Erfolgsfaktoren von TGZ durchgeführte Clusteranalyse
   ergab drei Typen von Zentren. Die Gruppe mit den Zentren mit den nach landläufiger
   Meinung "besten" Standorten erweist sich nicht als die erfolgreichste aus Sicht ihrer
   Mieter. Gleichwohl zeigen die Cluster aber auch, daß es starke Beziehungen zwischen
   Standort- und TGZ-Merkmalen gibt.

ausreichend einzuschätzen und auf externe Inputs zu verzichten. Insofern kann die Bevorzugung unerfahrener Gründer vorteilhaft sein, denn sie sind nicht nur bereit, die gebotenen Möglichkeiten zu nutzen, sondern gleichzeitig auch am stärksten darauf angewiesen. Die Auswahl der Projekte nach dem Kriterium "Technologiebereich" erweist sich als durchaus sinnvoll, die Befunde deuten an, daß sich bei diesbezüglich homogener Zusammensetzung der Mieter mehr Kontaktmöglichkeiten, technologiezentrums-intern wie extern, ergeben. Die Netzwerke können dann zielgerichteter und damit effektiver gestaltet werden. Die Dauer bis zur Marktreife sollte dagegen als Aufnahmekriterium nicht im Vordergrund stehen, denn dadurch würden innovative Projekte mit höherem Wachstumspotential tendenziell zurückgewiesen.

Zum zentralen Anliegen dieser Arbeit, die nachhaltige Wirkung von Technologiezentren zu prüfen, kristallisierte sich viel eindeutiger als erwartet eine Antwort heraus: Die mit dem Auszug verbundenen Probleme sind trotz aller gegenteiliger Befürchtungen nahezu völlig zu vernachlässigen, sie werden weder als Problem angesehen, noch schlagen sie sich in irgendeiner Form im Unternehmenserfolg nieder. Der Auszug stellt einen völlig normalen Vorgang im Wachstumsprozeß der bereits gefestigten Unternehmung dar. Der Unterstützungsbedarf konzentriert sich eindeutig auf die erste Phase der Gründung nach dem Einzug.

Die teilweise unerwarteten Befunde machen auf die Grenzen dieser Untersuchung und weiteren Forschungsbedarf aufmerksam: In Teilen hatte diese Arbeit auch aufgrund des vorgefundenen Standes der Forschung nicht hypothesenprüfenden, sondern explorativen Charakter. Es wird deshalb erforderlich sein, die von uns festgestellten Besonderheiten als Basis für Hypothesen zu nehmen und weiter empirisch zu prüfen. Dafür sind methodische Weiterentwicklungen nötig, um etwa in einem Längsschnittdesign die Frage genauer zu untersuchen, wie der Selektionsprozeß bei der Aufnahme objektiv abläuft, und wie sich das Verhalten der Gründer durch die Einwirkung des TGZ verändert.

Auch Aspekte, die wir nicht untersucht haben, bleiben weiterhin erforschungsbedürftig, z.B.: Sind die Annahmen über den Anteil ausgeschiedener Gründer richtig? Wenn Mißerfolge auftreten, wie früh treten sie im Vergleich zu unabhängigen Gründungen ein? Können sie frühzeitig erkannt werden? Im Zusammenhang mit den Auszügen steht ein weiteres wichtiges Caveat: Daß wir nur bereits ausgezogene Gründer befragten, hat neben den offenkundigen Vorteilen auch eine Kehrseite: Wir können das "Wärmehallen-Argument" nicht ausräumen. Es wäre immerhin denkbar, daß die weniger erfolgreichen Gründer im Zentrum bleiben und dort ein Schattendasein führen. In unserer Untersuchung zeigte sich bereits im Vorfeld deutlich, daß viele Technologiezentren, besonders an den am wenigsten begünstigten Standorten, keine Auszüge verzeichneten. Das heißt aber, daß so für diese Studie ein gesamter "Block" von Technologiezentrums-Standorten von vornherein ausfiel. Deswegen können die Schlußfolgerungen nicht für diese Zentren, sondern nur für Orte mittlerer bis hoher Standortgüte verallgemeinert werden. Es ist also durchaus denkbar, daß sich in besonders strukturschwachen Gebieten das Bild weniger rosig darstellt. Wir vermuten, daß dort die geförderten Gründungen auch bereits von der Geschäftsidee häufig schlechtere Voraussetzungen mitbringen. Diese speziellen Standorte müssen also weiter untersucht werden.

Für günstigere Standorte, und das sind nicht nur die wenigen Metropolen, zeigt sich aber bereits anhand der nunmehr vorliegenden Befunde, daß Technologiezentren einen meßbaren und sogar noch steigerungsfähigen Nutzen für die Gründer innovativer Unternehmen bringen können.

Literaturverzeichnis

Hinweis: "ADT-Handbuch" siehe unter Fiedler bzw. Fiedler/Wodtke.

Abetti, Pier A. 1992. Planning And Building The Infrastructure For Technological Entrepreneurship. In: **International Journal of Technology Management. Special Issue on Strengthening Corporate and National Competitiveness through Technology. Vol.7. No.1/2/3. 129-139.**

Acs, Z.J.; Audretsch, D.B. 1990. Innovation and Small Firms. Cambridge, MA; London.

Albach, H. 1965. Zur Theorie des wachsenden Unternehmens. In: **Albach, H.; Beckmann, M.; Borchardt, K.; Krelle, W. 1965. Theorien des einzelwirtschaftlichen und des gesamtwirtschaftlichen Wachstums. Berlin. 9-97.**

Albach, H. 1976. Kritische Wachstumsschwellen in der Unternehmensentwicklung. In: **Zeitschrift für Betriebswirtschaft. 46.Jg. 683-696.**

Albach, H. 1983. Empirische Untersuchungen der Firmenentwicklung. In: **Deutsche Forschungsgemeinschaft (Hrsg.). Forschung in der Bundesrepublik Deutschland. Weinheim. 221-234.**

Albach, H.; May-Strobl, E. 1986. Erfolgsfaktoren neugegründeter Unternehmen. In: **Die Bank. Nr.2. 84-86.**

Albach, H.; Tengler, H. 1987. Innovationsförderung durch Technologieparks. In: **Henn, R. (Hrsg.) Technologie, Wachstum und Beschäftigung. Festschrift für Lothar Späth. Berlin u.a. 599-611.**

Albach, H.; Albach, R. 1990. Das Unternehmen als Institution: rechtlicher und gesellschaftlicher Rahmen; eine Einführung. Berlin.

Albach, H.; Bock, K.; Warnke, Th. 1985. Kritische Wachstumsschwellen in der Unternehmensentwicklung (Schriften zur Mittelstandsforschung Nr.7NF). Stuttgart.

Aldrich, John H.; Nelson, Forrest D. 1989. Linear Probability, Logit, and Probit Models. 6th Printing. Newbury Park; London; New Delhi.

Allen, D.N. 1984. An Entrepreneurial Marriage: Business Incubators and Startups. In: **Proceedings of the 1984 Babson College Conference on Entrepreneurship Research Wellesley, MA. 38-60.**

Allen, D.N. 1989a. Immobiliengesellschaften am Rande der Existenz. Unternehmens- und Gründerzentren in den USA. In: **Süddeutsche Zeitung. München. 2.07.89.**

Allen, D.N. 1989b. Die Lage der Unternehmens- und Gründerzentren in den Vereinigten Staaten von Amerika. In: **Fiedler/Wodtke (ADT-Handbuch 1989) a.a.O. 34-40.**

Allen, D.N.; Rahman, S. 1985. Small Business Incubators: A Positive Environment for Entrepreneurship. In: **Journal of Small Business Management. Vol.23. No.3. 12-22.**

Allesch, J. 1985. The Role of Innovation Centres for Economic Development. In: **Allesch, J.; Fiedler, H. (Hrsg.). Management of Science Parks and Innovation Centres. Berlin. 42-50.**

Allesch, J.; Fiedler, H. (Hrsg.). Management of Science Parks and Innovation Centres. Berlin.

Allesch, J.; Schröder, D. (Hrsg.). 1991. Gesamtdeutsche Zusammenarbeit im Technologie-Transfer. Strukturen und Erfahrungsberichte. Köln.

Althauser, Robert P. 1971. Multicollinearity and Non-Additive Regression Models. In: **Blalock (1971) a.a.O. 453-472.**

Aplin, J.C.jr.; Leveto, G.A. 1976. Factors That Influence the Business Success of Minority Entrepreneurs. In: **American Journal of Small Business. Vol.1. No.2. 30-36.**

Aram, J.D.; Lynn, L.H.; Reddy, N.M. 1992. Instituional Relationships and Technology Commercialization: Limitations of Market-based Policy. In: **Research Policy. Vol.21. 409-421.**

Arbeitsgemeinschaft Deutscher Technologie- und Gründerzentren (ADT) e.V. (Hrsg.). 1989. ADT-Focus. Band 1: Seed Capital und Technologiezentren als Unternehmen. Dokumentation zum Frühjahrstreffen 1989 der Arbeitgemeinschaft Deutscher Technologie und Gründerzentren. Berlin.

Arbeitsgemeinschaft Deutscher Technologie- und Gründerzentren (ADT) e.V., Zentralinstitut für Hochschulbildung (ZHB) (Hrsg.). 1990. ADT-Focus. Band 2: Deutsch-Deutscher Arbeitskreis Innovationszentren. Dokumentation zur ersten Sitzung des Arbeitskreises am 30.Januar 1990. Berlin.

Arlow, P.; Ackelsberg, R. 1991. A Small Firm Planning Survey: Business Goals, Social Responsibility and Financial Performance. In: **Akron Business & Economic Review. Vol.22. No.2. 161-172.**

Arminger, Gerhard. 1979. Loglineare Modelle zur Analyse des Zusammenhangs zwischen nominalen Variablen. In: **Holm (1979) a.a.O. 218-261.**

Armstrong, J.S. 1982. The Value of Formal Planning for Strategic Decisions: Review of Empirical Research. In: **Strategic Management Journal. Vol.3. 197-211.**

Arrighetti, A.; Curioni, S.B. 1990. Mortality and Life Cycle of s.m.e. in the Area of Milan. Paper to be presented at Rent IV, Recent Research in Entrepreneurship, 4th Workshop, Cologne, November 29-30, 1990.

Arthur D. Little, Inc. 1977. New Technology-based Firms in the United Kingdom and the Federal Republic of Germany, London.

Arthur D. Little, Inc. (Hrsg.). 1988. Innovation als Führungsaufgabe. Frankfurt am Main; New York.

Audretsch, D.B. 1990. New-Firm Survival and the Technological Regime. Paper to be presented at Rent IV, Recent Research in Entrepreneurship, 4th Workshop, Cologne, November 29-30, 1990.

Autio, Erkko, Kauranen, Ilkka. 1992. The Effectiveness of Science Parks as a Tool of Technology Policy: Some Empirical Evidence. This version has been prepared for the conference on user-producer relations in the innovationprocess, in Dipoli, on November 26-27, 1992, on request of Mr Ilpo Santala, Managing Director, Innopoli Oy. Espoo.

Baaken, Thomas. 1989. Bewertung technologieorientierter Unternehmensgründungen. Berlin.

Backhaus, Klaus et al. 1990. Multivariate Analysemethoden: eine anwendungsorientierte Einführung. 6.Auflage. Berlin u.a.

Bade, F.-J. 1986. Funktionale Arbeitsteilung und regionale Beschäftigungsentwicklung. In: Informationen zur Raumentwicklung. Nr.9/10. 721-734.

Barber, J.; Metcalfe, J.S.; Porteous, M. (Hrsg.) 1989. Barriers to Growth in Small Firms. London, New York.

Baron, J. 1992. 323-332. Linking Companies with Outside Technology. In: Technovation Vol.12. 323-332.

Bauer, F. 1984. Datenanalyse mit SPSS. Berlin u.a.

Bauer, Hans H., Hannig, Uwe. 1992. Kritische Erfolgsfaktoren deutscher Technologiezentren. Vallendar.

Baumback, C.M.; Mancusco, J.R. 1975. Entrepreneurship and Venture Management. Englewood Cliffs, N.J.

Beck, W. 1985. Technologie- und Gründerzentren. In: Bremer Zeitschrift für Wirtschaftspolitik. 8.Jg. Nr.2/3. 65-91.

Beck, W. 1986. Technologie- und Gründerzentren. Aufbau und Bewertung. In: Lemper, A. et al. (Hrsg.). Bremen als Standort für Hochtechnologie. Bremen. 225-245.

Becker, Jochen. 1990. Marketingkonzeption. 3.Aufl. München.

Berndts, P.; Harmsen, D.-M. 1985. Technologieorientierte Unter-nehmensgründungen in Zusammenarbeit mit staatlichen Forschungseinrichtungen. In: BMFT (Hrsg.), Technologietransfer Band 8. Bonn. 237-245.

Berryman, J. 1983. Small Business Failure and Bankruptcy: A Survey of the Literature. In: European Small Business Journal, Vol.1. No.4. 1983. 47-59.

Bierhoff, H.W. 1987. Attribution. In: Frey, D./Greif, S. (Hrsg.). Sozialpsychologie. Ein Handbuch in Schlüsselbegriffen. 2., erweiterte Auflage. München; Weinheim. 122-141.

Bittermann, U.; Poppenheger, B. 1990. Unternehmensgründungen als Instrument des regionalen Technologietransfers. In: Poppenheger/Bittermann (1990) a.a.O. 128-135.

Blalock, H.M.jr. 1971. Causal Models in the Social Sciences. London; Basingstoke.

Bocker, H.J. 1983. Mißerfolg und Erfolg in Klein- und Mittelbetrieben - Eine vergleichende Studie in verschiedenen Ländern. In: **Internationales Gewerbearchiv.
Jg. 31. Nr.3. 187-196.**

Böhler, H.; Sigloch, J., Wossidlo, P.R. et al. 1989. Der Technologie-Transfer in einer
strukturschwachen Region. Stand und Ausbauempfehlungen. Bayreuth.

Bollinger, L.; Hope, K.; Utterback, J. 1983. A Review of Literature and Hypotheses on
New Technology-Based Firms. In: **Research Policy. Vol.12. 1983. 1-14.**

Bortz, Jürgen. 1977. Lehrbuch der Statistik. Für Sozialwissenschaftler. Berlin, Heidelberg, New York.

Bortz, Jürgen. 1984. Lehrbuch der empirischen Forschung. Berlin u.a.

Bortz, Jürgen. 1985. Lehrbuch der Statistik (2.A.). Berlin, Heidelberg, New York.

Bosworth, D.; Jacobs, Ch. 1989. Management Attitudes, Behaviour, and Abilities as
Barriers to Growth. In: **Barber, J.; Metcalfe, J.S.; Porteous, M. (Hrsg.). Barriers to Growth in Small Firms. London; New York. 20-38.**

Boyle, Richard P. 1971. Path Analysis and Ordinal Data. In: **Blalock (1971) a.a.O.
432-452.**

Bracker, J. S. 1982. Planning and Financial Performance Among Small Entrepreneurial
Firms: An Industry Study. Georgia State University, 1982. [als Abstract in: Dissertation Abstracts International. Vol.43. No.6. 1982, S. 2069-A.]

Bracker, J.S.; Keats, B.W.; Pearson, J.N. 1988. Planning and Financial Performance
Among Small Firms in a Growth Industry. In: **Strategic Management Journal.
Vol.9. No.6. 591-603.**

Braun, D. 1989. Die öffentliche Förderung von Existenzgründungen in Baden-Württem-
berg. Konstanz.

Braun, Heiko; Brockhoff, Klaus. 1988. PED-Ein Programm zur optimalen Planung der
Entwicklungsdauer. In: **Brockhoff, K . et al. (Hrsg.). Zeitmanagement in Forschung und Entwicklung (=ZfbF-Sonderheft Nr.23). Düsseldorf. 74-85.**

Bredemeier, S. 1986. Technologieparks in Deutschland. In: **Sparkasse. 103 Jg. Nr.12.
539-544.**

Brett, Alistair M.; Gibson, David V.; Smilor, Raymond W. (Hrsg.). 1990. University-
Spin-off-Companies: Economic Development, Faculty Entrepreneurs and Technology Transfer. Savage, Maryland.

McBrierty, Vincent J., O'Neill, Eoin P. 1991. The college role in innovation and entrepreneurship: an Irish experience. In: **International Journal of Technology
Management. Vol.6. No.5/6. 557-567.**

Brockhaus, R.H. 1980. Psychological and Environmental Factors Which Distinguish the
Successful from the Unsuccessful Entrepreneur: A Longitudinal Studie. In: **Academy of Management Proceedings, 40th Annual Meeting, Detroit, August 9-
13 1980.**

Brockhoff, Klaus. 1974. Marktorientierte Wachstumspolitik. **In: Handwörterbuch der Absatzwirtschaft (hrsg. von Bruno Tietz et al.). Stuttgart. Sp. 2139-2149.**

Brockhoff, Klaus. 1988. Produktpolitik. 2.Auflage. Stuttgart; New York.

Brockhoff, Klaus. 1989. Forschung und Entwicklung: Planung und Kontrolle. 2. Auflage. München, Wien.

Brockhoff, Klaus. 1990. Stärken und Schwächen in der industriellen Forschung und Entwicklung. Stuttgart.

Brockhoff, Klaus; Urban, Christoph. 1988. Die Beeinflussung der Entwicklungsdauer. **In: Brockhoff, K. et al. (Hrsg.) Zeitmanagement in Forschung und Entwicklung (=ZfbF-Sonderheft Nr.23). Düsseldorf. 1-42.**

Brosius, Gerhard. 1988. SPSS/PC+ Basics und Graphics. Hamburg. New York.

Brosius, Gerhard. 1989. SPSS/PC+ Advanced Statistics und Tables. Hamburg. New York.

Brown, W.S. 1982. The Utah Innovation Center - An Experiment in Entrepreneurship. **In: Vesper (1982) a.a.O. 449-459.**

Bruch, W. 1988. Einen Technologiepark für Südniedersachsen? **In: Dose, N.; Drexler, A. (Hrsg.). Technologieparks. Opladen. 328-336.**

Brüderl, J.; Jungbauer-Gans, M. 1991. Überlebenschancen neugeründeter Betriebe. **In: Zeitschrift für Betriebswirtschaft. 51.Jg. 499-509.**

Bruno, A.V.; Leidecker, J.K.; Harder, J.W. 1987. Why Firms Fail. **In: Business Horizons. Vol.30. No.2. 50-58.**

Bullinger, D. 1991. Technologieparks / Technologiezentren. **In: Falk, B. (Hrsg.). Gewerbeimmobilien. 4. Auflage. Landsberg / Lech.**

Bundesminister für Bildung und Wissenschaft (Hrsg.). 1985. Studenten an Hochschulen Wintersemester 1983/84. Fächergruppen, Studienbereiche, Hochschularten, Hochschulorte, Hochschulregionen, Länder. Bonn.

Burgschat, U.; Weihe, H.-J. 1988. Ausprägung von Erfolgsdeterminanten bei Existenzgründern: Ergebnisse einer empirischen Erhebung. Lüneburg.

Burr, P.L.; Heckmann, R.J. 1979. Why So Many Small Business Flop - And Some Succeed. **In: Across the Board. Vol.16. No.2. 46-48.**

Cannon, Tom. 1991. Enterprise: Creation, Development and Growth. Oxford.

DeCarlo, J.F.; Lyons, P.R. 1980. Towards a Contingency Theory of Entrepreneurship. **In: Journal of Small Business Management. Vol.18. No.3. 37-42.**

Chaganti, R.; Chaganti, R. 1983. A Profile of Profitable and Not-So-Profitable Small Businesses. **In: Journal of Small Business Management. Vol.21. No.3. 43-51.**

Chambers, E.J.; Gold, R.L. 1963. A Pilot Study of Successful and Unsuccessful Small Business Enterprises Within Montana. Montana State University, Missoula.

Child, John. 1975. Prognose und Erklärung von Organisationsstrukturen. In: Grochla, E. (Hrsg.). Organisationstheorie. 1. Teilband. Stuttgart. 118-139.

McClelland, D. C. 1975. That Urge to Achieve. In: Baumback/Mancusco (1975) a.a.O. 3-21.

Cochran, A.B. 1981. Small Business Mortality Rates: A Review of the Literature. In: Journal of Small Business Management. Vol.19. No.4. 50-59.

Cole, A.H. 1949. Entrepreneurship and Entrepreneurial History - The Institutional Setting. Change and the Entrepreneur. Harvard University Press. Boston. Zitiert nach: Smith (1965).

Collins, Orvin; Moore, David G. 1970. The Organization Makers - A Behavioral Study Of Independent Entrepreneurs. New York.

Comegys, Ch. 1978. Research Needs of Prospective Entrepreneurs. In: Atlanta Economic Review. Vol.28. No.3. 19-23.

Cooper, Arnold C. 1975. Technical Entrepreneurship: What Do We Know? In: Baumback/Mancusco (1975) a.a.O. 42-53.

Cooper, Arnold C. 1985. The Role of Incubator Organizations in the Founding of Growth-Oriented Firms. In: Journal of Business Venturing. Vol.1. No.1. 75-86.

Cooper, Arnold C. 1986. Technical Entrepreneurship: What Do We Know? In: Curran/Stanworth/Watkins (1986) a.a.O. 100-113.

Cooper, Arnold C.; Bruno, A.V. 1977. Success Among High-Technology Firms. In: Business Horizons. Vol.20. No.2. 16-22.

Cooper, Arnold C.; Willard, Gary E.; Woo, Carolyn Y. 1986. Strategies of High-Performing New and Small Firms: A Reexamination of the Niche Concept. In: Journal of Business Venturing. Vol.1. No.3. 247-260.

Cooper, Arnold C.; Woo, C.Y.; Dunkelberg, W.C. 1989. Entrepreneurship and the Initial Size of Firms. In: Journal of Business Venturing. Vol.4. No.5. 317-332.

Cooper, R.G. 1979. The Dimensions of Industrial New Product Success and Failure. In: Journal of Marketing. Vol.43. No. 2. 93-103.

Corsten, H. 1987. Technology transfer from universities to small and medium-sized enterprises - an empirical survey from the standpoint of such enterprises. In: Technovation. Vol.6. 57-68.

Covin, J.G.; Slevin, D.P. 1989. Strategic Management of Small Firms in Hostile and Benign Environments. In: Strategic Management Journal. Vol.10. No.1. 75-87.

Cromie, St. 1991. The Problems Experienced by Small Firms. In: Davies/Gibb (1991) a.a.O. 115-134.

Curran, J.; Stanworth, J.; Watkins, D. (Hrsg). 1986. The Survival of the Small Firm. Band 2. Aldershot.

Davidsson, P. 1991. Continued Entrepreneurship: Ability, Need and Opportunity as Determinants of Small Firm Growth. In: Davies/Gibb (1991) a.a.O. 205-229.

Davies, Howard. 1993. The Information Content of Technology Transfers: A Transaction Cost Analysis in the Machine Tool Industry. **In: Technovation. Vol.13. 93-100.**

Davies, L.G.; Gibb, A.A. (Hrsg.). 1991. Recent Research in Entrepreneurship. The Third International EIASM Workshop. Aldershot u.a.

Denz, Hermann. 1976. Trennschärfebestimmung von Items und Likert-Skalierung. In: **Holm, Kurt. Die Befragung 4. München. 96-108.**

Dess, G.G.; Robinson, R.B. jr. 1984. Measuring Organizational Performance in the Absence of Objective Measures: The Case of the Privately-held Firm and Conglomerate Business Unit. **In: Strategic Management Journal. Vol.5. 265-273.**

Dettmar, Rainer (=RAD, Kürzel). 1992. Information fließt nur selten. **In: DUZ. Das Hochschulmagazin Nr.10/92. 5.**

Deutscher Bundestag (Hrsg.). 1981. Faktenbericht zum Bundesbericht Forschung (=Drucksache 9/1581). Bonn.

Deutscher Städtetag (Hrsg.). 1987. Gemeindestatistik 1987. Köln.

Dietz, J.-W. 1989. Gründung innovativer Unternehmen. Wiesbaden.

Diller, H. 1985. Preispolitik. Stuttgart.

Dollinger, M.J. 1983. The Effects of Environmental, Organizational and Personal Characteristics on Boundary Spanning Activities and Organizational Performance in Small Business Firms. Lehigh University, 1983. [als Abstract in: Dissertation Abstracts International. Vol.44. No.3, 1984, S. 850-A.]

Dollinger, M.J. 1985. Environmental Contacts and Financial Performance of the Small Firm. **In: Journal of Small Business Management. Vol.23. Nr.1. 24-30.**

Domeyer, V.; Funder, M. 1991. Kooperation als Strategie. Eine empirische Studie zu Gründungsprozessen, Organisations-formen, Bestandsbedingungen von Kleinbetrieben. Sozialverträgliche Technikgestaltung Materialien und Berichte Band 19. Opladen.

McDonald, D. 1985. Incubator Fever. **In: New England Business. Vol.7. No.14. 62-70.**

MacDonald, S. 1986. British Science Parks: Reflections on the Politics of High Technology. **In: R&D Management. Vol.17. No.1. 25-37.**

Dose, N. 1990. Technologieparks. Eine Literaturauswertung. **In: Verwaltungs-Archiv. Band 81. Heft 3. 228-248.**

Dose, N. ; Drexler, A. (Hrsg). 1988. Technologieparks: Voraussetzungen, Bestandsaufnahme und Kritik. Opladen.

Doutriaux, J. 1987. Growth Pattern of Academic Entrepreneuial Firms. **In: Journal of Business Venturing. Vol.2. No.4. 285-297.**

Doutriaux, J. 1991. High-Tech Start-Ups, Better Off with Government Contracts than with Subsidies. **In: IEEE Transactions on Engineering Management. Vol.38. 127-135.**

Draper, Norman R.; Smith, Harry. 1981. Applied Regression Analysis. 2nd. Edition. New York, Chichester, Brisbane Toronto.

Dunkelberg, W.C.; Cooper, Arnold C. 1982. Patterns of Small Business Growth. In: **Academy of Management Proceedings, 42th Annual Meeting, New York, August 15-18, 1982.**

Eisbach, J. 1985. Gründer- und Technologiezentren - Sackgassen kommunaler Wirtschaftsförderung. Bremen.

Emge, H. 1985. Needs for Practical Knowledge in Business Administration and How to Get it. In: **Allesch/Fiedler (1985) a.a.O. 137-141.**

Enbiyaoglu, H. 1984. Relationship Among Entrepreneur's Previous Experiences, Business Planning, Business Idea and Company Performance. University of Minnesota, 1984. [als Abstract in: Dissertation Abstracts International. Vol.45. No.3. S. 923-A.]

Europäische Gemeinschaft (Hrsg.). 1990. Amtsblatt der Europäischen Gemeinschaften Nr. C186/27.07.90. S.51f.

Evans, David S. 1987. Tests of Alternative Theories of Firm Growth. In: **Journal of Political Economy. Vol.95. No.41. 657-674.**

Ewers, H.-J.; Fritsch, M.; Kleine, J. 1984. Bildungs- und qualifikationsorientierte Strategien der regionalen Förderung kleiner und mittlerer Unternehmen. Schriftenreihe des Bundesministers für Raumordnung, Bauwesen und Städtebau: Raumordnung, Regionale Entwicklung durch Förderung kleiner und mittlerer Unternehmen. Heft 06.053. Bonn.

Ewrigmann, D.; Kortenkamp, L. 1986. Veränderte Rahmenbedingungen für die regionale Wirtschaftspolitik. In: **Informationen zur Raumentwicklung. 9/10. 669-678.**

Fahrmeir, Ludwig; Hamerle, Alfred (Hrsg.). 1984. Multivariate statistische Verfahren. Berlin, New York.

Fiedler, H. 1990. Die Bedeutung von Technologieparks und Gründerzentren. In: **Poppenheger/Bittermann (1990) a.a.O. 101-110.**

Fiedler, H. (Hrsg.). 1992a. Innovationszentren in Deutschland, Österreich und in der Schweiz 1992/93. Mit Firmenbeschreibungen. Berlin. (=ADT-Handbuch 1992/93).

Fiedler, H. 1992b. Innovationszentren in Deutschland. In: **Fiedler (1992a) a.a.O. 19-30.**

Fiedler, H.; Wodtke, K.-H. (Hrsg.) 1989. Innovationszentren in der Bundesrepublik Deutschland, Österreich und der Schweiz 1989. Mit Firmenbeschreibungen. Berlin. (=ADT-Handbuch 1989)

Fiedler, H.; Wodtke, K.-H. (Hrsg.) 1990. Innovationszentren in der Deutschland,

Österreich und der Schweiz 1990/91. Mit Firmenbeschreibungen. Berlin. (=ADT-Handbuch 1990)

Fisher, Franklin M. 1971. The Choice of Instrumental Variables in the Estimation of Economy-Wide Econometric Models. In: **Blalock (1971) a.a.O. 245-272.**

Förster, F. et al. 1984. Der LISREL-Ansatz der Kausalanalyse und seine Bedeutung für die Marketing-Forschung. In: **Zeitschrift für Betriebswirtschaft. 54.Jg. Nr.4. 346-365.**

Frank, H.; Plaschka, G.R.; Rößl, D. 1990. Towards an Effective Subsidizing Policy. Paper to be presented at Rent IV, Recent Research in Entrepreneurship, 4th Workshop, Cologne, November 29-30, 1990.

Frank, H.; Mugler, J.; Roessl, D. 1991. Growth Determinants of New Ventures-A Comparison of Vienna and Chicago Entrepreneurs. In: **Davies/Gibb (1991) a.a.O. 230-257.**

Franke, J.; Braune, P.; Herr, D.; Kühlmann, T.H. 1987. Technologietransfer und Mittelstand- Eine empirische Untersuchung zur Beratungslücke. In: **Zeitschrift für betriebswirtschaftliche Forschung. 39.Jg. 479-488.**

Franklin, S.G., Goodwin, J.S. 1983. Problems of Small Business and Sources of Assistance: A Survey. In: **Journal of Small Business Management. Vol.21. Nr. 2. 5-12.**

Fraunhofer Institut für Systemtechnik und Innovationsforschung (Hrsg.). o.J. Förderung technologieorientierter Unternehmensgründungen. Zwischenbilanz des Modellversuchs des Bundesministers für Forschung und Technologie mit zwölf Unternehmensbeispielen und Hinweisen für Interessenten. Karlsruhe.

Fredland, J.E.; Morris, C.E. 1976. A Cross Section Analysis of Small Business Failure. In: **American Journal of Small Business. Vol.1. Nr.1. 7-18.**

Frey, D.; Benning, E. 1987. Dissonanztheorie. In: Frey, D.; Greif, S. (Hrsg.). **Sozialpsychologie. Ein Handbuch in Schlüsselbegriffen. 2., erweiterte Auflage. München; Weinheim. 147-153.**

Frey, D.; Greif, S. 1987. Sozialpsychologie. Ein Handbuch in Schlüsselbegriffen. 2., erweiterte Auflage. München; Weinheim.

Fry, F.L. 1987. The Role of Incubators in Small Business Planning. In: **American Journal of Small Business. Vol.12. No.1. 51-61.**

McGee, J. 1989. Barriers to Growth: The Effects of Market Structure. In: **Barber/ Metcalfe/Porteous (1989) a.a.O. 173-195.**

Geschka, H. 1979. Technologietransfer. In: **Handwörterbuch der Produktionswirtschaft. Kern,W. (Hrsg.). Stuttgart. Sp. 1917-1930.**

Giannisis, D.; Willis, R.A.; Maher, N.B. 1990. Technology Commercialization in Illinois. In: **Brett/Gibson/Smilor (1990) a.a.O. 197-221.**

Gibb, Allan; Ritchie, John. 1982. Understanding the Process of Starting Small Business. In: **European Small Business Journal. Vol.1. No.1. 26-45.**

Gibb, A.A.; Davies, L.G. 1991. Methodological Problems in the Development and Testing of a Growth Model of Business Enterprise Development. In: Davies/Gibb (1991) a.a.O. 286-323.

Gibb, J.M. (Hrsg.). 1985. Science Parks and Innovation Centres. Amsterdam u.a.

Gill, J. 1985. Factors Affecting the Survival and Growth of the Smaller Company. Aldershot.

Goebel, Peter. 1990. Erfolgreiche Jungunternehmer: Lieber kleiner Herr als großer Knecht! Welche Fähigkeiten brauchen Firmengründer? München.

Grabow, B.; Heuer, H.; Kühn, G.; Faltermaier, M. 1990. Lokale Innovations- und Technologiepolitik. Ergebnisse einer Bundesweiten Erhebung. Berlin.

Greenfield, Sidney M., Strickon, Arnold. 1981. A New Paradigm for the Study of Entrepreneurship and Social Change. In: Economic Development and Cultural Change. Vol.29. 467-499.

Griliches, Z. 1986. Economic Data Issues. In: Griliches, Z.; Intriligator, M.D. (ed.). Handbook of Econometrics. Vol.3. Amsterdam u.a. 1466-1514.

McGuigan, F.J. 1979. Einführung in die experimentelle Psychologie. J.M. Diehl (dt. Bearbeitung). Frankfurt/M.

McGuire, J.W. 1963. Factors Affecting the Growth of Manufacturing Firms. Seattle, Washington.

Gupta, A.K. 1984. Contingency Linkages Between Strategy and General Manager Characteristics. A Conceptual Examination. In: Academy of Management Journal. Vol.9. No.3. 399-412.

Gupta, A.K.; Govindarajan, V. 1984. Business Unit Strategy, Managerial Characteristics, and Business Unit Effectiveness at Strategy Implementation. In: Academy of Management Journal. Vol.27. No.1. 25-41.

Hall, G. 1989. Lack of Finance as a Constraint on the Expansion of Innovatory Small Firms. In: Barber/Metcalfe/Porteous (1989) a.a.O. 39-57.

Hall, G. 1992. Reasons for Insolvency Amongst Small Firms - A Review and Fresh Evidence. In: Small Business Economics. Vol.4. 237-250.

Hall, G.; Falshaw, S. 1990. Factors Associated With Relative Performance Amongst Small Firms in the British Instrumentation Sector. Paper to be presented at Rent IV, Recent Research in Entrepreneurship, 4th Workshop, Cologne, November 29-30, 1990.

Hammann, Peter; Erichson, Bernd. 1978. Marktforschung. Stuttgart, New York.

Hannan, M.T.; Freeman, J. 1979. Obstacles to Comparative Studies. In: Goodman, P.S.; Pennings, J.M. and Associates (Hrsg.). New Perspectives on Organizational Effectiveness. San Francisco. Washington. London. 106-131.

Harmsen, D.-M. 1988. Technologieorientierte Unternehmensgründungen: Ergebnisse empirischer Untersuchungen. Vortragsmanuskript zum Workshop "Hoffnungsträger Kleinbetrieb?". Universität Bielefeld, 24.11.1988.

Hartung, J.; Elpelt, B. 1984. Multivariate Statistik. München. Wien.

Hauschildt, Jürgen. 1970. Bilanzanalyse mit Kennzahlensystemen. Das "DU-PONT-Control-System" und seine Anwendung auf deutsche Jahresabschlüsse. **In: Harzburger Hefte 1. 2-12.**

Hauschildt, Jürgen. 1989. Informationsverhalten bei innovativen Problemstellungen - Nachlese zu einem Forschungsprojekt. **In: Zeitschrift für Betriebswirtschaft. 59.Jg. 377-396.**

Hauschildt, Jürgen. 1993. Innovationsmanagement. München.

Hauschildt, Jürgen; Grün, Oskar (Hrsg.). 1993. Ergebnisse empirischer betriebswirtschaftlicher Forschung: Zu einer Realtheorie der Unternehmung. Festschrift für Eberhard Witte. Stuttgart.

Hay, D.R.; Wolff, M.R. 1982. Birth and Growth of Entrepreneurial Groups. **In: Vesper (1982) a.a.O. 460-468.**

Hedberg, N.; Miettinen, A. 1990. In Search of Entrepreneur-Business Environment Contingencies. Paper to be presented at Rent IV, Recent Research in Entrepreneurship, 4th Workshop, Cologne, November 29-30, 1990.

Henneberry, J. 1992. Science Parks: A Property-Based Initiative for Urban Regeneration. **In: Local Economy. Vol.6. No.4. 326-335.**

Henschel-Neumann, Birgit. 1988. Regionale Wirkungen der Technologiezentren Dortmund und München. Dortmund.

Herkner, W. 1987. Sympathie und Ablehnung. **In: Frey, D./Greif, S. (Hrsg.). Sozialpsychologie. Ein Handbuch in Schlüsselbegriffen. 2., erweiterte Auflage. München; Weinheim. 350-355.**

Hersey, P.; Blanchard, K.H. 1972. Management of Organizational Behavior. Englewood Cliffs, NJ.

Heseler, H. 1986. Die Förderung von Hochtechnologien aus gewerkschaftlicher Sicht. **In: Lemper, A. et al. (Hrsg.). Bremen als Standort für Hochtechnologie. Bremen. 169-178.**

Hildebrandt, Lutz. 1992. Wettbewerbssituation und Unternehmenserfolg. **In: Zeitschrift für Betriebswirtschaft. 62. Jg. 1069-1084.**

Hinterhuber, H.H. 1984. Strategische Unternehmensführung. 3.Aufl. Berlin; New York.

Hisrich, R.D. 1988. New Business Formation Through the Enterprise Development Center: A Model for New Venture Creation. **In: IEEE Transactions on Engineering Management. Vol.35. No.4. 221-231.**

Hoad, W.M.; Rosko, P. 1964. Management Factors Contributing to the Success and Failure of the New Small Manufactors. **In: Michigan Business Reports Number 44, Ann Arbor.**

Hodgson, Bob. 1992. The Growth of New Technology Based Firms in and around Cambridge. An Update of the Cambridge Phenomenon. In: **Kuklinski, Antoni (Hrsg.). Society, Science, Government. (Science and Government Series, Vol.2). Warschau. 275-285.**

Hofer, C.W.; Schendel, D. 1978. Strategy Formulation: Analyical Concepts. St.Paul, New York, Los Angeles, San Francisco.

Hofer, C.W.; Sandberg, W.R. 1987. Improving New Venture Performance: Some Guidelines for Success. In: **American Journal of Small Business. Vol.12. No.1. 11-25.**

Holm, Kurt (Hrsg.). 1975. Die Befragung 1. München.

Holm, Kurt (Hrsg.). 1976. Die Befragung 4. München.

Holm, Kurt (Hrsg.). 1977. Die Befragung 5. München.

Holm, Kurt (Hrsg.). 1979. Die Befragung 6. München.

Hornaday, John A.; Aboud, John. 1975. Characteristics of Successful Entrepreneurs. In: **Baumback/Mancusco. a.a.O. 22-31.**

Hoy, F.; Hellriegel, D. 1982. The Kilmann and Herden Model of Organizational Effectiveness Criteria for Small Business Managers. In: **Academy of Management Journal. Vol.25. No. 2. 308-322.**

Hunsdiek, D. 1985. Genug Chancen für Zukunftsproduktionen ? Voraussetzungen zur Gründung und Effizienzsteigerung technologieorientierter Unternehmen. In: **Das Parlament. Nr.3. 2.03.85.**

Hunsdiek, D. 1987. Unternehmensgründung als Folgeinnovation. Schriften zur Mittelstandsforschung; N.F., Nr.16. Stuttgart.

Hunsdiek, D.; May-Strobl, E. 1987. Gründungsfinanzierung durch den Staat. Schriftenreihe des Instituts für Mittelstandsforschung. NF Nr.17. Stuttgart.

Huntsman, B.; Hoban, J.P. jr. 1980. Investment in New Enterprise: Some Empirical Observations on Risk, Return and Market Structure. In: **Financial Management. Vol.9. Nr.2. Summer. 44-51.**

Hyvärinen, L. 1990. Manager Participation in Innovation Activities of Small and Medium-Sized Industrial Enterprises. Paper to be presented at Rent IV, Recent Research in Entrepreneurship, 4th Workshop, Cologne, November 29-30, 1990.

Johannisson, B. 1991. To Grow and Not to Grow-On the External Growth of Small Firms. In: **Davies/Gibb (1991) a.a.O. 266-285.**

Johne, F.A.; Snelson, P.A. 1988. Success Factors in Product Innovation. In: **Journal of Product Innovation Management. Vol.5. 114-128.**

Kaiser, H.F. 1974. An Index of Factorial Simplicity. In: **Psychometrika. Vol. 39. 31-36.**

Kamp, E. et al. 1978. Probleme neugegründeter Unternehmen. Eine empirische Untersuchung. Beiträge zu Mittelstandsforschung. Heft 40. Göttingen.

Kaufmann, Heinz; Pape, Heinz. 1984. Clusteranalyse. In: Fahrmeir/Hamerle (1984) a.a.O. 371-472.

Keats, B.W.; Bracker, J.S. 1988. Toward a Theory of Small Firm Performance: A Conceptual Model. In: **American Journal of Small Business. Vol.12. No.4. 41-58.**

Keeble, David. 1993. Regional Influences and Policy in New Technology-Based Firm Creation and Growth. Paper Presented at the Conference "New Technology-Based Firms in the 1990's". MBS, Manchester. 25./26.Juni.

Kennedy, J.; Loutzenhiser, J.; Chaney, J. 1979. Problems of Small Business Firms: An Analysis of the SBI Consulting Program. In: **Journal of Small Business Management. Vol.17. No.1. 7-14.**

Khalil, T.M.; Bayraktar, B.A. (ed.). 1990. Management of Technology II: The Key to Global Competitiveness. Norcross.

Kieser, A. 1976. Wachstum und Wachstumstheorien, betriebswirtschaftliche. **In: Grochla, E.; Wittmann, W. (Hrsg.). Handwörterbuch der Betriebswirtschaft. 4.Auflage. Stuttgart. Sp. 4301-4318.**

Kirchhoff, U. 1991. Engagement für lokale Strukturpolitik. In: **Betriebswirtschaftliche Blätter. 40. Jg. 457-464.**

Kirschbaum, G. 1982. Die Entstehung neuer Unternehmen im regionalen Kontext. Diss. Köln.

Klandt, H. 1984. Aktivität und Erfolg des Unternehmungsgründers: Eine empirische Analyse unter Einbeziehung des mikrosozialen Umfeldes. Bergisch Gladbach.

Klandt, H. (Hrsg.). 1993. Entrepreneurship and Business Development. Aldershot u.a. (=Buch der Rent IV Konferenz 1990.)

Klandt, H.; Kirschbaum, G. 1985. Software- und Systemhäuser-Strategien in der Gründungs- und Frühentwicklungsphase. Sankt Augustin.

Klandt, H.; Münch, G. 1990. Gründungsforschung im deutschsprachigen Raum: Ergebnisse einer empirischen Untersuchung. In: **Szyperski/Roth (1990) a.a.O. 171-186.**

Kleinbaum, David G.; Kupper, Lawrence L. 1978. Applied Regression Analysis and other Multivariate Methods. Belmont.

Kockläuner, G. 1988. Angewandte Regressionsanalyse mit SPSS. Braunschweig. Wiesbaden.

Kotler, Philip; Bliemel, F. 1992. Marketing-Management. 7.Aufl. Stuttgart.

Kozmetsky, George; Gibson, David V.; Kilcrease, Laura. 1993. NASA (Field Center Based) Technology Commercialization Centers. Value-Added Technology Transfer for U.S. Competitive Advantage. Washington, D.C., Menlo Park.

Krist, H. 1985. Sieben Fragen zum Thema Gründer- und Technologiezentren. Karlsruhe.

Kuipers, M. 1990. Erfolgsfaktoren der Unternehmungsgründung - Eine Untersuchung erfolgreicher und erfolgloser Unternehmungsgründer in der Schweiz. Bamberg.

Kulicke, M. 1987. Technologieorientierte Unternehmen in der Bundesrepublik Deutschland - Eine empirische Untersuchung der Strukturbildungs- und Wachstumsphase von Neugründungen. Frankfurt am Main, Bern, New York.

Kulicke, M. unter Mitarbeit von: Bayer, K.; Walter, G.H. 1991. Modellversuch "Förderung technologieorientierter Unternehmensgründungen": Zwischenbilanz zum 31.12.1990. Manuskript. Karlsruhe (FhG-ISI).

Lamont, L.M. 1975. What Entrepreneurs Learn from Experience. In: **Baumback/ Mancusco (1975) a.a.O. 254-260.**

Larson, C.M.; Clute, R.C. 1979. The Failure Syndrom. In: **American Journal of Small Business. Vol.4. No.2. 35-43.**

Laub, U.D. 1989. Zur Bewertung innovativer Unternehmensgründungen im institutionellen Zusammenhang - eine empirisch gestützte Analyse. München.

Laub, U.D. 1991. Innovationsbewertung: Ein Bewrtungskonzept für innovative Unternehmensgründungen. Ergebnisse einer empirischen Untersuchung. In: **Laub/Schneider (1991) a.a.O. 23-49.**

Laub, U.D.; Schneider, D. (Hrsg.). 1991. Innovation und Unternehmertum - Perspektiven, Erfahrungen, Ergebnisse. Wiesbaden.

Leker, Jens. 1993. Fraktionierende Frühdiagnose von Unternehmenskrisen. Köln.

Lemper, A. et al. (Hrsg.). 1986. Bremen als Standort für Hochtechnologie. Bremen.

Lindecamp, D.P. 1981. The Personal Values and Business Success of Small, Independent Retailers: An Empirical Study. Texas. [als Abstract in: Dissertation Abstracts International, 42.Jg., Bd.3, S.1237]

Link, A.N.; Bozeman, B. 1991. Innovative Behavior in Small-Sized Firms. In: **Small Business Economics. Vol.3. 179-184.**

Louter, P.J.; Ouwerkerk, C.; Bakker, B.A. 1991. An Inquiry into Successful Exporting. In: **European Journal of Marketing. Vol.25. No.6. 7-23.**

Lowe, J. 1985. Science Parks as a Vehicle for Technology Transfer. In: **Gibb (1985) a.a.O. 111-117.**

Lowe, J.; Silver, M. 1986. R&D Strategies and Variable Demand. In: **R&D Management. Vol.16. No.1. 325-333.**

Litvak, I.A.; Maule, C.J. 1980. Entrepreneurial Success or Failure - Ten Years Later. In: **Business Quarterly. Vol.45. No.4. 68-78.**

Litvak, I.A.; Maule, C.J. 1982. Successful Canadian Entrepreneurship and Innovation. Six Case Studies. In: **Vesper, K.H. (Hrsg.). Frontiers of Entrepreneurship Research, a.a.O. 189-203.**

Lumpkin, J.R.; Ireland, R.D. 1988. Screening Practices of New Business Incubators:

The Evaluation of Critical Success Factors. In: **American Journal of Small Business. Vol.12. No.4. 59-81.**

Maidique, M.A. 1986. Key Success Factors in High-Tech-Ventures. In: **Sexton/Smilor (1986). 169-180.**

Maidique, M.A.; Roure, J.B. 1986. Linking Prefunding Factors and High-Technology Venture Success: An Exploratory Study. In: **Journal of Business Venturing. Vol. 1. 109-123.**

Malecki, E.J. 1990. Geographic Location of R&D Facilities. In: **Khalil/Bayraktar (1990) a.a.O. 207-215.**

Matusza, M. 1989. Wirksame Mixtur. Technologiepolitik: Welche Rolle spielt der Staat?In: **Wirtschaftswoche. 1.12. 14f.**

May, E. 1981. Erfolgreiche Existenzgründungen und öffentliche Förderung. Eine vergleichende empirische Analyse geföderter und nichtgeförderter Gründungsunternehmen. Beiträge zur Mittelstandsforschung. Heft 81. Göttingen.

Mayer, K.B.; Goldstein, S. 1961. The First Two Years: Problems of Small Firm Growth and Survival. Washington, D.C.

Merrifield, D.B. 1987. New Business Incubators. In: **Journal of Business Venturing. Vol.2. No.4. 277-284.**

Meyer, M.H.; Roberts, E.B. 1986. New Product Strategy in Small Technology-Based Firms - A Pilot Study. In: **Management Science. Vol.32. 806-821.**

Meyer, M.H.; Roberts, E.B. 1988. Focusing Product Technology for Corporate Growth. In: **Sloan Management Review. Vol.29. No.4. 7-16.**

Meyer-Krahmer, F.; Gielow, G.; Kuntze, U. 1984. Wirkungsanalyse der Zuschüsse für Personal in Forschung und Entwicklung. Karlsruhe.

Miller, Danny. 1983. The Correlates of Entrepreneurship in Three Types of Firms. In: **Management Science. Vol.29. No.7. 770-791.**

Ministerpräsidentin des Landes Schleswig-Holstein, Die, Staatskanzlei (Hrsg.). 1993. Science Parks in the Baltic Region. Experiences and Chances: Conference Held by North European Club, Nordic Council of Ministers, Christian-Albrechts-Universität zu Kiel, Technologiestiftung Schleswig-Holstein and Denkfabrik Schleswig-Holstein. December 3rd and 4th, 1992. Kiel.

Mischon, C.; Mortsiefer, H.-J. 1981. Zum Stand der Insolvenzprophylaxe bei mittelständischen Betrieben. Eine empirische Analyse. (Schriften zur Mittelstandsforschung. Hrsg. vom Institut für Mittelstandsforschung, Nr.83). Göttingen.

Moeller, K.; Anttila, M. 1987. Marketing Capability - a key success factor in small business?. In: **Journal of Marketing Management. Vol.3. No.2. 185-203.**

Monck, C.S.P.; Quintas, P.R.; Porter, R.B.; Storey, D.J.; Wynarczyk, P. 1988. Science Parks and the Growth of High Technology Firms. London, New York, Sydney.

Müller-Böling, D. 1990. Venture Team Start-Ups - An Undiscovered Field of Research. Paper to be presented at Rent IV, Recent Research in Entrepreneurship, 4th Workshop, Cologne, November 29-30, 1990.

Müller-Böling, D. 1992. Art.: Organisation der Gründung von Unternehmungen. In: **Frese, E. (Hrsg.). Handwörterbuch der Organisation. 3.Aufl. Sp. 725-735.**

Müller-Böling, D.; Klandt, H. 1990. Bezugsrahmen für die Gründungsforschung mit einigen empirischen Ergebnissen. In: **Szyperski, N.; Roth, P. (Hrsg.). Entrepreneurship: innovative Unternehmensgründung als Aufgabe. Stuttgart. 143-170.**

Müller-Böling, D.; Klandt, H. 1993. Unternehmensgründung. In: **Hauschildt, J.; Grün, O. (Hrsg.). Ergebnisse empirischer betriebswirtschaftlicher Forschung: Zu einer Realtheorie der Unternehmung. Festschrift für Eberhard Witte. Stuttgart. 133-178.**

McMullan, W.E.; Melnyk, K. 1988. University Innovation Centres and Academic Venture Formation. In: **R&D Management. Vol.18. 1988. 5-12.**

Muniak, D. 1991. State Governments, Public Universities, and the Siting of High-Technology Parks. In: **Dubnick, M.J., Gitelson, A.R. (Hrsg.). Public Policy and Economic Institutions. Vol.10. Greenwich, Conn. 235-255.**

Mussati, G.; Fumagalli, A. 1990. Survival, Entrepreneurship, Growth: Which Relationship? The Milanese Area's Case. Paper to be presented at Rent IV, Recent Research in Entrepreneurship, 4th Workshop, Cologne, November 29-30, 1990.

Nathusius, K.; Klandt, H.; Kirschbaum, G. (Hrsg.). 1984. Unternehmungsgründung - Konfrontation von Forschung und Praxis. Bergisch Gladbach.

Naujoks, W.; Pausch, R. 1977. Die Bedeutung der zwischenbetrienlichen Kooperation in der betrieblichen Praxis. Hauptergebnisse einer empirischen Untersuchung. Bonn.

Nooteboom, B.; Coehoorn, C.; van der Zwaarn, A. 1992. The Purpose and Effectiveness of Technology Transfer to Small Business by Governmet-Sponsored Innovation Centres. In: **Technology Analysis and Strategic Management. Vol.4. No.2. 149-166.**

Oakey, R.; Rothwell, R.; Cooper, S. 1988. The Management of Innovation in High-Technology Small Firms. London.

Oakey, R.; Faulkner, W.; Cooper, S.; Walsh, V. 1990. New Firms in the Biotechnology Industry: Their Contribution to Innovation and Growth. London, New York.

Ost, F. 1984. Faktorenanalyse. In: **Fahrmeir/Hamerle (1984) a.a.O. 575-662.**

o.V. 1991. Kompass. Deutschland 1991/1992. 19.Jg. Freiburg i.Br. Bände 1-4.

o.V. 1992. Industrial Districts: The Road to Success for Small Businesses. In: **Monthly Labor Review. Vol.115. No.2. 46-47.**

o.V. 1992. SPSS for Windows Release 5. Advanced Statistics. Chicago.

Pavia, T.M. 1990. Product Growth Strategies in Young High-Technology Firms. In: **Journal of Product Innovation Management. Vol.7. 297-309.**

Pavia, T.M. 1991. The Early Stages of New Product Development in Entrepreneurial High-Tech Firms. In: **Journal of Product Innovation Management. Vol.8. 18-31.**

Penrose, E.T. 1959. The Theory of the Growth of the Firm. Oxford.

Penrose, E.T. 1985. The Theory of the Growth of the Firm -Twenty-five Years After. Uppsala.

Perry, C. 1984. Differences Between Intending and Existing Entrepreneurs and High- and Low- Growth Entrepreneurs. In: **Management Forum, September 1984, 147-155.**

Perry, C.; Meredith, G.G.; Cunnington, H.J. 1988. Relationship Between Small Business Growth and Personal Characteristics of Owner/Managers in Australia. In: **Journal of Small Business Management. Vol.26. No.2. 76-79.**

Peterson, R.A. 1984. Small Business Management Assistance: Needs and Sources. In: **American Journal of Small Business. Vol.49. No.2. 35-45.**

Peterson, R.A.; Kozmetsky, G.; Ridgway, N. 1983. Perceived Causes of Small Business Development. In: **American Journal of Small Business. Vol.8. No.1. 15-19.**

Pfeifer, A.; Schmidt, P. 1987. LISREL: Die Analyse komplexer Strukturgleichungsmodelle. Stuttgart; New York.

Piccaluga, A. 1992. From Profs to Profits: How Italian Academics Generate High Technology Ventures. In: **Creativity and Innovation Management. Vol.1. 87-93.**

Pichotta, A. 1990. Die Prüfung der Beteiligungswürdigkeit von innovativen Unternehmungen durch Venture Capital-Gesellschaften. Bergisch Gladbach; Köln.

Picot, A.; Laub, U.; Schneider, D. 1989. Innovative Unternehmensgründungen - Eine ökonomisch-empirische Analyse. Berlin, Heidelberg, New York, London, Paris, Tokyo.

Picot, A.; Laub, U.; Schneider, D. 1990. Comparing Successful and Less Successful New Innovative Businesses. In: **European Journal of Operational Research. Vol.47. 190-202.**

Pistor, M. 1989. Die Rolle der Umwelt bei der Entstehung und Entwicklung innovativer Unternehmungen im Bereich der Mikroelektronik. Bamberg.

Planungsgemeinschaft Westpfalz (Hrsg.). 1981. Universität Kaiserslautern als Motor für die Entwicklung der Region Westpfalz. Kaiserslautern.

Plaschka, Gerhard. 1986. Unternehmenserfolg. Wien.

Pohl, H. 1991. Überlebenschancen von Unternehmensgründungen. In: **Zeitschrift für Unternehmensgeschichte, Beiheft 63. Stuttgart.**

Poppenheger, B.; Bittermann, U. (Hrsg.). 1990. Management-Know-how-Transfer. Unternehmensgründung in der DDR. Köln.

Preston, John T. 1991. The Role of the University Licensing Office in Transferring Intellectual Property to Industry. In: **Kuklinski, Antoni (Hrsg.) Transformation of Science in Poland (Science and Government Series, Vol.1). Warschau. 235-248.**

Pugh, D.S.; Hickson, D.J. (Hrsg.) 1978/79. Organizational Structure in its Context. The Aston Programme. Westmead u.a.

Quintas, P.; Wield, D.; Massey, D. 1992. Academic-Industry Links and Innovation: Questioning the Science Park Model. In: **Technovation. Vol.12. 161-175.**

Rappa, M.A.; Dierdonck, R. van; Debackere, K. 1990. An Assessment of Science and Technology Parks: Towards a Better Understanding of Their Role in the Emergence of New Technologies. Working Paper. Alfred P. Sloan School of Management. Cambridge, Ma.

Ray, J.W. 1981. An Empirical Examination of the Characteristics and Attributes of Entrepreneurs, Franchise Owners, and Managers Engaged in Retail Ventures. University of South Carolina. [als Abstract in: Dissertation Abstracts International. Vol.43. No.4. S. 1221-A.]

Rea, Robert H. 1989. Factors Affecting Success and Failure of Seed Capital/Start-Up Negotiations. In: **Journal of Business Venturing. Vol.4. No.2. 149-158.**

Rensvik, K. 1993. Report on Teknostallen, Trondheim, Norway. In: **Ministerpräsidentin des Landes Schleswig-Holstein (1993) a.a.O. 28-29.**

Rentrop, N. 1985. Ausgewählte Strategien im Gründungsprozeß. Bergisch Gladbach.

Roberts, E.B. 1970a. Influences upon Performance of New Technical Enterprises. In: **Symposium on Technical Entrepreneurship. Purdue Univ. 126-149.**

Roberts, E.B. 1970b. How to Succeed in a New Technology Enterprise. In: **Technology Review, December 1970, 18-27.**

Roberts, E.B. 1990. Evolving Toward Product and Market-Orientation: The Early Years of Technology-Based Firms. In: **The Journal of Product Innovation Management. Vol.7. No.4. 274-287.**

Roberts, E.B. 1991a. Strategic Transformation and the Success of High-Technology Companies. In: **International Journal of Technology Management. Special Publication on the Role of Technology in Corporate Policy. 59-80.**

Roberts, E.B. 1991b. Entrepreneurs in High Technology: Lessons from MIT and Beyond. New York. Oxford.

Roberts, E.B. 1991c. The Technological Base of the New Enterprise. In: **Research Policy. Vol.20. 283-298.**

Roberts, E.B.; Hauptman, O. 1986. The Process of Technology Transfer to the New Biolmedical and pharmaceutical Firm. In: **Research Policy. Vol.15. 107-119.**

Roberts, E.B.; Hauptman, O. 1987. The Financing Threshold Effect on Success and Failur of Biomedical and Pharmaceutical Start-Ups. In: **Management Science. Vol.33. No.3. 381-394.**

Robinson, R.B. 1982. The Importance of Outsiders in Small Firm Strategic Planning. In: **Academy of Management Journal. Vol.25. No.1. 80-93.**

Robinson, R.B. Jr.; Pearce, J.A.; Vozikis, G.S.; Mescon, T.S. 1984. The Relationship Between Stage of Development and Small Firm Planning and Performance. In: **Journal of Small Business Management. Vol.22. No.2. 45-52.**

Rocha, J.R. jr.; Khan, M.R. 1984. Impact of Counseling on Small Business Performance. In: **American Journal of Small Business. Vol.49. 34-43.**

Ronstadt, R. 1982. Does Entrepreneurial Career Path Really Matter? In: **Vesper (1982) a.a.O. 540-567.**

Rothholz, P. 1986. Barrieren im Technologie-Transfer. Europäische Hochschulscriften, Reihe Volks- und Betriebswirtschaft, Bd. 694, Frankfurt/Main.

Rothwell, R. 1991. External networking and innovation in small and medium-sized manufacturing firms in Europe. In: **Technovation. Vol.11. No.2. 93-112.**

Rothwell, R.; Freeman, C.; Horsley, A.; Jervis, V. T. P.; Robertson, A.B.; Townsend, J.; 1974. SAPPHO Updated - Project SAPPHO Phase II. In: **Research Policy. Vol.3. 258-291.**

Rothwell, R.; Dodgson, M. 1987. Patterns of Growth and R&D Activities in a Sample of Small and Medium-Sized High Technology Firms in the UK, Denmark, the Netherlands and Ireland. Report to IRDAC Working Party III, European Commission. Brussels.

Rothwell, R.; Beesley, M. 1989. The Importance of Technology Transfer. In: **Barber/Metcalfe/Porteous (1989) a.a.O. 87-103.**

Rotter, J.B. 1966. Generalized Expectarcies for Internal Versus External Control of Reinforcement. In: **Psychological Monographs (No.609).**

Rubenstein, A.H.; Chakrabarti, A.K.; O'Keefe, R.D.; Souder, W.E.; Young, H.C. 1976. Factors Influencing Innovation Success at the Project Level. In: **Research Management. Vol.19. No.3. 15-20.**

Sahlin-Anderson, K. 1991. Science Parks as Organized Fields. RFI Research Paper 6454. Stockholm.

Samson, Karel J.; Gurdon, Michael A. 1993. University Scientists as Entrepreneurs: A Special Case of Technology Transfer and High-Tech Venturing. In: **Technovation. Vol.13. 63-71.**

Sánchez, Angel Martinez. 1992. Regional Innovation and Small High Technology Firms in Peripheral Regions. In: **Small Business Economics. Vol.4. 153-168.**

Sandberg, W.R. 1986. New Venture Performance: The Role of Strategy and Industry Structure. Lexington.

Sandberg, W.R.; Hofer, Ch.W. 1982. A Strategic Management Perspective on the Determinants of New Venture Success. In: **Vesper (1982) a.a.O. 204-237.**

Sapienza, H.J.; Smith, K.G.; Gannon, M.J. 1988. Using Subjective Evaluations of Organizational Performance in Small Business Research. In: **American Journal of Small Business. Vol.12. No.3. 45-53.**

Saxenian, A. 1988. The Chesire Cat's Grin: Innovation and Regional Development in England. In: **Technology Review. Vol.91. No.2. 66-75.**

Scherer, A.; McDonald, D.W. 1988. A Model for the Development of Small High-Technology Business Based on Case Studies from an Incubator. In: **Product Innovation Management. Vol.5. No.1. 282-295.**

Schermerhorn, John R. jr. 1980. Inter-Firm Cooperation as a Resource for Small Business Development. In: **Journal of Small Business Management. Vol 18. No.2. 48-54.**

Schinkel, S.; Steiner, J. 1980. Auswirkungen der Existenzgründungsprogramme. Erfahrungen der Betriebe in der Praxis (Beiträge zur Mittelstandsforschung, hg. vom Institut für Mittelstandsforschung, Nr.59). Göttingen.

Schmalen, Helmut. 1982. Preispolitik. Stuttgart; New York.

Schneider, Joachim. 1989. Die Gründungsfinanzierung innovativer Unternehmen, die Rolle der Kreditgenossenschaften. Göttingen.

Schoeffler, S.; Buzzell, R.D.; Heany, D.F. 1974. Impact of strategic planning on profit performance. In: **Harvard Business Review. Vol.52. March/April. 137-145.**

Schrader, Stephan, 1993. Zur Organisation der Schnittstelle zwischen Zulieferern und ihren Kunden: Stand der Forschung und neue empirische Befunde. Kiel, Cambridge (= Manuskript aus den Instituten für Betriebswirtschaftslehre der Universität Kiel, Nr. 318).

Schrage, H. 1965. The R&D Entrepreneur: Profile of Success. In: **Harvard Business Review. Vol.6. 49-69.**

Schrumpf, H. 1984. Technologieparks als Instrument kommunaler Wirtschaftsförderung. Bochum.

Schumpeter, Joseph 1987. Theorie der wirtschaftlichen Entwick-lung. 7. Auflage. Berlin.

Scott, M.G. 1990. Entrepreneurial Life Cycles. Paper to be presented at Rent IV, Recent Research in Entrepreneurship, 4th Workshop, Cologne, November 29-30, 1990.

Segal, N.S. 1986. Universities and Technological Entrepreneurship in Britain: Some Implications of the Cambridge Phenomenon. In: Technovation. Vol.4. 189-204.

Sexton, D.; Smilor, R. (ed.). 1986. The Art and Science of Entrepreneurship. Cambridge, Mass.

Shrader, C.B.; Mulford, C.L.; Blackburn, V.L. 1989. Strategic and Operational Planning, Uncertainty, and Performance in Small Firms. In: **Journal of Small Business Management. Vol.27. No.4. 45-60.**

Smilor, R.W. 1987a. Commercializing Technology Through New Business Incubators. In: **Research Management. Vol.30. No.5. 36-41.**

Smilor, R.W. 1987b. Managing the Incubator System: Critical Success Factors to Accelerate New Company Development. In: **IEEE Transactions on Engineering Management. Vol.34. No.3. 146-155.**

Smith, N.R. 1965. The Entrepreneur and His Firm - An Exploratory Study To Examine the Relationship Between Entrepreneurial Types and the Initiation. Ann Arbor.

Smith, N.R.; Miner, J.B. 1984. Motivational Considerations in the Success of Technologically Innovative Entrepreneurs. In: **Frontiers of Entrepreneurship Research, Proceedings of the 1984 Entrepreneurship Research Conference. 488-495.**

Staehle, W.H. 1987. Management. Eine verhaltenswissenschaftliche Einführung. 3.Auflage. München.

Stankiewicz, Rikard. 1986. Academics and Entrepreneurs: Developing University-Industry Relations. London.

Stanworth, M.J.K.; Curran, J. 1976. Growth and the Small Firm - An Alternative View. In: **The Journal of Management Studies. Vol.13. No.2. 95-110.**

Starnick, J. 1990. Technologietransfer und Formen der Kooperation zwischen Hochschulen und Wirtschaft. In: **Poppenheger/Bittermann (1990) a.a.O. 111-127.**

Statistisches Bundesamt (Hrsg.). 1988a. Fachserie 11: Bildung und Kultur. Reihe 4.1: Studenten an Hochschulen. Sommersemester 1988. Wiesbaden.

Statistisches Bundesamt (Hrsg.). 1988b. Fachserie 11: Bildung und Kultur. Reihe 4.4: Personal an Hochschulen 1986. Wiesbaden.

Staudt, E. Bock, J. Mühlemeyer, P. 1992. Informationsverhalten von innovationsaktiven kleinen und mittleren Unternehmen. In: **ZfB. 62.Jg. 989-1008.**

Steiner, M.P.; Solem, O. 1988. Factors for Success in Small Manufacturing Firms. In: **Journal of Small Business Management. Vol.26. No.1. 51-56.**

Steinkühler, R.H. 1989. Konzeptionen und Erfolgsbeurteilung von Technologiezentrums-Modellen - anzuwenden auf den Standort Kiel.

Steinmetz, L.L. 1969. Critical Stages of Small Business Growth. In: **Business Horizons. Vol.12. No.1. 29-36.**

Sternberg, Rolf. 1988. Technologie- und Gründerzentren als Instrument kommunaler Wirtschaftsförderung. Dortmund.

Sternberg, Rolf. 1989. Innovation Centres and Their Importance for the Growth of New Technology-Based Firms: Experience Gained From the Federal Republic of Germany. In: **Technovation. Vol.9. 681-694.**

Sternberg, Rolf. 1990. The Impact of Innovation Centres on Small Technology-Based Firms: The Example of the Federal Republic of Germany. In: Small Business Economics. Vol.2. No.2. 105-118.

Sternberg, Rolf. 1992. Methoden und Ergebnisse der Erfolgskontrolle von Technologie- und Gründerzentren. In: Niedersächsisches Institut für Wirtschaftsforschung e.V. (Hrsg.). Erfolgskontrollen in der Technologiepolitik. NIW-Workshop 1992. Hannover. 89-115.

Stifterverband der Wissenschaft (Hrsg.). 1985. Forschung und Entwicklung in der Wirtschaft. Essen.

Storey, D.J.; Strange, A. 1992. Where are they now? Some changes in firms located on UK Science Parks in 1986. In: New Technology, Work and Employment. Vol.7. No.1. 15-28.

Stuart, Robert; Abetti, Pier A. 1987. Start-Up Ventures: Towards the Prediction of Initial Success. In: Journal of Business Venturing. Vol.2. No.3. 215-230.

Sunman, H. 1987. Science Parks, Technopoles and Innovation Centres: The European Experience. In: International Journal of Technology Management. Vol.2. No.1. 1987. 142-144.

Sykes, Hollister B. 1986. The Anatomy of a Corporate Venturing Program: Factors Influencing Success. In: Journal of Business Venturing. Vol.1. No.3. 275-293.

Szyperski, Norbert; Nathusius, Klaus. 1977a. Gründungsmotive und Gründungsvorbehalte - Ergebnisse einer empirischen Studie über potentielle und tatsächliche Unternehmungsgründer. In: Die Betriebswirtschaft. Jg. 37. 299-309.

Szyperski, Norbert; Nathusius, Klaus. 1977b. Probleme der Unternehmungsgründung. Stuttgart.

Szyperski, Norbert; Roth, Paul (Hrsg.). 1990. Entrepreneurship - Innovative Unternehmensgründung als Aufgabe. Stuttgart.

Technologiestiftung Schleswig-Holstein (Hrsg.). 1992. Science Parks and the Baltic Region. An Overview. Kiel.

Tiede, Manfred. 1987. Statistik: Regressions- und Korrelationsanalyse. München.

Tomiczek, Adam. 1992. Center for Emerging Technologies Enterprises. In: Institute of Electron Technology. Warsaw, December 1991. 1992. Science as a Stimulator of High Technology Industries in Poland. Warszawa. 89-93.

Towse, R. 1987. Strong park/campus links. In: Financial Times. London. 24.09.87.

Turok, I. 1991. Which Small Firms Grow ? In: Davies/Gibb (1991) a.a.O. 29-44.

Tyebjee. T.T.; Bruno, A.V. 1982. A Comparative Analysis of California Startups from 1978 to 1980. In: Vesper (1982) a.a.O. 163-176.

Udell, G.G. 1988. Strategies for Stimulating Home-Grown Technology-Based Economic Development. In: Business Horizons. Vol.31. No.6. 60-64.

Udell, G.G. 1989. Invention Evaluation Services: A Review of the State of the Art. In: Journal of Product Innovation Management. Vol.6. No.3. 157-168.

Udell, G.G. 1990a. Academe and the Goose that Lays its Golden Egg. In: **Business Horizons. Vol.33. No.2. 29-37.**

Udell, G.G. 1990b. Are Business Incubators Really Creating New Jobs by Creating New Business and New Products. In: **Journal of Product Innovation Management. Vol.7. No.2. 108-122.**

Unni, V.K. 1981. The Role of Strategic Planning in Small Businesses. In: **Long Range Planning. Vol.14. April. 54-58.**

Unterkofler, Günter. 1989. Erfolgsfaktoren innovativer Unternehmensgründungen - Ein gestaltungsorientierter Lösungsansatz betriebswirtschaftlicher Gründungsprobleme. Frankfurt am Main, Bern, New York, Paris.

Utterback, J.M. 1974. Innovation in Industry and the Diffusion of Technology. In: **Science. Vol.183. No.4125. 620-626.**

Utterback, J.M.; Meyer, M.; Roberts, E.; Reitberger, G. 1988. Technology and Industrial Innovation in Sweden: A Study of Technology-Based Firms Formed Between 1965 and 1980. In: **Research Policy. Vol.17. 15-26.**

Van de Ven, A.H.; Hudson, R.; Schroeder, D.M. 1984. In: **Journal of Management Vol.10. No.1. 87-108.**

Vesper, K. 1980. New Venture Strategies. Englewood Cliffs, NJ.

Vesper, K.H. (Hrsg.). 1982. Frontiers of Entrepreneurship Research. Proceedings of the 1982 Conference on Entrepreneurship at Babson College. Wellesley, MA.

Vesper, K. 1990. New Venture Streategies. Revised Edition. Englewood Cliffs, NJ.

Vogel, Friedrich. 1975. Probleme und Verfahren der numerischen Klassifikation. Göttingen.

Weiss, Leo A. 1981. Start-Up Business: A Comparison of Performances. In: **Sloan Management Review. Vol.23. No.1. 37-53.**

Welsch, H.P.; Plaschka, G.R. 1990. Intensity of Planning Conviction Among Entrepreneurs: Differences Between Zealots and Non-Believers. Paper to be presented at Rent IV, Recent Research in Entrepreneurship, 4th Workshop, Cologne, November 29-30, 1990.

Welsch, J. 1986. Kommunale Wirtschaftsförderung zwischen Ansiedlungskonkurrenz und Beschäftigungspolitik. In: **WSI-Mitteilungen. 11/(39). 718-728.**

Wilk, Liselotte. 1975. Die postalische Befragung. In: **Holm (1975) a.a.O. 187-200.**

Williamson, O.E. 1981. The Economics and Organisation: The Transaction Cost Approach. In: **American Journal of Sociology. Vol.87. No.3. 548-577.**

Wohlmuth, K. 1986. Technologieorientierte Wachstumspolitik in den Stadtstaaten Berlin und Hamburg- Lehren für Bremen? In: **Lemper, A. et al. (Hrsg.) Bremen als Standort für Hochtechnologie. Bremen. 151-168.**

Woodruff, A.M.; Alexander, T.G. 1958. Success and Failure in Small Manufacturing. Pittsburgh.

Wrede, Th. 1987. Venture Capital: das us(sic!)-amerikanische Modell und seine Umsetzung in der Bundesrepublik Deutschland. Bergisch Gladbach; Köln.

Zarth, M. 1989. Öffentliche Existenzgründungshilfen - Überlegungen zur Wirksamkeit, Gestaltung und Anwendung. In: Mitteilungen, Institut für angewandte Wirtschaftsforschung (Hrsg.). 17.Jg. 93-116.

Zeitelberger, Th.; Brand, G. 1984. Dokumentation und Studie über Organisation und Management von Technologieparks/Gründerzentren in der Bundesrepublik Deutschland. Regensburg.

Sonstiges:

FAZ, diverse Ausgaben, genaue Angaben im Text

Wirtschaftswoche Nr.19/1989.S.104, Tabelle: Büromieten in deutschen Städten nach Ring deutscher Makler.

Anhang

a)   Übersicht über die <u>nicht</u> im Fragebogen enthaltenen aggregierten Variablen und ihre
Operationalisierung

Code Bezeichnung Block	Meßvorschrift
Person GU Grad der kaufm. Qualifikation (zu Frage 16.)	1 Sonstiges 2 Ausbildung 3 Ausbildung + Sonst. 4 Studium 5 Studium + Sonst. 6 Studium + Ausb. + So.
GV Grad der technischen Qualifikation (zu Frage 16.)	1 Sonstiges 2 Ausbildung 3 Ausbildung + Sonst. 4 Studium 5 Studium + Sonst. 6 Studium + Ausb. + So.
GW Komplementäre Qualifikation (zu Frage 16.)	0 nur technisch oder nur kaufmännisch 1 technisch + kaufmännisch
GX Ausbildungsgrad (zu Frage 16.)	1 Anderes 2 Hochschulreife 3 Ausbildung 4 Studium 5 Doktorgrad
GY Durchschnittl. Güte der Markteinschätzung (Frage 17)	Summe über alle Aspekte:8 (bzw. Zahl der Nennungen < 8)
GZ Durchschnittl. Konzept- detaillierung (Frage 19)	Summe über alle Aspekte:4 (bzw. Zahl der Nennungen < 4)
Idee HB Durchschnittl. Höhe der Markt- eintrittsbarrieren (Frage 28)	Summe über alle Aspekte:5 (bzw. Zahl der Nennungen < 5)
Ressourcen HA Durchschnittl. Ergänzung durch Mitarbeiter (Frage 23)	Summe über alle Bereiche:4 (bzw. Zahl der Nennungen < 4)
Management/Konzeption HC Durchschnittl. Planungshorizont (Frage 37)	Summe über alle Bereiche:7 (bzw. Zahl der Nennungen < 7)
PL Zahl nicht schriftlich geplan- ter Bereiche (ohne Einkauf und Produktion)	Anzahl der Werte "99"(=keine schriftliche Planung) über die fünf verbleibenden Planungsbereiche
HD Durchschnittl. Bedeutung externer Berater (Frage 43)	Summe über alle Bereiche:9 (bzw. Zahl der Nennungen < 9)
HE Zahl genutzter Informations- quellen (Frage 45)	Zahl der genannten Quellen 1-12

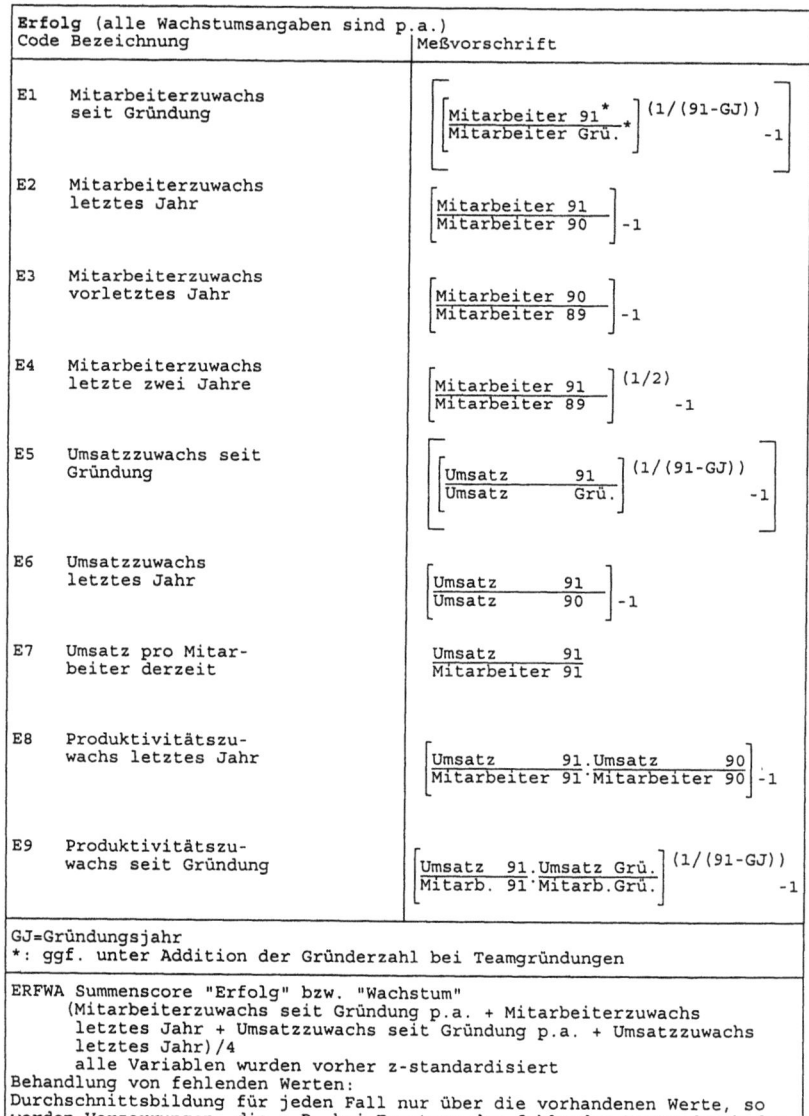

Erfolg (alle Wachstumsangaben sind p.a.)
Code Bezeichnung | Meßvorschrift

E1 Mitarbeiterzuwachs
seit Gründung

$$\left[\frac{\text{Mitarbeiter 91}^*}{\text{Mitarbeiter Grü.}^*}\right]^{(1/(91-GJ))} - 1$$

E2 Mitarbeiterzuwachs
letztes Jahr

$$\left[\frac{\text{Mitarbeiter 91}}{\text{Mitarbeiter 90}}\right] - 1$$

E3 Mitarbeiterzuwachs
vorletztes Jahr

$$\left[\frac{\text{Mitarbeiter 90}}{\text{Mitarbeiter 89}}\right] - 1$$

E4 Mitarbeiterzuwachs
letzte zwei Jahre

$$\left[\frac{\text{Mitarbeiter 91}}{\text{Mitarbeiter 89}}\right]^{(1/2)} - 1$$

E5 Umsatzzuwachs seit
Gründung

$$\left[\frac{\text{Umsatz 91}}{\text{Umsatz Grü.}}\right]^{(1/(91-GJ))} - 1$$

E6 Umsatzzuwachs
letztes Jahr

$$\left[\frac{\text{Umsatz 91}}{\text{Umsatz 90}}\right] - 1$$

E7 Umsatz pro Mitar-
beiter derzeit

$$\frac{\text{Umsatz 91}}{\text{Mitarbeiter 91}}$$

E8 Produktivitätszu-
wachs letztes Jahr

$$\left[\frac{\text{Umsatz 91}}{\text{Mitarbeiter 91}} \cdot \frac{\text{Umsatz 90}}{\text{Mitarbeiter 90}}\right] - 1$$

E9 Produktivitätszu-
wachs seit Gründung

$$\left[\frac{\text{Umsatz 91}}{\text{Mitarb. 91}} \cdot \frac{\text{Umsatz Grü.}}{\text{Mitarb.Grü.}}\right]^{(1/(91-GJ))} - 1$$

GJ=Gründungsjahr
*: ggf. unter Addition der Gründerzahl bei Teamgründungen

ERFWA Summenscore "Erfolg" bzw. "Wachstum"
(Mitarbeiterzuwachs seit Gründung p.a. + Mitarbeiterzuwachs
letztes Jahr + Umsatzzuwachs seit Gründung p.a. + Umsatzzuwachs
letztes Jahr)/4
alle Variablen wurden vorher z-standardisiert
Behandlung von fehlenden Werten:
Durchschnittsbildung für jeden Fall nur über die vorhandenen Werte, so
werden Verzerrungen, die z.B. bei Ersetzen der fehlenden Werte durch den
Mittelwert über alle Fälle entstünden, vermieden. Das Vorgehen ähnelt vom
Grundgedanken dem von Griliches (1986) beschriebenen Regressionsansatz.

Technologiezentrum Code Bezeichnung	Meßvorschrift
HF Durchschnittl. Förder- wirkung TGZ (Frage B.1)	Summe über alle Bereiche:6 (bzw. Zahl der Nennungen < 6)
HG Durchschnittl. Höhe der Aufnahmebarrieren Frage B.2)	Summe über alle Bereiche:6 (bzw. Zahl der Nennungen < 6)
HH Durchschnittl. Beurteilung Service (Frage B.3)	Summe über alle Bereiche:6 (bzw. Zahl der Nennungen < 6)
HI Durchschnittl. Bedeutung des TGZ-Images (Frage B.5)	Summe über alle Bereiche:4 (bzw. Zahl der Nennungen < 4)
HJ Durchschnittl. Gesamtbeur- teilung des TGZ (Frage B.11)	Summe über alle Bereiche:4 (bzw. Zahl der Nennungen < 4)

b)   Übersicht über die aus der TGZ-Manager-Befragung 1989 stammenden Variablen (Steinkühler 1989)
und sonstige in Kapitel 5.8.5 ff. verwendete Daten über Technologiezentren

TGZ-Merkmale
- Voraussetzung Technologieorientierung
  Ist die Technologieorientierung eines Existenz-Gründungs-Vorhabens eine notwendige Voraussetzung für die
  Aufnahme als Mieter?" (ja/nein)
- Produktionsmöglichkeit
  "möglich/zulässig"? (ja/nein)
- Mietdauerbegrenzung (ja/nein)
- Schwerpunkt Existenzgründungen
  .ja/nein nach Aussage der Manager: "primär für Existenzgründer?"
  .Verhältnis Existenzgründer/junge Unternehmen (ADT-Handbuch):
  nach Auskunft der befragten TGZ-Manager.
- Technologischer Schwerpunkt
  "Ausrichtung auf einen bestimmten technologischen Schwerpunkt?"
- Förderung durch Landesmittel
  "von der Landesregierung gefördert?"
- Kostendeckender, nicht bezuschußter *Betrieb* des TGZ
  im Frühjahr 1989 "die laufenden Kosten...durch Mieteinnahmen und Einnahmen aus der Bereitstellung der
  zentralen Leistungen gedeckt?"
- Volle Umlage der Service-Kosten auf die Mieter
  "Kosten für die Bereitstellung der angebotenen zentralen Einrichtungen und Leistungen vollständig auf die
  Benutzer umgelegt?"
- Hauptberuflicher Leiter
- Angebot von Kapitalhilfe für Firmen
  "gibt es besondere Formen der Kapitalhilfe für die Firmen/Gründer, die sich im Park/Zentrum ansiedeln?"
- Höhe der Miete im Vergleich zum ortsüblichen Niveau
  Vergleich der Büro-Mieten im TGZ laut ADT-Handbuch (1989) mit Angaben des Ring Deutscher Makler
  (lt. Wirtschaftswoche Nr.19/1989.S.104)
- Hochschulkontakte seitens des TGZ
  .1/0: "Gibt es eine ständige Zusammenarbeit...?"
  .Intensität: "Wie eng schätzen Sie die Zusammenarbeit...ein?" (5er Skala)
- Durchführung von Personaltransfer
  "Erfolgt im Rahmen der Zusammenarbeit [mit den Hochschulen, d.Verf.] auch ein Personaltransfer?"
- Dienstleistungsumfang nach ADT-Handbuch (1989)
  Diese Variable ist ein Score, im Prinzip eine Addition der Dienstleistungsangebote, die im ADT-Handbuch in

der entsprechenden Kategorie angegeben sind. Gewichtet wurde nach
.Verfügbarkeit (im Zentrum oder extern) und
.Nutzen für den Mieter, gemessen am Nutzungsgrad nach Sternbergs Untersuchung[1]: Leistungen mit über 50 Prozent Nutzungsgrad werden höher gewichtet.
So ergibt sich ein Wertebereich von 0 bis 24, zusammenfassende Klassenbildung ist möglich.
- **Beratungsumfang nach ADT-Handbuch** (1989, Steinkühler 1989:107f.)
Die Variable ist ein Score für die Zahl der aus einem vorgegebenen Katalog angebotenen Leistungen mit max. je drei Punkten aus den Bereichen "Gründung", "Betriebswirtschaft", "Technik". Nicht durch das TGZ direkt (zentral) angebotene Leistungen erhalten den halben Wert.
Wertebereich: 0 bis 9, Teilscores: 0 bis 3
- **Ansiedlung spezieller Service-Firmen im TGZ**
"...Firmen, die sich auf die Bereitstellung von Service- und Beratungsleistungen für andere Mieter spezialisiert haben?"
ja/nein

- **Trägerschaft**
.Kammern
.Hochschulen
.Privatunternehmen
.öffentliche Hand

- **Zentralität des TGZ-Ortes**
auf einer Ordinal-Skala von eins bis fünf vorgenommene Klassifizierung der (west-)deutschen Kreise nach Bade (1986:699) mit den Kategorien
1 Kern I ⎤
2 Kern II ⎦ insgesamt zwölf Agglomerationen
3 Ränder, Umgebung der Kerne
4 gering verdichtete Gebiete
5 Periphere Gebiete

- **Gesamt-FuE-Potential des Ortes**
. Wissenschaftliches Personal an Universitäten im technisch-naturwissenschaftlichen Bereich (Mathematik/Naturwissenschaften, Informatik und Ingenieurwissenschaften) am TGZ-Ort sowie in außeruniversitären Forschungseinrichtungen im technisch-naturwissenschaftlichen Bereich Tätige[2]
. in der privaten FuE Beschäftigte am TGZ-Standort (Unternehmen und Gemeinschaftsforschung)[3]

- **Größe des TGZ**
Zahl der Mieter nach ADT-Handbuch 1987 ("Gründer" + "Firmen")

---

1) Sternberg (1988) 186. Angebote, die nach Sternbergs Befunden von weniger als der Hälfte der Mieter genutzt wurden, bekommen den halben Wert, ebenso nur extern verfügbare Dienstleistungen.
2) Bundesministerium für Bildung und Wissenschaft (1985). Tabelle 2. Angenähert durch Zahl der Studenten/11. Statistisches Bundesamt (1988a,1988b). Genaue Erläuterung in Steinkühler (1989:98). Außerdem: Deutscher Bundestag (1981) für Mitarbeiter in Großforschungseinrichtungen.
3) Stifterverband der Wissenschaft (1985). Deutscher Städtetag (1987). Deutscher Städtetag (1987). Annäherung durch Schätzung auf Basis von Beschäftigtenzahlen im Verarbeitenden Gewerbe in einer Stadt/Gemeinde und Angaben über die FuE-Intensität (FuE-Personal je Beschäftigten im Verarbeitenden Gewerbe) der jeweiligen Länder. Erläuterung siehe Steinkühler (1989). 98.

FRAGEBOGEN
"ERFOLGSURSACHEN NEUGEGRÜNDETER
INNOVATIVER UNTERNEHMUNGEN"

Variante für ehemalige Mieter in einem
Technologie-und Gründerzentrum

Anmerkung: Die Variante für die unäbhängigen Gründungen ist identisch bis auf das Weglassen der
Fragen zum Technologiezentrum (Zusatzfragen in Teil A., Teil B. komplett).

Institut für betriebswirtschaftliche Innovationsforschung
der
Christian-Albrechts-Universität zu Kiel

A. Fragen zum Unternehmen

1a. Geben Sie bitte das Jahr an, in dem Ihr Unternehmen seine Geschäftstätigkeit aufgenommen hat: 19____ .

1b. In welchem Jahr sind Sie in das Technologiezentrum eingezogen ? 19_____ .

1c. Wann haben Sie es wieder verlassen ? 19_____ .

1d. Wie weit ist Ihr derzeitiger Firmensitz vom Technologiezentrum entfernt ? _____km.

2. Welche Produkt/Dienstleistungspalette bietet Ihr Unternehmen derzeit an ? _____ .

3. Auf welchem der folgenden Gebiete liegt der Schwerpunkt Ihrer Aktivitäten ?

    ❏ Dienstleistungen/Beratung
    ❏ Hardware, Eigenfertigung
    ❏ Handel

4. Wieviele Mitarbeiter beschäftig(t)en Sie

    bei Gründung ? _____   derzeit   ? _____

                   vor einem Jahr   ? _____

                   vor zwei Jahren   ? _____

5. Wie hoch war Ihr Umsatz

    im ersten vollen Geschäftsjahr ? _____   im letzten Geschäftsjahr   ? _____

                                       im vorletzten Geschäftsjahr   ? _____

6a. Wie groß ist Ihr Unternehmen im Vergleich zu Ihrem umsatzstärksten Konkurrenten ?

    Unser Umatz beträgt
        ❏ weniger als 20 %   ❏ 20-39%   ❏ 40-59%   ❏ 60-79%   ❏ 80-100%   ❏ mehr als 100%
    des Umsatzes, den unser größter Konkurrent in diesem Segment erzielt.

6b. Wie beurteilen Sie die Rentabilität Ihres Unternehmens im Vergleich zum Branchendurchschnitt ?
    Kreuzen Sie auf der folgenden Skala von 1-5 bitte den Wert an, der am besten zutrifft.

    wesentlich   1   2   3   4   5   wesentlich
    niedriger   ❏   ❏   ❏   ❏   ❏   höher

7a. Wurde Ihr Unternehmen von mehreren Gesellschaftern gegründet?

    ❏ ja, wieviele: _____ .
    ❏ nein (weiter mit 9.)

7b. Wenn ja, haben die verschiedenen Gründer Qualifikation oder Erfahrungen aus <u>verschiedenen</u> Bereichen eingebracht (z.B. Marketing, Technik, Finanzierung) ?

    ❏ ja
    ❏ nein

8. Wie lange hat ggf. dieses Team (ganz oder teilweise) schon vor der Gründung an anderen Orten zusammengearbeitet ?

    ❏ gar nicht
    ❏ 1-3 Jahre
    ❏ 4-6 Jahre
    ❏ länger als 6 Jahre.

9. Widmen Sie/widmet mindestens einer der Gründer Ihre/seine ganze Arbeitskraft dem Unternehmen oder betreiben Sie es als Nebentätigkeit ?

    ❏ Haupttätigkeit
    ❏ Nebentätigkeit

10. War einer der Gründer vor Gründung Ihres augenblicklichen Unternehmens bereits einmal selbständig?

    ❏ nein
    ❏ einmal
    ❏ mehrfach

11. War einer der Gründer schon vor Gründung des Unternehmens in leitender Funktion tätig ?

    ☐ nein
    ☐ ja, auf Gruppenleiter- oder vergleichbarer Ebene
    ☐ ja, auf Abteilungsleiter-Ebene
    ☐ ja, auf Geschäftsführungs-Ebene
    Wenn ja, wie lange (in der genannten Position)? _____Jahre (bei mehreren Gründern bitte Maximalwert angeben).

12. Wie lange waren Sie zwischen dem Abschluß Ihrer Ausbildung und der Gründung Ihres Unternehmens berufstätig?

    _____Jahre, davon in der Branche, der Ihr Unternehmen angehört: _____Jahre.

    ggf. weitere Gründer: _____Jahre, davon in der Branche, der Ihr Unternehmen angehört: _____Jahre.

    _____Jahre, davon in der Branche, der Ihr Unternehmen angehört: _____Jahre.

    ☐ keine Berufstätigkeit vor Gründung

Falls keiner der Gründer vor Gründung berufstätig war, weiter mit Frage 16.

13. Wie stark ist der Bezug zwischen dem Gegenstand Ihrer früheren beruflichen Tätigkeit und den heute von Ihnen angebotenen Produkten bzw. den ihnen zugrundeliegenden Technologien ?

    kein Bezug   1   2   3   4   5   sehr enger Bezug
                ☐   ☐   ☐   ☐   ☐

14. Charakterisieren Sie die Organisation, in der Sie vor Gründung des Unternehmens zuletzt tätig waren:

    ☐ Staatl. Forschungseinrichtung
    ☐ Forschung und Entwicklung in Privatunternehmen
    ☐ sonstige Tätigkeit in Privatunternehmen
    ☐ sonstiges

15. Hatten Sie oder zumindest einer der Gründer in Ihrer beruflichen Laufbahn vor Gründung des eigenen Unternehmens mit Absatz- und Vertriebsfragen (Marketing) zu tun ?

    ☐ nein, gar nicht
    ☐ selten, nur indirekt
    ☐ ich wurde mitunter bei Fragen des Marketing hinzugezogen
    ☐ ich hatte häufig mit Marketing zu tun, ohne dafür funktional zuständig zu sein
    ☐ ich war in meiner Position speziell für Marketing zuständig

16. Welchen der folgenden Abschlüsse besitzen Sie/die anderen Gründer (Mehrfachnennungen möglich) ?

		ggf. weitere Gründer
☐ Fachhochschul- oder Hochschulreife	☐	☐
☐ kfm. Berufsausbildung	☐	☐
☐ abgeschlossenes kfm. Studium	☐	☐
☐ technische Berufsausbildung	☐	☐
☐ abgeschlossenes technisches Studium	☐	☐
☐ Doktorgrad	☐	☐
☐ sonstige kfm. Qualifikation	☐	☐
☐ sonstige technische Qualifikation	☐	☐
☐ andere	☐	☐

17. Wie haben Sie bei der Gründung folgende Marktaspekte eingeschätzt?

	völlige Fehlein- schätzung 1	2	3	4	5	genau richtige Einschätzung
Kundenbedürfnisse:	☐	☐	☐	☐	☐	
Zahl der Kunden:	☐	☐	☐	☐	☐	
Kommunikation, Werbung:	☐	☐	☐	☐	☐	
Vertriebsweg,-netz:	☐	☐	☐	☐	☐	
Zahl/Angebot der Konkurrenten	☐	☐	☐	☐	☐	
Konkurrenz-Reaktionen:	☐	☐	☐	☐	☐	
Dynamik des Markts:	☐	☐	☐	☐	☐	
Hindernisse bei Etablierung:	☐	☐	☐	☐	☐	

18. Wie bewerten Sie die folgende Aussage ?

"Kunden, zu denen wir schon vor Gründung Kontakt hatten, erbringen den größten Teil des heutigen Umsatzes".

lehne stark ab   1   2   3   4   5   stimme stark zu
            ◻   ◻   ◻   ◻   ◻

19. Verfügten Sie bei der Gründung über ein detailliertes Konzept zum Aufbau Ihres Unternehmens für die genannten

	kein Konzept	1	2	3	4	5	sehr detailliertes Konzept	Bereiche?
- Investition		◻	◻	◻	◻	◻		
- Finanzierung		◻	◻	◻	◻	◻		
- Absatz, Marketing		◻	◻	◻	◻	◻		
- Produktentwicklung		◻	◻	◻	◻	◻		
- andere:_____		◻	◻	◻	◻	◻		

20a. Wie hoch war insgesamt Ihr Startkapital (Eigen- und Fremdmittel) ?

◻ unter 50 TDM   ◻ 50-99 TDM   ◻ 100-149 TDM   ◻ 150-200 TDM   ◻ mehr als 200 TDM

20b. Hat das Technologiezentrum Ihnen bei der Beschaffung von Finanzmitteln geholfen ?

keine Hilfe   1   2   3   4   5   sehr starke Hilfe
          ◻   ◻   ◻   ◻   ◻

21. Wie hoch war der Anteil des Eigenkapitals ?

◻ weniger als 20%   ◻ 20-40%   ◻ 41-60%   ◻ 61-80%   ◻ 81-100%

22a. Konnten für die Gründung und die unmittelbar folgende Zeit öffentliche Fördermittel (Zuschüsse oder Darlehen) in Anspruch genommen werden ?

keine   der Großteil wurde
öffentliche   durch Förder-
Förderung   1   2   3   4   5   mittel aufgebracht
         ◻   ◻   ◻   ◻   ◻

22b. Haben Sie andere Formen der Unterstützung durch öffentliche Fördermaßnahmen erhalten (z.B. Beratung) ?

◻ ja (bitte angeben):_____.
◻ nein

22b. Haben Sie durch Hilfe des Technologiezentrums öffentliche Zuschüsse oder Darlehen erhalten ?

◻ ja
◻ nein

23. In welchen Bereichen brachten Mitarbeiter, die Sie eingestellt haben, ergänzende Erfahrungen oder Qualifikationen mit, die bei dem/den Gründer(n) nicht ausreichend vorhanden waren ?

	keine Ergänzung	1	2	3	4	5	sehr wichtige Ergänzung
Bereiche							
- Forschung und Entwicklung		◻	◻	◻	◻	◻	
- kfm. Verwaltung		◻	◻	◻	◻	◻	
- Produktion		◻	◻	◻	◻	◻	
- Absatz		◻	◻	◻	◻	◻	
- anderes:_____		◻	◻	◻	◻	◻	

24. Wie bewerten Sie folgende Aussage ?

"Unser erstes Produkt/Dienstleistung hat(te) bei seiner Einführung einen auf der Technologie beruhenden Wettbewerbsvorteil gegenüber anderen Anbietern".

lehne stark ab   1   2   3   4   5   stimme stark zu
            ◻   ◻   ◻   ◻   ◻

25. Wie verbreitet war die Technologie, auf der Ihr Produkt/Ihre Dienstleistung im Kern beruht, bei Gründung ?

    ☐ schon seit langem bekannt und angewendet (Basistechnologie)
    ☐ erst von relativ wenigen Herstellern angewendet (Schlüsseltechnologie)
    ☐ bisher nur für andere Verwendungszwecke eingesetzt
    ☐ kommerzielle Erstverwertung

26. Wie schützen Sie ihr (erstes) Produkt vor Nachahmung ?

    ☐ Patent für Gesamtprodukt
    ☐ Patent für wesentliche Komponente(n)
    ☐ niederwertigere Schutzrechte (Gebrauchsmuster o.ä.)
    ☐ andere Imitationsbarrieren (nicht-rechtlich), bitte nennen:_____.
    ☐ Schutz nicht möglich

27. Wie stark könnten Sie Ihrer Ansicht nach die Preise erhöhen, ohne den größten Teil Ihrer Kunden zu verlieren ?

    ☐ weniger als 10%   ☐ 10-19%   ☐ 20-29%   ☐ 30-39%   ☐ 40-49%   ☐ 50% und mehr.

28. Wie ist die Schwierigkeit, in dem von Ihnen bearbeiteten Markt Fuß zu fassen, hinsichtlich der folgenden Dimensionen zu bewerten ?

	Schwierigkeit sehr gering 1	2	3	4	5	Schwierigkeit sehr hoch
Schwierigkeit:						
- Erlangung der Akzeptanz beim Kunden	☐	☐	☐	☐	☐	
- Zugang zu Know-how	☐	☐	☐	☐	☐	
- staatliche Auflagen	☐	☐	☐	☐	☐	
- notwendiges Investitionsvolumen	☐	☐	☐	☐	☐	
- (ggf.) Akzeptanz bei Zwischenhandel	☐	☐	☐	☐	☐	

29a. Wieviele Anbieter gibt es für Ihr Produkt bzw. vergleichbare Produkte schätzungsweise ?

    Es gibt für uns ca.____relevante Konkurrenten.

29b. Wie groß ist der Umsatz der genannten relevanten Konkurrenten zusammengenommen in dem von Ihnen bearbeiteten Markt etwa ?

    - Deutschland: ca.____Mio.DM
    ☐ keine Einschätzung möglich

29c. Wie stark wächst dieser Markt jährlich ?

    ____% p.a.
    ☐ keine Einschätzung möglich

30. Wie schätzen Sie die Qualität Ihrer Produkte im Vergleich zu anderen Anbietern ein ?

    viel niedriger   1   2   3   4   5   viel höher
                      ☐   ☐   ☐   ☐   ☐   ☐ kein Vergleich möglich

31. Wie sehen Sie Ihre Position im Preiswettbewerb ?

    ich bin   ich bin
    billigster Anbieter   1   2   3   4   5   teuerster Anbieter
                          ☐   ☐   ☐   ☐   ☐   ☐ kein Vergleich möglich

32. Welchen Umsatzanteil erzielen Sie mit Ihren fünf größten Kunden ?

    ☐ bis 10%   ☐ 11-20%   ☐ 21-30%   ☐ 31-40%   ☐ 41-50%   ☐ 51-60%   ☐ über 60% .

Wenn Ihr Unternehmen ausschließlich Dienstleistungen anbietet, weiter mit Frage 36.

33. Wie lange dauerte nach der Gründung die Entwicklung Ihres ersten Produktes zur Marktreife ? _____ Monate.

34. Wie hoch ist der Zukauf-Anteil am Wert der von Ihnen angebotenen Produkte ?

    ☐ bis 20%   ☐ 21-40%   ☐ 41-60%   ☐ 61-80%   ☐ 81-100%

35a. Wie stark sind Sie auf bestimmte Lieferanten angewiesen/wie leicht können Sie Lieferantenwechsel vornehmen ?

Wechsel   Wechsel
sehr leicht   1   2   3   4   5   sehr schwierig
                     ☐   ☐   ☐   ☐   ☐

35b. Spielen andere Unternehmen im Technologiezentrum eine Rolle als Lieferanten ?

keine Bedeutung   1   2   3   4   5   sehr große Bedeutung
                     ☐   ☐   ☐   ☐   ☐

36a. Wie groß ist der Exportanteil bezogen auf Ihren Gesamtumsatz derzeit etwa ?

☐ bis 20%   ☐ 21-40%   ☐ 41-60%   ☐ 61-80%   ☐ 81-100%

36b. Ist der Export für Sie zukünftig attraktiv ?

☐ ja
☐ nein

37. Welche der folgenden Bereiche unterliegen heute in Ihrem Unternehmen systematischer, schriftlich fixierter Planung ?

PLANUNGSHORIZONT

	keine Plang.	-6Mon	-1J	1-2J	2-5J	mehr	Priorität/Rangwert
- Einkauf ***	☐	☐	☐	☐	☐	☐	_____
- Produktion ***	☐	☐	☐	☐	☐	☐	_____
- Finanzierung	☐	☐	☐	☐	☐	☐	_____
- Investition	☐	☐	☐	☐	☐	☐	_____
- Entwicklung	☐	☐	☐	☐	☐	☐	_____
- Absatz	☐	☐	☐	☐	☐	☐	_____
- Personal	☐	☐	☐	☐	☐	☐	_____

*** gilt nur für Produktionsunternehmen

Bewerten Sie die Bereiche der Planung mit Hilfe von Rangwerten, die von 1=am wichtigsten bis 7= am unwichtigsten laufen.

38.   Wird bei Ihnen das Marketing von einer speziellen Person, Stelle oder Abteilung wahrgenommen ?

☐ nein, keine Spezialisierung
☐ eine bestimmte Person beschäftigt sich teilzeitig damit
☐ es gibt eine Stelle, deren ausschließliche Aufgabe das Marketing ist
☐ es gibt eine Abteilung, die Marketing-Aufgaben wahrnimmt

39a. Wie vertreiben Sie die von Ihnen angebotenen Produkte/Dienstleistungen ?

☐ Direktverkauf
☐ eigener Stab von Reisenden
☐ eigene Verkaufsniederlassungen
☐ Handelsvertreter
☐ direkt an Einzelhandel
☐ über Großhandel
☐ Sonstiges _____.

39b. Spiel(t)en andere Unternehmen im Technologiezentrum eine Rolle als Abnehmer Ihrer Produkte ?

keine Bedeutung   1   2   3   4   5   sehr große Bedeutung
                     ☐   ☐   ☐   ☐   ☐

40.   Gab es konzeptionelle Anpassungen Ihrer Produkte oder Dienstleistungen infolge neugewonnener Erkenntnisse über die Kundenbedürfnisse?

☐ ja, mehrfach
☐ ja, einmalig
☐ nein, da das Produkt den Kundenbedürfnissen entspricht
☐ nein, da Nachfrage ohnehin ausreicht

41. Wie viele verschiedene Produktlinien bzw. Arten von Dienstleistungen bietet Ihr Unternehmen heute an ?

☐ eine Produktlinie
☐ zwei Linien, bei überwiegend gleichen Kundenkreisen
☐ mehr als zwei, bei überwiegend gleichen Kundenkreisen
☐ zwei, verschiedene Kundengruppen
☐ mehr als zwei, unterschiedliche Kundengruppen

42. Arbeiten Sie an oder gibt es bereits konkrete Konzepte zur Weiterentwicklung der von Ihnen angebotenen Produkte oder Dienstleistungen?

☐ nein
☐ geringfügige Änderungen geplant
☐ kontinuierliche Weiterentwicklung geplant
☐ erhebliche Modifikationen geplant

43a. In welchen Bereichen haben Sie die Hilfe von externen Beratern in Anspruch genommen ?

	keine Einbeziehung externer Berater				sehr enge Einbeziehung externer Berater
	1	2	3	4	5
- gründungsspezifische Fragen	☐	☐	☐	☐	☐
- Geschäftsplanerstellung	☐	☐	☐	☐	☐
- Entwicklung/Technologie	☐	☐	☐	☐	☐
- Finanzierung	☐	☐	☐	☐	☐
- Buchhaltung	☐	☐	☐	☐	☐
- Personalwesen	☐	☐	☐	☐	☐
- Rechtsfragen	☐	☐	☐	☐	☐
- Produktion	☐	☐	☐	☐	☐
- Marketing	☐	☐	☐	☐	☐

43b. In welchen Bereichen hat das Technologiezentrum Ihnen Kontakte zu externen Beratern verschafft ?

43c. In welchen Bereichen sind Sie durch Mitarbeiter des Technologiezentrums beraten worden ?

44. Wie bewerten Sie insgesamt das bei der Gründung verfügbare Angebot an Beratung in relevanten Fragen ?

schlecht   1   2   3   4   5   sehr gut
            ☐   ☐   ☐   ☐   ☐

45. Welche Möglichkeiten werden von Ihnen zur Gewinnung neuen Wissens über Technologie und Markt genutzt ? (Mehrfachnennungen möglich) ?

☐ Auswertung von Informationsmaterial der Konkurrenz, z.B. aus Messekatalogen
☐ Amtliche Statistik
☐ Zugang zu Datenbanken
☐ regelmäßige Kontakte zu Konkurrenten
☐ regelmäßige Kontakte zu Forschungseinrichtungen, Hochschulen/Fachhochschulen, Zahl: _____
☐ regelmäßige Kontakte zu verschiedenen Lieferanten
☐ regelmäßige Kontakte zu Zwischenhändlern
☐ regelmäßige Kundenbefragung
☐ regelmäßige Kontakte zu Behörden/Kammern/Verbänden
☐ spezielle Stelle/Person für Informationsbeschaffung
☐ Personalbeschaffung
☐ Sonstiges: _____

46. Welche Priorität messen Sie der Informationsbeschaffung über die folgende Bereiche zu ?

                        Rang   Nennen Sie die Rangfolge nach Wichtigkeit der einzelnen Bereiche.

- Lieferanten   ____
- Technologie   ____
- Kunden   ____
- Konkurrenten   ____
- Staatliche Auflagen ____

3. Einige Fragen zum Technologiezentrum

1. Bei welchen der genannten Punkte spielte das Technologiezentrum eine fördernde Rolle ?

	kein Einfluß	1	2	3	4	5	sehr starker Einfluß
- Hochschul-/Fachhochschulkontakte		☐	☐	☐	☐	☐	
- Datenbankzugang		☐	☐	☐	☐	☐	
- Vermittlung externer Berater		☐	☐	☐	☐	☐	
- Kontakte zu anderen Unternehmen		☐	☐	☐	☐	☐	
- Sonstiges:_____		☐	☐	☐	☐	☐	
_____		☐	☐	☐	☐	☐	

2. Glauben Sie, daß folgende Erwägungen über Ihre Person/Unternehmung eine Rolle gespielt haben, als man
    Sie ins Technologiezentrum aufgenommen hat ?

	keine Bedeutung	1	2	3	4	5	sehr bedeutend
- Finanzielle Ausstattung		☐	☐	☐	☐	☐	
- Lebenslauf/Erfahrungen der/des Gründers		☐	☐	☐	☐	☐	
- Innovationsgrad der Idee		☐	☐	☐	☐	☐	
- Dauer bis zur Marktreife		☐	☐	☐	☐	☐	
- Marktchancen		☐	☐	☐	☐	☐	
- Existenz eines detaillierten Geschäftsplanes		☐	☐	☐	☐	☐	

3a. Wie bewerten Sie die Qualität der von Ihnen im Technologiezentrum genutzten Service-Leistungen ?

	sehr schlecht	1	2	3	4	5	sehr gut	nicht genutzt
- Sekretariat/Textverarbeitung/Empfang		☐	☐	☐	☐	☐		☐
- Telekommunikationseinrichtungen		☐	☐	☐	☐	☐		☐
- Konferenzräume		☐	☐	☐	☐	☐		☐
- Datenbankzugang		☐	☐	☐	☐	☐		☐
- Labornutzung		☐	☐	☐	☐	☐		☐
- Rechnernutzung		☐	☐	☐	☐	☐		☐

3b. Wie bewerten Sie folgende Aussage ?
    "Der Umfang der im Technologiezentrum angebotenen Service-Leistungen (ohne Beratung) war vollkommen

lehne stark ab	1	2	3	4	5	stimme stark zu	ausreichend".
	☐	☐	☐	☐	☐		

    Welche Angebote hätten Sie sich ggf. noch gewünscht ?

    _____

    _____

4. Wie bewerten Sie folgende Aussage ?
    Der Umfang der durch das Technologiezentrum angebotenen Beratungsleistungen war vollkommen ausreichend.

lehne stark ab	1	2	3	4	5	stimme stark zu
	☐	☐	☐	☐	☐	

    Welche Angebote haben Sie ggf. vermißt ?

    _____

    _____

5. Empfanden Sie das "Image" des Technologiezentrums als nützlich für Ihr Unternehmen, oder war es eher ungünstig
    für Sie ?

	sehr nützlich	1	2	3	4	5	sehr schädlich
- bei Finanzierung		☐	☐	☐	☐	☐	
- gegenüber Lieferanten		☐	☐	☐	☐	☐	
- gegenüber Kunden		☐	☐	☐	☐	☐	
- gegenüber anderen Ansprech-/ Kooperationspartnern		☐	☐	☐	☐	☐	

6. Nehmen Sie heute noch Leistungen des Technologiezentrums in Anspruch ?

    ❏ ja
    ❏ nein

7a. Was war für Ihr Unternehmen der Hauptgrund, das Technologiezentrum wieder zu verlassen ?

    ❏ Wachstum
    ❏ anderer Grund, bitte nennen:_____

7b. Hat das Technologiezentrum Sie bei Planung und Durchführung des Auszugs unterstützt ?

    keine Unterstützung   1   2   3   4   5   sehr große Unterstützung
                               ❏   ❏   ❏   ❏   ❏

8a. Waren mit dem Auszug Kosten verbunden, die die Entwicklung Ihres Unternehmens nennenswert beeinträchtigten ?

    keine Beeinträchtigung   1   2   3   4   5   sehr starke Beeinträchtigung
                               ❏   ❏   ❏   ❏   ❏

8b. Gab es sonstige Probleme, die der Auszug verursachte ? :_____

9. Wurden bestimmte aufgebaute Beziehungen durch den Auszug beeinträchtigt oder unterbrochen ?

	keine Beeinträchtigung	1	2	3	4	5	sehr starke Beeinträchtigung
- Beziehungen zu Personen oder Institutionen außerhalb des TZ		❏	❏	❏	❏	❏	
- Beziehungen zum TZ und den dort angesiedelten Firmen		❏	❏	❏	❏	❏	

10. Wurde die Leistungserstellung durch den Auszug nennenswert beeinträchtigt ?

    keine Beeinträchtigung   1   2   3   4   5   sehr starke Beeinträchtigung
                               ❏   ❏   ❏   ❏   ❏

11. Wie beurteilen Sie den Aufenthalt im Technologiezentrum aus heutiger Sicht insgesamt ?

	sehr *positive* Beurteilung	1	2	3	4	5	sehr *negative* Beurteilung
- Unterstützung in technischen Fragen		❏	❏	❏	❏	❏	
- Unterstützung in betriebswirtschaftlichen Fragen		❏	❏	❏	❏	❏	
- Kontakte zu anderen Gründern		❏	❏	❏	❏	❏	
- andere Kontaktvermittlungen		❏	❏	❏	❏	❏	
- andere Punkte: _____		❏	❏	❏	❏	❏	

    _____ .

                    *****   Vielen Dank für Ihre Mitarbeit !   *****

Anhang 3-3: Liste der Hypothesen

Nummer HZ..	Inhalt: postulierte Beziehung Ursache → Wirkung	(direkter) Zu- sammenhang?
	Allgemeine Hypothesen	
	Person	
1	→ Idee	ja
2	→ Ressourcen	ja
3	→ Management/Konzeption	ja
	Idee	
4	→ Ressourcen	ja
5	→ Management/Konzeption	ja
6	Ressourcen → Management/Konzeption	ja
7	Person → Erfolg	nein
8	Idee → Erfolg	ja
9	Ressourcen → Erfolg	ja
10	Management/Konzeption → Erfolg	ja
	TGZ-Hypothesen	
	Selektion durch das TGZ	
11	→ Person	ja
12	→ Idee	ja
13	→ Ressourcen	ja
14	→ Management/Konzeption	nein
	Leistungen des TGZ	
15	→ Ressourcen	ja
16	→ Management/Konzeption	ja
	TGZ-Image und Kontaktherstellung	
17	→ Erfolg	ja
	allgemeine Standortgünstigkeit	
18	→ Erfolg	ja
19	→ TGZ-Merkmale	ja
20	Auszug → Erfolg	ja, negativ

Feldinhalte in allen Tabellen: Korrelationskoeffizienten, bei nicht-intervallskalierten Daten Ergebnisse der Varianzanalyse oder des Chi-Quadrat-Tests, ggf. mit Angabe der Richtung (+/-) des Zusammenhangs

* = sign. 0.01
** = sign. 0.001

keine Signifikanzangabe: sign. 0.05, nur Korrelationen über 0.3.

Mindestfallzahl: 35 (Beziehungen zwischen allgemeinen Variablen), 20 (Beziehungen mit TGZ-Variablen).

Tabelle HZ 1,   Beziehungen zwischen Person und Idee

Code/Bezeichnung	Idee Wettb.-vorteil BR	Techn.-verbreitg. BS	Nachahm.-schutz BT	Markteintrittsbarrieren Kundengewinng. BW	Know-how BX	Staat BY	Durchschnitt HB	Konk.-zahl CB	Markt-wachstum CD
Person									
Q Teamgründung									
S Zusammenarb. im Team				+					-.3287
X Berufserfahrung			-						-.3160
Y Branchenerfahrung									
GV Techn.Qualifikation		+							
GX Ausbildungsgrad									
AE Inkubatororganisation	N-FuE:-*				N-FuE:+*	-.3391*			
Güte der Einschätzung...									
AQ Kundenzahl								.3048*	-.3971*
AS Vertrieb		.3106*							-.3349
AU Konkurrenzreaktion									-.3460
AV Marktdynamik									-.3559
GY Durchschnitt									
Konzeptdetaillierung in...									
AY Investition		.3269*							
AZ Finanzierung		.3336*							
BB Entwicklung		.4461**							
GZ Durchschnitt	-.3440*	.4170**							

*: Privatunternehmen, nicht im FuE-Bereich als vorherige Beschäftigung.

Anmerkung: Im gesamten Bereich "Person" nicht ausgewertet wurden wegen schlechter Verteilung oder zu geringer Fallzahl wurden die Variablen "Erfahrungen aus verschiedenen Bereichen" (Team)
Berufs- und Branchenjahre 2. u. 3. Gründer (Fallzahl)
sonstige, sonstige kaufmännische oder technische Qualifikation.
Die anderen nicht genannten Variablen wiesen keinen Zusammenhang auf; ist nur ein Vorzeichen angegeben, handelt es sich um Tests für ordinale oder nominale Daten.

Tabelle HZ 2,   Beziehungen zwischen Person und Ressourcen

Code/Bezeichnung	Ressourcen EK-Anteil BG	Öffentliche Förderung (finanziell) BH	Andere öffentl. Hilfe BI	Ergänzung durch Mitarbeiter... kfm. Verwaltung BM	Absatz BO	Durchschnitt HA
Person						
Q Teamgründung						
AE Inkubatororganis.			Staatl*:+	-		
GU Kfm.Qualifikation						
GV Technische Qualif.	+			-	-	-
Güte der Einschätzung...						
AP Kundenbedürfnisse		-.3553*				
AT Konkurrentenzahl					.3111*	
AU Konkurrenzreaktion					.2871*	
Konzeptdetaillierung in...						
AY Investition		.3894**				
AZ Finanzierung		.3250*				
GZ Durchschnitt		.3512*				

*:Beschäftigung in staatlichen Forschungseinrichtungen.

Tabelle HZ 3a,   Beziehungen zwischen Person und Größe der Unternehmen

Code/Bezeichnung	Mitarbeiter bei Gründung G1	vorletztes Jahr G2	jetzt G4	Umsatz bei Gründung G5	letztes Jahr G6	jetzt G7
Person						
AE Inkubatororganisation			SP:+			
AF Marketingerfahrung				.3239*		
AL Promotion		+				
GU Kfm. Ausbildung			+		+	+
Güte der Einschätzung....						
AS Vertrieb		.2891*				

SP= sonstige Tätigkeit in Privatunternehmen (Nicht-FuE)

Tabelle HZ 3, Beziehungen zwischen Person und Management

Code/Bezeichnung	Management Quali-tät CE	Umsatz-konzen-tration CG	Dauer bis Marktr. CH	Zu-kauf-ant. CI	Export Quote CL	Ab-sicht CM	Planungshorizont Einkauf Prod. CN	Prod. CO	Inno. CQ	Ent-wick. CR	Pers. CT	Durch-schn. HC	Planungspriorität Finanz CW	Inv. CX	Absatz CZ	Zahl der n. gepl. Bereiche PL	Mark.-orga-nis. DB	Vertr.-Rei-sende DD	Prod.-linien-zahl DM
Person																			
Q Teamgründung																			
S Zus.i.Team											+			+					
U Selbständigk.		-.3689**	-.3309*																
V Leitende Fn.										-			-.3453						
W Jahre i.Ltg.																			
X Berufsjahre																	-		
Y Branchenjahre																			
AD Bezug zu fr.																			
AE Inkubatororg.																			
AF Market.erf.				+			-.3278		+		+	+			.3443			+	
GU Kfm. Qualif.																			
GV Techn. Quali.																			
GW Kompl. Quali.																			
GX Ausb.grad																			
Güte der Einschätzung																			
AP Kundenbedürf.		-.3254*																	
AQ Kundenzahl		-.3457*																	
AR Verbung		-.3449*	-.3127		.3054														
AS Vertrieb			-.3622*																
AT Konk.angebot							.4639**	.3594*											
AU Konk.reaktion	.3222*				.3158*		.3672*							-.3357	.3287				.2859*
AV Marktdynamik					.3091														
GY Durchschnitt																			
Konzeptdetaillierung																			
AY Investition																			
AZ Finanzierung										.3522*									
BA Absatz						+													
BB Entwicklung																			
GZ Durchschnitt			-.3333										-.3097			-.3222*			

§: ohne Bereiche Einkauf und Produktion

Fortsetzung HZ 3

Code/Bezeichnung	Management Externe Beratung								Informationsquellen								
	Grün-dung DO	Gesch.-plan DP	Finan-zierung DR	Buch-haltg. DS	Recht DU	Mar-ketg. DW	Durch-schnitt HD	Beurt. gesamt DZ	Dat.-bank EC	Hoch-sch. EE	Lief. EG	Kun-den EI	Beh./Kamm. EJ	Sonst. EM	zahl d. Infoqu. HE	Inf.prio. Tech. EP	Tech. Kun-den EQ
Person																	
Q Teamgründung						+			+								
S Zus.i.Team									-								
U Selbständigkeit											-		-				
V Leitende Fn.													-				
W Jahre i.Leitung										+		+					
X Berufsjahre									+				+				
Y Branchenjahre																	
AD Bezug zu fr.Tät.									SP *								
AE Inkubatororganis.	-								SP - -								
AF Market.erfahrung	-					+	+		- -			+	+				
GU Kfm. Qualifikat.														+			
GV Techn. Qualifik.					-	+							+	+			
GW Kompl. Qualifik.							+	+									
GX Ausbildungsgrad	.3378*																
Güte der Einschätzung...																	
AP Kundenbedürfnisse															.3505*		
AO Kundenzahl																	
AR Werbung																	
AS Vertrieb																	
AT Konkurrenzangebot			.3385*			-.3593*	-.2850*		+						.3769**		
AU Konk.reaktion									+						.5024**		
AV Marktdynamik			.3740**			-.3240*	.3861**										
GY Durchschnitt						-.3017*			+				+		.3947**		
Konzeptdetaillierung...																	
AY Investition		.3355*															
AZ Finanzierung		.2854*															
BA Absatz		.2922*															
BB Entwicklung																	
GZ Durchschnitt		.3622*						.2958*								.3376*	-.3215*

* : SP=Sonstige Tätigkeit in privatem Unternehmen

Tabelle HZ 4,   Beziehungen zwischen Idee und Ressourcen

Idee: Code/Bezeichnung	Ressourcen:		Ergänzung durch MA		
	Start-kapital BE	Öffentl. Förderung BH	FuE BL	Absatz BO	Durchschn. HA
BS Technologieverbreitung	.4585**	.3136*	.2912*		.3154*
BT Nachahmungsschutz	.4325**				
BW ME-Barriere Kundengewinnung	.2986*			-.3276*	
BZ ME-Barriere Investition	.2963*				
CD Marktwachstum	.4460**				.3508

Anmerkung: Wegen zu geringer Fallzahl wurden die Variablen "Marktzutrittsschranken Akzeptanz bei Zwischenhandel!" und "Marktvolumen" eliminiert.

Tabelle HZ 5,   Beziehungen zwischen Idee und Management

Spaltenköpfe:
- Management: CE Prod.-qualität | CF Preis-strat. | CI Zu-kauf-anteil
- Planungsprioritäten: CO plan-horiz. Prod. | CU Fin. | CX Inv. | CY Entw. | CZ Absatz | DB Mark.-organis. | DN Weit.-entw. abs.
- Externe Beratung: DP Gesch.-plan | DR Entw. | DS Buch-haltg. | DT Per-sonal | DU Recht | HD Durch-schnitt | DZ Beurt. gesamt | HE Zahl d.Infogu.
- Inf.priorität über... Lief. Techn.: EO Lief. | EP Techn.

Code/Bezeichnung	CE	CF	CI	CO	CU	CX	CY	CZ	DB	DN	DP	DR	DS	DT	DU	HD	DZ	HE	EO	EP
Idee																				
BR Wettbew.vorteil		+																	-.4370**	
BS Tech.verbreitg.	-.2978*					.4801**		.3346	*	.3584*	.3239*	.2911*	.2901*			.3357*				
BT Nachahm.schutz									+											
BV Preiserh.spielr	-.3961***			.3343			.3229	.3320												-.2940*
ME-Barrieren...																				
BW Kundengewinnung			-.3002									-.2892*								
BX Know-how					.3522															
BY Staat						-.3321							-.2906*							
BZ Investition																	-.4070**			
CA Zwischenhandel								.3489			.2861*				-.3438		-.3102			
CD Marktwachstum																		.3042	.3458	

*: Bei eigener Marketing-Abteilung besonders hoher Vorteil.

Tabelle HZ 6,   Beziehungen zwischen Ressourcen und Management

Spaltenköpfe:
- Management: CL Export Quote | CM Ab-sicht
- Planungshorizont: CO Prod. | CP Fin. | CR Entw.
- CS Absatz | HC Durch-schnitt
- Planungsprior.: CY Entw. | DA Perso. | DB Mark.-organisat. | DM Prod.-lin.zahl
- Externe Beratung: DO Grün-dung | DP Gesch.-plan | DQ Entw.-wickl.plan | DU Recht | DV Market. | HD Durch-schn. | DZ Beurt.gesamt
- HE Zahl In.-foqu. | ER Info.-prio.ü.Konk.

Code/Bezeichn.	CL	CM	CO	CP	CR	CS	HC	CY	DA	DB	DM	DO	DP	DQ	DU	DV	HD	DZ	HE	ER
Ressourcen																				
BG EK-Anteil		-		-.3237*		-.3098*		-.3773*												-.3402*
BH öff.Förderg.	.3123*		.3886***	.3458*		.3437*		.3789*	.3194					.3049*	.2962*		.3264*	.3129*		
BI And.öff.Hilfe								+	+		-									
Ergänzung durch Mitarbeiter in...																				
BL FuE			.3876*																	
BM Kfm.Verwaltg.										+		.3253*			.3370*	.2909*		.2841*		
BN Produktion										+		.4545**	.4097***					.3443*		
BO Absatz										+		.3592*								
HA Durchschnitt										+		.3588*	.4579***		.3041*			.3515*		

Tabelle HZ10, Beziehungen zwischen Management und Größe der Unternehmen

Code/Bezeichnung	Größe Mitarbeiter -vorl.J. G2	.letzt.J. G3	.jetzt G4	Umsatz .letzt.J. G6	.jetzt G7	Größe i. Konk.-vgl. G8
Management						
CE Prod.qualität						.3923*
CF Preisstrategie						.3658*
CL Exportquote	.4677**	.5090**	.4263**			.3807*
CM Exportabsicht	+	+	+			
Planungshorizont in...						
CQ Investition		.2863*	.3057*			
CR Entwicklung	-.3064*	.3247*	.3195*			
CS Absatz		.3135*	.3802**	.3520*		
HC Durchschnitt		.3176*	.3352*	.3063*	.3348*	
CX Planungspriorität Investition						.4339*
DB Marketingorganisation				+	+	
HE Zahl d.Informationsquellen						.4121**

$: ohne Bereiche Einkauf und Produktion

Tabelle HZ11, Beziehungen zwischen TGZ und Person

Code/Bezeichnung	Person Team-gr. Q	Unt.-erf. U	Fü.-erf. W	Mark.-erf. AF	Ausbildung kfm. GU	techn. GV	techn. kompl. GW	Güte der Einschätzung... Kunden-bed. AP	Kunden-zahl AQ	Ver-bung AR	Vertr. AS	Konk.-reakt. AU	Dyn. AV	ME-Barr. AW	Durch-schn. GY	Kunden-kont. v. Grü. AX	Konzept-detaillierg. Inv. AY	Absatz BA
TGZ																		
Förderwirkung bei...																		
EU Datenb.zugang		+		-														
EV Beraterverm.			-.3703															
EW Unt.kontakte	+					+												.3130
Unterstützung in...																		
GE techn. Fragen								-.3253							-.3098			
GF BWL-Fragen								-.4459*	-.3180		-.4069*				-.4066*			
GG Gründerkontakt									-.4714*		-.3102			-.3528	-.3879		-.3071	
GH and. Kontakte	-						+	-.4035					.3060		-.4222			
HJ Durchschnitt								-.4685*	-.4678*		-.3452	-.3915			-.4849*	-.3481		
BF Fin.beschaffg.																		
BK Zusch./Darl.	+	+									-.3490							

Tabelle HZ12, Beziehungen zwischen TGZ und Idee

Code/Bezeichnung	Idee Techno- logiever- breitung BS	Nachahmungs- schutz BT	Marktzutrittsschranken... Know- how BX	 Staat BY	 Inves- tition BZ	 Durch- schnitt HB
TGZ						
Förderwirkung bei...						
ET HS-Kontakte	.4143*					
EU Datenbankzugang		-	+			
EW Unternehmenskontakte		-.3118				
HF Durchschnitt	.3057					
Servicebewertung...						
FH Sekretariat	.3799		-.3470			-.4131
FI Telekommunikation			-.5586	-.3249		-.5411
FJ Konferenzräume				-.3509		-.4721
FK Datenbanken	.4376					
HH Durchschnitt			-.5581	-.3364		-.6389
Imagewert gegenüber...						
FS Lieferanten		-.3558				
FT Kunden	-.3269	-.5130*				
FU Sonstige	-.3190	-.4391*				
HI Durchschnitt	-.3166	-.5601**				
BF Finanzm.beschaffung	+					

Tabelle HZ13, Beziehungen zwischen TGZ und Ressourcen

Code/Bezeichnung	Ressourcen Start- kapital BE	Eigenkap.- Anteil BG	öffentl. Förderung BH	Ergänzung durch Mitarbeiter FuE BL	Kfm. Verwaltung BM	Produktion BN	Absatz BO	Durch- schnitt HA
TGZ								
Förderwirkung...								
°ET HS-Kontakte			(.3141)	.3220	.3480	.4291*	.4492*	.5378**
°EU Datenbankzugang			(-)					
EV Beratervermittlung	.3028							
°HF Durchschnitt				.4189*				.3847
Servicebewertung...								
FH Sekretariat		.3710		.3429				
FI Telekommunikation		.4001		.3364				
°FJ Konferenzräume								
°HH Durchschnitt		(.3573)						
°FN Gesamtbew. Service		(.3231)				(.3444)		
°FP Gesamtbew. Beratung								
Image-Bedeutung gegenüber...								
°FR Finanziers	-.4656*		-.4145*					
°FT Kunden	-.3592			-.4623*		-.3587	-.3308	-.4300*
°FU Sonstige			(-.3073)	-.3393	-.3862	-.5242**	-.4933*	-.6042**
°HI Durchschnitt	-.4756*		-.4024*	-.3641		-.3790	-.4016*	-.4885*
Unterstützung für...								
GG Gründerkontakte				-.3560				
°GH andere Kontakte				-.5374*			-.3855	-.5148*
°BF Finanzm.beschaffung				+			+	+

°=konsistente Beurteilung durch die Mieter innerhalb der einzelnen Zentren
()=bei Durchschnittsbildung über ein Zentrum nicht mehr relevant (=Korr.>0.3, sign.5vH)

Tabelle HZ14,   Beziehungen zwischen TGZ und Management

Code/Bezeichnung TGZ	Management Prod.-qualit. CE	Preis-strat. CF	Zukauf-anteil CI	Planungshorizont Einkauf CN	Prod. CO	Finanz. CP	Inv. CQ	Ent-wicklg. CR	Absatz CS	Per-sonal CT	Durch-schn. HC	Planungsprioritäten Inv. CX	Entw. CY	Ab-satz CZ	n.gepl. Begeiche PL
Image-Bedeutung gegenüber...			(-.3841)												
°FR Finanziers	-.4071							-.3394	(-.3217)		-.3341	.4538	-.3097	.3732	
FS Lieferanten						-.4184*									
°FU Sonstige	-.3750			(-.3411)(-.3206)		-.5656**(-.3845)	-.3391								
°HI Durchschnitt	-.4316*	-.4268*				-.5143**		-.3159	(-.3898)	-.4349* -.3846	-.4429* -.4682*	-.3541	-.3063	.3867	.4733* (.3732)

°: ohne Bereiche Einkauf und Produktion
°: konsistente Beurteilung innerhalb der einzelnen Zentren
(): bei Durchschnittsbildung über ein Zentrum nicht mehr relevant (=Korr.>0.3, sign.5vH)

Fortsetzung HZ14

Code/Bezeichng. TGZ	Management Weiter entw.-konz. DN	Export-quote CL	Externe Beratung DO	Grundg. Geschäfts-plan DP	Ent-wicklg. DQ	Finanz. DR	Recht DU	Marke-ting DW	Durch-schnitt HD	Beurt. gesamt DZ	Inform.-quellen zahl HE	Info.priorität über... Liefer. EO	Konkurr. ER
Image-Bedeutung gegenüber...													
°FR Finanziers			-.5293**	-.4261*	-.4337*	-.3314		-.5421**	-.4939*	-.3868		(-.3789)	.3766
FS Lieferanten												-.3950	
°FU Sonstige				-.3915	(-.3051)		-.3201		.3088			-.3834	
°HI Durchschnitt	(-.3351)	-.4927*	-.3051								(-.3973*)		-.4488*

°=konsistente Beurteilung innerhalb der einzelnen Zentren
()=bei Durchschnittsbildung über ein Zentrum nicht mehr relevant (=Korr.>0.3, sign.5vH)

Regressions-/Logitanalysen für die verschiedenen Stufen mit den neun Variablen

Code Bezeichnung

a) Management

CG   Umsatzkonzentration auf wenige Kunden: Anteil der größten fünf Abnehmer am Gesamtumsatz

DPCR   Interaktion zwischen Planungshorizont Entwicklung und Einbeziehung externer Berater
       Geschäftsplan

EO   Priorität Informationsbeschaffung über Lieferanten (1-5)

EE   Regelmäßige Hochschulkontakte (1/0)

b) Ressourcen

BH   Finanzielle öffentliche Förderung bei Gründung (Ausmaß 1-5)

c) Person (Faktorwerte)

LL1:   Markterfahrung, im TGZ geringer ausgeprägt

LL2:   Konzeptdetaillierung, im TGZ bessere Detaillierung

LL4:   Konkurrenzkenntnis, Im TGZ besser

d) Technologiezentrum

GK   Zugehörigkeit zur TGZ- oder Kontrollgruppe (1/0)

Allgemeine Angaben:

- Fehlende Werte wurden jeweils durch paarweisen Ausschluß bei der Berechnung der Korrelationen behandelt.
  Es sind für jede Rechnung mindestens 68 Fälle verfügbar.

- Die signifikanten Befunde sind **hervorgehoben**. Es gilt ein Signifikanzniveau von mindestens 90 Prozent.
  Da es sich bei dem Output zur multiplen Regression und Korrelation durchweg um zweiseitige Signifikanzen
  handelt, hier aber i.d.R. gerichtete Hypothesen überprüft werden, werden dort **Werte bis 0.199 für das
  Signifikanzniveau** akzeptiert.

Befunde der Stufe 1) Abhängige Variable "Wachstum" = Summenscore aus z-standardisierten Werten für
Umsatz- und Beschäftigungswachstum über je zwei Perioden, unabhängig alle anderen oben genannten
Variablen, multiple Regression

Variable	B	Beta	Tolerance	Sig T		
DPCR	.07255	.48150	.61099	.0009		
CG	-.06651	-.20132	.71776	.1169	Multiple R	.57808
EO	-.14766	-.26026	.81167	.0327	R Square	.33417
LL2	-.12486	-.17537	.79843	.1490	Adjusted R Square	.23085
LL4	-.05192	-.07293	.76754	.5533	Standard Error	.62440
GK	.23955	.16944	.71723	.1857	Analysis of Variance:	
EE	.24400	.17195	.73776	.1733	Signif F =	.0030
LL1	.10131	.14229	.67923	.2783		
BH	-.04100	-.08446	.65519	.5259		
(Constant)	.31190			.3635		

Residuenstatistik:	Min	Max	Mean	Std Dev	N
PRED	-.8988	1.1565	.0056	.4146	68
RESID	-1.0379	2.1540	.0045	.5843	68
ZPRED	-2.1967	2.7969	.0007	1.0075	68
ZRESID	-1.6621	3.4497	.0072	.9357	68

Durchführung des Kolmogorov-Smirnov-Tests für Normalverteilung der standardisierten Residuen: zweiseitiges $p = .267$, d.h. die Hypothese der Normalverteilung der Residuen kann nicht abgelehnt werden.

Befunde der Stufe 2) Abhängige Variable: Management

a) Interaktionsterm: Einbeziehung externer Berater Geschäftsplan * Planungshorizont Entwicklung

Multiple Regression

```
Multiple R           .60965
R Square             .37168
Adjusted R Square    .32181
Standard Error      3.89122
Analysis of Variance:
Signif F =           .0000
```

Variablen in der Gleichung:		B	Beta	Tolerance	Sig T
Faktor "Konkurrenzkenntnis"	LL4	1.32075	.27952	.92892	.0090
Faktor "Konzeptdetaillierung"	LL2	.78083	.16525	.83872	.1347
Faktor "Markterfahrung"	LL1	.09158	.01938	.89834	.8546
TGZ 1/0	GK	1.81050	.19297	.78312	.0922
öffentliche Förderung (1-5)	BH	.96937	.30091	.75559	.0110
(Constant)		1.65262			.0980

b) Umsatzkonzentration, Regressionsanalyse

```
Multiple R           .48893
R Square             .23905
Adjusted R Square    .17866
Standard Error      1.95313
Analysis of Variance:
Signif F =           .0035
```

Variablen in der Gleichung		B	Beta	Tolerance	Sig T
Faktor "Konkurrenzkenntnis"	LL4	.22111	.10260	.92892	.3717
Faktor "Konzeptdetaillierung"	LL2	.09391	.04357	.83872	.7177
Faktor "Markterfahrung"	LL1	-1.06053	-.49210	.89834	.0001
TGZ 1/0	GK	-.49799	-.11637	.78312	.3523
öffentliche Förderung (1-5)	BH	.11245	.07653	.75559	.5472
(Constant)		4.87120			.0000

c) Priorität der Informationsbeschaffung über Lieferanten, Regressionsanalyse

```
Multiple R           .32496
R Square             .10560
Adjusted R Square    .03462
Standard Error      1.23297
Analysis of Variance:
Signif F =           .2065
```

Variablen in der Gleichung:		B	Beta	Tolerance	Sig T
Faktor "Konkurrenzkenntnis"	LL4	2.65E-03	2.11E-03	.92892	.9864
Faktor "Konzeptdetaillierung"	LL2	.12015	.09575	.83872	.4645
Faktor "Markterfahrung"	LL1	.02219	.01768	.89834	.8886
TGZ 1/0	GK	.50856	.20410	.78312	.1346
öffentliche Förderung (1-5)	BH	.12218	.14281	.75559	.3015
(Constant)		2.78081			.0000

d) **Regelmäßige Hochschulkontakte**

LOGISTIC REGRESSION = Logit-Analyse statt Regression, da die abhängige Variable dichotom ist.

Codierung der abhängigen Variablen:

Wert
0   = keine regelmäßigen Kontakte
1   = regelmäßige Kontakte

aa) Initial Log Likelihood Function (=nur Konstante)

-2 Log Likelihood   93.737916

bb) mit 5 Variablen:

Code   Bezeichnung
LL1   Faktor "Markterfahrung"
LL2   Faktor "Konzeptdetaillierung"
LL4   Faktor "Konkurrenzkenntnis"
GK   TGZ 1/0
BH   öffentliche Förderung(1-5)

	Chi-Square	df	Significance
-2 Log Likelihood	76.975	62	.0954
Model Chi-Square	16.763	5	.0050
Improvement	16.763	5	.0050
Goodness of Fit	63.116	62	.4367

Klassifikationstabelle für EE (regelmäßige Hochschulkontakte)

Beobachtet:	Vorhergesagt 0	1	Anteil richtig (in Prozent)
0 = keine Hochschulkontakte	19	12	61.29 vH
1 = Hochschulkontakte	13	24	64.86 vH
		Insgesamt:	63.24 vH

Variablen in der Gleichung:

Variable	B	S.E.	Wald	df	Sig	R	Exp(B)
LL1	-.4198	.2965	2.0051	1	.1568	-.0074	.6572
LL2	.1469	.3108	.2234	1	.6364	.0000	1.1583
LL4	.6189	.3036	4.1548	1	.0415	.1516	1.8569
GK	.6898	.5896	1.3686	1	.2420	.0000	1.9933
BH	.3168	.2279	1.9332	1	.1644	.0000	1.3727
Constant	-.7817	.5647	1.9165	1	.1662		

Beobachtete Gruppenzugehörigkeit und vorhergesagte Wahrscheinlichkeiten

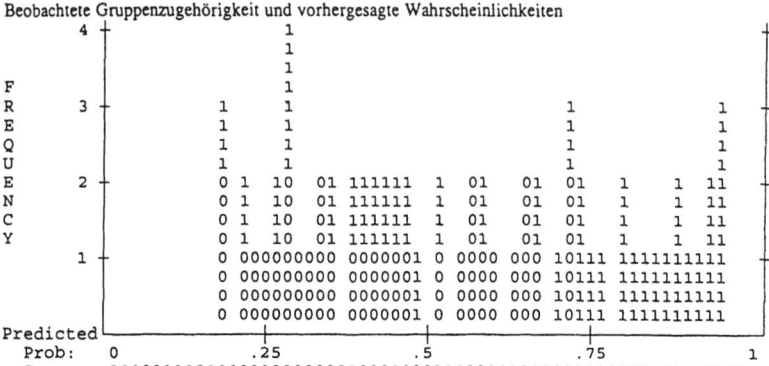

```
        4 +                  1                                              +
          |                  1
          |                  1
    F     |                  1
    R     3 +         1      1                        1              1      +
    E     |           1      1                        1              1
    Q     |           1      1                        1              1
    U     |           1      1                        1              1
    E     2 +       0 1     10    01 111111  1  01    01 01   1    1 11     +
    N     |        0 1     10    01 111111  1  01    01 01   1    1 11
    C     |        0 1     10    01 111111  1  01    01 01   1    1 11
    Y     |        0 1     10    01 111111  1  01    01 01   1    1 11
        1 +        0 000000000 0000001 0 0000 000 10111 1111111111           +
          |        0 000000000 0000001 0 0000 000 10111 1111111111
          |        0 000000000 0000001 0 0000 000 10111 1111111111
          |        0 000000000 0000001 0 0000 000 10111 1111111111
Predicted ─────────────────────────────┼──────────────────┼──────────────
    Prob:    0              .25              .5              .75              1
    Group:   0000000000000000000000000000000001111111111111111111111111111111
```

Predicted Probability is of Membership for 1.0

Symbole: 0 = Kontrollfall, 1 = TGZ-Fall

Jedes Symbol repräsentiert 0.25 Fälle.

Laut Logit-Analyse hat im multivariaten Fall nur der Faktor "Konkurrenzkenntnis" (LL4) signifikanten Einfluß auf die Variable "Hochschulkontakte". Für die Pfadanalyse muß nun noch der entsprechende Pfadkoeffizient berechnet werden. Dazu ist auf die allgemeine Definition des PRE-Koeffizienten im allgemeinen linearen Modell zurückzugreifen (Holm 1979/6. 59ff.) und auf seine Berechnung im Logit-Fall (Ebenda, 237), wo er mit ETA^2 bezeichnet wird. Die Gleichung lautet in diesem konkreten Fall:

$$(1) \quad ETA^2 = \text{Fehler ohne LL4} - \text{Fehler mit LL4} / \text{Fehler ohne LL4}$$

Das Fehlermaß ist hier die Angabe "-2 Log Likelihood" (vgl. SPSS for Windows Advanced Statistics (Release 5)· Handbuch 1992 9ff). Sie ist also für die obige Gleichung, mit dem Faktor LL4, und für eine Gleichung mit den übrigen Variablen, aber ohne LL4 zu bestimmen. Der Wert mit LL4 ist nun (s.o.): 76,975

Der Wert *ohne* LL4 (SPSS-Output nicht wiedergegeben): 81,463.

Daraus ergibt sich für den konkreten Fall:

$$(2) \quad ETA^2(LL4) = 81,463 - 76,975 / 81,463 = 0,055092$$

Da ETA^2 im Unterschied zu den Beta-Koeffizienten der Regressionsanalysen quadriert ist, muß noch die Quadratwurzel gebildet werden und man erhält als Pfadkoeffizienten den Wert

Pfadkoeffizient für LL4 --> regelmäßige HS-Kontakte (EE) = 0,235.

Befunde der Stufe 3) Abhängige Variable: Ressourcen (Öffentliche Förderung, BH), Regression

```
Multiple R          .49438
R Square            .24441
Adjusted R Square   .19718
Standard Error    1.31420
Analysis of Variance:
Signif F =          .0011
```

Variablen in der Gleichung:		B	Beta	Sig T
Faktor "Konkurrenzkenntnis"	LL4	.19111	.13030	.2471
Faktor "Konzeptdetaillierung"	LL2	.51258	.34947	.0024
Faktor "Markterfahrung"	LL1	-.03356	-.02288	.8424
TGZ 1/0	GK	.71507	.24552	.0430
	(Constant)	1.86917		.0000

Befunde der Stufe 4)   Abhängige Variable: Personen-Faktoren (LL1,2,4)

Unabhängige Variable: TGZ-Aufenthalt ja/nein (1/0)

Hier reicht eine einfache Korrelationsanalyse (Pearson's R, zweiseitige Signifikanzniveaus, entspricht den Ergebnissen der Regressionsanalyse), die folgende Korrelationen ergibt:

	Personen-Faktoren		
	LL1	LL2	LL4
Aufent- halt im TGZ 1/0 (GK)	-.3065 (69) P= .010	.1600 (69) P= .189	.2125 (69) P= .080

Korrelationskoeffizienten = Pfadkoeffizienten im Modell.

Prüfung von Korrelationsunterschieden auf Signifikanz

Formel für die Effektstärke nach Bortz (1985/2.A. 264):

$$(1) \quad z = \frac{z_{r1} - z_{r2}}{\sqrt{\frac{1}{n_1 - 3} + \frac{1}{n_2 - 3}}}$$

wobei z = Wert der Standardnormalverteilung für das gewünschte Signifikanzniveau
z_{ri} = Fisher-z-Wert der Korrelation in Gruppe i
n_i = Umfang der Teilstichprobe i

Nach Einsetzen des z-Wertes für einseitiges 5%-Signifikanzniveau sowie des Stichprobenumfangs:

$$(2) \quad 1,65 = \frac{z_{r1} - z_{r2}}{\sqrt{\frac{1}{32} + \frac{1}{31}}}$$

Nach einfacher Umformung ergibt sich für die geforderte Effektstärke q:

$$(3) \quad 0,4158 = z_{r1} - z_{r2} = q$$

Daraus ergibt sich folgende Tabelle (mit der bei Teststärke bei zweiseitigem Test, analoge Berechnung):

Wenn Korrelation in Gruppe 1 ... beträgt	...dann muß Gruppe 2 mindestens annehmen (gerundet)	
	bei ein-seitigem[*]... q=0,4158	bei zwei-seitigem Test[*] q=0,49
0.0	+-0.4	+-0.46
0.1	-.31/0.48	-.38
0.2	-.22/0.56	-.28
0.3	-.11/0.63	-.18
0.4	0/0.69	-.07
0.5	.13/0.75	.05
0.6	.26	.20

Nach Bortz (1985/2.A.264-267, Hier:264) bei Alpha=5% und einseitigem Test (z=1,65) bei der gegebenen Stichprobengröße (35+34 Fälle). [*]:α= 5%, d.h. z=1,65 bzw. 1,96. Für negative Vorzeichen kehren sich die Werte auf der anderen Seite entsprechend um.

TGZ = TGZ-Fälle

NTGZ = Kontrollgruppe

Variablen-Codes: siehe Anhang 5-5; DPCR = Interaktionseffekt

1) **Abhängige Variable: Wachstum (Summenscore)**

Korrelation	NTGZ Wachstum	TGZ (ERFWA)	
DPCR	-.0396 P= .824	.4630 P= .005	-signifikanter Unterschied 5%, vgl. Anhang 5-6
DP	-.2043 P= .246	.4189 P= .012	-signifikanter Unterschied 5%
CR	.1143 P= .520	.2667 P= .121	
EO	-.0725 P= .684	-.1894 P= .276	
EE	.1942 P= .271	.0494 P= .781	
CG	-.2443 P= .164	-.2754 P= .109	
LL2	-.1942 P= .271	-.0646 P= .712	

(Koeffizient/zweiseitige Signifikanz)

2) **Abhängige Variable: Interaktionsvariable Externe Beratung**
   Geschäftsplan/Planungshorizont Entwicklung

Korrelation	NTGZ Konkurrenzkenntnis	TGZ (LL4)
DP	.2415 P= .169	.2865 P= .095
CR	.0941 P= .596	.4134 P= .014
DPCR	.1488 P= .401	.4318 P= .010

(Koeffizient/zweiseitige Signifikanz)

3) **Abhängige Variable: Hochschulkontakte (EE)**

Korrelation	NTGZ Konkurrenzkenntnis	TGZ (LL4)	
EE	.0338 P= .850	.4819 P= .004	-signifikanter Unterschied (5%)

(Koeffizient/zweiseitige Signifikanz)

Varianzhomogenität LL4 bezüglich EE: p= .888 (Cochrans C)

4) Abhängige Variable: Umsatzkonzentration auf die fünf größten Kunden (CG)

Korrelation	NTGZ Markterfahrung (LL1)	TGZ
CG	-.4326 P= .011	-.4857 P= .003

(Koeffizient/zweiseitige Signifikanz)

5) Abhängige Variable öffentliche Förderung (BH)

Korrelation	NTGZ Konzeptdetaillierung (LL2)	TGZ
BH	.2680 P= .125	.4132 P= .014

(Koeffizient/zweiseitige Signifikanz)

6) Ist die Interaktionsvariable (DPCR) in den Teilstichproben unterschiedlich ausgeprägt?

Mann-Whitney U - Test für unabhängige Stichproben

Interaktion: Externe Beratung Geschäftsplan/Planungshorizont Entwicklung (DPCR) by TGZ 1/0

Mean Rank	Cases	
27.90	34	Kontrollgruppe
41.90	35	TGZ-Fälle

2-tailed P, Corrected for Ties: .0035

Anhang 5-8: Trägt das TGZ zur Entkopplung des Erfolgs von bestimmten Personeneigenschaften bei?

Korrelationen,
jeweils 1.Zeile:　TGZ-Fälle
2.Zeile:　Nicht-TGZ-Fälle (Kontrollgruppe)

Jede Zelle: 1.Zeile (TGZ-Fälle) / 2.Zeile (Nicht-TGZ-Fälle)

Code/Bezeichnung Person	Erfolg Mitarbeiterwachstum .seit Gründung (E1)	.letztes Jahr (E2)	.vor-letztes Jahr (E3)	.letzte zwei Jahre (E4)	Umsatzwachstum p.a. .seit Gründung (E5)	.letztes Jahr (E6)	Produktivität derzeit absolut (E7)	Wachstum p.a. .letztes Jahr (E8)	Wachstum p.a. .st. Grd. (E9)	Rentabilität i.Konk.-vergleich p
Q Teamgründung		.3144 / -.2255								
V Führungserfahrung	.3716 / -.0341			.2974 / -.3126	-.3067 / -.0899					.1783 / -.5308
W Dauer der Führungserfahrg.	.3355 / -.2508			-.3360 / -.1362	-.3668 / .2801	.1685 / -.3977				-.3554 / -.0049
X Berufsjahre										
Y Branchenjahre					.3712 / -.1864		-.0668 / -.4244*	.3363 / -.1341		
AF Einbindung in Marketing										
AG Abschluß (F)HS-Reife							.3880 / -.3257			
AH kfm. Berufsausbildung							.0057 / .3481			
AI abgeschl. kfm. Studium								-.0813 / .3534		
GU Kfm.Qualifikation		-.4911* / -.1682		.3322 / -.2779						
GW Grad der techn. Qualif.		-.5086** / -.1489						-.4622 / .1915		
GX Ausbildungsgrad					.1482 / -.3239					.3116 / -.0988
Güte der Einschätzung...										
AP Kundenbedürfnisse										-.3970 / -.1646
AQ Kundenzahl										

1-tailed Signif.:　* - .01　　** - .001

→ wird fortgesetzt

Fortsetzung

Code/Bezeichnung Person	Erfolg Mitarbeiterwachstum .seit Gründung Jahr (E1)	.letztes Jahr (E2)	.vor-letztes Jahr (E3)	.letzte zwei Jahre (E4)	Umsatzwachstum p.a. .seit Gründg. (E5)	.letztes Jahr (E6)	Produktivität derzeit absolut (E7)	Wachstum p.a. .letztes Jahr (E8)	Wachstum p.a. letztes st. Grd. (E9)	Rentabilität i.Konk.-vergleich (P)
Güte der Einschätzung...										
AS Vertriebserfordernisse										
AT Konk.angebot/-zahl		-.3111 .1496								
AV Marktdynamik			-.1168 -.3333							
AW Marktzutrittsschranken										
GY Durchschnitt							-.0089 .3035	.3474 .0797		.4115 -.1139
AX Kundenkontakte vor Grdg.	.3249 -.1532						-.0196 .3411			.3234 -.1683
Konzeptdetaillierung...										
AZ Finanzierung					.3885 -.1508	.0019 -.3910				
BA Absatz/Marketing										.0760 -.3244

1-tailed Signif.: * - .01   ** - .001

Korrelationen,

1.Zeile: TGZ-Fälle

2.Zeile: Kontrollgruppe

Code/Bezeichnung	Produkt-qualität CE	Preis-strategie CF	Umsatz-konzentration CG	Zukauf-anteil CI	Export-quote CL	Export-absicht CM	Planungs-priorität Investit. CX	Vertriebskanal... Direkt-verkauf DC	eig. Reis. DD	Hand.-vertr. DF
Q Teamgrundung			-.0997 .4303							
U Vorherige Selbständigkeit							-.0591 .3502			
W Jahre in leitender Funktion					.5440 .2058					
X Berufsjahre					.3670 -.1013		-.4327 .1104			
Y Branchenjahre			.2072 -.2276	-.1619 .3296						
AD Bezug zu früherer Tätigkeit							.5334 -.0754	-.5175 .3562		
AF Einbindung in Marketing									-.1627 .2701	
Ausbildungsabschluß... AG (F)HS-Reife										
AH kfm. Berufsausbildung				-.0679 .3791			-.3474 .0787			
AJ technische Berufsausbildung								.2840 -.2509	.3836 -.1511	
AK abgeschl. techn. Studium		.1757 -.3241								
GU kfm. Qualifikation							-.4287 .1554			
GW komplementäre Qualifikation							-.3019 .2440	.2274 -.2889		
GX Ausbildungsgrad	.0105 -.4108							.2198 -.2360		.0143 -.3902
AX Kundenkontakte vor Gründung						.4539 -.0133				
BR Wettbewerbsvort.	.4894 .0431				.3851 -.3943			.1341 -.3757		
BS Technologieverbreitung							.6489 -.0882			
BT Nachahmungsschutz			.1841 -.3411					.1119 -.3956		
BV Preiserhöhungsspielraum		.2254 -.1977								
Markteintrittsbarriere... BW Kundenakzeptanz			-.0559 .3922							
BY Staat							-.4371 -.2368	.4345 .0376	.5180 .0889	
HB Durchschnitt							-.2785 .2261		.2974 -.2364	

→ wird fortgesetzt

Fortsetzung

Code/Bezeichnung	Planungshorizont Einkauf CN	Produkt. CO	Finanz. CP	Invest. CQ	Entwicklg. CR	Absatz CS	Personal CT	Durch- schnitt HC
U vorherige Selbständigkeit		.1399 -.3152			.2303 -.2256			
W Jahre in leiten- der Funktion	.2150 -.2058	.3661 -.3003	.1388 -.3233	.2979 -.2741	.3748 -.1916			.2627 -.2629
X Berufsjahre		.1068 -.3860						
AF Einbindung in Marketing			.2282 -.2002					
Ausbildungsabschluß... AG (F)HS-Reife	-.3180 .1427							
AH kfm. Berufsaus- bildung			.2651 -.2383			.2629 -.1853		
AI abgeschlossenes kfm. Studium							.3347 -.1605	
AJ techn. Berufs- ausbildung			.2766 -.1744			.1704 -.2827		
AK abgeschl. techn. Studium	.4346 -.3457							
GV techn. Qualifi- kation			.0516 -.3888				.4744 -.1202	.3284 -.0960
GX Ausbildungsgrad	.3818 -.3746							
AX Kundenkontakte vor Gründung						.3816 -.2833		
BV Preiserhohungs- spielraum			-.2480 .2470					
Markteintrittsbarriere... BW Kundenakzeptanz						.1245 -.3004		
BY Staat				-.1860 .2959				
CB Zahl relevanter Konkurrenten							.3767 -.1140	.2251 -.1639

→ wird fortgesetzt

Fortsetzung

Code/Bezeichnung	Externe Beratung Gesch.-plan DP	Finanzierg. DR	Marketing DW	Durchschnitt HD	Datenbanken EC	Konkurr. ED	Hochschule EE	Lieferanten EG	Behörden o.Kammern EJ	Zahl HE	Infoprio.Lief. EO
Q Teamgründung				.2912 -.1377							
V Erfahrung in leitender Position							.2346 -.2681				
W Jahre in leitender Position							.2598 -.2948				
X Berufsjahre	-.2301 .1956										
Ausbildungsabschluß... AG (F)HS-Reife							-.2967 .1209				
AJ techn. Berufsausbildung					.3815 -.1013					.3976 -.0113	
AL Promotion									-.1143 .3947		
GX Ausbildungsgrad	.3651 -.1234										
BS Technologieverbreitung							.3172 -.1686				
BT Nachahmungsschutz							.2215 -.2116				
Markteintrittsbarriere... BW Kundenakzeptanz		.0486 -.5481					.3038 -.1238			.1088 -.3054	
BY Staat											-.2999 .2836
BZ Investition		.3508 -.1270									
HB Durchschnitt		.0785 -.3907			-.1062 .3544						
CB Zahl relevanter Konkurrenten							-.4739 -.0491				-.2113 .2303

Korrelationen,

1.Zeile: TGZ-Fälle

2.Zeile: Kontrollgruppe

Bezeichnung (Code) Erfolg	Finanzielle Ressourcen		
	Start-kapital BE	Eigenkap.-anteil BG	Öffentl. Förderung BH
Größe MA bei Gründung (G1)	.2723 .0658	-.0741 -.1821	.0327 .3706
MA vorletztes Jahr (G2)	.1806 .2144	-.2824 -.0741	.1512 .4058
MA letztes Jahr (G3)	.1852 .1917	-.3007 -.1023	.1360 .4347
MA derzeit (G4)	.0650 .2303	-.4281 -.1101	-.0004 .4386
Ums. bei Gründung (G5)	.0441 .1038	-.2775 -.1871	-.1416 .3408
Ums. letztes Jahr (G6)	.0236 .2339	-.3788 -.0083	-.2329 .3135
Ums. derzeit (G7)	.0235 .2328	-.3347 .0399	-.2237 .2313
Größe im Konkurr.vgl. (G8)	.1625 .0306	-.0950 .0278	.1746 .0120
Rentabilität im Konkurr.vgl. (P)	-.0134 -.1520	.0396 .0090	-.1987 -.0278
Wachstum p.a. MA seit Gründung (E1)	.0305 .1770	-.3645 -.0967	.0918 .1105
MA letztes Jahr (E2)	-.1565 -.0635	-.2119 -.1192	-.2527 .1495
MA vorletztes Jahr (E3)	.1224 -.1048	-.1277 -.2775	.3072 .1285
MA letzte 2 Jahre (E4)	-.0046 -.0707	-.2884 -.2373	.0204 .1454
Ums. seit Gründung (E5)	.1353 .2248	-.2455 .1246	.2510 -.0739
Ums. letztes Jahr (E6)	.0941 -.1640	.1117 .0070	.0228 -.2536
Produktivität absolut derzeit (E7)	.1754 -.0536	-.0088 .0516	-.4255 -.2828
Zuwachs letztes Jahr (E8)	.1358 -.1254	.2627 .0721	.0851 -.3052
Zuwachs seit Gründung (E9)p.a.	.0036 .2331	.2512 .1213	-.0294 -.0845

Feldinhalte: Korrelationskoeffizienten TGZ
NTGZ.

Ums.= Umsatz
MA = Mitarbeiter

1) Vergleich der Varianz in der Gruppe mit der in der Gesamt-TGZ-Stichprobe

"*" deutet an, daß für die jeweilige Variable innerhalb des genannten TGZ die
Gruppenvarianz größer ist als die Gesamtvarianz, die infolge
Standardisierung eins beträgt.

Variablenbezeichnung	Code	TGZ-Nr. 1	2	3	6	10	13	18	Zahl der Inkonsistenzen
Förderwirkung des TGZ bezüglich...									
Hochschulkontakten	ET						*		1
Datenbankzugang	EU	*					*		2
Vermittlung externer Berater	EV			*		*	*		3
Kontakte zu anderen Unternehmen	EW	*	*	*			*		4
Durchschnitt	HF	*							1
Service-Beurteilung bezüglich...									
Sekretariat	FH		*				*		2
Telekommunikationseinrichtungen	FI		*	*					2
Konferenzräume	FJ		*						1
Datenbankzugang	FK						*		1
Durchschnitt	HH		*						1
Gesamtbeurteilung Service	FN					*	*		2
Gesamtbeurteilung Beratung	FP	*		*					2
Imagewirkung gegenüber...									
Finanzmittelgebern	FR					*	*		2
Lieferanten	FS			*			*		2
Kunden	FT		*						1
sonstiges	FU								
Durchschnitt	HI								
Hilfe TGZ Beschaffung Finanzmittel	BF	*							1
Unterstützung...									
in technischen Fragen	GE	*		*	*	*	*		5
in betriebswirtschaftlichen Fragen	GF	*		*			*		3
durch Kontakte zu anderen Gründern	GG	*	*	*	*		*		5
durch andere Kontaktvermittlungen	GH					*	*		2
Durchschnittliche Gesamtbeurteilung	HJ			*	*		*		3
Höhe der Aufnahmeanforderungen bezüglich...									
Finanzieller Ausstattung	FB	*							1
Lebenslauf/Erfahrung des Gründers	FC		*	*	*				3
Innovationsgrad	FD		*	*					2
Dauer bis zur Marktreife	FE	*			*				2
Marktchancen	FF	*		*	*				3
Detaillierter Geschäftsplan	FG	*					*		2
Durchschnitt	HG								
Fragen zum Auszug									
Heute noch TGZ-Leistungsinanspruchnahme?	FV		*			*			2
Unterstützung bei Planung	FY		*				*		2
Beeinträchtigung durch Kosten?	FZ	*	*						2
Beziehungsabbruch (NTGZ)	GB						*	*	2
Beziehungsabbruch (TGZ)	GC	*	*						2
Beeinträchtigung Leistungserstellung	GD	*							1
Zahl der Beobachtungen n -->		3	4	2	5	2	2	5	23

fett sind die Variablen hervorgehoben, die nach den im Haupttext beschriebenen
Maßstäben konsistent zu nennen sind

2) Vergleich der Varianz im Erfolg in der Gruppe (jeweiliges TGZ) mit der in der Gesamt-TGZ-Stichprobe

"*" deutet an, daß für die jeweilige Variable innerhalb des genannten TGZ die Gruppenvarianz größer ist als die Gesamtvarianz, die infolge Standardisierung eins beträgt.

z-standardisierte Erfolgs-Variable Code/Bezeichnung	TGZ-Nr. 1 2 3 6 10 13 18	Zahl der "Inkon- sistenzen"
Größe		
G1 MA bei Gründung		
G2 MA vorletztes Jahr		
G3 MA letztes Jahr		
G4 MA derzeit	*	1
G5 Ums.bei Gründung		
G6 Ums.letztes Jahr	*	1
G7 Ums. derzeit	*	1
G8 i.Konkurrenzvergleich	* * * *	4
P Rentabilität im Konkurrenzvergleich	* * * * *	5
Wachstum p.a.		
E1 MA seit Gründung	*	1
E2 MA letztes Jahr	* *	2
E3 MA vorletztes Jahr	* * * *	4
E4 MA letzte 2 Jahre	*	1
E5 Ums.seit Gründung	*	1
E6 Ums.letztes Jahr	*	1
Produktivität		
E7 absolut derzeit		
E8 Wachstum letztes Jahr	* *	1
E9 Wachstum seit Gründung p.a.		

MA = Mitarbeiter
Ums.= Umsatz

3) Absolute Durchschnitts-Werte für Unternehmenserfolg und -größe für die sieben Zentren

	Feldinhalte: Mittelwerte für Erfolgsvariablen						
Erfolgs-Variable Code/Bezeichnung	Gesamt (alle TGZ)	TGZ-Nr. 1	2	3	6	10	13 18
Größe							
G1 MA bei Gründung	5	2	2	2	2	3	2 1
G2 MA vorletztes Jahr	17	22	5	11	12	13	37 15
G3 MA letztes Jahr	22	28	7	17	12	19	69 22
G4 MA derzeit	28	29	10	26	13	20	123 26
G5 Ums.bei Gründung,TDM	953	362	233	106	370	1500	275 294
G6 Ums.letztes Jahr,TDM	3917	2876	793	1250	2387	2250	22500 3837
G7 Ums. derzeit,TDM	4964	4183	1333	1050	2174	2550	33000 4975
Wachstum p.a.							
E1 MA seit Gründung	.41	.36	.28	1.49	.25	.42	.39 .49
E2 MA letztes Jahr	.27	-.06	.24	.45	.60	-.02	.78 .25
E4 MA letzte 2 Jahre	.28	.08	.30	.51	.32	.28	.82 .34
E5 Ums.seit Gründung	.36	.36	1.41	.36	.15	.15	.49 .54
E6 Ums.letztes Jahr	.35	.47	1.00	.36	.15	.14	.56 .51
Produktivität							
E7 absolut derzeit,TDM	178	122	114	38	130	174	259 149
E8 Wachstum letzt.Jahr	.15	.79	.76	-.13	-.17	.26	-.06 .21
E9 Wachstum st.Gründg.	-.03	.01	-.03	-.07	-.08	-.19	.07 -.02

Anmerkung: Alle Mitarbeiter- und Umsatzzahlen auf ganze Werte gerundet.

4) Varianzen und Mittelwerte für alle TGZ-Variablen

Variable	Code	Mittel	Std.abw.
Förderwirkung des TGZ bezüglich...			
Hochschulkontakten	ET	2.41	1.65
Datenbankzugang	EU	1.76	1.23
Vermittlung externer Berater	EV	1.97	1.11
Kontakte zu anderen Unternehmen	EW	2.18	1.29
Durchschnitt	HF	2.13	.96
Servicebeurteilung...			
Sekretariat	FH	3.44	1.12
Telekommunikation	FI	3.52	1.21
Konferenzräume	FJ	3.97	1.09
Datenbankzugang	FK	2.61	1.38
Durchschnitt	HH	3.39	.97
Gesamtbeurteilung Service	FN	3.70	1.29
Gesamtbeurteilung Beratung	FP	2.71	1.27
Bewertung des Images gegenüber...			
Finanzmittelgebern	FR	2.35	.88
Lieferanten	FS	2.81	.86
Kunden	FT	2.65	1.01
sonstigen Partnern	FU	2.38	.82
Durchschnitt	HI	2.55	.61
Hilfe TGZ Beschaffung Finanzmittel	BF	1.91	1.42
Unterstützung...			
in technischen Fragen	GE	3.24	1.28
in betriebswirtsch. Fragen	GF	3.15	1.05
durch Kontakte zu anderen Gründern	GG	2.44	1.26
durch andere Kontaktvermittlungen	GH	2.78	1.28
Durchschn. Gesamtbeurteilung TGZ	HJ	2.87	.94
Höhe der Aufnahmeanforderungen bezüglich...			
Lebenslauf/Erfahrung des Gründers	FC	3.30	1.33
Innovationsgrad	FD	4.06	1.25
Dauer bis zur Marktreife	FE	2.45	1.28
Marktchancen	FF	3.58	1.09
Detaillierter Geschäftsplan	FG	2.58	1.60
Durchschnitt	HG	2.94	.85
Fragen zum Auszug			
Heute noch TGZ-Inananspruchnahme	FV	.29	.46
Unterstützung bei Planung?	FY	1.69	1.15
Beeinträchtigung?	FZ	1.84	1.19
Beziehungsabbruch (NTGZ)	GB	1.23	.67
Beziehungsabbruch (TGZ)	GC	2.19	1.40
Beeinträchtigung Leistungserstellung	GD	1.41	.87

Anmerkung: Die Variablen zu Aufnahmebarrieren und Auszug sind nicht berücksichtigt.

Feldinhalte: Korrelationen

Code/Bezeichnung	Förderwirkung Kontakte... Daten-banken EU	Externe Berater EV	andere Untern. EW	Bewertung Ser-vice FN	Bera-tung FP	Image gg. Kapital-gebern FR
Förderwirkung						
ET HS-Kontakte						
EU Datenbanken	1		+			(+)
EV externe Berater		1	.4042*			-.4508*
EW and.Unternehmen			1		(.3105)	
Bewertung						
FN Service				1		
FP Beratung					1	

1-tailed Signif: * -.01   ** - .001

☐——— : Eingerahmt sind Felder mit Beziehungen *innerhalb* von Itembatterien

()= bei Beteiligung konsistenter Variablen, bei Durchschnittsbildung für
Zentren nicht mehr signifikant

Fortsetzung:

Code/Bezeichnung	Image gegenüber... Lie-fer. FS	Kun-den FT	sonst. Partnern FU	Unterstützung... techn. Fragen GE	bwl. Fragen GF	Gründ.-kontakt GG
ET HS-Kontakte			-.4565*			
EU Datenbanken						
EV externe Berater					-.3594	
EW and.Unternehmen				-.3193	-.4230*	-.3103
Bewertung						
FN Service						
FP Beratung					-.5592**	
Image gegenüber						
FR Finanz.gebern						
FS Lieferanten	1	.6891**		.3883		
FT Kunden		1	.4616*			
FU andere			1			.3316
Unterstützung						
GE techn. Fragen				1	.6506**	
GF bwl. Fragen					1	.3165

1-tailed Signif: * -.01   ** - .001

☐——— : Eingerahmt sind Felder mit Beziehungen *innerhalb* von Itembatterien
(z.B. verschiedene Imagedimensionen).

()= bei Beteiligung konsistenter Variablen, bei Durchschnittsbildung für
Zentren nicht mehr signifikant

Fortsetzung:

Code/Bezeichnung	Unterst. sonstige Kontakte GH	Service-Bewertung Sekreta- riat FH	Tele- komm. FI	Konfer.- räume FJ	Hilfe Besch. Kapital BF
ET HS-Kontakte					
EU Datenbanken					
EV externe Berater	-.3467				+
EW and.Unternehmen	-.6237**		.3890		
FN Service-Bewertg.		.6626**	.5198*	.6105**	
FP Beratungs-Bew.	-.4760*		.5903**		+
Image gegenüber...					
FR Fin.mittelgeber					
FS Lieferanten					
FT Kunden	.3953				
FU andere	.5413*			-.3469	
Unterstützung...				-.4385*	
GE techn. Fragen	(.4688*)		-.4347*	(-.3470)	
GF bwl. Fragen	.6281**				
GG Gründerkontakte	.6663**	-.3373			
GH andere Kontakte	1		(-.3455)		-
Service...					
FH Sekretariat		1	.7325**		
FI Telekommunik.			1	(.4095)	+
FJ Konferenzräume				1	
FK Datenbankzugang					

1-tailed Signif: * - .01 ** - .001

⬚ : Eingerahmt sind Felder mit Beziehungen *innerhalb* von Itembatterien verschiedene Imagedimensionen).
()= bei Beteiligung konsistenter Variablen, bei Durchschnittsbildung für Zentren nicht mehr signifikant

1) Zusammenhänge zwischen Gründerperson und Bewertung des Service
   nur inkonsistente Service-Variable

| Bezeichnung/ Code | Erfahrungsparameter | | Marktein-schätzung Vertrieb AS | Konzept-detaill. Ent-wicklung BB | Beratungs-angebot DZ |
	techn. Qualif. GV	kfm. Qualif. GU			
Service					
Telekommuni-kation FI	.4185 (29) P= .024	negativ P= .062	.3363 (29) P= .074		.4421 (29) P= .016

Korrelation/Fallzahl/Wahrscheinlichkeit

2) Beziehungen zwischen Image-Bewertung und Person des Gründers
   nur inkonsistente Image-Dimension

Bezeichnung/Code	techn. Quali-fikation GV	Branchen-jahre Y
Image-Bewertung gegenüber...		
Lieferanten FS	positiv	-.3465 (31) P= .056

Korrelation/Fallzahl/Wahrscheinlichkeit
Interpretation: negatives Vorzeichen=gute Beurteilung

1) Tabelle: Beziehungen zwischen Bewertung des TGZ-Images und dem Managementverhalten der TGZ-Mieter

Code/Bezeichnung	Produkt-qualität CE	Preis-strategie CF	Dauer bis Marktreife CH	Zukauf-anteil CI	Lieferan-tenwechsel CJ	Export-quote CL	Planungshorizonte Finanz. CP	Investit. CQ	Entwicklung CR	Absatz CS	Personal CT	Durchschn. HC	Zahl der nicht geplanten Bereiche (PLAZO) $
TGZ-Image gegenüber...													
FR Finanz.gebern													
FS Lieferanten													
FT Kunden				(-.3841)			-.4184*		-.3394	.3217		.3341	
FU andere	-.4071	-.4268*					-.5656**	(-.3845)	-.3391	-.4349*	-.3846	-.4719*	.4733
HI Durchschnitt	-.4316*					-.4927*	-.5143*		-.3159	(-.3898)	-.4429*	-.4682*	(.3732)
TGZ-Beurteilung bezüglich...													
GE techn.Unterst.			.3773				-.4812*				.3355		
GF Bwl.Unterst.			.3293				-.3906	-.4011*	.3922	-.5641**	-.4576*	-.4800*	
GG Gründerkontakt							-.5431*			-.5034*		-.4354*	
GH andere Kont.				(-.3706)			-.5217*	-.3040	-.3897	-.3854		-.3985	
HJ Durchschnitt										-.4033*		-.5040*	

Fortsetzung:

Code/Bezeichnung	Planungspriorität Investit. CX	Ent-wicklung CY	Absatz CZ	Per-sonal DA	Weiter-ent-wicklg. DN	Externe Beratung Gründung DO	Geschäfts-plan DP	Ent-wicklung DQ	Finan-zierung DR	Recht DU	Buch-haltung DS	Marke-ting DW	Durch-schnitt HD	Gesamt-beurt. DZ	Inform.prio. Liefe-Kon EO	Liefe-ranten kurr. ER	Zahl d. Info.-quellen HE
TGZ-Image gegenüber...																	
FR Finanz.gebern	.4538					-.5293**	-.4261*	-.4337*	.3314						(-.3789)	.3766	
FS Lieferanten															-.3950		
FT Kunden															-.3834		
FU andere	-.3541		.3732	.3867	(-.3351)		-.3915	(-.3051)		-.3201			-.3088		-.4488*	(-.3973*)	
HI Durchschnitt							-.3051					-.5421**	-.4939*	.3868			
TGZ-Beurteilung bezüglich...																	
GE techn.Unterst.	-.4958										-.3604						
GF Bwl.Unterst.										-.4035*	-.4465*		-.4729*		-.4185		-.3796
GG Gründerkontakt					.4038					-.3487							-.3687
GH andere Kont.										-.5293*						(-.4241)	-.5201*
HJ Durchschnitt					-.3071					-.4226*	.3367		-.3583		-.3162		-.3822

Feldinhalt: Korrelationskoeffizient
(): Bei Durchschnittsbildung über je ein Technologiezentrum nicht mehr signifikant (=Korr.>0,3,sign.5%)
$): Bei Durchschnittsbildung über je ein Technologiezentrum nicht mehr signifikant (=Korr.>0,3,sign.5%)
: ohne Bereiche Einkauf und Produktion

2) Tabelle: Zusammenhang Service-Bewertung mit Management

Code Bezeichnung	Dauer b. zur Markt-reife CH	Umsatz-kon-zentr. CG	Zahl der Produkt-linien DM	Abhängigk. von Liefer. CJ	Externe Beratung Gründung DO	Beratung Buchhalt. DS	Recht DU	Beratung: Beurteilg. Gesamtang. DZ	Planungs-priorität Investition CX	Zahl nicht schriftl. ge-planter Bereiche PLAZO
Service										
FH Sekretariat	-.3940 (20) P= .086			-.3739 (20) P= .104						
FI Telekomm.	-.3339 (23) P= .119				.4527 (29) P= .014	.3181 (28) P= .099		.4421 (29) P= .016		.3557 (29) P= .058
FJ Konferenz-räume	-.1567 (22) P= .486	-.3258 (29) P= .085	-.3222 (28) P= .095	-.3455 (21) P= .125	.3529 (32) P= .048		.3206 (29) P= .090	.3428 (31) P= .059	.3192 (20) P= .170	
HH Durchschnitt	-.4539 (24) P= .026			-.4334 (23) P= .039						
FN Gesamtbe-urteilung				-.3828 (24) P= .065					-.4897 (20) P= .028	

(Korrelationskoeffizient/Fallzahl/Signifikanz)

1) Tabelle: Beziehungen zwischen Aufnahmebarrieren und TGZ-Beurteilung

Aufnahmebarr.	TGZ-Beurteilung Unter- stützg. b. Fin.- beschaff. BF	Noch heute TGZ- Nutzung FV	Förderwirkung HS- Kon- takte ET	Berater- ver- mittlung EV	Durch- schnitt HF	Unter- stützg. sonst. Kontakte GH	Image-Bedeutung gegenüber... Finanz- mittel- gebern FR	Liefe- ranten FS	Kunden FT	Sonstige Partner/ Gruppen FU	Durch- schnitt HI
FB Finanzen			+			-					
FC Person			.4154*	.3771	.3867				-.3099		-.3233
FD Innov.grad			.3603		.3401	-.3622			-.4251*	-.4476*	-.4332*
FE Marktreife									-.3117		-.3149
FF Marktchancen			.4601*	.3075	.5083*						
FG Gesch.plan	+	.3028	.5693**	.3840	.3979		-.3802	-.3089	-.4908*	-.4127*	-.5764**
HG Durchschnitt			.5923**	.4672*	.5116*		-.3339		-.4858*	-.4806*	-.5559**

Feldinhalt: Korrelationskoeffizient/Richtung des Zusammenhangs bei Beteiligung nicht intervallskalierten
Variablen (Varianzanalyse)
1-tailed Signif: * - .01 ** - .001

2) Tabelle: Zusammenhang zwischen Aufnahmebarrieren und Konzeptdetaillierung

Aufnahmebarr	Konzeptdetaillierung Invest. AY	Finanz. AZ	Absatz BA	Entwick- lung BB	Durch- schnitt GZ
FB Finanz. Auss.					
FC Person			.4062*		.3332
FD Innov.grad			.3538	.4503*	.3689
FE Marktreife			.3977		.3029
FF Marktchancen					
FG Det. G.plan	.4714*	.4132*	.5023*		.4450*
HG Durchschnitt	.3458		.5585**		.4725*

Feldinhalt: Korrelationskoeffizienten

3) Tabelle: Zusammenhang zwischen Aufnahmebarrieren und Ressourcen

Aufnahmebarr.	Ressourcen Start- kapital BE	EK- Anteil BG	öffentl. Förderung BH	sonst. öff. Unterstütz. BI	Ergänzung durch Mitarbeiter FuE BL	Produkt. BN	Absatz BO	ø HA
Finanzielle Ausstattung FB			+					
Person des Gründers FC				+ P= .091		.3597 P= .034	.3480 P= .040	.3313 P= .052
Innovations- grad FD			.4922 P= .003		.4040 P= .016	.4345 P= .009	.4671 P= .005	.5295 P= .001
Dauer bis Marktreife FE				(+) P= .050	.3570 P= .035			
Marktchancen FF			.3390 P= .046		.4086 P= .015	.3975 P= .018	.3631 P= .032	.4980 P= .002
Geschäfts- plan FG	.6512 P= .000	-.4374 P= .009	.4596 P= .005		.3906 P= .020		.3678 P= .030	.4292 P= .010
Durchschnitt HG	.4538 P= .006		.4611 P= .005		.5134 P= .002	(.5003) P= .002	.4416 P= .008	.5699 P= .000

Feldinhalte: Korrelationskoeffizienten bzw. Richtung des Zusammenhangs/ zweiseitige Signifikanz
()= bei Durchschnittsbildung innerhalb der Zentren nicht mehr relevant (=>0.3 korr., sign.5%)

4) Tabelle: Zusammenhang zwischen Aufnahmebarrieren und Geschäftsidee

Aufnahmebarr.	Idee Wettbewerbsvorteil BR	Technologieverbreitung BS	Nachahmungsschutz BT	Marktzutrittsschr. Staatl. Auflagen BY	Investition BZ	Zahl relev. Konk. CB
Finanzielle Ausstattung FB		+		+		
Person des Gründers FC			.3523 P=.038			
Innovationsgrad FD	.3457 P=.042	.4324 P=.009	.3674 P=.030		-.4014 P=.017	
Dauer bis Marktreife FE						
Marktchancen FF						
Geschäftsplan FG			.3641 P=.032		.3183 P=.062	
Durchschnitt HG		.3983 P=.018	.4565 P=.006		.3299 P=.053	

Feldinhalte: Korrelationskoeffizienten bzw. Richtung des Zusammenhangs/ zweiseitige Signifikanz

5) Tabelle: Zusammenhang zwischen Aufnahmebarrieren und Erfolg

Aufnahmebarrieren bezüglich...	Erfolg Wachstum seit Gründung p.a. Mitarbeiter E1	Umsatz E5	Umsatzzuwachs letztes Jahr E6
Person des Gründers FC	.3584 P=.035		
Dauer bis zur Marktreife FE			.3432 P=.074
Geschäftsplan FG	.2842 P=.098	.3433 P=.063	

Feldinhalte: Korrelationskoeffizienten bzw. Richtung des Zusammenhangs/ zweiseitige Signifikanz

Aufnahmebarr.	Erfolg Mitarbeiter Gründung G1	vorletztes J. G3	letztes Jahr G2	jetzt G4	Umsatz letztes Jahr G6	jetzt G7	Größe i. Konkurr.vgl. G8
Finanzielle Ausstattung FB	-.3301 P=.053		.3254 P=.056	.3280 P=.054			
Innovationsgrad FD		.2998 P=.085	.3241 P=.057				
Dauer bis Marktreife FE		.3853 P=.024	.4049 P=.016	.3588 P=.034	.4374 P=.020	.4505 P=.011	
Marktchancen FF		.3940 P=.021	.4262 P=.011	.3208 P=.060			.4661 P=.014
Durchschnitt HG		.4675 P=.005	.4598 P=.005	.3423 P=.044			

Feldinhalte: Korrelationskoeffizienten bzw. Richtung des Zusammenhangs/ zweiseitige Signifikanz

Testverfahren: einfaktorielle Varianzanalyse
in Zeilen: Abhängige Variablen
in Spalten: Faktoren

a) Selektionskriterien: Einfluß auf den Erfolg

Technologieorientierung, Produktionsmöglichkeit, Mietdauerbegrenzungen,

technologischer Schwerpunkt, Existenzgründungen:

Bezeichnung (Code)	Voraussetzung Technologie- orientierung T4	Produktion möglich? T5	Mietdauer- begrenzung? T6	Technolo- gischer Schwerpunkt? T3	Schwerpunkt Existenz- gründungen? T8
Mitarbeiterwachstum...					
p.a. seit Gründung (E1)	P= .794	P= .188	P= .482	P= .113	P= .037
letztes Jahr (E2)	P= .740	P= .169	P= .367	P= .845	P= .328
vorletztes Jahr (E3)	P= .651	P= .589	P= .753	P= .617	P= .451
p.a. letzte zwei Jahre(E4)	P= .656	P= .514	P= .330	P= .666	P= .896
Umsatzwachstum...					
p.a. seit Gründung (E5)	P= .766	P= .280	P= .482	+ P= .095	P= .161
letztes Jahr (E6)	P= .368	P= .413	P= .528	+ P= .099	P= .317
Produktivität...					
absolut derzeit (E7)	P= .508	P= .114	P= .685	+ P= .081	P= .908
Zuwachs letzt. Jahr (E8)	P= .532	P= .300	P= .752	P= .226	P= .922
Zuwachs p.a. st.Gründg.(E9)	P= .285	P= .310	P= .833	P= .709	+ P= .082

P= : Signifikanz
+/-: Richtung bei signifikanten Zusammenhängen (P <.10)

Varianzanalysen: Wachstum/Produktivität mit:

"Zahlenmäßiges Verhältnis Gründer/junge Unternehmen (Mieter,Stand 1989)"

Bezeichnung	Code	zahlenmäßiges Verhältnis Gründer/junge Unternehmen
Mitarbeiterzuwachs p.a. seit Gründung	E1	P= .1617
Mitarbeiterzuwachs letztes Jahr	E2	P= .8713
Mitarbeiterzuwachs vorletztes Jahr	E3	P= .4264
Mitarbeiterzuwachs letzte zwei Jahre p.a.	E4	P= .7654
Umsatzwachstum seit Gründung p.a.	E5	P= .8125
Umsatzzuwachs letztes Jahr	E6	P= .1986
Umsatz per Mitarbeiter derzeit	E7	P= .6944
Produktivitätszuwachs letztes Jahr	E8	P= .8502
Produktivitätszuwachs p.a. seit Gründung	E9	P= .2322

P=: Signifikanz des Zusammenhangs

b) Leistungen und Trägerschaft: kostendeckender Betrieb, Service-Kosten-Umlage, Hauptberuflicher Leiter

Bezeichnung (Code)	Kosten-deckender Betrieb? T9	Volle Umlage der Service-kosten? T10	Hauptberuf-licher* Leiter T11
Mitarbeiterwachstum... p.a. seit Gründung (E1)	P= .108	P= .812	P= .881
letztes Jahr (E2)	P= .463	P= .864	P= .830
vorletztes Jahr (E3)	+ P= .082	P= .545	P= .213
p.a. letzte zwei Jahre(E4)	+ P= .087	P= .851	P= .377
Umsatzwachstum... p.a. seit Gründung (E5)	P= .208	P= .759	P= .915
letztes Jahr (E6)	P= .663	P= .274	P= .774
Produktivität... absolut derzeit (E7)	P= .913	P= .307	P= .120
Zuwachs letztes Jahr (E8)	P= .533	P= .627	P= .820
Zuwachs p.a. seit Gründung (E9)	P= .347	P= .583	P= .323

*: Die Qualifikation des Leiters ist mit keiner Erfolgsvariablen sign. verbunden.
P= : Signifikanz
+/-: Richtung bei signifikanten Zusammenhängen

c) Hauptberuflicher Leiter und Image:

Bezeichnung (Code)	Hauptberuflicher TGZ-Leiter? (T11)	
Image gegenüber... Finanzmittelgebern (FR)	-	P= .072
Lieferanten (FS)		P= .620
Kunden (FT)		P= .159
sonst. Partnern (FU)	+	P= .060
Durchschnitt (HI)		P= .498

P= : Signifikanz
+/-: Richtung bei signifikanten Zusammenhängen

d) Kapitalhilfe, relative Miethöhe, Hochschulkontakte:

Bezeichnung (Code)	Angebot von Kapitalhilfe für Firmen? T2	TGZ-Mieten im Vergleich zu ortsüblichem Niveau T13	Hochschulkontakte seitens des TGZ(organisiert?) T12
Mitarbeiterwachstum... p.a. seit Gründung (E1)	+ P= .064	+ P= .004	P= .993
letztes Jahr (E2)	P= .323	P= .681	P= .385
vorletztes Jahr (E3)	P= .203	P= .898	P= .830
p.a. letzte zwei Jahre(E4)	+ P= .071	P= .934	P= .652
Umsatzwachstum... p.a. seit Gründung (E5)	+ P= .014	+ P= .008	P= .697
letztes Jahr (E6)	P= .392	P= .741	P= .993
Produktivität... absolut derzeit (E7)	P= .704	P= .112	P= .716
Zuwachs letztes Jahr (E8)	P= .884	P= .924	P= .952
Zuwachs p.a. st. Gründg.(E9)	+ P= .073	P= .705	P= .274

P= : Signifikanz
+/-: Richtung bei signifikanten Zusammenhängen

e) Absolute Miete im TGZ vs. "relative" Miete im Vergleich zu Büromieten

	am TGZ-Standort ortsübliche Büro-Miete nach Wirtschaftwoche 1989
TGZ-Miete relativ zur ortsüblichen Miete	.8814 + P= .000

P= : Signifikanz
+/-: Richtung bei signifikanten Zusammenhängen
: O.V. 1989. Wirtschaftswoche, 5.05.89. 104.

f) Varianzanalyse: Erfolg mit Intensität der Bindung an Hochschule(n)

Bezeichnung	Code	Intensität der HS-Kooperation
Mitarbeiterzuwachs seit Gründung	E1	P=.9711
Mitarbeiterzuwachs letztes Jahr	E2	P=.1407
Mitarbeiterzuwachs vorletztes Jahr	E3	P=.7626
Mitarbeiterzuwachs letzte 2 Jahre	E4	P=.6005
UmsatzWachstum seit Gründung	E5	P=.9439
Umsatzzuwachs letztes Jahr	E6	P=.9176*
Umsatz per MA derzeit	E7	P=.0264 (P=.6681)
Produktivitätszuwachs letztes Jahr	E8	P=.2819
Produktivitätszuwachs p.a. seit Gründung	E9	P=.9343

P=: Signifikanz der Beziehung

*: Das signifikante Ergebnis kommt nur aufgrund eines Falls zustande, der allein eine Gruppe bildet. Ohne diesen Fall ergeben sich die darunter stehenden, nicht signifikanten Werte (in Klammern).

g) Personaltransfer, Servicefirmen mit Erfolg

Code/Bezeichnung	Durchführung von Personal-transfer? T15	Ansiedlung von Servicefirmen? T16
Mitarbeiterwachstum...		
E1 p.a. seit Gründung	P= .894	P= .223
E2 letztes Jahr	P= .892	P= .825
E3 vorletztes Jahr	P= .123	P= .109
E4 letzte zwei Jahre	P= .309	P= .171
Umsatzwachstum...		
E5 p.a. seit Gründung	P= .933	P= .155
E6 letztes Jahr	P= .931	P= .104
Produktivität...		
E7 derzeit	P= .264	P= .374
E8 Wachstum letztes Jahr	P= .587	P= .229
E9 Wachstum p.a. seit Gründung	P= .793	P= .776

P= : Signifikanz
+/-: Richtung bei signifikanten Zusammenhängen

h) Dienstleistungsumfang

Bezeichnung	Code	Dienstleistungs-umfang (3 Klassen)	Beratungsumfang
MA-Zuwachs seit Gründung	E1	P=.6582	in keinem
MA-Zuwachs letztes Jahr	E2	P=.6971	Fall der
MA-Zuwachs vorletztes Jahr	E3	P=.8921	erwartete
MA-Zuwachs letzte 2 Jahre	E4	P=.7484	Zusammenhang
Umsatzwachstum seit Gründung	E5	P=.7407	mit dem
Umsatzzuwachs letztes Jahr	E6	P=.2810	Erfolg
Umsatz per MA derzeit E7 Tests for Homogeneity of Variances: Cochrans C = .4477, P = .549 (Approx.) Bartlett-Box F = 2.982 , P = .051 Multiple Range Test: Scheffe Procedure No two groups are significantly different at the .05 level		P=.0291	
Produktivitätszuwachs letztes Jahr E8 Produktivitätszuwachs st. Grd.p.a. E9		P=.4439 P=.3717	

P=: Signifikanz der Beziehung

i) Trägergespann

Erläuterung der Ausprägungen/Klassen:
1= Öffentliche Verwaltung allein
2= Private Unternehmen/Hochschulen/Kammern allein
3= Öffentliche Verwaltung und private Unternehmen
4= drei oder vier verschiedene Träger aus den Kategorien: Öffentliche
   Verwaltung/Priatunternehmen/IHK.n/Hochschulen
5= zwei Träger mit IHK oder Hochschule

Varianzanalyse zwischen Erfolg und Trägergespann

Bezeichnung	Code	Trägergespann (5 Klassen)
MA-Zuwachs seit Gründung	E1	P=.0002

Tests for Homogeneity of Variances:
Cochrans C = .9093, P = .000 (Approx.)
Bartlett-Box F =8.683 , P = .000
Maximum Variance / Minimum Variance 49.937

Multiple Range Test: Scheffe Procedure
(*) Denotes pairs of groups significantly
different at the .050 level

```
                      Gruppe
  Mittel   Gruppe    3 1 2 5 4

  .2505    Grp 3
  .2526    Grp 1
  .3948    Grp 2
  .4694    Grp 5
 1.7434    Grp 4     * * * *
```

Bezeichnung	Code	Trägergespann (5 Klassen)
MA-Zuwachs letztes Jahr	E2	P=.2870
MA-Zuwachs vorletztes Jahr	E3	P=.2197
MA-Zuwachs letzte zwei Jahre	E4	P=.1059
Umsatzwachstum seit Gründung p.a.	E5	P=.1368
Umsatzzuwachs letztes Jahr	E6	P=.8266
Umsatz per Mitarbeiter derzeit	E7	P=.6963
Produktivitätszuwachs letztes Jahr	E8	P=.7333
Produktivitätszuwachs seit Gründung p.a.	E9	P=.1853

P=: Signifikanz der Beziehung

Varianzanalyse zwischen Image und Trägergespann

Bezeichnung	Code	Trägergespann (5 Klassen)
TGZ Image Finanzen	FR	P=.4775
TGZ Image Lieferanten	FS	P=.1772
TGZ Image Kunden	FT	P=.1056
TGZ Image sonstiges, 1=sehr nützlich	FU	P=.0108

```
Tests for Homogeneity of Variances:
Cochrans C =     .3654, P =  .337 (Approx.)
Bartlett-Box F = .281 , P =  .890
Maximum Variance / Minimum Variance 3.000

Multiple Range Test: Scheffe Procedure
(*) Denotes pairs of groups significantly different
the 0.05 level
                        Gruppe
Mittel     Gruppe     4 5 2 3 1

1.5000     Grp 4
2.0000     Grp 5
2.1833     Grp 2
2.8333     Grp 3
2.8889     Grp 1     *
```

Durchschnittliche Bewertung des Image	HI	P=.0270

```
Gruppe       n        Mittel

Grp 1        9        3.0278
Grp 2       13        2.2694
Grp 3        6        2.7005
Grp 4        4        2.2500
Grp 5        3        2.4167

Total       35        2.5487

Tests for Homogeneity of Variances:
Cochrans C =     .5022, P =  .031 (Approx.)
Bartlett-Box F = .892 , P =  .469
Maximum Variance / Minimum Variance  5.937

Multiple Range Test: Scheffe Procedure
No two groups are significantly different
at the  .050 level
```

P=: Signifikanz der Beziehung

Varianzanalyse: Höhe der Aufnahmebarrieren und Trägergespann

Code/Bezeichnung	Trägergespann (5 Klassen)
FB Aufnahmekriterium Finanzielle Ausstattung	P=.0496

```
    Gruppe      n      Mittel
    Grp 1       9      1.3333
    Grp 2      13      1.7459
    Grp 3       6      1.4495
    Grp 4       4      1.5000
    Grp 5       3      3.3333

    Total      35      1.6970

    Tests for Homogeneity of Variances:
    Cochrans C =    .6491, P =  .001 (Approx.)
    Bartlett-Box F =1.589 , P =  .176
    Maximum Variance / Minimum Variance 13.000

    Multiple Range Test: Scheffe Procedure
    No two groups are significantly different
    at the  .050 level
```

FC Aufnahmekriterium Lebenslauf/Erfahrung	P=.1127

FD Aufnahmekriterium Innovationsgrad	P=.0066

```
    Tests for Homogeneity of Variances:
    Cochrans C =    .4561, P =  .076 (Approx.)
    Bartlett-Box F =3.730 , P =  .005
    Maximum Variance / Minimum Variance 10.042

    Multiple Range Test: Scheffe Procedure
    (*) Denotes pairs of groups significantly differ.
    the .050 level
                             Gruppe
    Mittel     Gruppe        1 3 5 2 4
    3.0000     Grp 1
    3.6768     Grp 3
    4.3333     Grp 5
    4.6970     Grp 2              *
    4.7500     Grp 4
```

P=: Signifikanz der Beziehung

noch: Varianzanalyse: Höhe der Aufnahmebarrieren und Trägergespann

Code/Bezeichnung	Trägergespann (5 Klassen)
FE Aufnahmekriterium Dauer bis zur Marktreife Gruppe n Mittel Grp 1 9 2.1111 Grp 2 13 3.1888 Grp 3 6 1.9091 Grp 4 4 1.5000 Grp 5 3 2.6667 Total 35 2.4545 Tests for Homogeneity of Variances Cochrans C = .5331, P = .016 (Approx.) Bartlett-Box F =1.012 , P = .400 Multiple Range Test: Scheffe Procedure No two groups are significantly different at the .050 level	P=.0524
FF Aufnahmekriterium Marktchancen	P=.2818
FG Aufnahmekriterium Detaillierter Geschäftsplan Gruppe n Mittel Grp 1 9 1.5556 Grp 2 13 3.1981 Grp 3 6 1.5960 Grp 4 4 3.2500 Grp 5 3 4.0000 Total 35 2.5758 Tests for Homogeneity of Variances Cochrans C = .2989, P = .815 (Approx.) Bartlett-Box F = .706 , P = .588 Multiple Range Test: Scheffe Procedure No two groups are significantly different at the .050 level	P=.0115
HG Durchschnittl. Höhe Aufn.-Barriere Tests for Homogeneity of Variances: Cochrans C = .5127, P = .025 (Approx.) Bartlett-Box F =1.339 , P = .254 Multiple Range Test: Scheffe Procedure (*) Denotes pairs of groups significantly differ. at the .050 level Gruppe Mittel Gruppe 1 3 4 2 5 2.2778 Grp 1 2.4907 Grp 3 3.1667 Grp 4 3.3675 Grp 2 * 3.7222 Grp 5	P=.0022

P=: Signifikanz der Beziehung

Erfolgsrelevanz der Beteiligung einzelner Träger:

Bezeichnung	Code	Privat T17	Öffentl. T18	IHK T19	Hochschule T20
Mitarbeiterwachstum seit Gründung p.a.	E1	P= .110	P= .577	+ P= .003	+ P= .053
Mitarbeiterwachstum letztes Jahr	E2	P= .211	P= .444	P= .190	P= .860
Mitarbeiterwachstum vorl. Jahr	E3	P= .555	P= .102	P= .196	P= .485
Mitarbeiterwachstum letzte zwei Jahre	E4	P= .152	P= .657	+ P= .034	P= .556
Umsatzwachstum seit Gründung p.a.	E5	P= .263	P= .751	+ P= .044	P= .785
Umsatzwachstum letztes Jahr	E6	P= .775	P= .673	P= .503	P= .457
Umsatz pro Mitarbeiter derzeit	E7	P= .360	P= .557	P= .387	P= .909
Produktivitätszuwachs letztes Jahr	E8	P= .294	P= .726	P= .935	+ P= .088
Produktivitätszuwachs st.Grd.p.a.	E9	P= .227	P= .164	P= .299	P= .112

P= : Signifikanz
+/-: Richtung bei signifikanten Zusammenhängen

Dichotomisierung der Trägergespann-Klassen: Signifikante Beziehungen zu Erfolg, Image und Aufnahmebarrieren

Bezeichnung	Code	Trägergespann[*] T21	
Aufnahmebarrieren bezüglich...			
Person des Gründers	FC	+	P= .027
Innovationsgrad	FD	+	P= .000
Dauer bis Marktreife	FE	+	P= .079
Marktchancen	FF	+	P= .049
detaillierter Geschäftsplan	FG	+	P= .000
Durchschnitt	HG	+	P= .000
Image gegenüber...			
Kunden	FT	-	P= .010
sonstigen Partnern	FU	-	P= .001
Durchschnitt	HI	-	P= .002
Wachstum...			
Mitarbeiter seit Gründung p.a.	E1	+	P= .055
Mitarbeiter vorletztes Jahr	E3	+	P= .070
Umsatz seit Gründung p.a.	E5	+	P= .069

[*] : Nach Recodierung wie folgt:
0= nur öffentliche Träger und evtl. private Unternehmen
1= drei oder vier Träger, Hochschule/ IHK/Private allein oder Zweiergespann mit IHK oder Hochschule

Feldinhalte: Richtung des Zusammenhangs (+/-) und Signifikanz (P=...).

j) FuE-Potential und Zentralität

Zentralität (nach Bade) und Erfolg

Bezeichnung	Code	Zentralität (5 Klassen)
MA-Zuwachs seit Gründung p.a.	E1	P=.1834
MA-Zuwachs letztes Jahr	E2	P=.9139
MA-Zuwachs vorletztes Jahr	E3	P=.2917
MA-Zuwachs letzte zwei Jahre p.a.	E4	P=.6846
Ums.-Wachstum seit Gründung p.a.	E5	P=.4870
Ums.-Zuwachs letztes Jahr	E6	P=.4448
Ums. per MA derzeit	E7	P=.3017
Produktivitätszuwachs letztes Jahr	E8	P=.7602
Produktiv.-Zuwachs p.a. st. Gründung	E9	P=.5272

FuE-Potential[*]-Erfolg

Erfolgsindikatoren	Code	FuE-Potential[*] (5 Klassen)
MA-Zuwachs seit Gründung p.a.	E1	P=.7736
MA-Zuwachs letztes Jahr	E2	P=.9114
MA-Zuwachs vorletztes Jahr	E3	P=.3180
MA-Zuwachs letzte 2 Jahre p.a.	E4	P=.7696
Ums.-Wachstum seit Gründung p.a.	E5	P=.9944
Ums.-Zuwachs letztes Jahr	E6	P=.9698
Ums. per MA derzeit	E7	P=.6608
Produktiv.-Zuwachs letztes Jahr	E8	P=.9912
Produktivitätszuwachs seit Grd. p.a.	E9	P=.0018[+]

[+]: Signifikanz kommt durch eine mit einem Fall besetzte Klasse zustande
bei Zusammenfassung mit benachbarter Klasse n.s.
P=:Signifikanz der Beziehungen

Trägerschaft und FuE-Potential[*]

FuE-Potential[*]	Klasse	Trägergespann 1.0	2.0	3.0	4.0	5.0	Row Total
-500	1.0	1			1	1	3
501-1000	2.0	2					2
1001-2000	3.0			1	1		2
2001-5000	4.0	5		5	2	2	14
>5000 Beschäftigte in der FuE am TGZ-Standort	5.0		12				12
Column % Total		8 24.2	13 39.4	6 18.2	3 9.1	3 9.1	33 100.0

Feldinhalte: absolute Häufigkeiten
Chi-Quadrat-Test für obige Kreuztabelle: 41.91232, P=.0004.

[*]: genaue Definition und Quellen des FuE-Potentials im Text von
Kapitel 5.8.2 und Anhang 3-1.

Aufnahmekriterien und FuE-Potential

Höhe der Aufnahmeanforderungen bezüglich...	Code	FuE-Potential[*] (5 Klassen)
Finanzieller Ausstattung	FB	P=.6798
Lebenslauf/Erfahrung der Gründer	FC	P=.4531
Innovationsgrad des Produkts	FD	P=.1496
Dauer bis zur Marktreife	FE	P=.0316

Gruppe	n	Mittel
Grp 1	3	1.6667
Grp 2	2	3.0000
Grp 3	2	2.5000
Grp 4	14	1.8896
Grp 5	12	3.2879
Total	33	2.4821

Tests for Homogeneity of Variances
Cochrans C = .4767, P = .052 (Approx.)
Bartlett-Box F =.661 , P = .577
Maximum Variance / Minimum Variance 5.085

Multiple Range Test: Scheffe Procedure
No two groups are significantly different
at the .050 level

Marktchancen	FF	P=.1613
Detaill. Geschäftsplan	FG	P=.2241
Durchschnittl. Höhe Aufnahmeanforderungen	HG	P=.1331

P=:Signifikanz der Beziehung

Image und FuE-Potential[*]

Nutzen des TGZ-Images gegenüber...	Code	FuE-Potential[*] (5 Klassen)
Finanzmittelgebern	FR	P=.2038
Lieferanten	FS	P=.2212
Kunden	FT	P=.1189
Sonstigen Partnern	FU	P=.4320
Durchschn. Bewertung Image (1=sehr nützlich)	HI	P=.0642

```
Gruppe      n     Mittel
Grp 1       3     3.2500
Grp 2       2     2.2500
Grp 3       2     2.0000
Grp 4      14     2.6574
Grp 5      12     2.3127
Total      33     2.5214

Tests for Homogeneity of Variances
Cochrans C:  P =  .270 (Approx.)
Bartlett-Box:P =  .426
Maximum Variance / Minimum Variance 3.552

Multiple Range Test: Scheffe Procedure
No two groups are significantly different
at the .050 level
```

P=: Signifikanz der Beziehung

[*]: genaue Definition und Quellen des FuE-Potentials in Anhang 3-1.

Beziehungen zwischen TGZ-Größe 1987 und Unternehmens-/Standort- und TGZ-Merkmalen
3 fehlende Fälle

a) Standortmerkmale

Varianzanalyse: Abhängige Variable: Zahl der Firmen lt. ADT 87

-By Variable "Gesamtes FuE-Potential" 1-5   P = .0384

Multiple Range Test: Scheffe Procedure: n.s.

-By Variable "Zentralität" (nach Bade, 1-5)   P = .0005
Multiple Range Test: Scheffe Procedure

Mittel	Gruppe	3 5 4 1 2
6.00	3 = Ränder	
7.00	5 = periphere Gebiete	
12.71	4 = gering verdichtet	*
23.11	1 = Kerne I	
30.38	2 = KerneII	*

(*) Denotes pairs of groups significantly different at the .050 level

b) TGZ-Merkmale

Varianzanalyse, abhängige Variable: Größe des TGZ (Zahl der Firmen 1987)

	Bezuschussung des TGZ (1/0)	Hauptberuflicher Leiter (1/0)	Ständige HS-Zusammenarbeit (1/0)
Größe des TGZ	p= .0088	p= .0033	p= .0140

p: Signifikanz

Korrelation:	Alter des TGZ	Gründungsjahr der Betriebe
Zahl der Mieter	.6719 P= .000	-.2244 P= .217

(Koeffizient / 2-seitige Signifikanz)

c) Selektion

Varianzanalyse, abhängige Variable: Größe des TGZ (Zahl der Firmen 1987)

	Grad der kaufm. Ausbildung (1/0)	Produktion zulässig (1/0)
Größe des TGZ	p= .0053	p= .0113

p: Signifikanz

d) Management der Mieter

Korrelation:	Planungshorizont.. ..Durchschnitt	..Entwicklung
Zahl der Mieter	.4602 P= .008	.5510 P= .001

(Koeffizient / 2-seitige Signifikanz)

e) Erfolg der Mieter

Korrelation:	MA derzeit	MA-Wachst. letzt. J.	MA-Wachst. letzt.2 J.
Zahl der Mieter	.3357 P= .060	.3824 P= .031	.3550 P= .050

(Koeffizient / 2-seitige Signifikanz)

Regression mit abhängiger Variable "Wachstum" (= Summenscore)

Endgültige Lösung

```
Multiple R              .79800
R Square                .63681
Adjusted R Square       .56955
Standard Error          .57797
Analysis of Variance: Signif F =  .0000
```

Variablen in der Gleichung:	Code	B	Beta	Partial Corr.	Tolerance	Sig T
Aufnahmekriterium Finanzielle Ausstattung	FB	.51022	.29080	.38	.82040	.0313
Aufnahmekriterium Dauer bis zur Marktreife	FE'	.79374	.37406	.25	.91113	.0047
Technologischer Schwerpunkt	T3	-.29148	-.35385	-.33	.78846	.0116
Bedeutung der Kontaktvermittlung zu and. Partnern	GH'	-.40171	-.49297	-.38	.63524	.0022
Kapitalhilfe seitens des Zentrums (1/0)	T2	.91298	.52404	.40	.61259	.0015
	Konst.	1.19415				.0088

Bei stufenweiser Analyse nicht in der Gleichung:

Variable	Code	Beta In	Tolerance	Sig T
Trägerstruktur	T21	-.17543	.48752	.3193
Mieterzahl (1987)	T_GROE	.08849	.87441	.5036
Hilfe bei Finanzierung	BF	-.34103	.69274	.0152
Förderung HS-Kontakte	ET'	-.04280	.65268	.7807
Aufnahmekriterium Geschäftsplan	FG'	-.24686	.55722	.1287
Durchschn. Höhe Aufnahmebarrieren	HG'	-.29301	.37507	.1396
Service Konferenzräume	FJ'	-.27965	.79411	.0357
Gesamtzufriedenheit Service	FN'	-.23108	.96990	.0572
Gesamtzufriedenheit Beratung	FP'	-.23921	.39956	.2163
Image Finanzierung	FR'	.23027	.69535	.1127
Image gegenüber anderen Partnern	FU'	.16584	.39680	.3971

Residuenanalyse/Ausreißer:

	Min	Max	Mean	Std Dev
PRED	-.7752	2.3713	.1103	.6620
ZPRED	-1.3121	3.1638	-.0525	.9417
SEPRED	.1670	.4346	.2357	.0610
ADJPRED	-.7641	2.8581	.1353	.7802
RESIDUAL	-1.7151	.7468	-.0531	.5638
ZRESIDUAL	-2.9675	1.2921	-.0919	.9755
SRESIDUAL	-3.7317	1.4376	-.1119	1.1303
DRESIDUAL	-2.7122	.9245	-.0781	.7641
SDRESIDUAL	-5.2623	1.4680	-.1754	1.3397
MAHALANOBIS D.	1.7575	17.1755	4.7513	3.2460
COOK'S DISTANCE	.0001	1.3492	.0770	.2424
LEVER	.0549	.5367	.1485	.1014

Test auf Autokorrelation (Lag 1):

Durbin-Watson Test =   1.71025 (Optimum = 2)

Häufigkeitstabellen

a) absolute Werte

Heute noch TGZ-Leistungsinanspruchnahme?

	Value	Frequency	Percent	Valid Percent
nein	.0	24	68.6	70.6
ja	1.0	10	28.6	29.4
	.	1	2.9	MISSING
TOTAL		35	100.0	100.0

Grund für Auszug

	Value	Frequency	Percent	Valid Percent
anderer Grund	.0	15	42.9	46.9
Wachstum	1.0	17	48.6	53.1
	.	3	8.6	MISSING
TOTAL		35	100.0	100.0

Auszug: Unterstützung bei Planung? (5=sehr hoch)

	Value	Frequency	Percent	Valid Percent	Cum Percent
keine Unterstützung	1.0	22	62.9	68.8	68.8
.	2.0	3	8.6	9.4	78.1
.	3.0	2	5.7	6.3	84.4
starke Unterstützung	4.0	5	14.3	15.6	100.0
	.	3	8.6	MISSING	
TOTAL		35	100.0	100.0	

Auszug: Beeinträchtigung ? (5=sehr stark)
Mittel: 1,844, Median 1

	Value	Frequency	Percent	Valid Percent	Cum Percent
keine Beeinträchtigung	1.0	17	48.6	53.1	53.1
.	2.0	9	25.7	28.1	81.3
.	3.0	2	5.7	6.3	87.5
.	4.0	2	5.7	6.3	93.8
sehr starke Beeinträchtigung	5.0	2	5.7	6.3	100.0
	.	3	8.6	MISSING	
TOTAL		35	100.0	100.0	

Auszug: Beziehungsabbruch (Nicht-TGZ) (5=sehr stark)

	Value	Frequency	Percent	Valid Percent	Cum Percent
keine Beeinträchtigung	1.0	27	77.1	87.1	87.1
.	2.0	2	5.7	6.5	93.5
.	3.0	1	2.9	3.2	96.8
starke Beeinträchtigung	4.0	1	2.9	3.2	100.0
	.	4	11.4	MISSING	
TOTAL		35	100.0	100.0	

---

*: Recodiert und anschließend mit 0/1 noch einmal neu berechnet --> Teil b)

```
*Auszug: Beziehungsabbruch (TGZ) (5=sehr stark*)

                                        Valid    Cum
                        Value  Frequency  Percent  Percent  Percent

keine Beeinträchtigung   1.0     15      42.9     48.4     48.4
       .                 2.0      5      14.3     16.1     64.5
       .                 3.0      3       8.6      9.7     74.2
       .                 4.0      6      17.1     19.4     93.5
sehr starke Beeinträchtigung 5.0  2       5.7      6.5    100.0
                                  4      11.4    MISSING

              TOTAL              35     100.0    100.0
```

```
*Auszug: Beeinträchtigung Leistungserstellung (5=sehr stark*)

                                        Valid    Cum
                        Value  Frequency  Percent  Percent  Percent

keine Beeinträchtigung   1.0     24      68.6     75.0     75.0
       .                 2.0      5      14.3     15.6     90.6
       .                 3.0      2       5.7      6.3     96.9
sehr starke Beeinträchtigung 5.0  1       2.9      3.1    100.0
       .                          3       8.6    MISSING

              TOTAL              35     100.0    100.0
```

*: Recodiert und anschließend mit 0/1 noch einmal neu berechnet -->Teil b)

b) Zusammenhänge der recodierten Auszugsprobleme mit Erfolgsfaktoren und Erfolg

Varianzanalysen: Vorzeichen gibt an, ob bei Existenz des Merkmals
höhere Werte erreicht werden

Code/Bezeichnung	Unterst. bei Planung FY	Beeintr. durch Auszug FZ	Beziehungsabbruch Nicht-TGZ GB	TGZ GC	Beeintr. Leistungs-erstellung GD
Person					
Q Teamgründung	+ P= .026				
AD Bezug zu früh. Tätigkeit				- P= .014	
AF Einbindung in Marketing		+ P= .077	- P= .093	- P= .026	
AJ technische Berufsausbildg.					- P= .089
AK technisches Studium					- P= .096
AL Promotion		- P= .050			
GV techn. Ausb.-grad					- P= .014
Güte der Einschätzung...					
AV Marktdynamik					- P= .081
AW ME-Barrieren					- P= .097
Konzeptdetaillierung...					
AY Investition				- P= .003	
AZ Finanzierung				- P= .017	
BA Absatz	- P= .036			- P= .025	
BB Entwicklung	- P= .094	- P= .004			
GZ Durchschnitt	- P= .060			- P= .011	

Code/Bezeichnung	Unterst. bei Planung FY	Beeintr. durch Auszug FZ	Beziehungsabbruch Nicht-TGZ GB	TGZ GC	Beeintr. Leistungs-erstellung GD
Ressourcen					
BE Startkapital				- P= .022	+ P= .016
BG EK-Anteil					P= .014
Ergänzung durch Mitarbeiter in...					
BL FuE				+ P= .089	+ P= .076
BM kfm. Verwaltung				- P= .086	
BN Produktion		- P= .017			

→ wird fortgesetzt

Fortsetzung

Code/Bezeichnung	Unterst. bei Planung FY	Beeintr. durch Auszug FZ	Beziehungsabbruch Nicht- TGZ GB	TGZ GC	Beeintr. Leistungs- erstellung GD
Idee BS Technologie- verbreitung		- P= .015			+ P= .080
BV Preiserhöhungs- spielraum	+ P= .093		- P= .099		
ME-Barrieren BW Kundenakzeptanz	+ P= .009				
BY Staat				+ P= .037	
HB Durchschnitt		+ P= .020			+ P= .085

Code/Bezeichnung	Unterst. bei Planung FY	Beeintr. durch Auszug FZ	Beziehungsabbruch Nicht- TGZ GB	TGZ GC	Beeintr. Leistungs- erstellung GD
Management CF Preisstrategie	+ P= .096				
CH Dauer bis zur Marktreife					+ P= .030
CM Exportabsicht		+ P= .010		- P= .089	
Planungshorizont CN Einkauf	+ P= .091				
CO Produktion	+ P= .007			+ P= .012	
Vertriebskanal DD eigene Reisende			+ P= .050	+ P= .017	
DF Handelsvertret.			+ P= .017	+ P= .039	
DN Weiterentwik- klungsabsicht		- P= .013			
Einbeziehung externer Berater... DQ Entwicklung	+ P= .031				
DS Buchhaltung					- P= .085
DW Marketing	+ P= .079				
DZ Beurteilung Beratungsangeb.	+ P= .015				
Informationsquellen... EE Hochschulen	+ P= .071		- P= .061		
EI Kunden		+ P= .098			+ P= .0y8
EJ Behörden/ Kammern					- P= .081
EP Prior. Inform.- besch.ü.Techol.		+ P= .064			

→ wird fortgesetzt

Fortsetzung

Code/Bezeichnung	Unterst. bei Planung FY	Beeintr. durch Auszug FZ	Beziehungsabbruch Nicht- TGZ GB	TGZ GC	Beeintr. Leistungs- erstellung GD
TGZ					
Förderwirkung...					
EU Datenbankzugang				+ P= .058	
EV Verm. externer Berater	+ P= .092	+ P= .087			
HF Durchschnitt				+ P= .082	
FI Service Telekommunik.					- P= .024
HH Servicebeurt. Durchschnitt		- P= .006			
FP Beratungsbeurt.	+ P= .088				
FS Image gegenüber Lieferanten				+ P= .039	+ P= .084
FW Auszugsgrund Wachstum			+ P= .054		
GE Gesamtbeurteil. techn. Unterst.			+ P= .038		

Code/Bezeichnung	Unterst. bei Planung FY	Beeintr. durch Auszug FZ	Beziehungsabbruch Nicht- TGZ GB	TGZ GC	Beeintr. Leistungs- erstellung GD
Erfolg					
E2 MA-Zuwachs letztes Jahr			+ P= .098		
E4 MA-Zuwachs letzte 2 Jahre			+ P= .039		
E6 Umsatzzuwachs letztes Jahr	+ P= .092				
E7 Umsatz p. MA derzeit					+ P= .009
E8 Produkt.-zuw. letztes Jahr	+ P= .089				
G1 MA Gründung			- P= .039		
G2 MA vorletztes Jahr					+ P= .005
G3 MA letztes Jahr					+ P= .008
G4 MA derzeit					+ P= .007
G6 Umsatz letztes Jahr			+ P= .035		+ p= .020
G7 Umsatz derzeit			+ P= .030		+ P= .012

Untersuchung des Einflusses von Aufenthaltsdauer im TGZ und Entfernung des heutigen Firmensitzes vom TGZ auf den Erfolg

Bezeichnung (Code)	Erfolg Wachstum p.a. MA seit letzt. Gründg. Jahr E1	vorl. Jahr E2	.letzte 2 J. E3	Umsatz-wachstum E5,E6	Produktivität derzeit E7	Zuwachs 2 Jahre E8	Zuwachs st.Grü. E9	Größe u. Rentabil. Konkurr.-vgl. G8,P	Mitar-beiter-zahlen G1-G4	Umsatz bei Gründg. Jahr G5	letzt. Jahr G6	jetzt G7
Entfernung zum TGZ (F)	-.0012 (33) P= .995	.1680 (33) P= .350	.2521 (32) P= .164	.3209 (32) nicht signif. P= .073	-.1982 (30) P= .294	.0035 (28) P= .986	-.1860 (29) nicht signif. P= .334	nicht signif.	nicht signif.	-.1414 (30) P= .456	-.1415 (28) P= .473	-.1384 (30) P= .466
Aufent-halts-dauer	-.2383 (32) P= .189	.0446 (32) P= .808	-.2423 (31) P= .189	-.0761 (31) signif. P= .684	-.0807 (29) P= .677	-.0662 (27) P= .743	-.4653 (28) signif. P= .013	nicht signif.	nicht signif.	-.4746 (27) P= .009	-.1216 (27) P= .546	-.0916 (29) P= .636

Feldinhalte: Korrelationskoeffizienten/(n)/Signifikanz

Haben Mieter in bestimmten TGZ eine Vorliebe für einen späteren Standort in unmittelbarer Nähe des TGZ?

Entfernung zum TGZ in km
By Nr. des TGZ

Mittel = 16.864

Variable + Category Nr. des TGZ	N	Abweichung vom Mittel
1 BIG Berlin	3	-10.53
2 Braunschweig	4	-11.61
3 Dortmund	2	-16.26
4 Freiburg	1	-6.86
5 Gronau/Westfalen	1	-9.86
6 Hannover	5	22.34
7 Hameln	1	-10.86
8 BITZ Bremen	1	-9.86
9 Heidelberg	1	-11.86
10 HIT Hamburg	2	10.64
11 Lübeck	1	28.14
12 Iserlohn	1	-6.86
13 Karlsruhe	2	-10.36
14 Erlangen	1	-16.66
15 Osnabrück	1	-16.76
16 Pforzheim	1	-15.86
18 Stuttgart-Pfaffenwald	5	15.14

nachrichtlich:

Gesamtmittel und Standardabw. der Entfernung zum TGZ

Variable	S.E. Mean	Std.Dev.	N
Entfernung zum TGZ in km	5.79	33.24	33

DUV Deutscher Universitäts Verlag
GABLER·VIEWEG·WESTDEUTSCHER VERLAG

Betriebswirtschaftslehre für Technologie und Innovation

Band 1:
Andreas Lehmann, Wissensbasierte Analyse technologischer
Diskontinuitäten
1994. XV, 265 Seiten, 62 Abb.,
Broschur DM 98,-/ ÖS 765,-/ SFr 98,-
ISBN 3-8244-0200-9

Band 2:
Anette Hilbert, Industrieforschung in den neuen Bundesländern
Ausgangsbedingungen und Reorganisation
1994. XV, 269 Seiten, 25 Abb., 37 Tab.,
Broschur DM 98,-/ ÖS 765,-/ SFr 98,-
ISBN 3-8244-0199-1

Band 3:
Edgar M. W. Kirchmann, Innovationskooperation zwischen Herstellern
und Anwendern
1994. XVII, 358 Seiten, 39 Abb., 67 Tab.,
Broschur DM 118,-/ ÖS 921,-/ SFr 118,-
ISBN 3-8244-0202-5

Band 4:
Thorsten Andreas Teichert, Erfolgspotential internationaler
F&E-Kooperationen
1994. XII, 291 Seiten, 33 Abb., 48 Tab.,
Broschur DM 98,-/ ÖS 765,-/ SFr 98,-
ISBN 3-8244-0210-6

Band 5:
Veronica Lange, Technologische Konkurrenzanalyse
Zur Früherkennung von Wettbewerberinnovationen bei deutschen
Großunternehmen
1994. XX, 312 Seiten, 49 Abb., 58 Tab.,
Broschur DM 98,-/ ÖS 765,-/ SFr 98,-
ISBN 3-8244-0212-2

DUV Deutscher UniversitätsVerlag

GABLER·VIEWEG·WESTDEUTSCHER VERLAG

Band 6:
Ulf Gerold Marks, Neuproduktpositionierung in Wettbewerbsmärkten
1994. XXIII, 375 Seiten, 38 Abb., 73 Tab.,
Broschur DM 118,-/ ÖS 921,-/ SFr 118,-
ISBN 3-8244-0219-X

Band 7:
Claus F. Mordhorst, Ziele und Erfolg unternehmerischer Lizenzstrategien
1994. XXVII, 469 Seiten, 53 Abb., 69 Tab.,
Broschur DM 128,-/ ÖS 999,-/ SFr 128,-
ISBN 3-8244-0224-6

Band 8:
Philip Murmann, Zeitmanagement für Entwicklungsbereiche im Maschinenbau
1994. XVIII, 304 Seiten, 58 Abb., 25 Tab.,
Broschur DM 98,-/ ÖS 765,-/ SFr 98,-
ISBN 3-8244-0226-2

Weiterhin sind erschienen:

Edgar C. Lange
Abbruchentscheidung bei F&E-Projekten
1993. XVI, 219 Seiten, 20 Abb., 31 Tab., Broschur DM 89,-/ ÖS 694,-/ SFr 89,-
ISBN 3-8244-0143-6

Ulf D. Preukschat
Vorankündigung von Neuprodukten
Strategisches Instrument der kommunikationspolitischen Markteinführung
1993. XIV, 253 Seiten, 44 Abb., Broschur DM 98,-/ ÖS 765,-/ SFr 98,-
ISBN 3-8244-0152-5

Die Bücher erhalten Sie in Ihrer Buchhandlung!
Unser Verlagsverzeichnis können Sie anfordern bei:

Deutscher Universitäts-Verlag
Postfach 30 09 44
51338 Leverkusen

If you have any concerns about our products,
you can contact us on
ProductSafety@springernature.com

In case Publisher is established outside the EU,
the EU authorized representative is:
Springer Nature Customer Service Center GmbH
Europaplatz 3, 69115 Heidelberg, Germany

Printed by Libri Plureos GmbH
in Hamburg, Germany